켄
로
치

cinelook 002

켄 로치

Ken Loach

영화와 / 텔레비전의 / 정치학

존 힐 지음 ― 이후경 옮김

.cinelook 002
켄 로치
영화와 텔레비전의 정치학

지은이 존 힐
옮긴이 이후경

펴낸이 이리라
편집 이여진 한나래
편집+디자인 에디토리얼 렌즈
로고 디자인 이지영

표지 디자인 엄혜리

2014년 5월 30일 1판 1쇄 펴냄

펴낸곳 컬처룩
등록 2010. 2. 26 제2011-000149
주소 121-898 서울시 마포구 동교로 27길 12 씨티빌딩 302호
전화 070.7019.2468 | 팩스 070.8257.7019 | culturelook@naver.com
www.culturelook.net

Ken Loach: The Politics of Film and Television by John Hill
Copyright © 2011 John Hill
First published in English by Palgrave Macmillan, a division of Macmillan Publishers Limited, on
behalf of the British Film Institute under the title *Ken Loach* by John Hill. This edition has been
translated and published under licence from Palgrave Macmillan. The author has asserted his right
to be identified as the author of this work.
Korean Translation Copyright © 2014 Culturelook
Printed in Seoul

ISBN 979-11-85521-04-6 93680

일러두기

- 한글 전용을 원칙으로 하되, 필요한 경우 원어나 한자를 병기하였다.
- 한글 맞춤법은 '한글 맞춤법'및 '표준어 규정'(1988), '표준어 모음'(1990)을 적용하였다.
- 외국의 인명, 지명 등은 국립국어원의 외래어 표기법을 따랐으며, 관례로 굳어진 경우는 예외를 두었다.
- 사용된 기호는 다음과 같다.

  영화, TV 프로그램, 연극, 노래, 신문 및 잡지 등 정기 간행물:〈 〉

  책(단행본):《 》
- 저자가 방대한 자료를 바탕으로 쓴 이 책은 상당한 분량의 주가 달려 있다. 원서에서는 각주로만 된 것을 해당하는 부분을 설명한 경우는 각주(■)로, 참고 문헌을 알려 주는 경우는 미주로 했다. 독자의 이해를 돕기 위해 옮긴이가 설명한 경우도 각주로 했다.
- 필모그래피에는 원서의 출간 이후 나온 켄 로치의 영화 3편을 추가했다.
- 영화 가운데 일부는 한국에서 개봉되었을 때의 제목으로 표기하였다.

"나는 작가 이론에 동의하지 않는다." 언젠가 한 인터뷰에서 그렇게 못
박아 말한 바 있는 켄 로치는 자신을 작가로 생각하지 않는다고 늘 강조
해 왔다. 하지만 오늘날 그가 평생 자신만의 싸움을 계속해 온 작가임을
부정할 이는 아무도 없을 것이다. 지난 50년간 60여 편에 이르는 TV 작
품과 영화를 만들어 온 그는 한결같이 자신의 정치적 신념에 충실해 왔
다. 그가 차용한 이야기의 소재와 시각적 스타일, 그의 영화를 둘러싼 생
산 및 수용의 조건 모두 조금씩 변해 왔지만, 힘없는 자들의 편에 서서
'함께' 세상을 변화시키고자 한 그의 정신만은 변함이 없었다.

작가 이론에 대한 그의 반감도 그의 정치적 이상과 무관하지 않다.
한 작가의 독재적 창의성을 신뢰하지 않는 그에게 영화는 제작자와 각본
가부터 무명의 현지 엑스트라까지 많은 사람들이 힘을 모아 만드는, 집
단 작업의 산물이다. 이런 정신은 그가 자주 다루어온 주제에도 반영돼
있다. 소외 계층 경험의 보편성(〈업 더 정션〉, 〈캐시 컴 홈〉, 〈불쌍한 암소〉 등), 피

억압자 집단의 역사적 가능성(〈희망의 나날들〉, 〈랜드 앤 프리덤〉, 〈보리밭을 흔드는 바람〉 등), 노동 계급 공동체 문화의 활력(〈골든 비전〉, 〈빅 플레임〉, 〈랭크 앤 파일〉, 〈룩킹 포 에릭〉 등)이야말로 그의 영화를 꾸준히 떠받쳐 온 힘이다.

이 책의 제목은 《켄 로치》다. 그러나 저자가 미리 경고하고 있는 것처럼, 이 책은 켄 로치의 작가론에 한정된 연구서가 아니다. '켄 로치'라는 제목의 의미 역시 영국 태생의 77세 좌파 영화 감독을 가리키는 고유 명사를 넘어선다. 그것은 그의 영화들이 일으켜 온 사회적 논란과 정치적 논쟁을 아울러 가리키는 말이다. 영국의 현대 문화사와 정치사에서 켄 로치라는 이름은 때때로 한 명의 영화 감독을 넘어서는 사건이었다. 그래서 저자는 "로치의 영화와 텔레비전 작품을 정치와 제도와 예술의 맥락 안에서 이해하기 위한 사회사적 연구를 시도"했다고 밝히고 있다.

이 책은 연대순에 따라 로치의 필모그래피를 훑고 있지만, 모든 작품을 다루지는 않는다. 대신 가장 논쟁적이었던 작품들을 중심으로 그의 연출 방법론, 정치적 태도가 어떻게 변해 왔는지를 살핀다. 출발점은 물론 초기작에 해당하는 텔레비전 드라마들이다. 한국 영화팬들에게는 비교적 잘 알려져 있지 않은 작품들이지만, 그가 브레히트로부터 받은 영향을 바탕으로 그만의 시각적 스토리텔링 방식을 고민한 과정, 동시대 영국 사회의 문제점과 노동 계급의 투쟁성을 중심 주제로 끌어들이게 된 과정 등을 살펴볼 수 있다. 이후 그의 영화를 다룬 장들에서는 1980년대 이후 그가 국제적인 감독으로 거듭나면서 그의 영화에서 노동 계급에 대한 재현과 사회 변화에 대한 기대가 어떤 식으로 변해 갔는지를 점검한다.

켄 로치의 작품 세계에 대한 가장 종합적인 해설서가 되고자 시도한 이 책의 장점은 분명하다. 방대한 자료 조사를 바탕으로 각 작품이 어떤 맥락 속에서 탄생했고 어떤 상황 속에서 받아들여졌는지를 면밀하게 살핀 이 책은 그 자체로 높은 사료적 가치를 지닌 영화 연구서다. 독자들은 이 책을 통해 켄 로치의 필모그래피만이 아니라 현대 영국 노동 계급사와 대중 매체사를 함께 훑어볼 수 있을 것이다. 이런 포괄적인 사회 문화적 지도를 그려 냄으로써 저자는 영화팬들이 켄 로치의 영화에 대해 가장 궁금해했던 점에 대해 친절히 답하고 있기도 하다. 5, 6장에서 그의 영화는 왜 내용 면에서만 급진적이고 형식 면에서는 그렇지 못한가라는 오래된 질문에 대한 설득력 있는 답을 구할 수 있다.

물론 이 책에서 구할 수 없는 답도 있다. 켄 로치의 생애나 그의 작품에 영향을 미쳤을 법한 자전적 요소들이 궁금하다면, 저자가 권유한 다른 책을 찾아보길 바란다. 더불어 상세한 자료를 바탕으로 비교적 객관적인 켄 로치'론'을 제공하려는 의도에 충실하다 보니 저자만의 독창적인 해설은 자제한 흔적이 느껴진다. 하지만 이 책은 적어도 켄 로치의 작품 세계에 관해서라면 독창적인 해설 전에 그 작품들을 둘러싼 사회적, 정치적, 경제적, 문화적 맥락을 폭넓게 이해하는 것이 우선돼야 하는 이유를 잘 설명하고 있다.

이 책을 번역하는 데 있었던 어려움도 그와 무관하지 않다. 1960년대부터 1990년대에 이르는 긴 시간을 따라 영국 사회상의 변화와 켄 로치의 작품 세계의 변화를 동시에 짚어 내려가고 있는 이 책을 번역하기 위해서는 영화에 대한 애정 외에도 정치적, 역사적 지식 또한 요구됐다. 또 초기 텔레비전 작품 중 몇몇 경우는 작품을 보지 못한 채 저자의 설명에만 의지해야 했던 것 역시 아쉬움으로 남는다. 이 책에서 어떤 오류가 발견된다면, 모두 역자의 공부가 부족했던 탓이다.

켄 로치의 은퇴설이 흘러나오고 있는 이제야 이 책이 나오게 된 것이 아쉽기도 하다. 하지만 국내 영화 책 시장의 열악한 형편 속에서 이제라도 이 책이 나올 수 있게 된 것은 모두 출판사의 애정과 의지가 있었기 때문이다. 역자의 게으름 탓에 마감이 늦어졌음에도 불구하고 거칠고 서투른 번역 원고를 꼼꼼히 다듬어 준 편집진에 깊이 감사드린다. 마음 아픈 일이 많았던 지난 한 달, 이 책을 번역하며 회의주의에서 빠져나오려 조금은 노력할 수 있었던 것 같다. 이 책과 더불어 켄 로치의 작품들이 지닌 현재적 의미가 널리 이해되는 데 조금이라도 도움이 됐으면 하는 마음이다.

2014년 5월

이후경

이 책이 완성되기까지 수년간 연구하고 글을 쓰면서 여러 분야의 사람들에게 많은 신세를 졌다. 먼저 켄 로치에 대해 보다 왕성한 관심을 갖게 된 것은 모두 그의 작품에 대한 글을 청탁해 준 편집자들 덕분이다. 〈서카Circa〉의 마크 로빈슨, 《도전과 저항의 수행자: 켄 로치의 영화Agent of Challenge and Defiance: The Films of Ken Loach》를 편집한 조지 맥나이트, 〈사이트 앤 사운드Sight and Sound〉의 레슬리 펠퍼린이 그들이다. 〈사이트 앤 사운드〉에 실린 글을 본 앤드루 로켓이 BFI에 출판을 제안해 주었다. 이후의 진행은 BFI/팰그래브 맥밀런의 레베카 바든이 맡아 주었는데, 그녀의 지지와 인내에도 고마움을 전한다. 그녀의 동료인 소피아 콘텐토도 이 책이 만들어지는 과정에 많은 도움을 주고 최고의 능력을 발휘해 주었다. 특히 이 책을 쓰는 동안 잠시 자리를 비울 수 있도록 허락해 준 런던 대학교 로열 할러웨이 칼리지와 필요한 지원금을 제공해 준 예술인문연구회(ARHC: Arts and Humanities Research Council)에도 많은 은혜를 입었다.

또 이 책의 집필과 연구를 시작했을 때 내가 있었던 곳이자 이 연구의 초기 지원금을 마련해 준 얼스터 대학교에도 감사를 표한다.

인터뷰에 응해준 켄 로치 감독과 자료를 찾는 데 도움을 준 식스틴 필름스의 아임허 맥마흔에게도 깊은 감사를 드린다. 켄 로치를 인터뷰할 수 있는 무대를 제공해 준 포일 영화제Foyle Film Festival, 소스 2Sources 2,[*] 쇼트 엔즈 세계 영화 학교Short Ends World Film Schools 축제도 고맙다. 토니 가넷과 케니스 트로드도 켄 로치와 짐 앨런에 대한 추가적인 정보를 구하는 데 많은 도움을 주었다. 캐버샴에 있는 BBC 문헌 아카이브의 트리시 헤이스와 제프 월든, 그리고 런던에 있는 BFI 도서관의 스태프들도 훌륭한 지원군들이었다. BFI의 캐슬린 딕슨과 스티브 톨러비도 영화 상영에 많은 도움을 줬고, 아일랜드영화연구소Irish Film Institute와 영국영화위원회도 스크랩 기사 검색을 보조해 주었다. 이 밖에 다른 자료들을 제공해 준 이언 크리스티, 레즈 쿡, 마이클 골드, 이언 그리브스, 제이콥 리, 줄리언 페틀리, 데이비드 스틸, 롭 터녹에게도 많은 신세를 졌다. 켈리 데이비슨도 이 책을 준비하는 단계에서 연구를 도와주었다.

파멜라 처치 깁슨과 노엘 맥로린도 여러 챕터에 걸쳐 도움이 될 만한 조언을 들려주었고, 데니즈 베이랙다르, 샬럿 브런스던, 수잔나 케이폰, 존 코너, 필립 드러먼드, 미카 코, 마틴 맥룬, 로라 멀비와 같은 여러 친구와 동료들로부터도 격려와 고견을 전달받았다.

이 책을 쓰는 동안 나의 아버지 로완 힐이 세상을 떠났다. 그에게 이 책을 바친다.

■ 시나리오와 스토리 개발 분야 종사자들을 위한 독일의 교육 프로그램. ― 옮긴이

켄 로치가 첫 텔레비전 드라마를 만든 것은 1963년이다. 그 이후로 그
는 지금껏 60편이 넘는 텔레비전 드라마, 다큐멘터리, 영화를 만들어 왔
으며, 자신의 작품으로 관객을 감동시키고 자극시키기 위해 끊임없이 노
력해 왔다. 〈업 더 정션〉, 〈캐시 컴 홈〉, 〈케스〉, 〈희망의 나날들〉, 〈하층민
들〉, 〈랜드 앤 프리덤〉, 〈스위트 식스틴〉, 〈보리밭을 흔드는 바람〉 등을 포
함하는 그의 작품 세계는 영국 영화사, 텔레비전사 안에서 특별한 영향
력과 중요성을 지니고 있으며, 누구도 그 사실을 부인할 수 없다. 이제 한
국어로도 읽을 수 있게 된 켄 로치에 관해 쓴 이 책은, 로치의 경력이 그
만한 중요성을 갖게 된 이유와 그의 작품들이 특정한 형식적, 이데올로기
적 특징을 갖게 된 이유에 대해 설명하고자 한 시도이다. 하지만 이것은
관습적인 방식으로 쓰인 평전이나 작가론에 치우쳐 있는 연구서가 아니
다. 오히려 그의 성공적인 작품들 아래 깔려 있는 다양한 창조적, 제도적,
사회 정치학적 힘들과 관련해 그의 작품 세계를 바라본 하나의 해설서에

가깝다.

특히 두 가지 측면에 주목해 주길 바란다. 켄 로치가 텔레비전 드라마로 경력을 시작하긴 했지만, 그는 텔레비전 작품을 만드는 일과 영화작품을 만드는 일 사이에 근본적인 차이가 없다고 생각했다. 그래서 제작자 토니 가넷과 함께 텔레비전 드라마도 필름으로 촬영해야 한다고 싸웠으며, 1967년 이후 그가 만든 텔레비전 '드라마'는 사실상 '영화'나 다름없었다. 또한 1960~1970년대 영국에서 텔레비전, 특히 BBC는 영화 산업 내에서 허용되지 않는 창의적 실험의 토대를 제공했고, 그 덕분에 로치도 당시의 영국 영화들보다 훨씬 도전적이고 '로치적인' 작품들을 만들 수 있었다. 이런 이유로 인해 이 책은 로치의 초기 텔레비전 작품들과 그가 나중에 만든 영화 작품들 사이에 어떤 차별점도 없다는 가정 아래 그의 작품들을 살펴보고 있다. 텔레비전 작품에 많은 분량을 할애한 것도 텔레비전 작품이 로치의 예술적 방법론의 발전 과정에 얼마나 중요한 역할을 하였고 이후 그의 영화 작품(역시 대부분 방송사를 통해 제작비를 마련했다)에도 어떤 중요한 토대를 제공했는지 설명하기 위해서다.

켄 로치의 텔레비전과 영화 경력은 그가 주제와 연출 방법론을 선택하는 데 있어 사회적, 정치적 사상이 얼마나 중요했는지 보여 준다. 그는 끊임없이 자신의 작품들을 통해 사회 구조의 밑바닥에 속하는 평범한 사람들의 경제적, 정치적 곤경에 대한 관심과 그들의 사정을 개선시킬 수 있는 정치적 변화를 촉구했다. 그는 또한 그들의 실제 삶을 충실하게 재현하기 위해 노력했다. 처음에는 반자연주의적, 브레히트적 방법론에 많은 영향을 받았지만, 이후 로케이션 촬영, 전문 배우와 비전문 배우의 혼용, 배우와 연기로부터 적당한 거리를 유지하는 관찰자적 양식의 카메라 워크 등을 통해 리얼리즘적 혹은 반ː다큐멘터리적 스타일을 진화시켜 왔다.

하지만 경제적, 사회적 불평등에 대한 강조와 정치적 변화에 대한 전망을 담은 켄 로치의 작품들은 많은 논쟁을 불러일으키기도 했다. 이 책의 목표 중 하나도 미학적, 정치적 논쟁을 포함해 로치의 텔레비전 작품과 영화의 생산 및 수용을 둘러싸고 발생해 온 수많은 논쟁에 대해 설명하는 것이다. 일부 비평가들은 로치의 영화에서 미학적 측면과 정치적 측면을 구별해 말해 왔지만, 그것은 로치 스스로 거부한 접근 방식일뿐더러 영화 감독으로서 그의 동기를 제대로 설명해 줄 수 있는 방법도 아니다. 또한 자명한 것은 로치의 정치적 급진주의가 많은 세월이 흐른 지금까지도 유지돼 오고 있다는 사실이며, 그의 최근 영화들 역시 그가 여전히 공정성과 사회 정의에 목말라 있음을 보여 준다.

이 책이 처음 출간되었을 때는 〈루트 아이리시〉가 막 세상에 나온 참이었다. 이 영화는 강력한 힘을 지닌 반전 드라마로 이전에 군인이었던 주인공이 바그다드에서 사망한 어릴 적 친구의 죽음을 조사하다 사담 후세인이 물러난 이후 이라크에 들어선 민영 안보 체계의 어두운 비밀 세계를 알게 되는 과정을 다루었다. 〈루트 아이리시〉 이후 3편의 영화, 〈앤젤스 셰어: 천사를 위한 위스키The Angel's Share〉(2012), 〈1945년의 시대정신 The Spirit of '45〉(2013), 〈지미 홀Jimmy's Hall〉(2014)도 나왔다. 이 책에서 설명한 것처럼 로치의 경력 중 '스코틀랜드 시대'는 스코틀랜드 출신 작가 폴 래버티와의 공동 작업의 산물인 동시에 스코틀랜드에서 제작 투자를 받을 수 있는 가능성이 높아진 데 따른 결과였다. 하지만 이 영화들에서 발견되는 스코틀랜드의 풍경은 종종 황량하게 느껴졌다. 주인공들은 자신을 무겁게 짓누르는 경제적, 사회적 압력(가령 실업과 가난)에 대항해 싸워야만 했다.

언뜻 보기에 〈앤젤스 셰어〉 역시 같은 전철을 밟을 것 같았다. 주인공 로비(폴 브래니건Paul Brannigan)는 글래스고 청년으로 폭행죄 혐의를 받고 법정에 소환된다. 그는 임신한 여자 친구를 위해서라도 개과천선하고자 노력하지만, 일자리를 구하거나 자신이 당면한 환경을 벗어날 수가 없다. 그러나 켄 로치와 폴 래버티는 이 영화를 코믹한 우화로 만들어, 기회만 주어진다면 가장 불리한 조건에 처한 젊은이들도 자신의 숨겨진 재능을 발휘할 수 있음을 보여 준다. 이런 측면에서 이 영화는 로치의 잘 알려진 사회적 리얼리즘을 〈핌리코행 여권Passport to Pimlico〉(1948), 〈위스키 갤로어!Whisky Galore!〉(1948), 〈라벤더 힐 몹The Lavender Hill Mob〉(1950) 같은 일링 스튜디오 표 코미디Ealing comedy의 요소와 〈댓 싱킹 필링That Sinking Feeling〉(1980) 같은 스코틀랜드 감독 빌 포사이스Bill Forsyth의 범죄 코미디 영화의 요소와 함께 녹여 낸 작품이다. 〈앤젤스 셰어〉에서 로비는 동정심이 많은 사회봉사센터 관리인(〈룩킹 포 에릭〉에도 출연했던 유명 코미디 배우 존 헨쇼가 연기)의 격려를 받아 스코틀랜드의 '국주國酒'인 위스키 제조에 관심을 갖게 된다. 이는 그에게 자신이 위스키 감별에 타고난 재능이 있음을 깨닫게 해줄 뿐 아니라 그가 위스키 양조장 강도를 통해 새 일자리를 구하고 여자 친구와의 새로운 삶도 마련할 수 있게 해준다. 그러므로 〈내 이름은 조〉, 〈스위트 식스틴〉과 비교하면 경제적, 사회적 불이익에 처한 청년이 자기만의 재주를 통해 그런 악조건을 극복할 수 있음을 보여주는 〈앤젤스 셰어〉는 놀라울 정도로 낙관적인 영화다. 하지만 관광지나 국제적인 위스키 생산지로서 스코틀랜드가 갖고 있는 이미지 이면의 탈산업 사회 문제들을 살핀 이 영화는 한 커플의 탈출 가능성보다 더 많은 문제가 존재함을 의식하고 있다.

이러한 문제 의식은 그다음으로 만든 장편 다큐멘터리 〈1945년의 시대정신〉에서 더욱 분명하게 드러난다. 켄 로치는 잘 알려져 있는 것처럼 픽션 영화에서도 다큐멘터리 기법을 사용해 왔다. 하지만 관습적인 다큐멘터리는 드물게만 만들었으며, 그중 대부분은 1980년대 대처주의의 도래에 반응하여 만든, 새로운 정치적 에너지를 지닌 작품들이었다. 하지만 〈1945년의 시대정신〉은 날카롭고 논쟁적인 작품이자 과거로의 회귀를 통해 현재를 재조명하고 심지어는 낯설게 보게 하려는 작품으로, 〈랜드 앤 프리덤〉, 〈보리밭을 흔드는 바람〉 같은 영화들과도 공통점을 가진다. 제목이 말해 주는 것처럼 이 영화는 2차 세계 대전 종전 시기에 영국 내에서 일었던 사회적, 정치적 분위기의 변화와 핵심 산업의 국유화, 완전 고용, 복지 국가의 실현 등을 약속한 노동당 정부가 선거에서 이겼던 것을 상기시키고자 한다. 그리고 그러기 위해 윈스턴 처칠이 야외 토론에서 야유를 당하는 모습이 담긴 인상적인 아카이브 푸티지와 흑백으로 촬영된 새로운 인터뷰 자료를 뒤섞는다. 그 인터뷰에는 고령의 정치 활동가들이 자신의 과거 경험을 회고하고 젊은 논객들에게 역사적 맥락을 일러주는 내용이 담겨 있다. 일부 비평가들은 이 영화가 역사를 너무 단순화하고 1950년대에서 (마거릿 대처가 이끄는 보수당 정부가 전후 정치적 안정화를 없었던 일로 되돌리려 했던) 1980년대로 너무 갑작스럽게 뛰어넘는다고 비판했지만, 그럼에도 지난 70년의 역사를 지켜봐 온 이들이 들려주는 기억과 사유는 이 영화에 핵심적 정서를 부여할 뿐만 아니라 전후 영국에 존재했던 집단주의적 분위기와 자명한 상식이 경제적 불평등과 신자유주의 시대의 도래와 함께 어떻게 소멸되어 왔는지를 상기시킨다.

과거로의 회귀는 켄 로치의 최근작 〈지미 홀〉에도 나타나 있다. 〈보리밭을 흔드는 바람〉에서 로치와 래버티는 아일랜드 독립전쟁 동안 나타난 급진주의적 사회 전통이 어떻게 주변부로 밀려나거나 격파되었는지를 살폈다. 역시 래버티가 각본을 쓴 〈지미 홀〉도 조국으로부터 추방당한 아일랜드 급진주의자 지미 그랠턴Jimmy Gralton의 삶을 바탕으로 하여 그동안 잊혀져 온, 그러나 여전히 상징적 의미를 갖는 아일랜드 역사의 한 조각을 다시 되살리려 한다. 영화의 제목은 그랠턴이 1921년에 지은 댄스홀의 이름을 딴 것으로, 그곳은 여가 공간인 동시에 정치적 논쟁의 장이었던 장소다. 1932년 미국에서 돌아온 그랠턴은 댄스홀을 다시 열려고 했지만 정치 기관과 성직자들의 반대에 부딪혔고 결국 추방 명령을 받았다. 로치는 그 댄스홀은 역사적 장소이자 정치적 자유와 창의성의 상징으로 본다. "그곳은 사상을 시험하고 표현할 수 있는 장소이자 시와 음악과 스포츠를 찬양할 수 있는 장소이며 사람들이 자신의 재능과, 물론 춤도 보여 줄 수 있는 장소다." 이런 측면에서 이 영화는 '그렇게 됐을지도 모를 일'을 상상하고 현재 존재하는 사회보다 자유롭고 공정하고 즐거운 사회의 대안적 가능성을 견지함으로써 〈랜드 앤 프리덤〉과 〈보리밭을 흔드는 바람〉 같은 그의 전작들의 뒤를 따르고 있다.

〈지미 홀〉은 처음 예상했던 것보다 훨씬 큰 규모와 높은 제작비와 복잡한 제작 구조를 지닌 영화가 되었다. 켄 로치의 제작자 레베카 오브라이언에 따르면 더 작은 규모의 다큐멘터리는 계속 나올 수도 있겠지만 장편 영화로는 이것이 그의 마지막 영화가 될지도 모른다고 한다. 2014년 6월이면 그도 78세다. 그러니 그가 1990년 이후 평균 1년에 1편씩 만들며 유지해 온 가혹한 스케줄에서 벗어나고 싶다고 해도 그것은 당연한 일일 것이다. 하지만 〈지미 홀〉이 그의 마지막 장편 영화가 된다면 그것은 영국 영화계는 물론 세계 영화계에도 큰 손실일 것이다. 물론 그렇다 해도 1963년 이래 그가 쌓아온 폭넓은 작품 세계는 앞으로도 계속해서 새로운 관객들의 사유를 풍요롭게 할 것이며 때로는 그들을 분노에 휩싸이게

도 할 것이다. 독자들 역시 이 책에서 로치의 영화와 텔레비전 작품들은
물론 그의 작품들이 일으킨 여러 논쟁에 대한 유용한 안내와 해설을 얻
어가길 바란다.

2014년 4월

존 힐

← 〈불쌍한 암소〉의 촬영장에서 켄 로치와 캐롤 화이트

서론

〈보리밭을 흔드는 바람*The Wind That Shakes the Barley*〉(2006)이 개봉할 당시 〈아이리시 타임스〉는 "켄 로치는 국보다"라고 썼다. "그를 배출해 낸 국가가 오히려 그를 등한시하는 경향이 있는 것 같다."[1] 여러모로 이것은 영국 문화 안에서 켄 로치가 차지하는 고유한 위치를 요약한다. 한편으로 그는 오늘날 활동하고 있는 영국의 영화 감독 중 가장 독보적인 인물로 지난 40년간 〈업 더 정션*Up the Junction*〉(1965), 〈캐시 컴 홈*Cathy Come Home*〉(1966), 〈케스*Kes*〉(1969)부터 〈희망의 나날들*Days of Hope*〉(1975), 〈랜드 앤 프리덤*Land and Freedom*〉(1995), 〈스위트 식스틴*Sweet Sixteen*〉(2002)에 이르는 가장 기억할 만한 영국 영화와 TV 작품을 만들어 왔다. 다른 한편으로 그는 어떤 정치적, 영화적 집단에도 속하지 않고 '아웃사이더'의 위치를 지키면서 꾸준히 논쟁적인 작품을 만들어 내는 능력과 미덕을 보여 주었다. 이는 아일랜드 독립전쟁과 내전을 다룬 영화인 〈보리밭을 흔드는 바람〉의 개봉 당시 분명히 드러났다. 이 영화는 아일랜드 내 영국군을 묘사한 방식 때문에 일부 영국 언론의 분노를 자극했다. 그들은 심지어 여러 차례에 걸쳐 상당히 모욕적인 인신공격을 가하기도 했다. 이 작품이 2006년 칸영화제에서 황금종려상을 받았고 아일랜드 외에 프랑스,

이탈리아, 스페인 등 유럽 전역에 걸쳐 전폭적인 지지를 얻고 있었다는 사실에도 불구하고, 혹은 어떤 경우에는 바로 그 점 때문에, 그러한 상황이 지속되었다. 7장에서 밝히겠지만, 실로 켄 로치의 영화를 좋아하는 관객은 영국보다 유럽에 더 많다.

켄 로치가 자국에서 왜 그토록 엇갈린 평가를 받는지 설명하긴 어렵지 않다. 켄 로치는 1960년대 중반 이후 영국에서 가장 왕성하게 활동해온 영화 감독일 뿐만 아니라 가장 정치적인 감독이라 할 수 있다. 동세대 감독들과 마찬가지로 급진적 성향을 지닌 그는 1960년대 이래 계속 사회주의 정치 운동에 전념해 왔다. 그는 정치적 대안이 존재한다는 믿음을 버리지 않은 채, 현대 경제와 사회 제도의 결함에 대한 관심을 촉구하는 영화를 만들었다. 그의 영화와 텔레비전 작품은 주류 매체에서 소외당한 의견에 귀를 기울이면서 사회를 지배하는 정치적 전통에 끊임없이 도전하고자 했다. 그로 인해 그는 다른 정치적 신념을 가진 평론가들에게 인기 없는 감독이 되었을 뿐 아니라, 근본적으로 '예술'과 '엔터테인먼트'보다 정치를 우선시하는 논객이라고 비난받았다.

그러다 보니 켄 로치에 관해 평가할 때 그의 정치성을 축소해 말하거나 그의 정치성이 불러온 '소음'에도 불구하고 그는 위대한 '휴머니스트' 혹은 '리얼리스트'라고 주장하는 경향이 생겼다. 그것이 합당한 비평적 전략이라고 해도, 그런 논의는 오랫동안 로치의 작업에 활기를 불어넣어 온 그의 사상을 어느 정도 무시하는 일이며, 예술이나 엔터테인먼트의 우월성만 강조하는 꼴이다. 로치 본인도 자기 영화에 관해 "주제-내용"은 비교적 소홀히 보면서 "스타일과 테크닉"만 강조하는 비평가들에 대해 분노를 표해 왔다.[2] 물론 그렇다고 '스타일과 테크닉'이 중요하지 않다는 뜻은 아니다. 하지만 로치에게 스타일과 테크닉은 영화란 매체를 통해 세상을 바라보는 관점을 전달하는 데 필요한 구성 요소로서, 주제-내용과 별개가 아니다. 그러므로 이 책의 목적 중 하나는 켄 로치의 작품이 지닌 정치학과 미학 모두에 주목하는 것이며 그렇게 해서 그가 40년 넘도록 영화와 텔레비전을 사회적, 정치적 도구로 사용해 온 방식을 검토하는 것이다. 이는 뒤에 이어질 글이 단순히 로치의 삶과 경력을 설명하기 위한 전기나 그의 작품에서 반복적으로 나타난 테마나 특징적인 스타일을 살피기 위한 관습적인 감독론 연구가 아니란 뜻이다(두 가지 방법론이 모두 사용되기는 하겠지만 말이다).[3] 그보다는 로치의 영화와 텔레비전 작품을 정치와 제도와 예술의 맥락 안에서 이해하기 위한 사회사적 연구를 시도하고, 그 맥락 속에서 로치의 작품이 갖는 정치적 중요성을 가늠해 볼 것이다.

이는 연구의 초점이 켄 로치의 작품들에 맞춰져 있다고 해서 이 연구가 로치에만 한정된 것이 아니란 뜻이기도 하다. 로치 스스로 인정한 바 있듯이, 영화나 드라마를 만드는 것은 개인적 활동이 아니라 공동 작업이다. 이전에 그와 일했던 프로듀서 토니 가넷Tony Garnett은 로치와의 작업에 대해 다음과 같이 말했다. "영화를 만드는 것은 소설을 쓰는 것과 다르다. 그것은 사회적인 활동이며, 우리가 함께 만든 영화를 보면 그것을 한 개인의 공이나 실책으로 돌릴 수 없음을 쉽게 알 수 있다."[4] 부분적으로는 정치적 이유(집단적인 작업에 대한 믿음) 때문에, 또 부분적으로는 창작과 관련한 이유(여러 작품을 관통하는 연속성을 유지하기 위함) 때문에 로치는 신뢰하는 파트너들과 지속적인 협업 관계를 형성하고자 노력해 왔다. 그가 경력 초기에 가장 중요하게 생각했던 파트너는 두말할 필요 없이 가넷이었다. 가넷은 1965~1980년에 로치가 만든 거의 모든 작품의 제작자였다. 7장에 나타나 있듯이, 두 사람의 파트너십이 와해되자 로치의 운도 얼마간 하락세를 보였으며, 새로운 제작자들(처음에는 샐리 히빈, 그리고 나서는 레베카 오브라이언)과의 관계가 견고해진 다음에야 로치의 경력도 되살아났다.

켄 로치는 각본가와도 끈끈한 관계를 형성했다. 그는 각본을 쓰는 것이 "영화를 만드는 과정 중 가장 중요한 행위"라고 설명했다. 그리고 직접 각본을 쓰지 않더라도 "각본가와 밀착해서 일"하려고 했다.[5]■ 그가 각본가와 그 정도로 긴밀한 협업 관계를 맺게 된 것은 넬 던Nell Dunn(《업 더 정션》)과 제러미 샌포드Jeremy Sandford(《캐시 컴 홈》)를 만나면서부터였지만, 4장에 나오듯이, 가장 오랫동안 관계를 지속한 작가는 〈빅 플레임 The Big Flame〉(1969)을 시작으로 〈랜드 앤 프리덤〉까지 함께한 짐 앨런Jim Allen이었다. 로치의 작품에 정치적 차원을 부여하고 지속적으로 강화한 것도 그였다. 또한 1960년대에는 〈케스〉, 〈석탄의 가치The Price of Coal〉 (1977), 〈사냥터지기The Gamekeeper〉(1980), 〈외모와 미소Looks and Smiles〉 (1981)를 쓴 배리 하인스Barry Hines와, 1990년대에는 〈칼라송Carla's Song〉 (1996) 이후 거의 헤어진 적이 없는 폴 래버티Paul Laverty와 친분을 맺었다. 감독과 작가의 긴밀한 협업 관계에 대해 래버티는 "공동 작업은 절대적이며 모든 것은 의논을 거친다"라고 말한 바 있다.[6]

그렇지만 로치가 긴밀한 관계를 형성한 것은 제작자나 작가만이 아니다. 그는 같은 촬영 기사(토니 이미, 크리스 멘지스, 배리 애크로이드), 같은 편집 기사(로이 와츠Roy Watts, 조너선 모리스), 같은 프로덕션 디자이너(마틴 존슨Martin Johnson, 퍼거스 클렉Fergus Clegg), 같은 음악 감독(조지 펜턴George Fenton)과 꾸

■ 그러나 로치는 처음부터 협조적인 자세를 취하며 촬영 과정에서 특정한 단어들이 생략되더라도 상관치 않는 작가들과 훨씬 순조롭게 작업하는 경향이 있는 것도 사실이다. 데이비드 머서(《인 투 마인즈》)나 트레버 그리피스(《파더랜드Fatherland》)처럼 문학적 기반이 강한 작가들은 로치와 일하는 것을 아주 힘들어했다.

"모든 것은 의논을 거친다": 켄 로치와 각본가 폴 래버티

준히 작업해 왔다. 1960년대 작품에는 빌 딘Bill Dean, 피터 케리건Peter Kerrigan, 조이 카예Joey Kaye, 조니 지Johnny Gee 같은 다수의 배우를 단골로 출연시키기도 했다. 물론 이런 경향은 그가 캐스팅할 때 기존의 명성이나 이미지persona에 신경 쓰지 않고 연기할 수 있는 무명 배우나 비전문 배우를 선호하게 됨에 따라 점점 감소하게 된다. 이러한 점에서 한 편 이상에 출연한 리키 톰린슨Ricky Tomlinson(〈하층민들〉[1991], 〈레이닝 스톤〉[1993])과 로버트 칼라일Robert Carlyle(〈하층민들〉, 〈칼라송〉)의 경우는 이례적인데, 배우의 배경과 신념이 로치가 그리고자 했던 사회적 세계에 성공적으로 융화된 경우라고 설명할 수 있을 것이다. 여기서 팀워크 형성이나 공동 작업에 대해 이렇게 강조한 만큼 뒤에 이어질 글에서도 로치의 작품이 만들어진 과정이나 그 의미를 로치의 공으로만 치부하지 않을 것이며, 완성된 작품을 빚어내는 과정에 다른 이들이 얼마나 기여했는지도 밝힐 것이다.

그럼에도 불구하고 켄 로치와 파트너들의 협업 관계에서 '권력의 균형'이 점점 변화해 온 것을 지적할 필요가 있다. 대다수의 초기작은 주로 가넷이 먼저 착수한 기획이었으며 〈빅 플레임〉과 〈인 투 마인즈In Two Minds〉(1967) 같은 몇몇 경우에도 프로젝트가 꽤 진행된 뒤에야 로치가 합류하는 모양새였다.■ 3장에 밝힌 것처럼, 이 기간 동안 가넷이 제작한

■ 실제로 토니 가넷은 스스로 텔레비전 프로듀서로서의 역할에 대해 지닌 열정을 그 역할이 제공하는 권력과 관련해 설명한 바 있다. "옳든 그르든 텔레비전 작품을 진행하는 데 있어 …… 가장 중요한 결정은 프로듀서가 내리는 결정이다. …… 감독의 권력은 배우의 그것보다 나을 게 없는데, 당신이 텔레비전 프로듀서라면 당신이 프리랜서 감독 중 누굴 고를지 결정할 것이며, 어떤 작품에는 여러 감독을 캐스팅할 수도 있기 때문이다. …… 감독을 고름으로써 그 작품을 '어떻게' 만들 것인가의 문제를 미리 대략적으로나마 정해 놓을 수 있는데, 이 감독은 이렇게 만들고 저 감독은 저렇게 만들 걸 알기 때문이다"("Tony Garnett," *Afterimage*, No. 1, 1970, n.p.).

작품은 그의 이름이 작품의 성격과 질을 보장해 주는 보증 수표의 기능을 했다는 점에서 다른 BBC 드라마와 구별됐다. 그런 점에서 로치-가넷 작품의 대부분은 로치의 것으로 인정받은 만큼 가넷의 것으로 인정받기도 했다. 그러나 로치가 영화도 많이 만들고 명성이 높아짐에 따라 그가 가장 유명해지게 됐다. 그런 까닭에 샐리 히빈Sally Hibbin과 레베카 오브라이언Rebecca O'Brien 같은 제작자는 로치가 성공적인 경력을 계속 이어가는 데 중요한 역할을 했음에도 가넷처럼 스타의 지위를 누리지 못했으며 대개 그들만의 작품을 준비하기보다 로치를 위해서 일했다. 앨런만이 거의 유일하게 〈빅 플레임〉과 〈랭크 앤 파일The Rank and File〉(1971) 같은 작품의 중심 '작가'로 인정받았다. 하지만 로치가 직접 각본을 쓰지 않았더라도 그 작품의 작가로 인정받는 현상이 일반화되면서, 앨런과 같은 경우도 점점 줄어들었다. 〈레이디버드 레이디버드Ladybird, Ladybird〉(1994)의 작가 로나 먼로Rona Munro는, 영화는 "모든 스태프가 동등한 지위를 누린다는 의미에서 공동 작업"을 통해 만들어지는 것이지만, 작가를 포함한 모든 스태프가 "공동으로 일하는 이유는 바로 켄 로치 영화를 만들기 위해서"라고 말했다.[7] ■

　　그러나 '켄 로치 영화'라는 개념은 점진적으로 생성된 것이며 부분적으로는 로치가 텔레비전에서 영화로 경력을 전환한 것과 관련이 있다. ■■

■　폴 래버티는 "포스터에서 '켄 로치 영화'라는 문구를 절대 볼 일이 없다 하더라도 …… 사람들이 정말 관심을 갖는 것은 감독과 배우가 전부다"라고 지적했다(Sunday Times, 14 June 2009, p.11).

■■　사실 '켄 로치'라는 이름은 1980년대 말에 가서야 〈더 뷰 프롬 더 우드파일The View from the Woodpile〉(1989)과 〈숨겨진 계략Hidden Agenda〉(1990)의 크레딧에 채택되었다. 그 전까지 로치의 이름은 '케네스 로치'라고 표기됐다.

역사적으로 텔레비전은 감독보다 작가의 전유물로 받아들여져 온 매체다. 찰스 바Charles Barr에 따르면 이는 전자기적 기록 매체가 감독의 창의력을 수용하는 데 한계가 있기 때문으로, 텔레비전 제작에도 필름을 사용하는 경우가 늘어나면서 '예술가-감독'이 나오게 됐다.[8] 이는 로치와 관련해서도 특히 중요한 사실이다. 이 책에 나오듯이, 로치와 가넷은 텔레비전 드라마를 찍는 데도 필름을 사용해야 한다고 싸웠으며, 텔레비전 작품과 영화를 만드는 것 사이에 어느 정도 근본적인 차이가 있다는 생각을 시종일관 거부했다. 로치가 그렇게 필름을 고집했다는 것은 그가 텔레비전 감독으로서는 처음으로 고유한 작가적 인장을 지닌 감독으로 인정받게 됐다는 뜻이기도 하다. 텔레비전 비평가 피터 블랙Peter Black은 〈애프터 라이프타임After a Lifetime〉(1971)의 리뷰에서 로치는 "아마도 TV를 배급 수단 이상으로 사용하지 않았기 때문에 …… TV를 이용하여 독자적인 시각적 스타일을 발전시킬 수 있었던 유일한 감독이다"라고 평가했다.[9] 4장에 지적했듯, 예술가-감독 로치에 대한 인지도는 그가 〈불쌍한 암소Poor Cow〉(1967), 〈케스〉, 〈가족 생활Family Life〉(1971)과 같은 극장용 영화를 만듦에 따라 상승했고, 그렇게 얻은 명성 덕분에 그는 텔레비전에서도 논란이 될 만한 작품을 계속 만들 수 있었다. 1980년대 말 이래 로치는 오로지 거의 영화만 만들어 왔고, 7장에 지적했듯, 그러한 점이 그의 '작가'적 지위를 견고하게 만들어 주었다. 한편 그것은 그의 영화들이 감독의 명성에 의존하는 '예술 영화'의 형태로 전 세계에 유통되었기 때문이다. 그런 까닭에 자신은 "작가 이론에 찬성하지" 않으며 "작가가 되고 싶은" 연출가도 아니라고 한 로치의 주장에도 불구하고, 정작 그의 영화들이 만들어지고 상영되는 정황은 그의 작품을 정확히 그러한 맥락에서 읽도록 부추겼다.[10]

KEN LOACH

그렇다고 해서 로치의 작품이 자전적이거나 개인적인 경험과 강박 관념이 담긴 '사적 영화'로 해석되진 않았다.[11]■ 오히려 비평은 로치의 영화에서 리얼리즘, 자연주의, 다큐멘터리에 빚지고 있는 형식적 측면을 강조해 왔다. 1969년, 일찍이 텔레비전 비평가 스튜어트 레인Stewart Lane은 〈빅 플레임〉의 리뷰에서 로치가 "느린 템포, 로케이션 영화에 사용되는 보이스오버 스타일"을 통해 이미 "그만의 독창적인 방법론"을 구성했다고 평가했다.[12] 로치의 작품 대부분이 '평범한 사람들'에 대한 이야기를 '핍진성'과 '진정성'을 갖고 전달하고자 하는 욕망을 지닌 것도 엄연한 사실이다. 그 결과로서 그의 작품은 '리얼리즘,' '자연주의,' '다큐멘터리 드라마' 같은 용어로 가장 흔히 설명되어 왔다. 그러나 그것들은 모두 정확하게 정의하기 어렵기로 악명이 높은 용어들이며, 나 또한 그 용어들을 엄밀하게 정의하려고 하지 않을 것이다. 이 책에서는 그보다 로치의 특징적 스타일이 긴 시간 동안 어떻게 변해 왔는지를 검토하고 거기에 어떤 꼬리표가 붙여져 왔는지 살펴보려 한다. 그러다 보면 자연주의나 다큐멘터리 드라마 같은 용어가 고정 불변의 의미를 가지지 않으며 각기 다른 평자에 의해 각기 다른 시점에 각기 다른 방식으로 사용되어 왔다는 사실이 밝혀질 것이다. 마찬가지 방법으로, 로치의 '리얼리즘'이 비교적 균질적인 실천 양식으로 논의되어 왔음에도 불구하고 실제로는 그의 작품이 어떻게 변화해 왔는지 그중 일부, 특히 초기작들은 왜 아예 리얼리즘 작품이라고 보기조차 어려운지 설명할 것이다.

■ 켄 로치는 노동 계급 가정에서 태어나 1960년대에 텔레비전으로 진출하여 지배적 전통에 저항한 '장학생 청년' 중 한 명이었다.

이 책에 분명히 밝힌 것처럼 켄 로치가 추구한 특정한 형식의 리얼리즘은 그것의 미학적 가치뿐 아니라 정치적 효과와 관련해서도 상당한 논쟁을 불러일으켰다. 때때로 그는 '스타일과 테크닉'에 관한 모든 논의를 시네필적인 탐닉으로 치부하는 듯 보였지만, 그의 영화 만들기 방식은 작품이 전달하는 정치적 메시지와 관련해 상당한 논쟁을 불러일으켰다. 이 논쟁은 영화 만들기의 정치적 방법론으로서 리얼리즘이 갖는 가치가 유독 격렬한 비평의 주제가 됐던 1970년대에 특히 활발하게 이루어졌다. 그러나 이 책에 밝혔듯, 이 논쟁은 형식에 관한 논쟁에 머무는 경향을 보이며 '리얼리즘적 텍스트'를 작동시키는 구체적인 역사적, 정치적, 제도적 맥락은 거의 무시했다. 그러므로 이 책은 그 맥락으로 되돌아가 로치의 작품을 왜 단순히 형식적 특징으로만 평가할 게 아니라 그것이 제작되고 상영된 정황과 함께 파악해야 하는지 보여 주고자 한다.

이는 이 책이 단지 켄 로치에만 한정된 연구라 할 수 없는 또 다른 근거다. 그의 작품이 일으킨 정치적 반향을 평가하기 위해서는 그의 작품이 어떻게 당대의 사회적 상황에 반응하고 특정한 정치적, 제도적 맥락 안에서 작동했는가에 대해 알 필요가 있다. 그런 관점에서 보면 형식적 미진함 때문에 평자들에게 무시당했던 〈빅 플레임〉이나 〈희망의 나날들〉 같은 텔레비전 작품도 당시 정치적, 제도적으로 수용 가능한 표현의 한계에 도전했다는 의미를 지닌다. 이렇게 보면 로치가 텔레비전 작품을 만들 때도 영화를 만드는 태도로 접근하여 두 매체의 차이를 무너뜨리려 했음에도 불구하고, 영화와 텔레비전 작품은 서로 다른 제도적 장치를 통해 투자, 배급된다는 점에서 차이를 가지며 그 차이가 작품의 정치적 반향의 정도에도 영향을 미침을 알 수 있다.

따라서 이 책은 사회적 맥락, 제도적 환경, 형식적 전략, 정치적 신념에 대한 논의를 모두 포괄하여 로치의 경력을 느슨하게나마 연대기적으로 서술하려 한 것처럼 보일 수 있다. 로치의 작품 세계가 워낙 넓은 스펙트럼에 걸쳐 있어 그의 영화와 텔레비전 작품을 모두 동일한 정도로 세세하게 다루는 것은 불가능했다. 미학적, 정치적으로 가장 중요한 작품 몇몇을 집중적으로 다루다 보니 초기 텔레비전 작품 등 다른 작품에 대해서는 그에 합당한 관심을 쏟지 못했다. 그렇다고 로치의 영화가 텔레비전 작품보다 우월하다거나 더 주목받을 가치가 있다고 주장할 생각은 전혀 없다. 한편으로는 그런 주장을 뒷받침하기가 불가능하기 때문이고(예를 들어 〈업 더 정션〉과 〈캐시 컴 홈〉 두 작품 모두가 갖는 중요성과 지속적인 영향력을 누가 반박할 수 있겠는가), 다른 한편으로는 텔레비전에서 영화로 옮겨 간 것이 그에게 득이 된 만큼 실이 된 면도 있기 때문이다. 나는 로치의 작품에 대해 드러내 놓고 평가하는 방식을 피하려고 노력하면서, 그의 작품이 당대의 사회적, 정치적, 예술적 조류와 관련해 어떻게 이해될 수 있는지 논하는 편을 택했다. 그럼에도 불구하고 그의 텔레비전 작품에는 예술적 실험, 정치적 급진주의, 공개적 논쟁이 공존하며 만들어 내는 힘, 그가 이후에 만든 영화에서는 좀처럼 재현된 적이 없을 정도의 강력한 힘이 있어 이 책의 상당한 분량을 텔레비전 작품들에 할애하게 되었다.

이 책의 구조는 다음과 같다. 1장은 켄 로치의 텔레비전 입문과 당시 텔레비전 드라마에서 득세했던 '반자연주의'와의 연관성을 다룬다. 이 장에서는 〈청년의 일기Diary of Young Man〉(1964)와 〈아서 결혼의 파경 The End of Arthur's Marriage〉(1965)을 살펴봄으로써 로치의 초기작들이 어떻게 관습적인 텔레비전 드라마의 연극풍을 넘어서서, 이야기를 전달하고 동시대의 세계를 탐색하는 새로운 방식을 발견해 내려고 했는지 밝힌다. 2장에서는 로치가 어떻게 극형이나 낙태 같은 동시대 문제를 다룸으로써 텔레비전에 관한 사회적 담론의 확장을 모색한 새로운 '관용'의 문화와 연대했는지에 초점을 맞춘다. 이 장에서는 〈더 웬즈데이 플레이*The Wednesday Play*〉 시리즈의 출범, 로치와 작가 제임스 오코너James O'connor의 협업, 일찍이 그를 유명하게 만들어 준 초기작 〈업 더 정션〉 등을 살펴본다. 3장은 1, 2장을 토대로 로치가 더 많은 필름을 사용하고 더 많은 다큐멘터리적 기법을 받아들이게 된 점에 대해 고찰한다. 여기서는 로치의 가장 유명한 작품 중 하나인 〈캐시 컴 홈〉에 관해 논하고, 그가 그 뒤에 만든 〈인 투 마인즈〉, 〈골든 비전*The Golden Vision*〉(1968)을 바탕으로 '다큐멘터리 드라마' 논쟁에 관해서도 논평할 것이다. 4장은 로치의 점진적 정치화, 짐 앨런과 함께 만든 초기작, 그 결과 발생한 정치적 논란을 살펴본다. 그리하여 드라마와 다큐멘터리를 융합하는 것이 합당한가에 관한 논쟁이 어떻게 다른 논의로 전환되었으며, 그 논의가 드라마를 정치적 목적에 이용하는 것에 대한 정당성 문제나 '객관성'과 '균형'을 유지하려 노력한다고 하는 BBC에 대한 저항으로 어떻게 이어졌는지 설명한다.

5장에서는 장편 영화로 옮겨간 로치의 행보에 대해 고찰할 것이다. 〈케스〉의 경우를 보면, 이런 변화는 로치로 하여금 자신의 방법론을 부분적으로나마 재고하고 이전부터 써온 예술적 장치의 사용을 줄여나가도록 했다. 거기에는 그가 만들고자 하는 부류의 영화에 배타적이었던 영국 영화 산업의 풍토와 그로 인해 그가 겪어야 했던 배급망 확보의 어려움이 드러나 있다. 6장은 텔레비전으로 복귀한 로치와 4부작 〈희망의 나날들〉을 둘러싼 정황을 살펴본다. 언론과 학계 비평가들의 반응을 살펴보고, 조직이 내세워 온 '자유주의'가 심각하게 위협받고 있다고 느낀 BBC 내에서 이 작품이 야기한 논란을 검토한다. 7장은 1980년대에 찾아온 로치의 침체기와 이후 장편 영화로의 복귀를 다룬다. 여기에는 영국 영화 제작 환경을 둘러싸고 변화한 경제적 풍경과, 로치가 자신의 경력과 비평적 위치를 유지하기 위해 국제적인 투자와 배급에 점점 더 많이 의존하게 된 상황이 나타나 있다. 8장과 9장은 그런 새로운 상황 속에서 나온 영화들을 살펴볼 것이다. 8장은 1990년대 이래 로치의 영화에 나타난 노동 계급의 재현이 어떻게 변화해 왔는지에 초점을 맞추고, 9장은 현 정치가 어떻게 다른 방향으로 나아갈 수도 있었는지 보여 주고자 한 그의 역사물 2편(〈랜드 앤 프리덤〉과 〈보리밭을 흔드는 바람〉)을 검토한다. 그리하여 이 책은 로치에 대한 마지막 전언이 되기보다, 일관성을 유지하는 가운데 강력한 비평적, 정치적 반응을 촉구하기를 계속해 오고 있다는 점에서 여전히 놀라운 그의 작품 세계를 이해하는 데 기여하고자 한다.

"새로운 텔레비전 드라마"를 향하여

〈청년의 일기〉와 〈아서 결혼의 파경〉

1

켄 로치는 1936년 6월 17일 워릭셔 주의 넌이턴 시에서 태어났다. 전동 공구 공장에서 감독 일을 한 아버지 아래 존경 받는 노동 계급 집안에서 태어난 로치는 장학금을 받아 그래머스쿨*에 진학할 기회를 얻었다. 이후 영국 공군에 징집되어 군 복무**를 마친 뒤에는 옥스퍼드 세인트 피터스 칼리지에서 법학을 공부했는데, 옥스퍼드 대학교 드라마학회 활동을 더 열심히 했고 나중에는 학회장까지 지냈다. 졸업 때도 법학 대신 연극을 택한 그는 배우로 일하다가 ABC 텔레비전에서 준 장학금으로 노스햄튼 레퍼토리 컴퍼니Northampton Repertory Company에서 연출자 교육을 받았다. 하지만 그의 인생을 변화시킨 사건은 1963년 8월 BBC에 텔레비전 감독 교육생으로 들어간 일이었다.

　로치가 BBC에 들어갔던 때는 텔레비전 방송이나 사회 전반적으로나 중요한 변화가 이루어지고 있었던 시기였다. BBC의 경우, 1960년대

■　대학 입시 준비 교육을 하는 7년제 중등학교. — 옮긴이
■■　현재 영국 군대 제도는 모병제이지만 2차 세계 대전 후부터 1960년까지 평시 징병제가 시행된 적이 있다. — 옮긴이

초 휴 그린Hugh Greene이 사장으로 부임했다. 1958년 독일에서 한 어느 연설에서 그린은 공영 텔레비전도 "감히 실험적이고 모험적일 수 있다"고 당당하게 선언했으며, 이후 BBC의 자유주의화와 혁신의 시기로 널리 알려져 있는 한 시대를 이끌었다.[13] 거기에는 해리 필킹턴 경Sir Harry Pilkington 의장의 지휘 아래 1962년 6월 의회에 제출된 방송위원회 보고서도 한몫했다.■ 1950년대에 이르러 상업 TV인 ITV의 인기가 높아지자 BBC는 수신료 유지를 정당화하기 위해 시청자를 늘여야 한다는 압박감에 시달렸는데, 필킹턴 보고서는 텔레비전이 단순히 "공공이 원하는 것"을 주기만 해서는 안 되며 그러다 보면 "다양성과 독창성을 결여"한 채 "'안전'한 것만 고집"하는 결과를 가져오게 될 수 있다고 피력했다.[14] 그리고 텔레비전은 사회의 "성장 부위"에 "스포트라이트를 비추"어야 하며, "실험하고, 새로운 것이나 다른 것을 보여 주고, 반대 의견에 경청하려는 의욕과 열망을 가질" 책임이 있다고 결론을 내렸다.[15] 존 코기John Caughie가 지적한 바대로, 보고서는 상업적인 경쟁에 직면하여 공영 방송이 갖는 중요성을 강조했을 뿐만 아니라 BBC 내에서 일어나고 있었던 혁신과 실험을 지지하는 '허용 담론enabling discourse'을 제공했다.[16]■■

■ 영국은 독립적인 방송위원회를 통해 주요 방송 정책을 결정하는 전통을 갖고 있다. 1923~1998년까지 11차례 방송위원회를 통해 공영 방송을 끊임없이 혁신했다. 특히 크로퍼드 위원회를 통해 상업 방송인 BBC가 공영 방송으로 전환됐으며, 필킹턴위원회를 통해 BBC2가 신설되었고 애넌위원회를 통해 채널 4Channel 4가 생겼다. ─ 옮긴이

■■ 필킹턴 보고서의 중요성에 대한 존 코기의 설명은 1960년대 텔레비전 드라마의 '황금기'가 전후 정치적, 문화적 변화의 더 큰 맥락 속에서 이해되어야 한다는 더 광범위한 주장의 일부분이다.

혁신의 증거는 1962년에 방영을 시작한 심야 풍자 프로그램 〈그게 그 주였어*That Was the Week That Was*〉를 비롯해 여러 장르에 걸쳐 나타났지만, 실험에 대한 열의나 새로운 방식의 표현, 반대 의견의 목소리에 대한 수용이 가장 두드러졌던 것은 텔레비전 드라마 영역이라 볼 수 있다. 여기에 막대한 기여를 한 이는 1963년 1월 BBC 드라마국장으로 온 시드니 뉴먼Sidney Newman이었다. 뉴먼은 캐나다 출신으로 1958년 ABC TV의 ITV사 드라마국장 자리를 넘겨받아 영국으로 왔다. 1956년 존 오스본John Osborne의 〈성난 얼굴로 돌아보라*Look Back in Anger*〉에 의해 시작된 영국 연극의 새로운 연출 방식에 영감을 받은 그는 앨룬 오웬Alun Owen의 〈라임 가로 가는 트램은 없네*No Trams to Lime Street*〉(1959년 10월 18일 방영), 클라이브 엑스턴Clive Exton의 〈내가 사는 곳*Where I Live*〉(1960년 1월 10일 방영), 해럴드 핀터Harold Pinter ■의 〈밤나들이*A Night Out*〉(1960년 4월 24일 방영) 등을 포함한 ABC의 〈암체어 시어터*Armchair Theatre*〉 시리즈 덕분에 "오늘날 영국에서 일어나고 있는 활발한 변화"에 발맞춘 새로운 극작법과 연출법을 장려한 인물로 금세 높은 명성을 얻었다.[17] 그가 BBC에 와서 가장 먼저 한 일은 드라마국을 시리즈, 연속극, 단막극을 담당하는 부서별로 재편성하고, 1963년에 시작된 〈닥터 후*Doctor Who*〉 같은 대중적 프로그램의 출현을 장려한 일이었다. 그러나 뉴먼은 필킹턴과 마찬가지로 드라마가 "하찮은 엔터테인먼트보다 나은 것"이어야 하며 그의 부서에서 만들어지는 드라마들이 "자신의 시대를 해석해"야 할 뿐만 아니라

■ 영국 런던 태생의 극작가로 사무엘 베케트의 영향을 받아 부조리극을 많이 썼다. 가장 유명한 대표작은 《관리인*The Caretaker*》이다. — 옮긴이

"새로운 종류의 극적 소통 양식"을 통해 그 해석을 완수해야 한다고 보았다.[18] 그런 식으로 뉴먼은 BBC 안에 만연해 있었던 텔레비전 드라마의 지배적 관습에 대한 불만을 분명히 드러냈다.

"자연주의자는 집에나 가라"

한동안 ABC의 〈암체어 시어터〉는 새로운 종류의 동시대적인 소재를 텔레비전 드라마로 성공적으로 옮겨내면서 자유로운 카메라의 사용을 장려했다. 그러나 상당수의 프로듀서와 작가들 사이에는 텔레비전이 영국의 연극이나 영화에서 일어난 '뉴 웨이브'에 준하는 새로운 표현 형식을 찾아내는 데 실패했다는 믿음이 팽배했다. 이것은 기술적 제약 때문이기도 했지만 미학적 선택의 결과이기도 했다. 1960년대 초 대다수 텔레비전 드라마는 스튜디오에서 촬영됐고 제한된 수의 세트를 써야 했으며 종종 생방송으로 방영됐다. 1958년 비디오테이프가 생겨 드라마도 사전 녹화를 할 수 있게 되긴 했지만, 비디오테이프는 여전히 비싸고 다루기 어려웠으며 과중한 편집은 지양됐다. 그래서 텔레비전 드라마를 녹화한다고 해도 보통은 스튜디오에서 며칠간 리허설을 한 뒤 장면들을 연속해서 녹화하는 식이어서 거의 생방송에 가까웠다. 그런 이유로 존 코기는 1950년대 말과 1960년대 초에 텔레비전 드라마 녹화에서 카메라 이동성이 증가한 데 주목하면서도, 여전히 텔레비전의 주된 미학은 연극적인 퍼포먼스나 스튜디오를 "무대 공간*performative space*"으로 사용하는 방식과 결합되어 있음을 지적했다.[19] 일부는 이 미학이 텔레비전이란 매체의 특정한 성격에 잘 부합하는 것이라고 보았지만, 다른 이들은 전통적인 형식의 텔레비전 드라마에 사용돼 온 '무대상의 재현*proscenium presentation*'▪을 초월해야 한다는 결론에 도달했다.[20] 1956년에 이미 BBC 텔레비전 드라마 국장 마이클 배리Michael Barry는 익스페리멘털 그룹Experimental Group을 설립하여 "전통적인 형식으로는 전달할 수 없는 스토리 …… 와 스토리텔링의 새로운 방법론"에 대한 모색을 비롯해 새로운 제작 방법론의 발전에 따른 실험적 텔레비전 프로그램의 역할을 검토했다.[21] 결국 이 그룹은 단명했지만, 앤서니 펠리시에Anthony Pélissier의 주도하에 〈토렌츠 오브 스프링*Torrents of Spring*〉(1959년 5월 21일 방영), 〈마리오*Mario*〉(1959년 12월 15일 방영)와 같은 소수의 실험적인 드라마를 만들며 새로운 기법들을 시험하는 일에 몰두했던 랭엄 그룹Langham Group의 설립으로 이어졌다. 랭엄 그룹은 카메라 운동, 몽타주, 사운드에 있어 새로운 방법론을 개발했지만, 그런 노력은 호오가 뒤섞인 평가를 받았고 비평가들도 실험을 위한 실험에 너무 빠져 있다며 그들의 작품을 혹평했다.[22]

그럼에도 관습적인 텔레비전 드라마의 한계를 뛰어넘고 스토리텔링에 더 다양한 시각적 형식을 사용하려 한 그룹의 열정은 텔레비전 '자연주의'라고 알려지게 된 흐름에 대항해 살아남았다. 이는 1964년 당시 영국 연극의 새로운 흐름을 밀접하게 다룬 잡지 〈앙코르*Encore*〉에 실린 극작가 트로이 케네디 마틴Troy Kennedy Martin의 선언문 "자연주의자는 집에나 가라*Nats Go Home*"에 가장 잘 표현되어 있다. 제목이 알려주듯 케네디 마틴의 비평의 주요 대상은 그가 "매체와 드라마에 부적합한 형식"이

▪ 프로시니엄*proscenium*이란 전통적인 형태의 극장에서 무대와 객석의 경계를 가르는 아치형 구조물을 뜻한다. '무대상의 재현'은 객석을 향해 열려 있는 무대의 앞쪽 공간에서 모든 극적 행위가 이루어지는 재현 방식을 가리킨다. ― 옮긴이

라 주장한 "자연주의"였다.[23] 케네디 마틴이 주로 공격한 대상들이 일반적인 의미에서 자연주의와 별로 관련이 없다고 생각되는 것들임을 감안하면, 현재의 관점에서 봤을 때 자연주의라는 용어의 선택은 이상해 보일 수도 있다. 하지만 선언서가 쓰였을 당시 자연주의라는 개념은 텔레비전 드라마에 만연해 있었던 '연극적' 접근법을 의미했으며, 그것이야말로 케네디 마틴이 "연극 공연에서 그 형식이나 본질을 빌려온 모든 드라마는 '아웃'시켜야 한다"라는 선언을 통해 비판하고자 했던 것이다.[24]■

케네디 마틴은 텔레비전 드라마에 대한 이런 연극적인 혹은 자연주의적인 접근 방식에는 몇 가지 핵심적인 특징들이 있다고 설명했다. 그에 따르면 "자연주의자"는 다른 어떤 수단보다 "극중 대화라는 수단을 통해 스토리를" 전달하려고 하며, 스튜디오의 시간과 드라마의 시간과 그리니치 표준 시간이 똑같이 돌아가는 "자연적 시간의 엄격한 형식" 안에서 드라마를 만들고, "말하는 얼굴과 반응하는 얼굴"을 촬영한 클로즈업처럼 "시청자의 주관"에 호소하여 시청자가 "캐릭터의 곤경"에 감정적으로 동

■ 트로이 케네디 마틴이 '자연주의'라는 용어를 텔레비전으로 방송되는 연극의 동의어로 사용하고 있지만, 그는 자연주의를 모스크바 예술 극장에 소속된 러시아의 연출가 콘스탄틴 스타니슬라브스키Konstantin Stanislavsky의 작업과 관련된 연극적 전통 안에서 파악했던 베르톨트 브레히트Bertolt Brecht를 따르고 있기도 하다. 잘 알려져 있듯 스타니슬라브스키의 주장은 1947년 리 스트라스버그Lee Strasberg에 의해 세워진 뉴욕의 액터스 스튜디오Actors Studio로 흡수되었고, 패디 차이에프스키Paddy Chayefsky(액터스 스튜디오 출신 배우 로드 스타이거Rod Steiger가 출연한 유명한 1953년작 텔레비전 드라마 〈마티Marty〉의 작가)의 작품들을 통해 전파를 타게 됐다. 하지만 케네디 마틴이 보기에 "심리적 동기와 통속화된 프로이트주의를 바탕으로 한 드라마트루기에 대한 '메소드'적 열광은 연기를 동력으로 삼는 텔레비전의 연극성을 강화했을 뿐이며, 그의 생각에 비자연주의적 형식이 보여 줘야 하는 '내면'에 대한 접근법을 제공하는 데도 실패했다.

일시하도록 하는 클로즈업에 지나치게 의존했다. 그러므로 케네디 마틴이 보기에 "새로운 드라마"의 야심은 이런 관습들에 도전하는 것, "대화를 촬영하는 임무에서 카메라를 해방시키고 …… 자연적 시간에서 구조를 해방시키"는 것, "텔레비전 카메라의 전면적이고 절대적인 객관성"을 이용하여 캐릭터에 대한 주관적 동일시를 종용하는 방식을 버리는 것이 돼야 했다.[25] 케네디 마틴의 주장이 항상 그가 쓴 글처럼 분명하게 이해됐던 것은 아니며, 이후에 텔레비전 카메라의 '객관성'이란 개념을 포함해 그가 사용한 용어의 정확한 의미를 묻는 논쟁도 일었던 바 있다.[26] 하지만 케네디 마틴의 에세이는 단순한 이론에 머무르지 않았으며 그가 존 맥그래스John McGrath와 함께 쓴 극본(당시 BBC와 계약을 협상 중이었음)의 일부 발췌 내용과 함께 읽혔다.■ 한동안 그 극본은 제작에 못 들어갈 것처럼 보였지만 나중에 〈청년의 일기〉라는 제목의 6부작 시리즈로 만들어져 1964년 8~9월 동안 BBC1에서 방영됐다. 애초의 계획은 맥그래스가 시리즈의 연출을 맡는 것이었던 듯하다. 그러나 실제로 그 일은 비교적 신참이었던 두 사람에게로 돌아갔다. 1, 3, 5화를 연출한 케네스 로치(켄 로치)와 나머지를 연출한 피터 두구드Peter Duguid였다.■■

■　트로이 케네디 마틴과 존 맥그래스는 장수한 경찰 시리즈 〈Z 카〉의 1화 "포 오브 어 카인드*Four of a Kind*"(1962년 1월 2일 방영)에서 작가와 연출자로 함께 작업한 적이 있었다. 〈Z 카〉를 떠난 뒤 그들은 〈청년의 일기〉에 착수했는데, 작품에 대한 두 사람의 기여도가 각기 정확히 어느 정도였는가에 대해서는 논쟁이 계속되어 왔다. Lez Cooke, *Troy Kennedy Martin*, Manchester: Manchester University Press, 2007, pp.79~81을 보라.

■■　오랫동안 단 한 편(1화)만이 남아 있는 것으로 알려져 있었다. 하지만 나중에 두 편(5, 6화)이 더 발견되었다.

〈텔레테일〉 시리즈: 〈캐서린〉(1964)

〈청년의 일기〉가 '실험적인' 선언문과 동반해 나왔다고 해도 그 시리즈 자체는 주류 제작물로 받아들여졌다. BBC1의 토요일 황금 시간대에 방영됐고 〈라디오 타임스〉의 표지를 장식했으니 말이다. 그러므로 이런 시리즈의 연출을 비교적 초보자인 두 감독에게 맡겼다는 것은 드라마본부의 모험 정신(혹은 아마도 TV 감독의 부족 현상)을 증명하는 것이었다. 이미 언급했듯 로치는 한 해 전인 1964년에 BBC가 제2채널인 BBC2의 개국을 대비해 만든 감독 교육생 과정의 신입으로 막 들어온 참이었다. 로치에 따르면 그 과정은 그가 첫 드라마 연출을 지시받기 전까지 겨우 6주밖에 지속되지 않았다.[27] 이후 그는 〈텔레테일*Teletales*〉 시리즈에 참여하게 되었다. 이 심야 시리즈는 그에게 중요한 사람들과 만나게 해줬을 뿐만 아니라 그 사람들이 텔레비전 드라마에 대해 품고 있었으며 지켜내고자 했던 이상을 맛보게 해줬다는 측면에서 중요했다. 이 시리즈의 프로듀서는 스코틀랜드 출신 청년으로 프로듀싱도 하고 연출 및 연기도 할 줄 아는 제임스 맥태거트James MacTaggart였다. 그는 BBC 글래스고 스튜디오에서 잭 거슨Jack Gerson의 〈쓰리 링 서커스*Three Ring Circus*〉(1961년 2월 2일 방영)를 프로듀싱해 비평가들의 호평을 받았고 그 작품 덕분에 BBC 런던에 오게 됐다. 런던에서는 트로이 케네디 마틴과 〈스토리보드*Storyboard*〉(1961년 7~9월 방영)란 단막극 시리즈를 만들었다. 이 시리즈는 문학 작품을 각색한 단막극들로 이루어져 있긴 했지만, 그럼에도 "강력한 내러티브 줄기"를 가진 이야기를 "시각적 표현"을 통해 전달하려 한 혁신적 시도로 홍보됐다.[28] 이런 시도가 실제 제작 과정에서 어떻게 이루어졌는지에 대해서는, 존 맥그래스가 익히 설명한 바 있다. 그는 생방송이란 조건에도 불구하고 30분 안에 36번이나 카메라 세팅을 바꿔 가며 촬영했던 것을 예로 들면서, 제작진이 "내러티브 드라마를 창조하"기 위해 어떤 식으로 "텔레비전에 유사 연극적으로 접근하는 모든 방식으로부터 탈피"하고자 했는지 설명했다.[29]

〈텔레테일〉 시리즈의 접근 방식의 바탕이 된 것도 유사한 '시각적 스토리텔링'의 철학이었다. 이 시리즈는 로저 스미스Roger Smith와 크리스토퍼 윌리엄스Christopher Williams가 쓴 창작 극본과 각색 극본을 혼합한 것이었다. 스미스와 윌리엄스는 맥태거트와 〈스토리보드〉에 이어 〈스튜디오 4Studio 4〉(1962년 1~9월 방영) 시리즈도 함께 작업했는데, 〈텔레테일〉 시리즈의 이론적 바탕을 구상한 것도 그들이었다.

> 스토리는 최대한 경제적이고 압축적으로 전달돼야 한다. 신의 배치와 그 사이의 컷 편집은 내러티브에 결정적인 역할을 할 것이다. 내레이션의 스타일은 유동적이어야 하며, 프레이밍, 카메라 운동성, 스튜디오 공간의 한계를 탐색해야 한다. 내러티브와 카메라는 각 장면에서 관계가 있는 '정보'를 선택해야 한다. 우리는 이런 방법론이 일반적으로 용인돼 온 자연주의의 필요성으로부터 우리를 해방시켜 줌과 동시에 스토리에 대한 관심으로부터 고개를 돌릴 수 있도록 해주리라 희망한다.[30] ■

■ 〈텔레테일〉 시리즈의 출범과 맞물려 진행된 인터뷰에서 제임스 맥태거트는 "전혀 예상치 못한 미친 짓을 해낸" 로저 스미스와 크리스토퍼 윌리엄스를 칭찬하며 그저 대사를 쓰는 게 아니라 "촬영의 측면에서 대본을 쓸" 필요가 있다고 강조했다. Marjorie Bilbow, "Writers Are Afraid of Medium's Limitations," *The Stage and Television Today*, 9 January 1964, p.10.

이것이 실제로 어떻게 적용됐는가는, 스미스의 창작 극본 드라마 〈캐서린*Catherine*〉(1964년 1월 24일 방영)에 켄 로치가 기여한 바를 통해 잘 드러났다. 〈캐서린〉은 파경을 맞은 젊은 여자(키카 마르캠Kika Markham)의 경험을 다룬 이야기이다. 맥태거트가 "텔레비전에서 용인되고 있던 대부분의 규칙을 파괴했다"고 설명했듯이, 이 드라마는 텅 빈 스튜디오에서 어떤 관습적인 세트도 사용하지 않은 채 촬영됐다.[31] 내러티브의 '흐름'을 최대한 활성화하기 위해 제작진은 30분도 안 되는 시간 안에 120개의 숏을 사용했다. 부분적으로 이는 캐서린이 매력 없는 남자들과 연속해서 식사를 하는 내러티브 행위를 압축한 짧은 몽타주 시퀀스가 포함됐기 때문이기도 했다.■ 그리하여 로치는 텔레비전 경력을 시작할 때부터 실험적인 접근 방식을 선택하도록 격려 받았고, 제임스 맥태거트와 로저 스미스처럼 앞으로도 (가장 주목할 만한 〈더 웬즈데이 플레이〉 시리즈를 비롯해 여러 작품에서) 계속 함께 일하게 될 동료들과 인연을 맺었다.■■ 특히 이 작품이 갖는 더 큰 의미는 로치가 장차 자기 작품의 스토리 편집자이자 프로듀서가 될 토니 가넷을 처음으로 만난 작품이라는 데 있다. 당시 아직 배우였던 가넷은 캐서린의 남편 리처드 역을 맡고 있었다. 그러나 스미스의 격려 아래 그는 BBC 드라마국에 스토리 편집자로 들어오게 됐으며, 처음

■　드라마가 만들어지긴 했으나 〈캐서린〉의 어떤 판본도 남아 있는 게 없다. 그래서 촬영 대본과 작품에 관한 당시 리뷰에서 정보를 구했다.

■■　실제로 로저 스미스는 1990년대에 〈랜드 앤 프리덤〉(1995), 〈내 이름은 조*My Name Is Joe*〉(1998), 〈빵과 장미*Bread and Rose*〉(2000), 〈네비게이터*The Navigators*〉(2001), 〈스위트 식스틴〉(2002), 〈다정한 입맞춤*Ae Fond Kiss* …〉(2004), 〈자유로운 세계*It's a Free World* …〉(2007), 〈룩킹 포 에릭*Looking for Eric*〉(2009)을 포함해 여러 영화에서 스크립트 자문 역할을 하면서 로치와 재결합하여 그의 경력 내내 로치의 협력자 중 하나로 남았다.

에는 맥태거트와 스미스와 함께 〈퍼스트 나이트*First Night*〉 시리즈를 만들었고 다음에는 새로 출범한 〈더 웬즈데이 플레이〉 시리즈에서 로치가 연출한 가장 유명한 작품들의 프로듀서로 일했다.

"일류 텔레비전": 〈청년의 일기〉

〈캐서린〉 다음으로 켄 로치는 1962년에 방영을 시작해 장수해 온 경찰 시리즈 〈Z 카*Z Cars*〉의 3회분을 연출했다. 이는 그에게 BBC의 가장 인기 있는 프로그램에서 일해 보는 매우 값진 경험은 물론 35mm 필름으로 인서트 숏을 찍어볼 수 있는 첫 기회를 제공했다. (로케이션 촬영은 할 수 없었지만 말이다.) 그러나 그에게 텔레비전 감독으로서의 명성을 처음 얻게 해준 작품이 〈청년의 일기〉였다는 사실에는 의심의 여지가 없다. 시리즈에 대한 평가가 모두 호의적이었던 것은 아니지만, 이 시리즈가 피터 블랙이 말한 텔레비전 드라마의 '문법'이라 할 만한 것을 재창조하려고 시도했다는 데 대해서는 대체로 인정하는 분위기였다.[32] BBC 안에서는 특히 시드니 뉴먼이 열광적인 반응을 보였다. 그는 제임스 맥태거트에게 메모를 보내 로치가 연출한 1화는 5년 전 〈라임 가로 가는 트램은 없네〉와 비교해 "앞으로 수년간 텔레비전 스토리텔링의 중요한 돌파구로 여겨질" 것이라고 전했다. "내가 틀렸을 수도 있네"라고 말을 이은 그는 "하지만 대사와 음악과 음향 효과를 대단히 독창적이고 창의적으로 사용하여 라이브 액션과 필름과 스틸 전부를 결합해 낸 다양성만으로도 이것은 일류 텔레비전이라 할 만하네"라고 썼다.[33] 뉴먼이 언급한 것처럼 〈청년의 일기〉는 케네디 마틴의 선언문에서 기약했던 반자연주의 드라마의 출현으로 받아

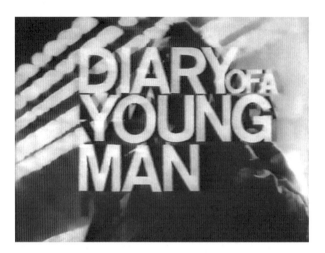

"텔레비전 스토리텔링의 중요한 돌파구"

KEN LOACH

들여졌던 것일 수도 있다.

이야기는 1화의 시작과 함께 "계집과 머물 곳과 약간의 돈"을 찾아 런던에 도착하는 북부 출신의 두 도망자, 조(빅터 헨리Victor Henry)와 진저(리처드 무어Richard Moore)에 관한 것이다. 부분적으로 피카레스크picaresque 소설*을 본뜬 이야기는 조의 내레이션의 통해 진행되며, 중심 인물인 "하층민 계급" 캐릭터 조가 경제적, 사회적으로 더 혜택 받은 위치에 있는 다양한 인물들을 만나면서 생기는 일화들을 느슨하게 연결해 나가는 구성으로 이루어져 있다.** 하지만 관습적인 스튜디오 드라마의 시공간적 제약으로부터 자유로워져야 한다고 말한 트로이 케네디 마틴의 선언에 따라, 이야기는 표면적인 핍진성이나 심리적 리얼리즘을 어느 정도 배제한 채 전달된다. 드라마 자체는 순진한 인물이 예상치 못한 일련의 사건들에 직면하는 친숙한 내러티브를 사용한다. 하지만 강조점은 조의 개인적, 심리적 성장보다 그의 캐릭터가 휘말려 들어간 상황이나 그런 상황을 통해 동시대 사회를 폭로하는 데 찍힌다. 조가 만나는 사람들도 특정한 사회적 지위나 역할을 지닌 사회적 유형(점원, 경찰, 사업가 등) 이상으로 '입체적'이지 못한 캐릭터들이다. 실제로 심리적 리얼리즘에 관심이 없음을 강조라도 하는 듯한 이 드라마에는 프랭크 윌리엄스Frank Williams처럼 1인 다

■ 16세기에서 17세기 초까지 스페인에서 특히 유행했던 악한을 소재로 한 문학 작품을 가리킨다. ― 옮긴이
■ ■ 케네디 마틴에게 18세기 피카레스크 소설이 끼친 영향은 "플롯보다 스토리"를 선호하는 것과도 연결된다("Nats Go Home," p.31). 이는 결국 '플롯'과 관계된 '드라마극'과 '내러티브'와 '스토리'를 지닌 '서사극'의 차이를 구분한 브레히트에 영향을 받은 것으로 보인다. "The Modern Theatre Is Epic Theatre" in *Brecht on Theatre*, trans. John Willett, London: Eyre Methuen, 1964, p.37을 보라.

역을 맡는 배우도 있고, 경찰 여러 명과 교도관을 연기한 글린 에드워즈 Glynn Edwards처럼 한 직업군에 속한 배역을 전부 도맡는 경우도 있다. 이를 통해 드러나는 것처럼 이 시리즈는 '기득권층'을 조롱하고 그들의 탐욕과 위선을 발가벗겨 보이려 하면서 (《그게 그 주였어》 같은 프로그램의 우상파괴주의에 영향을 받았음이 틀림없는) 풍자에 대한 강한 욕구를 드러낸다.■ 1화에 기득권층의 다양한 일원들, 하원 의원들(당시 보수당 총리였던 알렉 더글러스 홈 Alec Douglas Home의 실제 자료 화면도 포함), 군 관계자, 경찰, 은행원들의 퇴근 장면들로 구성된 런던 "쥐들의 경주"의 몽타주가 포함된 것도 그래서다. 이 시퀀스는 앞에서 등장했던 '장군들, 제독들, 형사들'이 소호 거리를 지나가며 '모델들'에게 환영을 받는 장면으로 마무리된다(당시는 프러퓨모 스캔들이 일어난 지 겨우 1년밖에 되지 않았을 때다).■■ 조는 심리적으로 좀더 깊이 있는 캐릭터로 등장하지만, 그 역시 당시 사회적 리얼리즘 문학이나 영화에서 튀어나온 듯한 성적으로 적극적인 노동 계급 영웅의 전형이다. 이러한 남성주의*masculinism*의 전통을 상당 부분 물려받은 시리즈는 남성의 경험을 기준으로 이야기를 조직하고, 난봉꾼 조의 진화를 그가 자신보다 사

■ '기득권층'이라는 개념은 1959년에 역사학자 휴 토머스Hugh Thomas가 편집한 전집의 제목으로 1950년대 말에 통용되기 시작했다. 이 용어는 피터 쿡Peter Cook과 니콜라스 루어드Nicholas Luard가 소호에 'The Establishment'라는 풍자적 상호의 나이트클럽을 열면서 더 많은 반향을 일으켰다. 그곳에서 풍자는 반기득권적 현상으로 발전하였다.

■■ 1963년 해럴드 맥밀런Harold Macmillan의 보수당 정권 당시 육군장관이었던 존 프러퓨모John Profumo는 매춘부 크리스틴 킬러Christine Keeler와 관계를 맺은 것이 밝혀지면서 사임하게 됐다. 당시 킬러는 소비에트 대사관 직원과도 내연 관계였다고 한다. 그의 간통 사실은 풍자의 무궁무진한 원천이 됐을 뿐 아니라 1951년부터 집권해 온 정당의 명백한 타락을 상징하는 사건으로 받아들여졌다.

회적 지위가 더 높은 여자(1화의 로즈와 5화의 프레드)를 성적으로 정복하는 것과 연결시킨다.[34] 이는 1화에 특히 잘 드러나 있다. 로즈(네리스 휴즈Nerys Hughes)에 대해 분한 마음이 점점 더 커져 감을 느끼던 조는 그녀에게 받은 굴욕감을 떨치지 못하고 거의 강제적으로 그녀의 집에 이어 그녀의 침대까지 침범한다. 다음에 설명한 것처럼 이 시리즈가 성적으로 노골적이라는 평판을 얻긴 했지만, 그때면 이미 노동 계급 영웅의 '정력'도 전혀 새삼스러운 게 아니었을 때라 조의 여성 혐오증적인 폭발("나와 진저를 모욕한 그 여자를 발가벗긴 뒤 그 여자가 생겨 먹은 대로, 아무것도 든 게 없는 인형이나 쓸모없는 물건처럼 다루고 싶었다")도 사실상 거의 간과됐다(혹은 그저 캐릭터의 천박함에 기인한 것으로 여겨졌다).

극중 대화에 대한 의존도를 낮춰야 한다는 케네디 마틴의 주장대로, 드라마는 항상 조를 내레이터로 등장시켜 일기의 도입부를 읽듯 이야기를 시작한다. 하지만 보이스오버는 일관된 방식으로 사용되지 않으며 가끔은 낭독에 가까워지고, 화면을 통해 보이는 조의 캐릭터와 어느 정도 괴리감을 만들어 내기도 한다. 예를 들어 조의 내레이션의 상당 부분은 순진한 척하는 톤으로 전달된다. 이는 그가 고아원과 같은 궁핍한 환경에서 자랐으며 교육을 제대로 받지 못했음을 암시한다. 하지만 다른 장면에서 그는 보이스오버 속의 단순한 캐릭터와 반대로 명확한 표현력과 지성을 지닌 인물로 비춰진다. 1화에서 그가 진저와 밤새 술을 마신 뒤 끝내 코벤트가든까지 가게 되는 장면에서도 마찬가지다. 그들은 우연히 만난 아서 삼촌(월 스탬프)과 영국 대공습에 관한 논쟁을 벌이게 되는데, 그때 조는 아서 삼촌에게 "학생, 책벌레, 지성인"이란 의심을 받을 정도로 관련 통계 자료를 포함해 2차 세계 대전에 관한 해박한 지식을 드러낸다. 이처럼 조는 일관된 심리를 지닌 관습적 캐릭터라기보다 다양한 게스투

'게스투스적' 만남: 〈청년의 일기〉 1화에서 조(빅터 헨리)와 아서 삼촌(윌 스탬프)이 논쟁을 벌이는 장면

스적gestic 만남에 처해진 '보통 사람'으로서, 그런 만남을 통해 전형적인 사회적 태도와 성향을 드러내게 된다.■

그런 점에서 〈청년의 일기〉는 단순한 행위의 드라마가 아닌 관념의 드라마로 이해될 수 있다. 케네디 마틴은 텔레비전 자연주의에 관해 다음과 같이 설명했다.

> (자연주의적 텔레비전은) 인물들이 신이나 자연, 혹은 자기 자신과 맺고 있는 사적인 관계를 다룰 때 극중 대화의 양식을 통해 굴절시켜 표현한다. 공포, 무력감, 굶주림, 증오, 사랑, 희망 같은 추상에 관해 다룰 때도 상징을 통해서나 아내, 동료, 심지어 잘 모르는 사람과 같은 타인과의 대화를 통해 간접적으로 표현한다.[35]

'추상'을 다루고자 하는 동시에 그러기 위해 텔레비전에 알맞은 새로운 어휘를 찾고자 하는 이런 욕망은 〈청년의 일기〉에서도 발견된다. 이는 '인생의 의미'에 관한 질문을 아이러니컬하고도 명쾌하게 다룬 5화 "인생 혹은 프레드라는 이름의 소녀Life or a Girl Called Fred"에 잘 나타나 있다. 주인공 조는 새롭게 일하게 된 홍보 회사에서 아름다운 연상의 여인 프레드(진 마시Jean Marsh)를 만나 잠자리까지 갖는다. 그런데 그 뒤 조는 자신이 유부남임을 밝히면서 그녀로부터 자살하겠다는 협박을 듣게 된다.

■ 브레히트는 극적 제스처와 행위에 스며 있는 태도가 어떻게 지배적인 사회 관계에 대한 표현으로 해석될 수 있는가를 설명하기 위해 '게스투스(gest, gestus)'란 개념을 사용했다. 그의 주장에 따르면 '사회적 게스투스'는 "사회적으로 관계가 있는 게스투스로서 사회적 상황에 대해 어떤 판단을 이끌어낼 수 있도록 해주는 것"이다. Brecht, "On Gestic Music," in Brecht on Theatre, pp.104~105를 보라.

그녀의 자살을 막고자 하는 그는 '인생의 의미'를 찾아 길을 떠나고, 정신과 의사, 생물학자, 성직자, 비트족, 사상가, 대법원장, 첼시 폐질환 병원 입원 환자, 서민, 불교 신자 등에 이르기까지 그를 도와줄 수 있는 다양한 분야의 사람들을 만나게 된다. 이들의 직업군을 통해 알 수 있듯, 조의 여정은 극적으로 그럴 듯한 만남의 모음보다 상징적인 만남의 연속으로 이루어져 있다. 그리고 그 만남들은 다분히 부조리주의적인 방식으로 연출돼 있다. 예를 들어 조가 대법원장을 만나게 되는 장소는 이후 대법원장이 물건을 훔치다 체포될 장소인 슈퍼마켓이다. 이런 만남들이 꼬리를 물고 이어지는데, 거기엔 리얼리즘이 끼어들 자리가 없다. 그래서 장소와 장소 사이는 단절돼 있으며, 드라마는 조가 어떻게 그곳으로 갔고 어떻게 어디로 가야 할지 알게 됐으며 어떻게 그런 인물들과 만날 기회를 얻었는지 설명하려 하지 않는다. 생물학 실험실에서 성직자의 집으로 바로 넘어가, 조가 따뜻한 아침 식사를 맛있게 먹고 있는 모습을 보여 주는 식이다. 이에 대해 맥태거트는 "군더더기 없고 간결하며 리얼리즘적으로 뭘 채우려 들지 않는" 연출 방식이라 설명하며 이를 이 시리즈의 주된 미덕 중 하나로 여겼다.[36]

물론 이 또한 케네디 마틴의 영향이다. 그는 "자연주의자는 집에나 가라"에서 극적 행위를 압축하고 편집의 개입을 늘여서 자연주의적인 드라마의 '리얼 타임*real time*' 속에 끼어 있는 '데드 타임*dead time*'을 잘라내야 한다고 주장했다. 내러티브 경제를 위해 시간을 줄이는 것에 대한 이러한 강조는 〈청년의 일기〉를 통해 한 단계 더 나아갔다. 많은 양의 스틸을 이용하는 방법을 통해서다. 기존에 랭엄 그룹의 〈마리오〉(1959)도 스틸을 사용했던 바 있으며, 맥태거트의 〈쓰리 링 서커스〉의 가장 두드러지는 특징 중 하나도 여러 스틸을 길게 이어 붙인 몽타주를 사용한 것이었다. 비숫한 방식으로 〈청년의 일기〉도 스틸 이미지를 사용해 시공간 이동 속도를 높이는 효과를 얻고 현대 도시 생활의 템포를 포착하고자 했다. 1화에서는 50장이 넘는 스틸로 구성된 몽타주를 통해 조와 진저가 주변에 어슬렁거리는 사람들이나 별로 믿지 못할 친구들과 밤늦게까지 어울려 놀러 다니는 모습을 담아냈다. 이와 같은 시퀀스에서 여러 시공간에 걸쳐 벌어지는 행위는, 케네디 마틴의 표현대로 내러티브 정보를 ("재언再言"하는 것이 아니라) "정제"하는 핵심 이미지들의 연속을 통해 제시된다.[37] 하지만 이런 몽타주는 시공간의 압축을 통해 내러티브 행위를 정제하는 동시에 내러티브의 선형성으로부터 탈선하도록 부추기기도 한다. 예를 들어 1화에서 일련의 스틸 이미지는 조와 진저가 호텔을 찾는 과정에서 겪는 어려움을 보여 주는데, 몽타주가 진행됨에 따라 편집의 속도가 증가할 뿐 아니라 일부 스틸이 비연대기적으로 재배열된 순서에 따라 반복되기도 한다.

이는 몽타주와 스틸이 단순히 사건 진행의 속도를 높여 주는 기능만 하는 것이 아니라 보이스오버와 결합하여 사건에 대한 논평을 제공하는 역할도 한다는 것을 의미한다. 앞서 보았다시피 점차 활발해진 '반자연주의' 운동은 소설에서 빌려온 내레이터의 활용을 옹호했다. 내레이션이 리얼리즘적 시간으로부터 드라마를 해방시켜 줄 뿐만 아니라 (〈캐서린〉에서처럼) 시청자로 하여금 극중 대화만을 통해서는 쉽게 얻을 수 없는 내러티브 정보와 편집자적 논평에도 접근할 수 있게 해주는 수단이라 봤기 때문이다. 〈청년의 일기〉의 1인칭 시점 내레이션도 주인공의 내적 심리와 앞서 일어난 사건에 대한 생각을 이해할 수 있도록 돕는다. 그래서 시청자는 조와 진저가 호텔을 알아보러 다니는 몽타주 시퀀스를 볼 때도 단순히 그들이 겪은 사건들만 보고 듣는 것이 아니라 그 사건들에 대한 작품의 태도까지 감지하게 된다. 이런 면에서 실제 사람들이나 장소들을 담은 이미지나 스틸과 결합한 외화면 내레이션*off-screen narration*은 다큐멘터리에 사용되는 보이스오버나 비교적 산만한 형태의 설명과 해설의 성격을 띠게 된다. 5화에는 조가 트라팔가 광장에 있는 넬슨 기념비 아래 앉아 있는 장면이 등장한다. 그가 인생의 의미에 대해 숙고하는 동안, 트라팔가 광장, 비트족과 사상가 같은 사람들, 버킹엄 궁전, 런던 국립 미술관, 왕립 재판소 등의 장소들을 담은 스틸 이미지와 교회나 기차역 같은 다른 장소들을 담은 영상이 뒤섞이며 이어진다. 이런 식으로 보이스오버와 몽타주가 결합된 장면은 조의 신체적 움직임과 극적 행위를 연대기순으로 기록하지 않는다. 대신 조의 생각과 그의 추상적인 사유에 따라 배열된 이미지로 구성된 짧은 '에세이'의 성격을 띠게 된다.

이렇게 몽타주는 캐릭터의 속마음에 접근하게 해준다. 그것은 케네디 마틴이 길게 늘어지는 대화 시퀀스에서 탈피해 새롭게 성취해 내고자 했던 것이기도 하다. 그러나 이 드라마의 또 다른 중요한 특징은 어떤 상황에서는 리얼리즘을 모두 내팽개치고 오로지 주관적인 시퀀스만 사용한다는 점이다. 이는 1화에서 조와 진저가 머무를 곳을 찾는 데 실패하고 앨버트 기념비 아래서 잠드는 장면에 잘 드러나 있다. 기념비를 촬영한 영상과 스틸을 모두 이용해서 만든 짧은 몽타주는 조의 상상 속으로 들어간다. 조의 상상 속에는 비틀스 멤버들과 알렉 더글러스 홈 경의 머리가 각기 다른 동상과 팝 아트 스타일로 합성되어 있다. 5화에서는 꿈 시퀀스가 더 길게 이어진다. 여기서 프레드는 속옷만 입은 채 근위 보병부대와 그동안 조가 대화한 사람들(생물학자, 성직자, 첼시 폐질환 병원 입원 환자 등)을 찾아다닌다. 그리고 〈제7의 봉인*The Seventh Seal*〉(1957)을 연상시키는 장면에서 그들에게 쫓기며 평야를 가로지르다 우물같이 생긴 구멍에 빠진다. 그다음에는 그녀의 시점에서 주변에 모여든 사람들의 얼굴을 올

〈청년의 일기〉 5화에서 긴 꿈 시퀀스

려다보는 숏이 이어지고, 화면 아래 축구 결과처럼 표시된 자막은 곧 인생의 의미를 찾지 못했다고 시인하는 한 인간의 목소리가 들릴 것임을 알린다. 그런 뒤 프레드는 자신을 향해 던져진 밧줄을 목에 걸고, 사람들은 그녀를 끌어올림과 동시에 그녀가 스스로 목매달아 죽게 만든다.

이렇게 완성된 〈청년의 일기〉는 다양한 모델을 바탕으로 만들어진 텔레비전 드라마였다. 단편적 사건들로 이루어진 구조나 사회적 유형과 극중 사회적 논평을 집어넣은 방식으로 인해 종종 브레히트적이란 평가를 듣기도 했지만, 다른 한편으로는 세르게이 에이젠슈테인Sergei Eisenstein의 연상 몽타주associative montage와 지적 몽타주intellectual montage의 형식,■ (알랭 레네Alain Resnais의 작품 세계에 특히 분명하게 드러나 있는) 동시대 '예술 영화'의 내면성과 주체성에 대한 탐구, 텔레비전 다큐멘터리의 새로운 형식과 사회적 사건들로부터도 다양한 영향을 받았다. 케네디 마틴 역시 그의 독창적인 선언문에서 자신의 주장을 뒷받침하고자 영화에서 많은 예시들을 빌려왔으며, 당시 텔레비전 드라마에 대한 불만의 상당수도 텔레비전이 영화의 그것에 견줄 만한 혁신을 보여 주는 데 실패했다는 의식에서 비롯됐던 게 사실이다. 일찍이 1960년부터 랭엄 그룹의

■ 옛 소련의 영화 감독 세르게이 에이젠슈테인(1898~1948)의 몽타주 이론에 따르면, 연출자는 영화 속 시각적 기호를 배열, 결합하는 방식에 있어 상호 충돌을 통해 새로운 의미를 창출해 낼 수 있다. 그는 몽타주를 숏의 절대적 길이와 박자만을 고려하는 계량 몽타주metric montage, 숏의 내용과 시퀀스의 구조에 따라 그 길이를 결정하는 리듬 몽타주rhythm montage, 숏의 지배적인 정서와 비계량적 운동에 기초하는 음조 몽타주tonal montage, 계량, 리듬, 음조 몽타주를 결합해 발전시킨 형태의 배음/연상 몽타주overtonal/associative montage, 지적 음조와 배음 몽타주의 병치를 통해 감정적 반응이 아닌 지적 반응을 유도하고자 하는 지적 몽타주intellectual montage로 분류해 설명했다. ─ 옮긴이

앤서니 펠리시에는 "〈히로시마 내 사랑Hiroshima Mon Amour〉이나 〈폭군 이반 2부The Boyar's Plot〉 같은 영화들"에 "응답"할 만한 텔레비전 드라마가 나올 수 있을 것인가에 대해 비관적이었다.[38] 이런 이유들로 인해 케네디 마틴의 선언문은 종종 텔레비전이 영화를 닮아야 하며 텔레비전 스튜디오를 벗어나 밖에서 필름으로 촬영해야 한다는 주장으로 해석되곤 했다. 그러나 사실 케네디 마틴은 텔레비전 드라마가 필름으로 촬영돼야 한다고 명시적으로 주장한 적이 없으며, 이후의 글에서도 그가 이상적으로 생각하는 텔레비전 드라마 편집은 불연속적인 필름 촬영보다 스튜디오 녹화를 기반으로 하는 것이라고 설명했다.[39]

그럼에도 〈청년의 일기〉가 작품성을 인정받은 것은 필름으로 촬영한 덕분이 아니냐고 반문할 수 있다. 실제로 1964년 당시 텔레비전 드라마에 35mm로 촬영한 인서트 필름을 사용하는 것은 흔한 일이 아니었다. 〈청년의 일기〉도 필름으로 촬영한 분량을 매 회마다 극 전반에 걸쳐 삽입했다는 점에서 이례적인 작품이었다. 그런 점에서 이 작품의 성공에는 필름의 역할이 컸다. 필름을 사용하여 연대기적 시간의 진행으로부터 벗어났을 뿐 아니라 현대 도시 생활을 반영하고 꿈과 무의식의 세계를 표현할 수 있었기 때문이다. 그렇기 때문에 (아직 배우였던) 가넷이 〈앙코르〉에 실린 케네디 마틴의 선언문에 대해 "필름, 즉 영화와 텔레비전 드라마를 구별지어 온 관습적 차이는 본질적인 것이 아니라 우연적이고 역사적이며 상상적인 것이다"라고 반응했던 것도 그리 놀랄 만한 일이 아니다. 이어서 그는 텔레비전이 "완벽한 연속성의 개념이 갖는 유용성을 거부하고, …… 사건과 동시적으로 발생하는 숏들 중 사용 가능한 것들을 골라내기보다 사건이 일어난 뒤에 그것을 편집해서 보는 방법을 수용한다면, 대부분 사람들의 눈에 그것은 영화를 만드는 것처럼 보일 것이다"라고 말했다.[40] 하지만 필름의 수용이 스튜디오 드라마가 고수했던 완전한 연속성의 파괴를 부추기긴 했어도, 그것이 텔레비전 드라마를 특정한 미학적 방향으로만 몰아갔던 건 아니다. 로케이션 촬영의 이점 중 하나가 리얼리즘의 확보라고들 하지만, 〈청년의 일기〉에서 로치가 연출한 가장 놀라운 필름 시퀀스는 5화에 나오는 꿈 시퀀스다. 잉마르 베리만Ingmar Bergman과 페데리코 펠리니Federico Fellini의 '예술 영화'에 많은 부분을 빚진 이 시퀀스는 사회적 리얼리즘의 규범에 명백히 저항하고 있다. 그러므로 로치가 텔레비전 드라마에 필름을 결합시키는 과정에 〈청년의 일기〉가 여러모로 중요한 디딤돌이 된 것은 확실하다. 하지만 그가 텔레비전 작품을 오로지 필름으로만 촬영하기 시작한 것은 1967년작 〈인 투 마인즈〉부터였다. 나아가 로치가 스틸의 사용을 자제했음에도 불구하고 〈청년의 일기〉가 스토리텔링 기술, 보이스오버, 몽타주의 사용과 관련해 로치의 이후 작품에 지속적으로 미친 영향력은 상당했다. 그래서 로치의 작품에서 다큐멘터리적 촬영 방법론이 점점 중요해진 것은 맞지만, 적어도 이후 3년간은 모더니즘적 실험 요소들이 더 중요한 역할을 맡았으며 전자가 후자를 곧바로 대체하진 못했다.

'텔레비전 뮤지컬': 〈아서 결혼의 파경〉

이를 보여 준 가장 확실한 사례는 바로 다음해에 제작된 〈아서 결혼의 파경〉(1965년 11월 17일 방영)이다. 1965년 5~6월에 촬영 및 녹화된 프로그램은 처음엔 방영 허가를 받지 못했지만 〈업 더 정션〉(1965년 11월 3일 방영)으로 로치가 유명세를 타자 연달아 전파를 타게 됐다. 이 드라마는 촬영 기간에 많은 어려움을 겪었고 결국 예산도 초과한 탓에 엄청나게 실패한 실험으로 취급받았다. 나중에 로치도 그 드라마는 "완벽한 실수"였으며 자신은 "그 일을 해낼 수 있을 정도의 테크닉과 경험"을 갖고 있지 못했다고 말한 바 있다.[41] 하지만 이 드라마에 뚜렷하게 나타난 무정형성과 기술적 실험의 과잉은 그의 다음 작품이 성공하면서 그 의미를 부여받았다. 일부는 미적지근한 반응을 보였지만, 피터 블랙과 같은 평론가들은 텔레비전 드라마를 해석하는 방식에 있어 "흥미진진해 보이는 새로운 방향"을 제시했다고 평가하며 열광적인 반응을 보냈다.[42]■

각본에는 유머 감각이 뛰어났던 시인인 크리스토퍼 로그Christopher Logue가 공동 각본가로 참여했다. 그는 앞서 해리 쿡슨Harry Cookson의 연극 〈백합처럼 하얀 소년들The Lily-White Boys〉의 삽입곡도 쓴 바 있다. 그 노래는 1960년 영국에서 출세하는 데 필요한 이런저런 수법을 풍자하는 내용이었다.[43] 〈아서 결혼의 파경〉도 마찬가지로 중산층의 규범적 태도와 1965년 영국에서 득세했던 소비주의를 비꼬는 풍자극으로 이해될 수 있다. 하지만 (카렐 라이즈Karel Reiz의 〈토요일 밤과 일요일 아침〉[1960] 같은 '뉴 웨이브' 영화의 유산이라 할 만한) 성적으로 적극적인 남성이 보통 사람을 대변했던 〈청년의 일기〉에서와 반대로, 〈아서 결혼의 파경〉에서는 (《라디오 타임스》의 지적대로) 공처가 남편 아서(켄 존스Ken Jones)가 "평생의 지루함"보다 "몇 시간의 행복"을 택하는 의외의 "반항아"로 밝혀진다.[44] 드라마가 시작하면,

■ 시드니 뉴먼도 자신이 이끄는 드라마본부에서 만든 이 작품에 대해 다소 의구심을 갖고 있었음에도 불구하고 "매체의 가능성에 대한 상상력과 독창적인 스토리텔링을 보여 주었다는 측면에서 〈업 더 정션〉을 향해 한걸음 나아간" 작품이라 평가했다. Television Weekly Programme Review Minutes, 24 November 1965, BBCWAC.

아서는 가족의 부탁을 받고 집을 나선다. 장인이 준 돈으로 아내 메이비스(재니 부스Janie Booth)가 고른 집에 보증금을 걸러 가기 위해서다. 그러나 확실한 담보를 보유한 다른 가족에게 집을 빼앗기자, 그는 딸 에미(모린 앰플포드Maureen Ampleford)를 데리고 쇼핑을 가서 돈을 흥청망청 써버린다. 익명의 내레이터의 설명대로, "그녀를 위해 이만한 돈을 쓸 남자가 앞으로 영영 나타나지 않을지도 모르"기 때문이다. 그들은 포트넘 앤 메이슨 백화점도 가고 런던 동물원에 가서 코끼리도 산다. 그 코끼리로 인해 그들 주변에 이탈리아산 람브레타 스쿠터를 탄 모드족들이 모여들게 되고, 아서는 즉흥적으로 그들과 바지선상 파티를 벌인다. 그런 그는 처음엔 새 친구들과 함께 자유에 대한 새로운 가능성을 발견해 낸 것처럼 보인다. 하지만 그가 반쯤 벌거벗은 10대들과의 한바탕 뜨거운 춤판을 벌인 다음 남은 돈을 운하에 던져버리자 새 친구들도 그를 버리고 만다.

이 장면이 보여 주듯, 이 드라마는 캐릭터의 측면에서 보면 전혀 관습적인 구석이 없다. 스토리 편집자 로저 스미스가 "관습적이고 허황된 거짓 리얼리즘으로부터 탈피"하고자 한 "텔레비전 뮤지컬"이라고 설명한 이 작품은 비단 텔레비전 드라마를 스튜디오 밖으로 가져 나오려 했을 뿐만 아니라 사회적 비평과 판타지를 통합하고자 했다.[45] 전작에 삽입된 시퀀스가 35mm로 촬영됐던 것과 달리 〈아서 결혼의 파경〉은 처음으로 16mm 카메라를 주로 사용한 작품이었다. 이는 대다수 장면을 스튜디오 밖에서 로케이션 촬영했기 때문이다. 그러나 로케이션 촬영의 방법론이 텔레비전 스튜디오의 '거짓 리얼리즘'과 단절하고자 한 이 드라마의 의도를 분명히 드러내 주기는 해도, 〈청년의 일기〉에서와 마찬가지로 여전히 필름의 사용은 리얼리즘적 충동보다 부조리주의와 초현실주의에 대한 열망과 관련이 더 깊었다. 이런 측면에서 이 작품은 프랑스 누벨 바그

nouvelle vague(특히 장 뤽 고다르Jean-Luc Godard)로부터 많은 영향을 받은 것으로 보인다. 다큐멘터리 기법(핸드헬드 카메라, 자연 조명, 우연적인 카메라워킹, 거친 편집, 보이스오버)에 형식적인 실험, 해당 영화를 알아야 이해할 수 있는 농담(예를 들면 〈지난해 마리앵바드에서*L'Annee Derniere A Marienbad/Last Year At Marienbad*〉[1961]에 관한 농담), 모더니즘적 자의식의 요소(예를 들면 로치가 직접 카메라 앞에 나서서 BBC 기자 케네스 알솝Kenneth Allsop이 길에 지나가는 사람과 인터뷰하는 현장을 촬영 중인 다른 카메라맨과 실랑이를 벌이는 장면)를 결합한 방식이 그렇다. 〈청년의 일기〉에서와 마찬가지로 이런 기법은 에이젠슈테인의 몽타주와 브레히트의 서사극의 영향으로도 읽힌다.

〈청년의 일기〉처럼 〈아서 결혼의 파경〉의 플롯도 느슨하고 삽화적이다. 내러티브적이라기보다 게스투스적인 성격을 지닌 장면들로 구성되어 있기 때문이다. 이는 노래의 사용으로 인한 것이기도 하다. 노래는 이 작품의 상당한 분량을 차지하는 동시에 많은 장면의 존재 근거로 작용한다. 브레히트도 핍진성의 규범 따위는 무시하고 갑자기 노래를 부를 수 있는 "가극조 형식의 부조리함"에 이끌렸던 바 있다.[46] 〈아서 결혼의 파경〉 역시 심리적 리얼리즘의 규범에서 탈피하기 위해, 그리고 캐릭터들로 하여금 평소 지켜 왔던 사회적 행동의 반경을 벗어나도록 하기 위해 노래를 사용한다. 가령 아서와 에미가 쇼핑 일주를 시작하며 포트넘 앤 메이슨 백화점을 방문하는 장면에서는 한 판매원(젊었을 때의 존 포춘John Fortune)이 접근해 갑자기 터무니없을 정도로 비싼 시계를 노골적으로 찬양하는 노래("달 모양도 알려주고, 방수도 되고, 녹슬지도 않고, 내자성耐磁性에, 스톱워치 기능도 있고, 중앙 초침에다, 숫자는 상아색 표면에 야광으로 새겨져 있고, 알아서 날짜까지 맞춰 주고, 알람까지 장착되어 있고……")를 부른다. 브레히트는 '서사 가극'에 대해 설명하면서 "말, 음악, 배경이 서로에 대해 더욱 독립적이 되도록" 하

영화 만들기에 대한 자의식: 〈아서 결혼의 파경〉 중 카메라 앞에 등장하는 켄 로치

는 "극적 요소 간의 분리"를 주장한 바 있다.[47] 로그와 로치도 노래를 그저 드라마를 보완하는 수단이 아니라 극중 행위에 대한 작가의 논평이나 사회적, 정치적 해석을 제공하는 도구로 사용하길 즐겼다. 이는 드라마의 초반부에 나오는 한 장면에도 나타난다. 화면은 집안에서 '일상적인' 활동을 하고 있는 아서의 처가 사람들을 보여 줄 뿐이지만, 노래는 그들을 "소액 투자자"로서 "세금"도 꼬박꼬박 내는 "점잖은 사람들"이지만 "흑인, 유태인, 지식인, 색정광들을 무서워"하는 "지루한 사람들"이라고 비꼰다. 아서가 그 집을 떠나는 장면에서도 같은 구절의 노래가 반복되며, 그 노래는 항공 촬영한 교외의 숏으로 이루어진 짧은 몽타주 장면까지 계속 이어진다. (나중에 만들어진 영화 〈가족 생활〉은 훨씬 칙칙한 방식으로 교외를 보여 줄 것이다.)

이 장면을 통해 알 수 있듯, 노래와 필름의 사용은 케네디 마틴이 주창한 비내러티브적 편집과 몽타주의 다양화를 촉진시켰다. 〈아서 결혼의 파경〉은 〈청년의 일기〉처럼 스틸을 사용하진 않았지만, 여전히 시공간을 넘나들고 여러 사건으로 이루어진 시퀀스를 (케네디 마틴의 표현대로) '정제' 하는 데 몽타주를 사용했다. 예를 들어 아서와 에미가 짧은 휴식을 취한 뒤 쇼핑을 다시 하는 장면에서는, 시간마다 각기 다른 가게 혹은 거리에 (에미의 경우에는 매번 다른 옷을 입고) 서 있는 부녀의 모습을 비추는 화면 위로 "매리 이모에겐 카나리아가 있었지"라는 노래가 흐른다. 다른 몽타주에서는 탈디제시스적*extra-diegetic*■ 푸티지가 사용된다. 예를 들어 카페에서

■ 디제시스*diegesis*란 영화 속 허구의 세계를 일컫는 용어로, 영화의 내러티브와 관계된 극적 장치와 그것을 표현하기 위한 스타일상의 요소를 모두 포함한다. 탈디제시스적 요소는 그 내러티브와 무관하게 영화 속에 존재하는 요소를 지시할 때 사용된다. ─ 옮긴이

일하는 아프리카계 요리사의 등장은, 그가 태어난 나라의 국가가 흐르는 가운데 아프리카에 관련된 이미지들을 이어 붙인 (이데올로기적으로 의심스러운) 몽타주로 이어진다. 동물원에 간 부녀를 보여 주는 장면에서도 야생동물 푸티지를 이용한 긴 시퀀스와 '아담과 이브'가 현대 교외에 사는 커플로 진화하는 이미지가 삽입된다. 이런 경우엔 사운드트랙도 (내레이션, 변주곡, 사육사 벤트[디키 오웬]가 '천국이란 이름의 동물원'의 종말에 대해 낭송하는 소리, 보컬 그룹 멤버들이 각기 다른 스타일로 부르는 스탠자*stanzas*■가 합쳐진) 대사와 노래의 복잡한 몽타주가 된다.

이 드라마의 음악적 측면과 몽타주를 사용한 방식을 살펴보았을 때, 필름 사용이 반드시 다큐멘터리적 성격을 지닌다고 보긴 어렵다. 그럼에도 주목할 만한 몇몇 장면은 몸집이 가벼운 16mm 카메라 덕분에 가능해진 로케이션 촬영의 새로운 가능성과 그에 대한 흥분을 전달하고 있다. 예를 들어 아서와 에미가 집을 떠나는 장면에서는 그들의 얼굴을 담은 클로즈업 사이에 그들이 길을 걷는 모습을 담은 핸드헬드 숏이 끼어든다. 이는 나중에 로치가 '들어가서 찍고 보는 방식의 영화 만들기*go-in-grab-it filmmaking*'라고 불렀던 것을 보여 주는 첫 사례다. 배우들은 실제 로케이션에서 보통 사람들 사이에 섞여 연기하고 있으며 실제로 지나가던 차들이 예상치 못한 순간에 그들 앞을 가리기도 한다.[48] 이는 "단순히 걷는 행위"를 내러티브가 진행되지 않는 데드 타임으로 다루기보다 극적 사건으로 전화해 낸 유럽 영화(와 특히 네오리얼리즘에 빚지고 있는 유럽 영화의 전통)의 모던함에 대해 데이비드 보드웰David Bordwell이 지적했던 바를 떠올

■ 4행 이상의 각운이 있는 시구. — 옮긴이

리게 한다.[49] 마찬가지로 스튜디오 밖으로의 탈출은 로치에게 또 다른 즐거움을 가져다주었다. 그는 길거리 위의 캐릭터와 극중 인물이 길을 걷고 있는 모습을 보여 줄 수 있게 됐으며, 이는 〈업 더 정션〉, 〈커밍아웃 파티The Coming Out Party〉(1965), 〈캐시 컴 홈〉을 비롯해 이후 그의 많은 작품에서 중요한 특징으로 나타나게 된다. 나중에 이런 장면들은 사람들이 사는 장소나 물리적 환경을 좀더 정확히 '기록'하는 측면과 관련해 사회학적 차원을 지니는 것으로 해석되기도 했다. 그러나 이런 다큐멘터리적 지향은 카메라를 통해 포착된 특이한 것들에 대한 폭넓은 관심에 비하면 부차적인 것이었다. 이는 아서와 에미가 지름길로 가기 위해 폐기된 가스 공장을 거치는 시퀀스에서도 드러난다. 그들이 광재鑛滓 더미 위를 기어 올라가며 쓸모없는 대화를 나누는 장면으로, 그 위에 공장의 역사에 대해 설명하는 여러 보이스오버가 겹친다. 그러나 그것은 앞서 캐릭터의 상황과 동기를 설명했던 내레이터의 목소리가 아니라 (가상으로 꾸미거나 다른 방법을 통해 만든) 가스 공장 사람들의 말소리를 녹음한 것이다. 누구의 것인지 알 수 없는 목소리를 포함하는 사운드트랙은 개인적 경험을 일반화하는 방식으로서 〈업 더 정션〉과 〈캐시 컴 홈〉에서도 중요하게 사용된다. 하지만 같은 시퀀스 안에 사용된 다른 장치는 전혀 다른 성격을 띤다. 사운드트랙에서 스쿠터를 타고 있는 소녀의 라디오에서 흘러나오는 것처럼 보이는 〈변태 인형Kinky Dolly〉이란 노래가 들리는 가운데 어떤 커플이 스쿠터를 타고 도착하는 장면이다. 이는 에미에게 목마를 태워 주기 전에 투우를 하듯 스쿠터에 맞서 코트를 휘두르고 있는 아서와 에미의 즉흥 댄스로 이어진다. 여기에는 어떤 설명도 없으며, 나중에 동물원을 떠나는 코끼리의 영상에서 볼 수 있듯, 이 작품의 다큐멘터리적 요소는 오히려 특이한 것을 정상적이고 평범한 것으로 보여 주는 일에 사용된다.

"단순히 걷는 행위": 〈아서 결혼의 파경〉에서 가스 공장을 지나가는
아서(켄 존스)와 에미(모린 앰플포드)

'불결함과 타락함'

〈아서 결혼의 파경〉이 〈청년의 일기〉와 트로이 케네디 마틴이 로치에게 계속 미학적 영향을 끼치고 있음을 증명하는 작품이라면, 그것은 또한 시청자의 반감을 자극하는 태도와 관련해서도 전작과 공통점을 갖는다. 〈아서 결혼의 파경〉은 TV 속 젊은이들이 R&B 가수 롱 존 볼드리Long John Baldry가 부르는 팝 음악에 맞춰 춤추는 (비틀스의 〈레디, 스테디, 고!*Ready, Steady, Go!*〉(1963) 풍의) 장면으로 시작한다. 가사는 "내 여자"와 함께 "천국"에 와서 보니 "할 수 없는 것과 만질 수 없는 것이 너무 많다는" 사실을 알게 됐다는 실망의 내용을 담고 있다. 이 TV 프로그램 사이사이에 점점 어두워져 가는 낯빛으로 춤추는 사람들을 바라보는 노부부(아서의 장인, 장모)의 숏이 삽입된다. 이는 아버지(찰스 램Charles Lamb)가 새로 산 안락의자에 부착된 리모콘을 이용해 채널을 돌리기 전까지 계속된다. 이 장면은 중산층의 규범적 태도와 편협함에 대한 비판적 시선을 암시하는 동시에 텔레비전이 시청자에게 야기할 수 있는 불편함을 장난스럽고도 자기 반영적인 방식으로 보여 준다. 방송국은 텔레비전 시청이 이루어지는 가정 환경 등의 이유 때문에 〈아서 결혼의 파경〉 속 노부부 같은 시청자들이 불쾌하게 느낄 만한 소재를 다루는 것에 대해 특히 민감하게 생각했다. 특히 텔레비전 드라마에서 성행위를 묘사하는 것이 문제가 됐는데, 그것은 반복해서 BBC를 괴롭혀 온 문제이기도 했다. 예를 들어 1959년, 일찍이 드라마국장 마이클 배리는 "불쾌하고 플롯에도 불필요한" 성행위를 전시하는 BBC 드라마, 특히 '노동 계급을 그린 키친 싱크 버라이어티*kitchen-sink variety*'▪의 무책임함을 지적하는 여론에 어떻게든 반응하지 않을 수 없었다.[50] 제임스 핸리James Hanley가 각본을 쓰고 필립 새

빌Philip Saville이 연출한 〈세이 나씽Say Nothing〉(1964년 2월 19일 방영)이 전 파를 탄 1964년 초에도 BBC 드라마의 도덕관에 대한 문제 제기가 다시금 일었고, BBC 이사회는 BBC 드라마에 만연해 있다고 지적되는 "밑도 끝도 없는 추잡함"과 "침실에 대한 집착 증세"를 척결하라고 제작진에게 촉구했다.[51] 그리고 오래지 않아 매리 화이트하우스Mary Whitehouse와 노라 버클랜드Narah Buckland가 조직한 '클린업 TV 운동Clean Up TV Campaign'이 1964년 5월 5일 버밍엄에서 출범식을 열었다. 그들은 "BBC가 텔레비전 화면을 통해 수백만 가정에 쏟아내고 있는 불신, 의심, 추잡함의 프로파간다," "난혼, 불륜, 음주를 정상적이고 불가피한 것으로 전시하는 외설적이고 에로틱한 드라마의 물결"에 반대하는 선언문을 발표했다.■■ 텔레비전 드라마의 내용에 대해 우려하는 이런 분위기를 감안하면 주인공의 성적 취향을 노골적으로 드러내고 이성을 성적으로 유혹하는 장면이 포함된 (그리고 당시 침실 장면을 피하라고 한 뉴먼의 지시를 무시한 게 분명한) 〈청년의 일기〉가 많은 비난을 받은 것도 당연했다.[52]■■■ BBC 시청자리서치부는 일부 시청자들이 로치가 감독한 1편에 대해 "매우 비위

■ 1950~1960년대 영국에서 일어난 문화 운동으로서의 '키친 싱크 리얼리즘'은 노동 계급의 가정 생활을 사회적 리얼리즘의 스타일로 보여 주고자 하는 연극, 소설, 영화, 텔레비전 드라마 등을 양산했다. 버라이어티는 노래, 춤 등을 다양하게 구성한 공연 형식으로, 1800년대 중반에 부흥했으며 이후에는 뮤직홀이나 보드빌로 계승되기도 했다. ― 옮긴이

■■ "버밍엄 여성들의 '자경' 단체"라는 제목의 메모가 붙어 있는 클린업 TV 운동 관련 BBC 파일에 선언문의 복사본이 보존돼 있다. 매리 화이트하우스가 언급한 바도 있다 (BBCWAC T16/585/1. *A Most Dangerous Woman?*, Tring: Lion Publishing, 1982, p.14). 선언문은 나중에 1965년 6월 의회에 제출된 탄원서의 근간이 되었다.

■■■ 이사회의 우려에 대한 대답의 일환으로 시드니 뉴먼은 "여자와 남자가 성행위의 의도를 갖고 침대에 함께 있는 장면은 모두 제외"하라는 지침을 내린 바 있다.

를 거스른"다고 표현했으며 심지어 경우에 따라서는 "역겨움"까지 느꼈다고 보고했다.[53] 심지어 노팅엄셔 주 교구는 이 프로그램의 '불결함과 타락함'을 공격하여 많은 언론의 관심을 얻었다. 그들은 로치가 연출한 5화에서 조와 프레드가 벌인 "난잡한 짓거리"를 "특히 불쾌한" 부분으로 지목했다.[54] 프로그램에 대한 이런 비판은 이사회로 하여금 이 시리즈를 유지해야 할지 고민하게 하기에 충분했다. 그러나 이사회 의장 노먼브룩 경 Lord Normanbrook은 프로그램의 "주제가 반대를 살 만하"다는 점에 동의하면서도 다른 한편으로는 이 작품이 "비평적 찬사를 받은 실험작"이었다고 판단했다.[55] 이런 맥락에서 앞서 이사회가 BBC 드라마의 성적 내용에 대해 가졌던 의구심에도 불구하고 이 프로그램이 지닌 형식적 독창성과 분명하고 진지한 목적의식은 날로 세력을 확장해 가는 클린업 TV 운동으로부터 이 시리즈를 방어하기에 충분한 이유가 됐다. 하지만 이와 같은 마찰은 이듬해 텔레비전 드라마를 둘러싸고 훨씬 격렬하게 일어난 논쟁에 비하면 미약한 시작에 불과했다. 이와 관련해서는 〈더 웬즈데이 플레이〉 시리즈의 출현이 특히 주목할 만하다. 아이린 슈빅Irene Shubik에 따르면 시드니 뉴먼은 1965년 〈더 웬즈데이 플레이〉 새 시즌을 발표하면서 "'노동 계급 드라마' 냄새가 덜 나는 드라마, 더 강력한 스토리라인, 성행위의 절제"를 약속했다.[56] 그러나 그해의 결과물들은 이전에 만들어진 드라마들보다 한층 더 논쟁적인 작품이 됐다. 그중 〈아서 결혼의 파경〉을 포함해 자그마치 6편이 켄 로치의 연출작이었으며 그 안에는 텔레비전의 '관용'의 한계를 둘러싸고 벌어진 논쟁에서 가장 많은 공격을 받은 드라마 중 하나였던 〈업 더 정선〉도 포함돼 있었다.

"긴히 동시대적이고 사회적으로 유의미한"

〈탭 온 더 숄더〉부터 〈업 더 정션〉까지

2

〈청년의 일기〉가 방영된 1964년 8~9월은 BBC 드라마국은 물론 국가 전체에 있어서도 변화의 시기였다. 1964년 10월, 보수당이 집권한 지 13년 만에 노동당이 근소한 차이로 보수당을 누르고 과반수 정당이 됐다. 노동당이 과학적, 기술적 추진력을 바탕으로 한 경제적 현대화를 당론으로 내세우긴 했지만 새 정권은 조너선 그린Jonathan Green의 표현을 빌려 스스로를 "자유주의적 개혁*liberal reform*의 대리인"으로 자리매김했다.[57]■ 1965~1967년까지 내무장관을 지낸 노동당의 수정주의자 로이 젠킨스 Roy Jenkins는 일찍이 1959년부터 새로 등장한 "동성애, 관용, 미美에 관한 담론에는 호의적인 반면 청교도적 구속과 편협한 반론, 위선, 따분하고 추한 삶의 양식에는 비호의적인 분위기"를 옹호하며 개인적 자유의 확대와 사형, 동성애, 낙태, 이혼, 검열 관련법의 재검토를 요구했다.[58] 노동당이 집권하는 동안 이와 관련된 법 중 다수가 공식적인 의회의 입법이 아

■ 제프리 윅스Jeffrey Weeks는 어떻게 경제적 현대화와 사회적 개혁 모두를 동시에 강조한 것이 전문직 중산층에 대한 호소력을 확대하려 한 노동당의 시도를 뒷받침했는지에 대해 다음의 책에서 지적한 바 있다. *Sex, Politics and Society*, London: Longman, 1981, p.266.

니면 무소속 의원에 의해 발의된 법안(낙태법의 경우)을 통해서라도 변경되었다. 1965년에는 의회 투표를 통해 사형 제도가 폐지되기도 했다. 1967년 제정된 성범죄법은 잉글랜드와 웨일스 내에서 21세 이상 성인들의 상호 합의하에 이루어지는 동성애적 행위를 기소 대상에서 제외시켰다. 울펜덴 보고서Wolfenden Report■에 의해 권고된 지 거의 10년 만에 성사된 일이었다. 1967년 낙태법도 특정 경우에 한해 28주까지 낙태를 허용하도록 했고 1969년 이혼 개정법도 이혼의 근거에 '파경'을 추가적으로 채택해 더 이상 범죄나 피해를 규명하지 않아도 되도록 했다. 극장 검열을 책임졌던 궁내장관직 역시 1968년 폐지됐다.

입법상 개혁의 규모가 종종 제한적이었으며 그나마도 자유주의적 정신보다 사회 갈등을 해소하고자 하는 욕망에 의해 실현된 것이긴 하나, 그럼에도 그런 변화는 새로운 '관용'의 시대를 규정하는 핵심 부분이었다. 그러나 도미닉 샌드브룩Dominic Sandbrook이 지적한 것처럼 '관용 사회'라는 개념은 다소 '신화'적인 것이었다.[59] 관용을 향한 전진에 추진력을 더할 만한 일관된 이데올로기나 정치적 집단도 없었으며, 법적 개혁에 대한 국민 의식은 매우 양가적이고 때로는 적대적이었다. 샌드브룩이 주장한 것처럼 실로 어떤 면에서 관용의 개념은 화이트하우스와 같은 반대론자들에 의해 형성된 것이었다. 그녀는 세속주의, 도덕적 절대주의의 몰락, 권위에 대한 존중의 부족 등을 개탄하는 사회적 추세를 상징하는 인물이었다. 관용 사회로의 변화는 경제적, 사회적 요인들이 복잡하

■ 1957년 존 울펜덴 경Sir John Wolfenden이 이끄는 전문위원회가 동성애 범죄와 매춘에 관해 작성한 보고서로 "성인 사이에 합의한 사적인 동성 간 성행위는 더 이상 범죄 행위로 취급받으면 안 된다"고 주장했다. ― 옮긴이

게 얽히면서 만들어진 결과였지만, 클린업 TV 운동의 후신으로 1965년에 출범한 전국시청자청취자연합회(NVALA: National Viewers' and Listeners' Association)가 보기에 '관용'의 가치를 홍보하고 전파하는 데 주도적인 역할을 한 것은 텔레비전이었다. 그 조직의 총무를 맡았던 화이트하우스는 그중에도 특히 휴 그린의 임기 중 BBC가 가장 질타를 받아야 한다고 보았다. 그녀가 보기에 그린은 거의 혼자의 힘으로 대영제국의 도덕적 몰락을 가져온 인물이었으며 그에 대한 책임을 져야 했다. 하지만 그린은 부분적으로는 실용주의자였음에도 불구하고 화이트하우스의 요구에 항복하지 말아야 할 의무를 느꼈으며 그녀의 면담 요청을 계속 거부했다. 그리고 "품위를 지키며 사는 평범한 사람들" 편에서 발언하고 불필요한 추문, 쓸데없는 성행위, 과도한 폭력 등에 대해 "강경한 입장을 취하라"는 그녀의 "포퓰리즘적" 요구에 대해서도 "아티스트와 작가들로 하여금 위험을 무릅쓰지 못하게 하고 모험 정신을 발휘하지 못하게 하여 진정한 창작의 시도를 가로막으려는 …… 검열의 또 다른 위험한 형태"라며 무시했다.[60]■

　　이런 사회적, 정치적 의견의 충돌은 BBC의 〈더 웬즈데이 플레이〉를 통해 보다 분명히 드러났다. 화이트하우스는 "매주 …… 인간적, 사회적, 정치적, 심지어는 국제적으로 민감한 사건을 서투르면서도 불온

■　휴 그린은 창의의 자유에 대해 호의적이긴 했지만 좀더 조심스러운 (그리고 때로는 권위적인) 입장이었던 이사회의 일원이기도 했다. 이런 이유를 바탕으로 마이클 트레이시Michael Tracey는 그린이 자진해 1963년에 풍자극 〈그게 그 주였어〉를 종영시킨 것이 이사회의 통합성과 안정성을 유지하기 위한 실리적 관점에서 나온 결정이었다고 주장했다. Tracey, *A Variety of Lives*, pp.220~221을 보라.

한 태도로" 다루고 있다면서 정기적 비난을 일삼았다.[61] 시리즈는 후일 반半신화적 지위를 획득했는데, 그것은 면밀하게 계획된 전략이 아니라 BBC 드라마국 내의 위기 상태에서 비롯된 결과였다. 1964년 초 주요 단막극 시리즈 〈퍼스트 나이트〉와 〈페스티벌Festival〉은 시청률 감소와 낮은 완성도에 대한 비판에 부딪혔다. BBC1의 편성국장으로 새로 부임한 도널드 베이버스톡Donald Baverstock은 시청률을 끌어올리기 위해 단막극의 편수를 줄이겠다고 선언했다. 대신 〈Z 카〉와 (1964년 1월, 〈퍼스트 나이트〉가 차지하고 있었던 일요일 저녁 자리를 가져간) 〈핀레이 박사의 사례집Dr Finlay's Casebook〉 같은 인기 시리즈와 연속극에 더 많은 지원을 하기 위해서였다. 그러나 제임스 맥태거트를 〈퍼스트 나이트〉 시리즈의 프로듀서로 불러들여 사태를 전환시킬 수 있을 것이라 믿었던 드라마국장 시드니 뉴먼은 그의 제안에 반대했다.[62]■ 베이버스톡과 뉴먼이 합의에 도달하지 못하자 결국 텔레비전본부장 케네스 애덤Kenneth Adam이 중재에 나서야 했다. 그는 "일부 성공작에 …… 당분간 집중"하길 권고하며 〈퍼스트 나이트〉와 〈페스티벌〉을 종영시키는 한편, 그다음 해에 '웬즈데이 나이트 시어터' 같은 "안전하고 실용적인" 제목 아래 "특별한 단막극" 시리즈를 새로 방영할 것을 약속했다.[63] 부담스럽지 않은 제목을 원하면서도 '센터 스테이지'나 '웬즈데이 플레이비트' 같은 다른 대안에 썩 만족하지 못한 제작진은 결국 1964년 10월 〈더 웬즈데이 플레이〉라는 제목 아래 새로운 시리즈를 출범시켰다. 그러나 첫 번째 시즌은 (피터 루크가 프로듀싱

■ 로저 스미스와 토니 가넷도 이 시리즈의 스토리 편집자가 됐다. 시리즈에 대해 가넷은 "자연주의적 형식의 관습의 장벽을 뛰어넘을 …… 동시대적인 주제를 다루는" 단막극들로 구성된 시리즈라 설명했다.

한) 〈페스티벌〉 시리즈를 위해 이미 촬영해 둔 단막극으로 구성됐다. 이 시리즈가 주목할 만한 지위를 얻게 된 것은 연장 방영의 일환으로 맥대거트가 프로듀싱한 일련의 단막극이 방영된 1965년 1월부터였다. 하지만 켄 로치의 〈탭 온 더 숄더*Tap on the Sholder*〉, 〈세 번의 맑은 일요일*Three Clear Sundays*〉, 〈아서 결혼의 파경〉을 포함해 그 당시 방영된 초기작 대부분도 원래는 〈퍼스트 나이트〉를 위해 제작된 작품이었다.[64] 혼란스러운 상황에서 시작된 시리즈인 점을 감안했을 때 새로운 드라마에 깔린 사상은 얄팍한 편이었으며 〈퍼스트 나이트〉의 작품과도 별다를 게 없었다. 그래도 이 시리즈는 영국을 배경으로 한 동시대적인 작품이자 독창적인 텔레비전 작품으로 널리 인정받았다. 당시 제작된 첫 시즌의 홍보물도 이 시리즈가 "오늘날의 삶과 변화하는 시대를 살아가는 사람들에 관한 드라마가 될 것"이라 약속했다. 〈퍼스트 나이트〉의 실패 이유로 지적된 것들 중 하나가 다양성의 부족이었기 때문에 홍보물은 또한 "드라마, 멜로드라마, 스릴러, 코미디, 풍자극"을 혼합한 비정통적인 장르물을 약속했다.[65] 하지만 곧 이 시리즈의 장기 중 하나가 다루기 불편한 사회적, 정치적 쟁점에 적극적으로 반응하는 것임이 분명해졌다. 존 홉킨스John Hopkins의 〈우화*Fable*〉(1965년 1월 27일 방영), 앨런 시모어Alan Seymour의 〈오토스톱*Auto-Stop*〉(1965년 4월 21일 방영), 마이클 헤이스팅스Michael Hastings의 〈포 더 웨스트*For the West*〉(1965년 5월 26일 방영), 데니스 포터Dennis Potter의 〈뽑으라, 나이젤 바튼을 뽑으라*Vote, Vote for Nigel Barton*〉(1965년 6월 방영 예정이었으나 12월까지 연기됨)를 비롯한 몇몇 작품은 외부의 적은 물론 내부 경영진과도 마찰을 일으켰다. NVALA는 〈포 더 웨스트〉에 특히 격분하여 사장의 사임을 요구했고, BBC 경영팀은 정치적 내용을 이유로 〈뽑으라, 나이젤 바튼을 뽑으라〉의 방영을 취소했다. 그러나 가장 격렬한 논쟁에 휩싸인 작품은 로치가 감독한 〈업 더 정션〉으로 밝혀졌다. 그것은 이 시리즈에 속하는 로치의 첫 작품도 아니었다. 새로운 이름들로 구성된 크레딧을 장착하고 1965년도 새 시즌의 출발을 알린 것은 〈탭 온 더 숄더〉였다. 〈더 타임스〉에 따르면 그 작품은 〈더 웬즈데이 플레이〉가 "긴히 동시대적이면서 사회적으로 유의미한" 시리즈가 될 것임을 알려 주는 신호탄 역할을 했다.[66]

그러나 어떤 면에서 〈탭 온 더 숄더〉(1965년 1월 6일 방영)는 기대만큼 새로운 조짐을 보여 준 작품은 아니었다. 홍보물에 '코미디 스릴러'로 묘사된 이 작품은 한 무리의 도둑이 공항에 있는 엄청난 양의 금괴를 훔칠 계획을 세우고 그 계획을 실행하는 과정에 초점을 맞췄다. 이 드라마는 실제 복역 경험이 있는 오코너가 각본을 썼다는 점 때문에 내부 경험이 반영된 '리얼리즘' 작품으로 홍보되기도 했다. 프로듀서 맥태거트에 따르면 이 프로그램은 "TV 연속극이나 영화에나 나오는 사기꾼"이 아니라 "자기가 하는 일을 잘 알고 있는 전문가"를 보여 주었다.[67] 이렇게 '전문적 사기꾼'을 전면에 내세워 알레고리적 차원에서 시국에 대해 비판한 이 드라마는 (나중에 〈청년의 일기〉에서도 발견될) 반체제주의적 감상을 불러일으켰다. 이 작품은 프러퓨모 스캔들 이후의 현대 영국, 전통적인 도덕적 구별과 계급 경계가 와해되고 범죄와 합법적인 사업의 구분선이 흐릿해진 영국 사회를 배경으로 삼았다. 이는 특히 아치볼드 쿠퍼(리 몬터규Lee Montague)의 경우를 통해 분명하게 드러난다. 그는 자수성가형 거물로, 지방 의원부터 고위 성직자에 이르는 모든 사람에게 뇌물을 먹이고 부정직한 방법으로 재물을 거래하여 상류 사회에 입성하고 정상의 자리까지 올랐다. 그런 사실은 현지 지서장(노엘 존슨Noel Johnson)이 그의 대저택에서 열린 사냥꾼 무도회에서 그의 기사 작위 수여('탭 온 더 숄더'■) 축하 연설을 하

"긴히 동시대적인": 1965년에 방영된 〈더 웬즈데이 플레이〉

는 장면을 통해서도 드러난다. 범죄자, 귀족, 킬러/맨디 라이스-데이비스 Keeler/Mandy Rice-Davies**류의 매춘부, 사교계 여성이 다 함께 모여 그 이야기를 듣고 있는 것이다. 관습적인 사회를 겨냥한 이 드라마의 냉소주 의는 관습적인 결말을 거부한 점을 통해서도 분명히 드러난다. 범죄자들 은 정의의 심판을 받게 되는 대신 즐거운 삶을 즐길 수 있는 프랑스 리비 에라 해안으로 도피한다. 그리고 그곳에서 더 이상 지붕 위를 뛰어 다니 지 않아도 되는 존중 받는 자산가가 되어 합법적으로 살 계획을 세운다. 조직의 두목인 로니(리처드 쇼Richard Shaw)가 관찰한 대로 "화이트칼라 범 죄, 그게 정답"인 것이다.*** 하지만 오코너의 경험이 반영된 진정성 있 는 작품으로 홍보된 이 작품에서 외설적 코미디와 사회적 스테레오타입 의 차용은 그 진정성을 리얼리즘적 동기보다 반자연주의와 연결시켰다.

상영 시간 70분 중 거의 20분에 달하는 분량이 필름일 정도로 필름 을 비중 있게 사용했음에도 그랬다. 하지만 런던에서 이루어진 일부 야 간 촬영을 제외하면 필름 촬영의 대부분은 지방에서 이루어졌고, 실제 강도 행위를 기록한 것 같은 매우 생생한 효과를 얻었다. 말하자면 이 작 품에서 필름은 촬영 장소의 사실감을 강조하거나 다큐멘터리적 스타일

■　국왕이 기사 작위를 내릴 때 작위 수여자의 어깨를 검으로 가볍게 두드리는 행위를 일컫는 다. — 옮긴이

■■　프러퓨모 스캔들의 주인공이었던 두 모델이자 콜걸의 이름. — 옮긴이

■■■　이 '상류 사회'의 부정함에 관한 주제는 오코너의 자서전(*The Eleventh Commandment*, St Peter Port: Seagull, 1976)에서 재발견된다. 그는 "사람들은 내가 냉소적이라고 생각하지만 나 는 슬럼에서 출발해 화이트칼라 범죄로 출세한 사람을 너무 많이 봤다. 그들은 지금 정상에 서 있다. 그들은 왕실 가든파티, 애스컷 경마장, 크리켓 자선 모임, 월튼 히스와 웬트워스의 골프 클 럽을 다닌다"라고 지적했다(p.21).

을 보여 주기 위한 게 아니라 극적 긴장감을 향상시키기 위해 '영화적'인 방식으로 사용됐던 것이다. 나중에 특유의 '로치적' 미학으로 여겨지게 될 이런 스타일은 스튜디오 촬영 장면, 특히 작품의 초반부에 등장하는 술집 장면에서 더 확연하게 드러났다. 조지(에드윈 브라운Edwin Brown)의 술집에서 팀(토니 셀비Tony Selby), 테리(그리피스 데이비스Griffiths Davies), 팻시(조지 토비George Tovey)가 스스로를 소개하는 장면에서도 자의식적이고 일부러 서툴러 보이게 한 촬영 기법이 사용됐다. 그런 촬영 기법은 어수선한 구도, 외화면에서 들려오는 대화를 뒤쫓는 움직이는 카메라, 갑작스럽게 카메라 앞으로 지나가는 인물 등을 통해 현실을 있는 그대로 포착한 것처럼 전달했다. 비록 그 장면이 꼼꼼하게 계획되고 리허설된 것일지라도 말이다. 이는 이후 켄 로치의 다른 작품에서 자주 등장하게 될 특징적 장면의 첫 번째 사례였다. 이 장면에서 로치는 연극적인 대사보다 일상적인 구어체 대사를 채택하고 그를 통해 전달되는 진정성을 부각함으로써 평범한 장소에서 벌어지는 평범한 대화를 이미 그 자체로 극적인 사건처럼 다루었다. 그리고 탈옥한 로니가 헤이즐(주디스 스미스Judith Smith)과 함께 있는 모습을 담은 필름 촬영분을 사이사이에 삽입했다. 어떤 시청자는 이를 "대화와 화면이 중복"된 "기술적 실수"라고 보았지만, 실은 나중에 로치가 이후 작품에서 빈번히 사용하게 될 테크닉을 미리 실험해 본 것이었다.[68] 그러나 이 단계에서 이런 방식의 필름 사용은 주로 내러티브를 연결하기 위한 장치의 역할을 했을 뿐이며, 여기에 다큐멘터리의 특성이 덧붙여진 것은 좀더 나중 일이었다.

〈탭 온 더 숄더〉는 상당히 좋은 평가를 받았지만, 작품의 가벼운 분위기 때문에 별로 논쟁을 일으키진 못했다. 소수 시청자들이 범죄자가 아무런 대가도 치르지 않고 자유를 얻는다는 점에 대해 불만을 나타냈고,

왕족, 교회, 결혼, 저명인사를 조롱하는 장면들에 대해 항의했다. 하지만 그것은 그리 대수롭지 않은 일이었고, BBC는 이 프로그램의 시청자 수가 900만 명이나 됐다는 점에 만족했다.[69] 그러나 로치가 오코너와 함께 작업한 두 번째 작품 〈세 번의 맑은 일요일〉(1965년 4월 7일 방영)은 BBC에 훨씬 많은 문제를 불러일으켰다. 오코너는 2차 세계 대전 때 살인죄로 사형 선고를 받은 적이 있었다. (물론 그는 자신의 죄를 한 번도 인정한 적이 없으며 실제로 나중에 다른 사람이 진짜 범인으로 밝혀지기도 했다.) 그 뒤로 그는 (사면이나 출옥이 아니라) 집행유예로 풀려나기 전까지 8주 동안 사형수 독방에서 지내야 했다. 이 사건은 오코너를 평생 괴롭혔고, 그는 그때의 경험에 착안해 〈세 번의 맑은 일요일〉의 각본을 쓰게 됐다. 당시 스토리 편집자였던 스미스는 〈라디오 타임스〉에서 이 작품에 대해 오코너의 "정서적 자서전"이라 설명하기도 했다.[70] '세 번의 맑은 일요일'이란 사형수가 독방에 구금되어 있어야 하는 법적 기간을 가리키는 표현이다. 드라마는 교도관을 살해한 혐의로 사형을 선고 받은 젊은 노점상 대니 리(토니 셀비)의 몰락을 다룬다. 이런 측면에서 〈세 번의 맑은 일요일〉은 사회적 불의(이 경우에는 사형)를 강조한 로치의 첫 번째 작품이기도 하다. 드라마는 피해자-주인공이 고생하는 모습을 중점적으로 보여 준다. 대니는 그저 머리가 둔할 뿐 죄가 없지만, 그의 불운과 순진함의 조합이 최악의 결과를 불러옴에 따라 무정한 체제의 눈 밖에 나게 된다. 그 지역에서 가장 사악하기로 소문난 경찰의 공연한 트집에 충동적으로 반응했다가 감옥까지 가게 된 그는 교도소에서도 임신한 여자 친구 로사(피눌라 오섀넌Finnuala O'Shannon)와의 면회를 막고 그가 저항할 때마다 보고서를 올리는 매정한 교도소장과 마찰을 빚는다. 결국 그는 한동안 독방에 갇혀 있게 되고, 풀려난 뒤에는 감옥 생활에 잔뼈가 굵은 조니 메이(조지 슈얼), 로보(켄 존스)와 한방을 쓰게 된다. 그들은 대니를 얼간이 취급하며 그로 하여금 교도관을 계획적으로 폭행하게 만든 뒤 정작 자신들은 그 상황을 이용해 감형을 받는다. 그 가운데 대니는 실수로 교도관을 너무 세게 때린 나머지 살인을 저지르게 된다. 이 이야기가 지닌 아이러니는, 사실상 모두가 부정직한 사회에서 (심사숙고 끝에 도둑이 되지 않으려고 노점상이 된) 대니만이 마지막까지 몇 안 되는 정직한 캐릭터 중 하나로 남는다는 점에 있다. 법정에 불려 간 그는 상황이 완화될 조짐이 보임에도 불구하고 '네 죄를 인정하지 말라'는 11번째 계명을 어기고 진실만을 말하길 고집한 결과, 가혹한 사법 제도의 희생양이 되어 무거운 형량과 교수형에 처해지게 된다.

사형 제도가 잔존하고 있던 시기에 국가에 의해 자행되는 살인의 잔인함을 강조한 이 드라마의 강경한 태도는 논쟁을 불러일으켰다. BBC 안에서도 이 작품의 결말은 방영 전부터 심의의 대상이 됐다. 이사회 소집 때 BBC 북아일랜드 대표이사 겸 전 영국 보안대 감사관 리처드 핌 경 Sir Richard Pim은 교수형을 보여 주는 장면이 꼭 필요한지에 대해 의문을 제기했으며 교수형이 나오기 전에 드라마를 끝내야 한다는 데 대한 이사회의 동의를 얻어냈다.[71] 텔레비전 프로그램 심의국장이었던 휴 웰던Huw Wheldon이 마지막 장면의 방송을 허가하긴 했지만, 핌 경은 이사회의 요구가 무시된 점에 대해 당혹감을 드러내며 그런 결정을 '텔레비전 서비스 부의 통제 불능 상태'로 간주했다. 그의 동료 이사이자 예전에 공직자였던 데이비드 밀른 경Sir David Milne 역시 드라마가 "사형에 반대하는 프로파간다 메시지를 전달하기 위해 오심"에 대해 오해의 소지가 있는 입장을 취하고 있다며 불만을 표했다.[72]

이사회의 통제권과 관련한 문제는 석 달 뒤 재방송(1965년 7월 16일 BBC2 방영) 때 다시 수면 위로 떠올랐다. 첫 방영 때 좋은 반응(《더 웬즈데이 플레이〉시리즈 중 가장 높은 시청률을 기록하며 반응 지표에서 평균보다 높은 평가를 받았다)을 얻었다고 판단한 월든이 무삭제판을 재방영하겠다고 약속했던 것이다. 텔레비전본부장 케네스 애덤은 사내 메모를 통해 결말 장면을 어설프게 바꿨다가는 "편집되거나 검열당한" 것처럼 보일 수도 있다고 지적했다. 그는 또한 편집하게 된다면 BBC가 "클린업 TV 운동"에 대해 "신경과민 증세"를 보이는 것으로 취급받을 수 있다고 생각했다.[73] 이 사회도 드라마의 무삭제판을 재방송하는 것이 "고의적인 저항의 행위"가 되진 않는다고 보았으나, 미래에 같은 문제가 발생할 시에는 사장과 이사회 의장의 최종 결정을 따라야 한다고 못 박았다.[74] 이사회가 강하게 반발하긴 했지만 사실 드라마의 결말은 교수형 묘사에 있어 신중했던 편으로, 교수형을 노골적으로 보여 주기보다 그저 암시하는 정도에 그쳤다. 마지막 장면에서 교도관과 교수형 집행인 케치(하워드 구어니Howard Goorney)는 소리를 지르는 대니를 붙들고 진정시키려 하면서, 그의 머리에 주머니를 둘러씌우고 목에 올가미를 두른 뒤 다리까지 묶는다. 그런 뒤 누군가의 손이 지렛대를 잡아당기는 것을 보여 주는 숏으로 끝난다. 화면은 침묵에 잠기고 사형 제도의 절차와 결과에 대한 왕립위원회의 설명이 나온다. 이런 결말은 교수형을 실제로 보여 주기보다 암시하는 수준에 그쳤기 때문에 오히려 강력하게 느껴졌다.

프로듀서 제임스 맥태거트는 한 시청자의 불만 섞인 편지에 대해 "사람들의 생각을 바꾸려" 하기보다 그저 "사실을 전하고"자 했을 뿐이라고 대답했다.[75] 그럼에도 불구하고 〈세 번의 맑은 일요일〉이 사회의식을 지닌 새로운 텔레비전 드라마를 향한 움직임을 암시하는 신호탄이 된 것은 확실하다. 그것은 동시대의 사회 문제를 상기시키고 현재 진행되고 있는 정치적 논쟁(이를테면 당시 의회 통과를 앞두고 있었던 사형 제도 폐지 법안에 관한

교수형: 〈세 번의 맑은 일요일〉의 마지막 장면

논쟁)에 개입하고자 하는 드라마였다. 실제로 드라마가 방영되자 보수당의 최고 원내총무가 정확히 그 점을 문제 삼으며 불만을 표했다.[76] 하지만 이런 성격의 드라마가 취해야 할 형식은 여전히 형성 중에 있었으며, 아직은 넓은 의미에서의 코미디나 사회적 풍자극(〈탭 온 더 숄더〉나 〈청년의 일기〉)과 사회적 멜로드라마(〈캐시 컴 홈〉)의 중간에 걸쳐 있는 상태였다.[77] ■ 이런 점에서 이 드라마는 시어터 워크숍Theatre Workshop으로부터도 영향을 받았던 것 같다. 조앤 리틀우드Joan Littlewood 단장이 이끈 시어터 워크숍은 1963년 1차 세계 대전을 소재로 한 희비극 〈오, 사랑스런 전쟁이여 Oh What a Lovely War〉와 같은 작품을 통해 상당한 성공을 이루었다. 특히 웰메이드 연극의 관습으로부터 벗어난 작품들로 주목할 만한 명성을 얻었다. 그들은 버라이어티와 보드빌vaudeville에서 다양한 요소를 빌려 왔으며, 삽화적 내러티브, 캐릭터의 전형화, 관객에게 말 걸기 등 넓은 의미에서 브레히트적이라 할 수 있는 기법을 사용했다. ■■ 〈세 번의 맑은 일요일〉도 비슷한 방식으로 (오코너의 아내인 니모네 레스브리지Nemone Lethbridge가 새 가사를 붙인) 포크송과 전통 가요를 다양하게 사용하여 캐릭터를 소개하거나 특정한 장면에 대해 더 자세한 설명을 덧붙였다. 대니가 펜튼빌 교

■   일부 비평가들은 이런 요소들의 혼용 때문에 이 작품의 톤이 애매모호하게 되었다고 비판했다. 예를 들면 모리스 리처드슨Maurice Richardson도 이 영화의 장르 혼용과 관련해 "범죄 코미디"와 "멜로드라마"와 "케이퍼 오페라operatic caper"가 서로 충분히 잘 녹아들지 못했다고 비판했다. ['케이퍼' 필름은 도둑을 소재로 한 영화를 가리키는 용어이며 '오페라'는 연속극을 뜻하는 '솝 오페라soap opera'에서 나온 표현이다. — 옮긴이]
■■   시어터 워크숍은 연기 훈련을 받은 적이 없는 새로운 종류의 배우를 기용하는 정책을 실시하는데, 그중 많은 이가 로치의 작품에도 출연했다. 〈세 번의 맑은 일요일〉에 나오는 배우 중 그리피스 데이비스나 조지 슈얼 같은 경우도 〈오, 사랑스런 전쟁이여〉에 출현했던 바 있다.

도소에 도착하는 장면에서도 교도관 두 명이 곧 교도소에 들어올 죄수들을 바라보며 듀엣 곡을 부른다. 대니의 어머니 브리타니아(리타 웹)도 노팅데일의 집에서 돈을 세면서 "내 나이 여덟 살 때부터 도둑질을 시작했지"라고 노래한다. 나중에 집에 도착한 대니의 형과 동생들도 노래를 부른다. 짧은 시각적 몽타주와 결합해 어떤 기분이나 태도를 표현하는 데 사용되는 노래는 좀더 표현적 기능을 갖는다. 대니가 로사를 도울 돈을 마련하고자 조니 메이와 로보의 계획에 참여하기로 결심하는 장면에서도 마찬가지다. 카메라는 노팅데일의 바에 앉아 있는 로사와 감방에 있는 조니의 모습을 치밀하게 구성된 화면을 통해 번갈아 보여 주고, 뒤로는 '로사의 노래'가 들린다. 비록 관습적인 편집 문법에 의해 두 캐릭터의 행위가 동시적으로 일어나고 있는 것처럼 제시되지만, 그들 사이의 시간적 관계는 쉽게 가늠되지 않는다. 더불어 캐릭터의 상황을 고려했을 때도 그것은 주관적 차원과 객관적 차원이 모두 존재하는 모호한 상태의 숏이다. 그러므로 노래의 사용은 플롯의 흐름을 방해하고 극적 행위에 논평을 하기 위한 반브레히트적 기법일 수도 있지만, 방금 예로 든 신에서처럼 내면성과 주관적 갈망의 표현과 관계된 것이기도 하다.

이제까지 설명한 시퀀스는 모두 스튜디오 촬영분에 해당하지만, 이 작품이 노래를 사용하는 방식은 필름 시퀀스를 통해서도 잘 드러난다. 이는 대부분의 필름 푸티지가 대사 없이 노래만을 통해 이야기를 전달하기 때문이다. 하지만 이런 장면은 노래보다 필름 덕을 더 많이 보기 마련이다. 필름이 허용하는 편집 가능성 때문이다. 대니의 형과 동생들이 펜튼빌 바깥에서 로사를 기다리며 "엄마가 영감을 혼쭐냈네"라고 노래를 부르는 장면에서도 마찬가지다. 마냥 시간만 때우고 있는 남자들의 모습을 시각적으로 독창적인 몽타주를 통해 보여 줄 수 있는 것도 다 필름을 사용한 덕분이다. 남자들은 줄지어 선 흰색 자동차 사이를 왔다 갔다 하기도 하고 저마다 다른 방향에서 화면 안으로 걸어 들어오기도 한다. 더 중요한 것은 포르토벨로 시장에서 필름으로 촬영한 이 도입부가 관찰의 의도를 보여 준다는 점이다. 이는 이후 로치의 작품에서 필름이 갖게 될 중요한 성격이기도 하다. 이 시퀀스는 길거리 가수의 노래가 흐르는 가운데 시장의 풍경을 담은 숏들로 시작하여, 대니가 "난 수레를 끄는 행상이오"라고 노래하며 가판대를 차리는 장면으로 이어진다. 교도소 밖 시퀀스처럼 면밀히 계획해 촬영한 다른 필름 시퀀스와 달리, 이 시퀀스에서는 배우가 실제 로케이션 속에 들어가 연기한다. 그리고 그 배우의 연기는 일상적인 활동을 하고 있는 일반인들의 모습을 촬영한 반다큐멘터리적 푸티지와 나란히 편집된다. 실제로 오프닝 장면에서 노점에서 무언가를 사고 있는 손님으로 등장한 한 노부인은 TV에 자신이 나온 것을 보고 놀라 BBC에 출연료를 요구하기도 했다. 맥태거트는 이런 일이 미래의 드라마 제작 비용에 끼칠 영향을 염려하여 재빨리 "거리에서 우연히 카메라에 찍힌 사람은 연기를 했다고 보기 어려우"며 그래서 출연료도 줄 수 없다고 대응했다.[78]■ 비록 별 탈 없이 넘어가긴 했지만 이는 로치가 일반인을 촬영한 장면을 허구적으로 사용하는 방식을 보여 준 초기 사례였으며, 그런 방식이 로치의 작업 방식과 사실성의 상관관계에 대한 문제 제기로 이어질 수도 있음을 암시했다. 하지만 로치의 작업에서 다큐멘터리적 요소는 아직 부차적인 부분이었다. 그런 특징은 〈업 더 정션〉 다음

■ 그러나 문제의 노부인이 드라마 전체에 걸쳐 오프닝과 엔딩을 포함해 세 번이나 등장한 점을 감안하면, 과연 BBC가 당사자에게 동의를 구하지 않은 채 그 이미지를 사용해도 되는지에 대해 의문을 제기할 수도 있다.

KEN LOACH

으로 그가 오코너와 함께한 세 번째 작품 〈커밍아웃 파티〉(1965년 12월 22일 방영)에 이르러서야 핵심 요소가 되었으며, 로치의 미학이 어떤 방향으로 발전하고 있는지를 나타내는 명확한 지표 역할을 했다.

가넷이 〈라디오 타임스〉에 밝힌 것처럼 〈커밍아웃 파티〉는 〈더 웬즈데이 플레이〉의 제작진에게 있어 성공적이었던 한 해의 마지막을 장식하게 된 작품이었다.[79] 그해에만 로치가 연출한 6편을 포함해 35편의 단막극이 방영됐다. 〈탭 온 더 숄더〉가 그 서막에 해당했다면, 오코너의 세 번째 각본을 바탕으로 한 〈커밍아웃 파티〉는 그 대미를 장식해야 하는 작품이었다. 전작과 마찬가지로 이 드라마도 노팅데일의 범죄 조직을 바탕으로 했다. 젠틀맨 지미나 큰형님 앨의 캐릭터, 조지 슈얼George Sewell, 조지 토비, 리타 웹Rita Webb, 그리피스 데이비스, 디키 오웬Dickie Owen, 윌 스탬프Will Stampe 같은 배우들도 〈세 번의 맑은 일요일〉에서 그대로 가져왔다. 〈세 번의 맑은 일요일〉과 마찬가지로 여기에도 젊고 순진한 심피(데니스 골딩Dennis Golding)가 등장하는데, 그는 대니처럼 불행한 운명에 빠지진 않지만 역시나 어른들의 살벌한 세계의 먹잇감으로 전락하고 만다. 이렇듯 〈커밍아웃 파티〉는 비슷한 주제 의식을 이어받긴 했지만 스타일 면에서 완전히 다른 드라마였다. 특히 여기서는 제임스 오코너의 초기작에서 특징적으로 나타났던 정교한 플로팅과 대사는 줄어들고, 보여 주기의 방법을 통해 캐릭터의 성격을 드러내는 시퀀스는 늘어난 것을 볼 수 있다. 〈커밍아웃 파티〉는 오코너가 각본을 쓴 드라마 중 처음으로 16mm로 촬영(무성과 동시 녹음 모두 포함)된 작품이었다. 〈탭 온 더 숄더〉나 〈세 번의 맑은 일요일〉보다 로케이션 촬영 장면도 훨씬 더 많이 포함됐다. 그래서 드라마의 상당한 분량이 텔레비전 스튜디오에서 촬영됐음에도 불구하고, 필름 인서트의 분량과 빈도는 전작에서보다 훨씬 늘어났다. 이런 로케이션 촬영은 〈세 번의 맑은 일요일〉의 오프닝 시퀀스와 마찬가지로, 다큐멘터리와의 친화성을 보여 주기 위해 사용됐다. 가령 심피가 감옥에 있다는 엄마를 찾아 길을 떠나는 장면이 있다. 이 장면에서 그는 교통 경찰에게 다가가 교도소로 가는 길을 물어보는데, 이때 두 사람의 대화는 먼 거리에서 찍혀 있으며 그로 인해 지나가는 사람이나 차가 시청자의 시야를 막을 때도 더러 있다. 이런 카메라의 위치와 시점은 인물들의 행위가 다큐멘터리에서처럼 카메라에 '포착'된 것인 양 보여 준다. 비록 교통 상황을 제외한 그 대화가 사전의 계획에 따라 촬영된 것이라 해도 말이다. '공주님'(캐롤 화이트Carol White)을 소개하는 장면에서 사람들이 화면 앞을 가로질러 지나가거나 마치 자신이 카메라에 찍히고 있음을 막 알아차린 것처럼 카메라를 쳐다볼 때도 비슷한 효과가 발생한다. 보통의 드라마는 이런 노골적인 '실수'를 잘라냈겠지만, 여기서는 아니다. 이런 장면은 다큐멘터리 촬영 기법과의 친화성을 보여 주기 위한 수단일 뿐만 아니라 가공된 이미지의 핍진성을 강화하기 위한 장치이기도 하다.

필름 시퀀스의 또 다른 특징은 〈세 번의 맑은 일요일〉의 도입부에 등장하는 것과 같은 서술적 몽타주 시퀀스의 사용이다. 이 방식의 두 가지 측면이 특히 주목할 만하다. 주인공의 혼미한 정신 상태를 표현하기 위해 선택된 로케이션에서 촬영된 몇몇 시퀀스는 프랑스 누벨 바그, 특히 〈400번의 구타Les Quatre Cents Coups〉(1959)의 영향을 드러낸다. 이를테면 이 드라마의 상당한 분량이 어머니가 감옥에 있다는 사실을 듣고 집을 나선 심피가 도시를 헤매는 모습에 할애되어 있다. 심피는 어머니의 소재에 관해 알게 되자마자 동네 주변을 정처 없이 돌아다닌다. 동네 아이들이 레스브리지가 새로 가사를 붙인 크리스마스 캐롤을 부르며 그의 길동무가 되어 준다. 〈청년의 일기〉가 데드 타임과 불필요한 디테일을 배제했던 것과 달리, 이 시퀀스는 딱히 내러티브를 진행시키기보다 말 그대로 카메라가 심피가 어디에 있는지를 발견하고 그 물리적 장소를 보여 주는 데 집중한다. 예를 들어 이 시퀀스의 두 번째 숏은 어느 버려진 건물의 외관을 보여 주는 데서 출발한다. 이어 카메라는 아래로 각도를 기울여 길에 주차된 여러 대의 대형 트럭을 보여 주는데, 그 사이에서 심피가 모습을 드러낸다. 네 번째 숏에서도 카메라가 또 다른 빈 건물을 가로질러 돌무더기를 비추자 벽 뒤에 있던 심피가 모습을 드러내면서 비슷한 효과를 일으킨다. 그러므로 이 시퀀스에 나타나 있는 내러티브 행위와 공간의 전경은 자신의 어머니에 관해 알게 된 심피의 정서적 스트레스를 반영한 물리적 표현으로 읽힐 수 있다. 나중에 심피가 시내를 떠돌아다니는 동안 사운드트랙에서 그의 생각을 들려주는 노래가 흘러나오는 장면에서도 비슷한 방식의 몽타주가 사용된다. 하지만 장소의 사실성에 대한 강조는 캐릭터가 처한 물리적 환경에 대한 강조와도 관계가 있다. 데보라 나이트 Deborah Knight가 주장한 것처럼 로치의 작품에서 로케이션 촬영이 중요한 이유는 단순히 그것이 만들어 내는 "실제의 효과" 때문만이 아니라 그것의 "은유적" 역할을 통해 주변 환경이 캐릭터에 미치는 영향에 주목하도록 만들기 위함이기도 하다.[80] 후자의 관점을 지닌 나이트는 당연하게도 로치의 초기작에서 나타나는 주관성과 모더니즘의 양상을 과소평가한다. 하지만 앞서 언급한 시퀀스에서처럼 장소는 이중적 비유의 역할을 수행할 수 있다. 그것은 캐릭터의 정신 상태를 말해 주는 객관적 상관물인 동시에 사회적, 물리적 환경이 캐릭터의 주관성에 미치는 영향을 알려 주는 객관적 지표도 된다. 이렇게 보면 이 작품은 〈꿀맛A Taste of Honey〉(토니 리처드슨, 1961)과 〈사랑의 유형A Kind of Loving〉(존 슐레진저, 1962)처럼 내러티브에 필요한 수준 이상으로 장소를 전시하길 좋아했던 뉴 웨이브 영화와 어느 정도의 차이를 지닌다. 뉴 웨이브 영화들에서는 장소의 강조가 형식주의적 요소나 미학적 과시를 수반하는 반면, 여기서는 시적 표현에 대한 충동이 별로 발견되지 않는다. 부분적으로는 푸티지를 촬영할 때의 조건이 여유롭지 못했고 관찰자적 다큐멘터리를 따라 하고자 하는 열망이 강했기 때문이지만, 한편 이것은 로치의 작품에서 캐릭터와 주변 환경 간의 상관관계를 이해하는 것에 대한 관심이 커져 가고 있음을 보여 주는 사례였다. 하지만 이런 캐릭터와 환경 간의 관계는 앞으로 좀더 다듬어져야 할 필요가 있었으며, 환경이 캐릭터에 미치는 영향을 어떻게 바라볼 것인가에 대해서도 아직 확고한 입장이 형성돼 있지 않았다.

앤드루 와이어Andrew Weir는 제임스 오코너의 부고 기사에 그의 드라마가 "범죄, 감옥, 감시가 가득한 어두운 세계"와 "실제 노동 계급"에 관한 이야기를 텔레비전에 성공적으로 도입했다고 썼다.[81] 그러나 그의 작품이 범죄로 가득한 지하 세계를 새롭게 그려 내는 데 분명한 역할을 한 것은 확실하지만, 노동 계급에 관한 그의 묘사는 매우 불완전했다. 오코너의 드라마는 노동 계급을 제대로 재현하지 못했으며 범죄자들의 하위 문화를 사실상 열외 계급으로 취급하는 수준에 불과했다. 드라마 전반에 깔려 있는 '올바른 사회'의 위선에 대한 냉소주의를 감안하고 봐도, 존중받을 만한 노동자의 노동 모습을 보여 주는 것이나 (술집 주인은 차치하고) 공동체 구성원을 제대로 된 직업을 가진 사람으로 표현하는 것에는 대단히 인색한 편이었다. 그래서 그의 드라마는 공적 사회에 대한 통념에 저항하고 그것의 위선과 사리사욕을 발가벗기려 한 동시에, 노동 계급 문화를 범죄 사회로 바라보는 정형화된 시각을 재생산하는 수준에 위태로울 정도로 접근해 있었다. 이는 결국 그의 드라마가 전달하고자 한 사회적 진단의 성격에 상당한 타격을 줬다.

　그의 드라마는 대니나 심피처럼 불운한 주인공을 앞세워 합법적 사회의 위선을 부각시키고 공적 제도의 결점을 지적하고자 했다. 하지만 그의 캐릭터들이 불행해지는 것은 사실상 가족 때문이다. 〈세 번의 맑은 일요일〉에서도 아버지의 부재 속에 가족을 이끄는 것은 찰스 디킨스 소설에서 튀어나온 것 같은 어머니 브리태니아다. 그녀는 뻔뻔하게도 자식들에게 공부를 포기하고 도둑질을 하라고 시키며 그리하여 자식들은 문맹 상태로 남게 된다. 그러니 결말에 이르러 대니가 어머니를 비난하며 "돈, 돈, 돈"을 위해 자신의 행복한 삶을 희생시킨 것에 대해 원망하는 점도 이해할 만하다. 〈커밍아웃 파티〉의 심피 역시 부모에게 가장 많이 실망한다. 그의 부모는 경찰과 교도관의 훈계에도 불구하고 감옥을 계속 드나들며 살아온 것으로 밝혀진다. 그는 부모 대신 조부모의 보호를 받으며 편안히 살아왔지만 그의 할머니(힐다 배리Hilda Barry)까지 절도죄로 체포당한 뒤에는 소년 감화원을 거쳐 공공 수용 시설로 가게 된다.▪ 드라마가 거의 끝나갈 즈음 심피가 켄싱턴 공원에서 자유를 만끽하고 있을 때, 니콜스(알렉 로스Alec Ross)란 한 친절한 경찰이 나타나 그를 데려간다. 심피를 보여 주는 일련의 숏들이 화면에 지나가는 동안, 역시 감옥행 신세에 처한 '공주님'과 니콜스가 심피의 장래에 대해 이야기하는 소리가 들린다. 공주님은 그의 불운한 상황에 대해 이야기하면서, "그의 주변 인물들

▪　제임스 오코너의 가족은 많은 단점에도 불구하고 장물 취급까지 하진 않았지만, 그의 전기를 보면 "강도, 물주, 장물아비"에 대한 혐오감이 드러나 있다(*The Eleventh Commandment*, p.65). 〈세 번의 맑은 일요일〉과 〈커밍아웃 파티〉에 모두 출연한 조지 슈얼의 아버지도 그중 하나였다.

을 감안하면" 심피도 "결국 악당"이 되지 않는 게 이상한 일이라고 지적한다. 그러므로 〈세 번의 맑은 일요일〉과 〈커밍아웃 파티〉는 장소의 물질성을 부각함으로써 캐릭터의 행동을 설명해 주는 환경적 조건을 강조하고자 하지만, 그중 가장 핵심적인 환경 요인은 가난이나 열악한 주거 환경 등의 경제적 이유가 아니라 노동 계급의 범죄성으로 밝혀진다. 아이러니하게도 해럴드 맥밀런을 암시하는 듯한 젊은 심피가 친구와 함께 해러즈 백화점을 털면서 "이렇게 운이 좋은 건 처음이다"라고 말하는 장면에서도 알 수 있듯 이 드라마가 '풍요로운 사회'의 불공평함을 파헤친 것은 맞지만, 대니와 심피가 겪는 문제는 경제적 불평등과 열악한 주거 환경이라기보다 가족에 대한 애착과 그들이 속한 공동체의 범죄 경력에서 비롯된 것으로 나타난다. 이런 측면에서 보면 범죄자 간의 동지애를 바탕으로 한 공동체 의식이나 스스로를 돕는 자에 대한 은근한 찬미, 그리고 그런 공동체 의식이나 자발성이 대니와 심피 같은 순진한 희생양에게 미치는 파괴적 영향력에 대한 인식 사이에 어느 정도 긴장이 존재한다. 이런 긴장은 당시 스토리 편집자였던 가넷이 〈라디오 타임스〉에 쓴 글을 통해 직접 설명한 것이기도 하다. 그는 이 드라마가 "힘든 상황으로 치닫게 되는 서글픈 탐색의 과정"을 포함하는 동시에 "크리스마스 기분에 젖게 하는 멋지고 요란한 댄스 파티 같은 코미디"도 보여 준다고 설명했다.[82]

그러므로 〈커밍아웃 파티〉는 〈탭 온 더 숄더〉처럼 노동 계급 범죄에 대한 낭만적인 믿음을 부정직한 사회에 대한 정직한 반응으로 여기는 태도에서 떨어져 나와, 범죄로 가득한 지하 세계가 순진한 인간에게 미치는 파괴적 영향에 대해 우울한 견해를 내놓는다. 하지만 이것이 범죄를 부추기는 경제적 환경을 지적하려는 유물론적 관점을 보여 준다 할지라도, 노동 계급에 대한 이 드라마의 시각은 범죄가 만연해 있는 사회의 주변부에만 국한되어 있다. 하지만 이는 노동 계급을 대변하는 캐릭터를 중심으로 한 이후 작품(〈업 더 정션〉이나 〈캐시 컴 홈〉)에서 변화를 보인다. 물론 〈업 더 정션〉에서도 사소한 범죄가 노동 계급의 생활을 묘사하는 데 여전히 중요한 특징으로 사용되기는 한다. 그러나 로치의 작품이 슬럼 철거 정책과 대중 문화, 소비주의의 부상으로 인한 전통적인 노동 계급 공동체의 와해 등, 좀더 보편적이고 동시대적인 사회적, 경제적 변화를 반영하기 시작하면서 노동 계급에 대한 묘사도 다른 방식으로 변화하기 시작한다.

"지금, 여기, 1965년": 〈업 더 정션〉

앞서 지적한 것처럼 〈아서 결혼의 파경〉은 중산층의 규범적 태도에 대한 비판적 관점을 최신 팝 음악이나 람브레타를 탄 모드족으로 대변되는 청년 문화와 연결 지어 보여 주었다. 주인공 아서도, 유행에 맞는 옷차림을 하고 섹스에 탐닉하는 젊은이들과의 만남을 통해 일시적으로나마 해방감을 만끽했다. 피상적인 차원에서는 〈업 더 정션〉(1965년 11월 3일 방영)도 '스윙잉 식스티즈swinging sixties' ■의 도래와 관계가 있는 것처럼 보였다. 이 드라마를 유명하게 만든 것은 두 가지였다. 하나는 성적인 주제에 대한 솔직한 접근법이었고, 다른 하나는 록밴드 킹크스The Kinks나 서처스The Searchers 등의 시끄러운 팝 음악으로 구성된 사운드트랙이었다.

■ 'swinging'이란 단어에는 활기차고 멋진이란 뜻이 있다. '스윙잉 식스티즈'는 2차 세계 대전의 상처가 아물면서 경제 회복, 성차별 및 인종 차별 철폐 운동, 낙관주의와 쾌락주의 문화 등이 대두되었던 1960년대 중후반, 1970년대 초를 가리키는 표현이다. — 옮긴이

출연진 중에는 배터시Battersea■의 브리짓 바르도라 불렸던 캐롤 화이트도 있었다. 부분적으로는 로치와의 작업을 통해 유명세를 얻게 된 그녀는 1960년대를 상징하는 얼굴이나 다름없었다.[83]■■ 하지만 〈업 더 정션〉은 모든 사람이 이런 사회적, 경제적 변화의 수혜를 입진 못했다는 사실을 시청자에게 상기시킴으로써 풍요로운 사회와 '스윙잉 식스티즈'의 신화라고 하는 것에 저항하고자 했다. 역사학자 도미닉 샌드브룩은 다음과 같이 관찰한 바 있다.

자유로운 시대에 도래할 새로운 계급 없는 사회에 대해 많은 말들이 오고 가는 가운데 사람들은 영국 사회가 얼마나 불평등한 사회였는지를 쉽게 잊어버렸다. 1965~1975년 사이, 영국 인구의 하위 80%가 국가 전체 부의 10% 정도만을 소유했다.[84]

스토리 편집자 토니 가넷에 따르면 이 드라마가 겨냥한 대상도 바로 그런 망각이었다. 〈라디오 타임스〉에 실린 글에서 그는 이 드라마의 배경이 "아무 곳이나"가 아니라 배터시인 이유에 대해, "장래성 없는 직업, 무너져 가는 집, 지저분한 길거리, …… 압도적일 정도로 불운하다는 느낌"으로 가득한 그곳에는 "쉽게 이용당하거나 부당한 대우를 받거나 아니

■ 런던 남서부의 노동 계급 거주 지역이다. ― 옮긴이
■■ 캐롤 화이트는 클리퍼드 서로Clifford Thurlow와 공동으로 쓴 자서전에서 자신의 이름이 "한 시대를 가리키는 단어들(1960년대, 스윙잉 런던, 장발, 퍼플 하트, 미니스커트, 비틀스)과 동의어"처럼 받아들여졌다고 말했다. [퍼플 하트는 당시 유행했던 항우울제 약물 덱사밀을 말한다. ― 옮긴이]

면 우리에게 그저 없는 사람 취급을 받는" 사람들이 살고 있다고 설명했다. 이어서 그는 "당신의 마음에 들든 말든, 이것이 지금, 여기, 1965년이다"라고 덧붙였다. 하지만 이 드라마는 사회적 '타자,' 즉 '망각된' 영국을 보여 주고자 하는 욕망을 원동력으로 삼는 동시에 '스윙잉 식스티즈'란 신화의 정체도 폭로하고자 했다. 제작진의 목적은 단순히 사회적, 경제적 불평등의 희생자들을 등장시키는 것만이 아니었다. 가넷이 〈라디오 타임스〉에 말한 것처럼, 그들은 어떻게 그런 인물들이 자신이 처한 조건에도 불구하고 "억누를 수 없는 생존력"과 "유행하는 옷차림을 하고 주말판 신문의 컬러 부록을 들고 다니며 자기 계발에만 힘쓰는 배타적 인간들을 무색하게 만들 정도의 나름의 스타일과 교양"을 간직하고 있는지를 보여 주고자 했다.[85] 어떤 의미에서 보면 이런 사회적 폭로와 노동 계급의 활력에 대한 긍정이 결합해 그런 강력한 반응을 끌어낸 것인지도 모른다. 등장 인물들이 지닌 그 '활기'란 것의 상당 부분이 섹스나 섹스에 관해 이야기하는 것에 대한 열망에서 비롯된 것임에도 불구하고 말이다.

로치가 넬 던의 동명 소설을 읽게 된 것은 〈아서 결혼의 파경〉의 공동 각본가이자 다수의 전작에서 작곡을 맡았던 스탠리 마이어스Stanley Myers의 권유 덕분이었다. 그는 이 책을 〈더 웬즈데이 플레이〉의 스토리 편집자였던 가넷에게 가져갔고, 던과의 공동 작업을 통해 원작에 충실한 방향으로 "각본을 편집"했다.[86] ■ 던은 백만장자의 딸이자 유복한 보헤미안으로 부촌인 첼시에서 살다가 1950년대 말에 남편 제러미 샌포드와 함께 배터시로 이사를 왔다. 그리고 배터시에서 일하고 살면서 겪은 경험을

■ 대부분의 대사가 원작에 있는 것이지만 추가로 만들어진 것도 조금은 있었다.

바탕으로 하여 노동 계급의 삶을 스케치한 에피소드들을 느슨하게 묶어 낸 형식의 소설을 쓰게 되었다. 그래서 소설 속 일화들은 허구적인 이야 기인 동시에 사회적 르포르타주의 성격도 지니고 있다. 이야기는 내레이 터가 직간접적으로 들은 것이라 여겨지는 직설적인 대화를 통해 주로 전 달된다. 대화와 대화 사이를 연결하는 설명조의 산문도 외부에서 관찰한 것에 한정되어 있으며, 캐릭터의 속마음이나 감정에 대한 노골적인 작가 적 논평이나 추측도 절제돼 있다. 이런 측면에서 이 책은 문학과 사회학 을 합쳐 놓은 듯한 '하이브리드'적 성격을 지녔다. 그리고 그것은 리처드 호가트Richard Hoggart가 《교양의 효용The Uses of Literacy》에 쓴 것처럼 "실 제" 세계의 사람들을 그려 내는 데 관심이 많았던 당시의 예술이나 사회 과학 분야의 일반적인 움직임과도 관계가 있었을 것이다.[87] 던의 소설은, 예를 들면 토니 파커Tony Parker가 녹음한 인터뷰를 바탕으로 쓴 한 전문 적 범죄자의 자서전이자 명백한 사회학적 연구서라 할 만한 《죄를 지을 용기The Courage of His Convictions》(1962)와도 유사한 지점이 많다.[88] 그런가 하면 던의 소설과 같은 해에 출간된 《무명 시민The Unknown Citizen》(1963) 도 한 전과자에 관한 것으로, 그 소설에서 파커는 전작에서 한 단계 더 나아가 녹음 자료나 기억에서 끄집어낸 대화 내용을 재구성한 사건, 예상 되는 대사 등과 결합시키는 서술 방식을 구사했다.[89] 실존 인물을 바탕으 로 하였음에도 불구하고 이 책은 1964년 BBC의 〈스토리 퍼레이드Story Parade〉 시리즈 중 한 편으로 각색되었고, 〈라디오 타임스〉로부터 "사회 학적 사례 연구를 넘어서는 작품"이란 평가를 들었다.[90]

다큐멘터리적인 방식의 관찰과 허구화된 사건을 결합한 던의 소설 은 가넷이 "범주화에 저항하는 작품"이라고 묘사한 텔레비전 드라마로 옮겨졌다. 가넷은 "이것은 드라마도 아니고 다큐멘터리도 아니고 뮤지컬도 아니다. …… 이것은 그 모든 것이다"라고 주장했다.[91] 물론 가장 뜨거운 반응을 불러일으킨 것은 드라마의 내용이었지만, 그 내용을 담은 형식 또한 상당한 비평적 호응을 이끌어 냈다. 〈데일리 메일〉의 피터 블랙이 지적한 것처럼 이것은 "처음, 중간, 끝"이 있어야 한다는 관습적인 의미에서 본다면 "전혀 드라마라 할 수 없는" 작품이었다.[92] 원작 소설과 마찬가지로 드라마 역시 뚜렷한 극적 구조를 갖고 있지 않았으며 그저 일련의 에피소드를 느슨하게 연결해 놓았을 뿐이었다. 루브(제럴딘 셔먼 Geraldine Sherman), 실비(캐롤 화이트), 아일린(비커리 터너Vickery Turner) 등 세 여주인공 캐릭터가 연속성을 만들어 내긴 하지만, 예를 들면 '할부 판매원'이나 '늙은 갈보'가 나오는 시퀀스처럼 그들이 등장하지 않는 시퀀스도 많다. 나아가 루브의 낙태나 테리(마이클 스탠딩Michael Standing)의 죽음을 비롯해 극적인 사건도 더러 있지만, 대부분은 명확한 내러티브 인과관계를 형성하기보다 단기적인 결과만을 낳을 뿐인 독립적 막간극에 그치고 만다. 예를 들면 테리의 죽음은 루브에게 큰 영향을 미치지 못하며, 테리가 죽은 뒤 처음으로 모습을 드러낸 루브가 카페에서 대화를 나눌 때 그의 죽음을 잠깐 언급하는 정도로 지나간다. 던의 소설에서와 마찬가지로, 내러티브를 구성하는 것은 극적 사건이 아니라 그 자체로 서사적 사건의 성격을 가지는 대화 속의 작은 정보들이다. 던은 배터시의 노동 계급 여성들이 사용하는 언어에 존재하는 서사적 가치와 유머에 열광했고, 로치도 "평범한" 사람들이 말하는 방식을 강조함으로써 노동 계급의 언어가 지닌 활력을 재현하는 동시에 텔레비전 드라마에 관습적으로 사용돼 온 "문학적" 언어를 탈피하고자 했다.[93]

평범하고 일상적인 언어에 대한 열렬한 관심은 다큐멘터리와 몽타주 기법에 기댄 시각적 기법의 사용으로 이어졌다. 던의 소설은 관찰자적

〈업 더 정션〉: 루브(제럴딘 셔먼), 실비(캐롤 화이트), 아일린(비커리 터너)

성격을 지니긴 했지만, 캐릭터들의 대사가 주로 강조되어 있다 보니 시각적 디테일을 이끌어 낼 여지는 별로 없었다. 소설책 역시 수잔 벤슨Susan Benson의 선묘 삽화를 넣어 이 점을 보완하려 했던 것 같다. 그로 인해 로치의 드라마 버전에서는 장소와 배경의 사실성을 확립하는 것이 대단히 중요해졌으며, 제작진도 수일 동안 런던 클래펌 정션 지역과 다른 런던 로케이션에서 16mm 필름으로 촬영하는 수고를 들였다. 필름으로 촬영한 전작들 〈세 번의 맑은 일요일〉과 〈아서 결혼의 파경〉과 비교해서도 배경의 '진실성'을 확보하는 데 많은 공을 들인 작품이다. 세 주인공을 소개할 때도 카메라는 클래펌 정션 역의 표지판에서 길게 팬을 하여 그들을 보여 주는데, 이는 세 주인공이 서 있는 지리적 위치를 정확히 전달할 뿐만 아니라 이 드라마가 다큐멘터리적 정확성을 지니고 있다는 주장('지금, 여기, 1965년')에 부합하는 것이기도 하다. 이런 다큐멘터리적 특성은 대충 찍은 것처럼 보이는 숏들을 통해 한층 강화됐다. 당시 뉴먼이 주장한 바처럼 이 드라마는 "급하게 찍은 뉴스릴처럼 보이는" 촬영 방식을 통해 "실제 삶을 담아낸 것 같은 인상을 획득하는" 것을 목표로 했다.[94] 거친 스타일의 카메라워크를 사용해 화면 속 사건이 계획대로 촬영한 것이 아니라 지금 실제로 벌어지고 있는 일인 것 같은 인상을 만들어 냄으로써 의도적으로 다큐멘터리와의 연관성을 환기시키고자 했다. 이를테면 실비가 별거 중인 남편 테드(로널드 클라크Ronald Clarke)와 술집 밖에서 싸움을 벌이는 장면이 그렇다. 카메라는 마구 흔들거리며 가끔은 초점도 못 맞추고 지나가던 구경꾼에 가려 제대로 된 시야를 확보하지 못할 때도 많다. 그런데 이 장면은 이런 촬영 기법을 통해 스튜디오 촬영을 통해서는 얻어 낼 수 없는 다큐멘터리적 핍진성을 확보한다. 〈아서 결혼의 파경〉과 〈커밍아웃 파티〉에서와 마찬가지로 이 작품에서도 배우들은 실제 로케이션에 들어가 일반인들과 부대끼며 연기한다. 마지막 장면에서 세 주인공이 쇼핑객으로 붐비는 길거리를 지나갈 때도 사람들이 배우와 카메라의 존재에 대해 정말로 즉흥적인 반응을 나타내는 것을 볼 수 있다. 길 건너편에 세워진 카메라 또한 계획에 없었던 보행자와 자동차가 카메라 앞으로 지나가는 것을 담아내며 그런 일이 절대 사전에 준비해서 나온 것일 수가 없음을 보여 주고자 한다.■

다큐멘터리 기법은 할부 판매원 바니(조지 슈얼)의 숏에 훨씬 복잡한 미학적 효과를 부여하는 것으로 보인다. 넬 던의 원작에는 대부분의 이야기가 1인칭 시점으로 쓰여 있으며, 캐릭터들의 코멘트는 첫 번째 에피소드에서 던과 닮은 첼시 출신의 상속녀로 밝혀지는 내레이터가 직간접적으로 들은 것들이다. 할부 판매원은 내레이터가 클럽에서 만난 유부남으로, 그녀는 결국 수금하러 가는 그를 따라 나서게 된다. 그런데 로치의 텔레비전 버전에서는 내레이터의 캐릭터가 생략되었으며 대신 루브의 친구 아일린이 내레이터의 존재를 대체한다. 텔레비전 작품에는 내레이터가 등장하다 보니 할부 판매원의 이야기도 다소 모호하게 전달된다. 다큐멘터리에서 영향을 받은 이 작품의 미학적 스타일에 따라 그의 코멘트도 마치 다큐멘터리 스태프가 딴 거짓 인터뷰 내용처럼 찍혀 있다. 그의 대사도 밴 뒷좌석에서 촬영한 그의 모습과 길거리의 평범한 사람들을 찍은

■ 켄 로치가 이런 기법을 얼마나 좋아했는지는 그가 40년이 지나서까지 그런 방법을 사용했다는 사실을 통해 증명된다. 예를 들면 〈자유로운 세계〉에서 앤지가 집 앞에서 납치된 아들을 찾아 나서는 장면이 있다. 카메라는 건너편 도로에 멀찌감치 떨어져서 그녀의 걷는 모습, 그녀가 동네 가게 주인들에게 아들을 본 적 있는지 묻는 모습을 연속된 숏들을 통해 짧게 보여 준다. 〈업 더 정션〉과 마찬가지로, 카메라 앞으로 지나가는 차들과 길 가던 사람들의 즉흥적인 반응을 보아 화면 속 행위가 실제로 일어나는 순간에 포착한 장면임을 알 수 있다.

기록 영상과 나란히 편집된다. 이런 점에서 이 시퀀스는 단순히 다큐멘터리에 사용되는 관찰자적 기법을 흉내 내기만 한 것이 아니라, 사건을 촬영하고 있는 카메라의 존재를 적극적으로 드러내고자 했던 프랑스의 시네마 베리테*cinéma vérité*와 장 루슈Jean Rouch의 작업에서도 분명한 영향을 받았다고 할 수 있다.■ 그러나 〈아서 결혼의 파경〉에서 화면 속에 포트넘 앤 메이슨 백화점 밖에 서 있는 로치가 등장했던 것과 달리 〈업 더 정션〉에서는 영화를 찍고 있는 사람이 보이지 않기 때문에 바니가 누구를 상대로 이야기하고 있는지가 모호하다. 이런 점에서 그의 이야기를 듣고 있는 사람의 리버스 숏*reverse-angle shot*을 보여 주지 않는 것은 바니로 하여금 관습적인 텔레비전 드라마의 "환영"적 성격을 교란시키고 텔레비전 시청자를 직접적으로 가리키는 인물이 되게 한다.■■ 하지만 그가 나중에 카메라에 대고 "자네도 한 잔 하고 싶은 것 같은데"라고 말하는 장

■ '텔레베리테*télé-vérité*'라는 개념은 TV 다큐멘터리에 주로 적용됐던 것이지만, 〈업 더 정션〉도 그런 용어를 통해 설명될 수 있는 첫 번째 드라마로 보인다. 토니 가넷은 넬 던에게 각본을 의뢰하면서 이 용어를 사용했으며(Memo to Copyright Department, 6 October 1965, BBCWAC T48/223/1), T. C. 워슬리도 〈파이낸셜 타임스*Financial Times*〉에 쓴 리뷰에서 같은 용어를 사용했다(*Television: The Ephemeral Art*, London: Alan Ross, 1970, p.36). 하지만 이 용어는 다소 모호하게 사용되고 있으며, 엄밀히 말하면 프랑스의 시네마 베리테보다 미국의 다이렉트 시네마*Direct Cinema* 운동의 영향을 가리키는 것으로 보인다. 이 문제에 관한 좀더 폭넓은 논의를 살펴보려면 다음을 보라. Jamie Sexton, "'Televérité' Hits Britain: Documentary, Drama, and the Growth of 16mm Filmmaking in British Television," *Screen*, Vol. 44 No. 4, 2003, pp.429~444.

■■ 제이콥 리는 시청자를 직접 가리키는 이 장면을 고다르의 영화와 관련해 논한다(*The Cinema of Ken Loach*, pp.33~38). 그러나 이 장면의 연출 방식이 형식적인 면에서 파괴적인 것은 맞지만, 이는 이 작품이 지닌 다큐멘터리적 외양과 통일시키기 위한 방법이지 전복적 성격을 지니는 것은 아니다.

면은 그가 외화면에 존재하는 어떤 인물에게 말을 걸고 있으며 그러므로 카메라의 시선은 그 외화면 인물의 시점에 일치하는 것임을 암시한다. 원작에 충실함으로써 이런 시점 숏들과 던의 내레이터의 상관관계를 더욱 긴밀하게 만들 수도 있지만, 텔레비전 작품은 이런 내레이터를 생략함으로써 시청자가 이 시퀀스에 대해 모호한 느낌을 갖게 한다. 혹자는 이런 기법이 대충 쓴 소설에서 나온 잔여물에 지나지 않는다고 주장할 수도 있을 것이다. 하지만 한편 이런 특징의 결합은 이 작품이 모더니즘과 다큐멘터리의 요소들을 뒤섞는 방식에 폭넓게 기대고 있음을 의미한다.￭

그리하여 이 드라마가 차용한 유사 다큐멘터리 스타일은 평균보다 긴 롱 테이크 장면들을 양산했지만, 이는 엄청난 양의 편집을 통해 보완되었다. 그것은 많은 수의 출연진을 감당하기 위해서도 반드시 필요했던 편집이었다. 존 코기는 편집이 "드라마의 주된 방법론"이 돼야 한다고 보았다.[95] 작품 전체에 걸쳐 적극적으로 편집을 할 수 있었던 것은 단지 필름 촬영분이 많았기 때문만이 아니라 스튜디오 촬영분의 경우에도 음향 편집에 사용할 16mm 백업 프린트가 있어 그것까지 사용할 수 있었기 때문이다. 그리고 그런 스튜디오 촬영분에도 즉흥적으로 연출된 장면이 더

￭ 안드라스 발린트 코바츠András Bálint Kovács는 현대 유럽 영화의 출현에 대한 그의 글에서 어떻게 프랑스의 시네마 베리테가 "자연주의 스타일의 자기 반영적 버전"을 보여 주었으며 그것이 "내러티브에 대한 자기 반영적 논평과 즉흥적인 촬영 스타일"을 결합한 고다르의 초기작에 많은 영향을 미쳤는지에 대해 논한다(András Bálint Kovács, *Screening Modernism: European Art Cinema, 1950–1980*, Chicago, IL: Chicago University Press, 2007, p.169). 비슷한 논리를 통해 어떻게 로치가 이탈리안 네오리얼리즘neo-realism과 영국의 뉴 웨이브의 특징을 시네마 베리테와 프랑스 누벨 바그에서 받은 영향과 결합하여 모더니즘과 코바츠가 "포스트 네오리얼리즘post neo-realism"이라 말한 경향을 융합해 냈는지 설명할 수 있다.

러 있었다.[96] 그 결과 스튜디오에서 찍은 장면에도 평균 이상의 편집이 사용됐는데, 그것은 술집이나 카페, 직장 같은 장소에서 벌어지는 이야기의 분위기를 제대로 전달하기 위한 것만이 아니라 원작의 가장 중요한 요소였던 분절된 대화의 배열 방식을 그대로 재현하기 위한 것이기도 했다. 물론 실험적이었던 〈캐서린〉과 〈청년의 일기〉 이래 로치에게 몽타주는 중요한 도구였다. 하지만 〈청년의 일기〉에서 편집이 주로 서사적, 수사적 목적을 위해 사용됐다면 〈업 더 정션〉에서는 확실히 설명적이고 사회학적인 차원에서 사용됐다. 〈커밍아웃 파티〉에서와 같이 짧은 길이의 설명적 몽타주를 사용한 것은, 사람들이 사는 장소의 물리적 사실성을 보여주기 위한 것이기도 했지만 사회적, 경제적 환경이 캐릭터 형성에 대해 갖는 사회학적 중요성을 보여 주기 위한 것이기도 했다. 예를 들어 이는 세 여주인공 루브, 실비, 아일린이 등장하기 전에 나오는 오프닝 시퀀스에 잘 드러나 있다. 그 오프닝 시퀀스는 클래펌 정션 주변(배터시 화력 발전소, 길거리의 사람들, 고장 난 차 안에서 노는 아이들, 기차, 두 경찰관, 아파트가 있는 블록)을 촬영한 8개 남짓한 설정 숏으로 이루어진 몽타주로 되어 있다. 또 어느 버려진 건물에서 아일린과 데이브(토니 셀비)가 사랑을 나누는 장면 뒤에는 한 건설 노동자가 주택을 철거하는 모습을 담은 11개의 숏으로 이루어진 몽타주가 나온다. 이런 시퀀스는 플롯의 진행 속도에 큰 도움을 주진 않지만 극의 배경이 되는 물리적, 사회적 환경을 보여 주는 시각적 구두점의 기능을 한다. 그리하여 이런 시퀀스는 사람들이 처한 물리적 상황의 중요성을 확립하는 수준에서 더 나아가, 개인적 경험을 보다 넓은 공동체의 조건, 심지어는 사회 계급의 조건으로 일반화해서 보여 주게 된다.

이런 식으로 특수성과 보편성을 연결하는 방식은 다른 편집 장치를 통해서도 이루어진다. 예를 들어 법정에 간 데이브를 보여 주는 장면 앞에 자신이 저질렀던 범죄를 떠올리는 다른 남자들의 숏들이 연달아 나온다. 비슷하게 아일린이 감옥에 있는 데이브를 면회하러 가는 장면에서도 카메라는 그 두 사람의 대화만 찍지 않고 사이사이에 아일린과 같은 입장에 있는 이름 모를 다른 여자를 보여 주기도 한다. 이런 식으로 주인공이 처한 구체적 곤경은 비슷한 조건에 있는 다른 평범한 사람들의 경험과 연결된다. 루브의 임신을 알려 주는 시퀀스에서도 루브의 클로즈업에 앞서 복도, 거리, 공원 등에 익명의 임산부와 산모들이 서 있는 모습을 찍은 일련의 다큐멘터리적 숏들을 보여 준다. 이런 숏들은 임신을 하게 된 경위를 설명하는 정체불명의 여자들의 보이스오버와 함께 나온다. 화면과 소리가 일치하지도 않는다. 예를 들면 그들은 "난 그 남자와 한 번도 잔 적이 없다," "엄마한테 말하는 게 제일 힘들었다"라고 말한다. 던의 원작에서 대화는 주로 공동의 구술 문화에 대한 감각을 일깨우기 위해 사용됐다. 반면 로치의 버전에서 이런 정체불명의 목소리는 텔레비전 다큐멘터리의 관습적 문법을 모방하는 것을 통해 명확히 시청각적인 성격을 획득한다. 이는 특히 데니스 미첼Denis Mitchell의 〈거리의 아침Morning in the Streets〉 (1959) 같은 프로그램에서 영향을 받은 것으로 보인다. 다큐멘터리 푸티지를 합성해서 만든 도시의 풍경을 따로 녹음한 평범한 사람들의 목소리와 결합시킨 방식이 그러하다.▪ 이런 식으로 정체불명의 보이스오버를 사용하는 것은 작품에 다큐멘터리적인 분위기를 더해 줄 뿐만 아니라 개별적

▪ 필립 퍼서Philip Purser는 〈선데이 텔레그래프Sunday Telegraph〉(1965. 11. 7)에 쓴 리뷰에서 이 드라마를 "배우를 기용해 만든 데니스 미첼 다큐멘터리"라고 표현했다. 그러나 화면과 일치하지 않는 목소리가 담긴 사운드트랙이 미첼의 작품을 연상시키긴 하지만, 〈업 더 정션〉의 카메라워크는 미첼의 작품의 그것보다 훨씬 거칠고 산만한 편이다.

인 드라마를 보편적인 드라마로 확장하는 수단이 되기도 한다. 따라서 이 드라마는 루브의 이야기에 집중하는 것처럼 보이는 한편 화면에서 들려오는 목소리의 주인인 다른 여자들의 비슷한 경험들을 대변하고 있는 것처럼 보이기도 한다. 루브의 전형성 혹은 대표성은 그다음 장면에서 더 강조된다. 루브가 위니(앤 랭커스터Ann Lancaster)에게 낙태 비용을 지불하러 가는 길에 아일린과 애니(길리 프레이저Gilly Fraser)를 만나 함께 웜블던 공유지를 지나가는 장면이다. 세 여자의 모습이 담긴 화면 위로 그녀들(루브와 애니)의 목소리가 들리고, 이어 자신의 병원에 불법 낙태 시술 상담을 받으러 왔던 여자들이 얼마나 되는지를 떠올리는 한 남자 의사의 보이스오버가 등장한다. 의사의 보이스오버는 루브가 공유지를 지나서 끝내 낙태 시술을 받게 되는 동안에도 계속 이어진다. 〈업 더 정션〉이 로치의 작품 중 드라마인지 다큐멘터리인지 헷갈린다는 불만을 들은 첫 작품이긴 하지만, 사실상 이 드라마에서 본격적인 다큐멘터리 장치라 할 만한 것은 이 의사(실제 가넷의 주치의였던 돈 그랜트Don Grant)의 보이스오버가 유일하다. 나머지는 다큐멘터리 기법을 모방한 것에 불과하다. 그러나 드라마에서 그런 장치를 사용하는 것은 개별적인 드라마에 좀더 포괄적인 사회적, 문화적 대표성을 부여하기 위한 전략과 명백히 일치하는 것이다. 가넷 본인도 이 지점에 보이스오버를 사용한 것은 루브가 비명을 지르는 장면을 보는 시청자의 정서적 반응에 좀더 분석적인 관점을 더하기 위해서 의식적으로 브레히트적인 전략을 구사한 것이었다고 설명했다.[97] 결국 이는 여성의 사적인 경험을 남성 권위자의 공적인 목소리에 종속시킨 것이란 비판을 듣기도 했다.[98] 이는 확실히 얼마간 정당한 비판이지만, 여기 사용된 남성의 보이스오버가 여성의 관점이나 그것이 자아내는 정서적 반응을 배제하거나 거부하는 것이 아니라 바로 거기에 기대어 더 많은 층위의 의미를

비명을 지르는 루브: 〈업 더 정션〉에서 많은 논쟁을 불러일으킨 낙태 장면

덧붙이고 있음을 지적할 필요가 있다.

이 작품에서 대사와 이미지를 배열하는 방식은 음악의 사용을 통해 보완되기도 한다. 가넷이 어떤 면에서 이 드라마는 뮤지컬로도 볼 수 있다고 설명했던 것처럼, 음악은 이 작품의 중요한 요소다. 팝 음악의 도입은 이 드라마가 유행을 신속하게 흡수하고 있음(카페에서 흘러나오는 소니Sony와 셰어Cher의 〈아이 갓 유 베이비*I Got You Babe*〉는 방영 불과 몇 주 전 각종 차트 1위에 오른 곡)을 보여 줄 뿐만 아니라 극 속 인물들을 둘러싼 문화적 환경을 설명해 주는 데도 중요한 역할을 한다. 그러나 술집, 직장, 카페에서 울려 퍼지는 노래는 단순히 이 드라마를 구성하는 부분적 요소에 불과한 게 아니라 극적 행위를 강조하고 개별 시퀀스를 연결해 주는 역할도 한다. 가령 공장에서 일하는 여자들을 보여 주는 짧은 몽타주에 서처스의 〈헝그리 포 러브*Hungry for Love*〉가 흐르는 장면이 그 예다. 이런 노래 중 일부는 디제시스 안에서 그 근거를 찾아볼 수 있지만, 다른 경우에는 현실적 근거가 없다. 예를 들어 〈헝그리 포 러브〉는 공장 내 스피커에서 나오는 소리지만, 마지막 장면에 나오는 서처스의 〈슈거 앤 스파이스*Sugar and Spice*〉는 어디서 나오는 것인지 알 수 없다. 이런 식으로 팝 음악을 사용하는 방식은 아직 흔한 것이 아니었지만, 여기서는 예를 들면 마지막 시퀀스에서 여자들의 활기를 강조하는 노래처럼 분위기를 만들어 내거나 극적 행위에 대한 논평을 가하기 위한 수단으로 쓰인다.■ 후자의

■ 제프 스미스Jeff Smith가 컴필레이션 영화 음악에 대해 설명한 대로, 영화 사운드트랙에 팝 음악을 사용하는 방식이 인기를 끌기 시작한 것은 영화 〈졸업*The Graduate*〉(1967)이 나오고 2년쯤 뒤의 일이었다. 스미스는 컴필레이션 영화 음악의 중요한 선례로 케네스 앵거Kenneth Anger의 〈스코피오 라이징*Scorpio Rising*〉(1963)을 꼽았지만, 극적인 맥락 안에서 이미 나와 있는 팝 음악을 사용한 〈업 더 정션〉도 주목할 만한 선두 주자였다.

접근 방식은 던의 원작에서 영감을 받은 것이기도 하다. 원작에서 팝 음악의 가사는 이야기의 중심이 되는 사건과 아이러니한 대조를 이루었다. 위층에서 루브가 낙태 수술을 받는 동안 아래층에 있는 부엌의 라디오에서는 벤 E. 킹Ben E. King의 〈예스Yes〉가 흘러나왔다. "꽉 찬 재떨이와 질질 새는 소스 병"과 "백설탕 사이에 갈색 덩어리가 섞여 있는 설탕 그릇"이 놓여 있는 지저분한 카페에서 시작된 남자들에 대한 무미건조한 대화가 끝나갈 무렵에는 주크박스에서 조니 키드 앤 더 파이러츠Johnny Kidd and the Pirates의 〈엑스터시Ecstacy〉가 흘러나오기도 했다.[99] 두 노래 모두 텔레비전 버전에도 등장하긴 하지만 같은 맥락으로 쓰이진 않으며 원작에 나와 있는 디제시스적 근거도 찾아볼 수 없다. 하지만 두 노래가 극적 행위와 관계를 맺는 방식에는 어느 정도의 연속성이 유지되고 있다. 예를 들어 〈엑스터시〉는 아일린과 데이브가 사랑을 나누는 장면에서 처음으로 등장하여 그 뒤에 나오는 슬럼 철거 장면까지 계속 이어지면서 두 장면을 결합하는 효과를 준다. 이런 식으로 노래를 사용하는 태도는 이미지에 추가적인 의미를 덧붙인다. 그것은 캐릭터들이 살고 있는 칙칙한 동네 환경과 노동 계급의 전통적인 생활 방식의 소멸만이 아니라, 대중 문화가 제공하는 판타지의 세계와 극중 캐릭터들이 로맨스를 나누는 실제 환경 사이의 간극 또한 강조한다. 낭만적인 판타지와 가혹한 현실 사이의 이런 간극은 〈예스〉란 노래를 통해서도 드러난다. 로치는 소설에서 〈예스〉란 노래가 쓰인 방식과 남성의 성적 허세에 감탄하는 노래의 내용을 가져와 좀더 발전시키고 있다. 노래는 낙태 중 루브의 고통에 찬 얼굴을 담은 클로즈업, 그리고 드라마의 초반부에 나왔던 장면들(크래펌 정선 역 밖에 서 있는 루브, 그녀가 공유지를 지나가는 모습이나 술집 화장실에서 머리에 헤어스프레이를 뿌리는 장면)을 다시 보여 주는 몽타주와 함께 나온다. 이런 식으로 노래는 단순히 이미지에 나타나 있는 시간의 영향력을 시인하고 거기에 절망적인 정서를 더할 뿐만 아니라, 루브의 침실 벽에 꽂혀 있는 여러 사진과 잡지 스크랩에도 나타나 있는 대중 문화의 판타지와 관련하여 루브의 상황이 갖는 아이러니함에 대해 논평하는 역할도 한다.

이를 통해 알 수 있는 것처럼 노동 계급 문화의 변화에 대한 〈업 더 정션〉의 태도는 그리 단순하지 않다. 한편 이것은 소비주의, 대중 문화, 미국화에 직면하여 전통적인 노동 계급 문화가 침몰하고 있는 것에 대해 우려를 표했던 영국 뉴 웨이브 영화의 경향을 따른 작품이다. 그리고 어떤 면에서는 그 전통에서 떨어져 나와 집단보다 개인에, (그들이 화를 내든 말든) 남성보다 여성에 더 주목한 것이다. 하지만 이 드라마는 경제적, 사회적으로 많은 변화가 이루어졌던 시기를 배경으로 하고 있다. 그 변화의 시기를 특징짓는 것은 철거 중인 데이브의 어릴 적 집이나 '늙은 갈보'가 평생 일해 온 세탁 공장이 상징하는 오래된 삶의 방식의 소멸이다. 그렇듯 이 작품은 전통적인 노동 계급의 구술 문화를 칭송하는 한편 이제 그 구술 문화가 팝 음악과 같은 대중 문화의 새로운 형식과 경쟁해야 한다는 사실에 대한 분명한 자각을 드러낸다. 〈사랑의 유형〉과 같은 뉴 웨이브 영화에서 보통 대중 문화의 도래는 여성화의 과정을 수반하는데, 여성 중심적인 드라마 〈업 더 정션〉에서도 팝 음악이 갖는 중요성은 전통적인 남성 역할의 붕괴와 관계가 있다. 예를 들어 사실상 세 여주인공은 전부 직장인으로 등장하지만 남성 캐릭터 중 안정된 직장을 가진 인물은 아주 소수에 불과하며 그나마도 빈번히 사회의 주변부에서 일어나는 범죄에 연루된다. 그러나 이 작품은 팝 음악에 나타나 있는 이상화된 세계관과 일상의 가혹한 현실을 대조시키는 한편 팝 음악을 단지 전통적인 노동 계급 문화에 위협적인 것으로만 간주하는 뉴 웨이브 영화의 경향을

경제적 불이익에 직면해서도 활력을 잃지 않는 노동 계급: 〈업 더 정션〉의 여공들

따르진 않는다. '스윙잉 식스티즈'의 사회적 파급력에 대해서는 회의적인 반면 젊은 세대의 팝 음악이 갖고 있는 힘과 그것이 주는 해방의 에너지에 대해서는 긍정하는 것이다. 이런 맥락에서 이 드라마는 대중 문화를 단순히 위로부터의 강요로 재현하기보다 캐릭터들이 어떻게 팝 음악을 자신의 방식대로 전유하고 일상 속의 갈등을 해소하는 문화적 자원으로 활용하는지를 보여 주고자 한다. 여주인공들이 세탁 공장 일을 끝내고 퇴근하면서 비틀스 노래를 부르는 장면이나 실비가 클럽에서 노래를 부르는 장면이 그 예시다.

노동 계급의 활력에 대한 찬미와 가혹한 사회적, 경제적 환경에 대한 비판 사이를 넘나드는 태도는 대중 음악에 대한 이 드라마의 입장을 뒷받침한다. 그리고 그러한 태도는 낙태를 다루는 방식에도 고스란히 드러난다. 물론 당시에 낙태는 불법이었으며 텔레비전에서 다루기에도 민감한 소재였다. 그럼에도 불구하고 불법 낙태 시술의 위험성에 대한 대중의 인식은 날로 높아져 가고 있었으며 법률 개혁에 대한 요구의 목소리도 점점 거세지고 있었다. 낙태법이 통과된 것은 1967년이지만, 노동당 평의원 르네 쇼트Renée Short는 이미 1965년 6월에 낙태법 개정을 촉구하는 법안을 제출해 놓은 상태였다.■ 이는 텔레비전 또한 낙태 문제와 관련한 논쟁에 개입하도록 부추겼다. 1965년 7월 시사 프로그램 〈갤러리*Gallery*〉도 '낙태와 낙태법'에 관해 보도하면서 낙태법에 변화를 가할 시점이 되었는지에 대해 여러 분야의 사람들이 내놓은 의견을 전했다.[100] 상황이 이

■ 르네 쇼트는 낙태법 개정을 "국민의 열화와 같은 지지"를 받고 있는 "인도주의적 정책"으로 생각했고 노동당 정부가 법안을 제때 통과시키지 못한 것에 대해 유감을 표했다. *The Times*, 12 July 1965, p.7.

쯤 되니 텔레비전 드라마도 낙태 관련 주제를 다루기 시작했다. 극중 로사가 브리태니아에게 낙태를 강요받는 로치의 〈세 번의 맑은 일요일〉과 〈핀레이 박사의 사례집〉이란 인기 시리즈 중 1965년 4월에 방영된 에피소드 등이 그 사례였다. 그러므로 그 뒤에 나온 〈업 더 정션〉의 낙태 재현 방식을 둘러싸고 일어난 논쟁은 그것이 텔레비전에서 다루기에 적합한 주제인지보다 이 작품이 그 주제를 어떤 태도로 다루었는가와 관련이 있었다.■ 가넷은 이 드라마가 법적 개혁에 도움이 되길 간절히 바랐으며, 더불어 사람들도 이 드라마를 불법 낙태 시술에 따르는 위험을 적나라하게 묘사한 작품으로 생각했다. 이 드라마를 혐오했던 화이트하우스조차 "주인공이 불법 낙태 시술을 받으며 비명을 지르는 장면만으로도 누구든 자기 지역구의 하원 의원에게 편지를 쓰게 만들기에 충분하다. 이 끔찍한 불법 낙태 시술업자들이 사업을 접게 되는 날이 빨리 오면 올수록 좋을 것이다"라고 인정하지 않을 수 없었다.[101] 그러므로 화이트하우스가 항의한 이유는 루브의 낙태 자체보다 이 작품이 낙태 문제를 적절한 도덕적 틀 안에서 다루지 못했다는 점에 있었다. 그녀는 드라마의 방영 이후 보건부 장관에게 보낸 편지에서도 이 드라마가 낙태 장면을 보여 줬다는 사실 자체보다 성적 문란을 "정상적인 것"으로 재현한 점에 대해 중점적으로 항의했다.[102] 일부 언론의 비평가들은 오히려 성적 문란함에 대해 도덕적 경고를 가한 점에 대해 마땅찮게 생각했지만, 화이트하우스가

■ 시드니 뉴먼은 〈핀레이 박사의 사례집〉이 낙태란 주제를 다룬 방식이 "받아들일 만한 것"으로 여겨진 데는 그 시리즈의 "따뜻하고 친근한 분위기"의 영향이 컸던 반면, 〈업 더 정션〉은 같은 문제를 "가혹하고 현실적인 맥락"에서 다루어 많은 시청자에게 "충격을 줬다"고 말했다. Minutes of the Northern Ireland Advisory Council, 24 June 1966, BBC WAC NI2/20/1.

보기엔 그렇지 않은 점이 문제였다.■

　낙태에 관한 화이트하우스의 전반적인 입장과 별개로 이 작품의 작동 방식에 대한 그녀의 분석에 취할 점이 아주 없는 것은 아니다. 원작에서 던이 절제된 스타일의 산문체를 사용한 것은 사건에 대한 판단을 의식적으로 피하기 위함이었다. 그녀는 인공 유산 과정을 충격적일 정도로 사실적으로 보여 주기는 했지만(마지막으로 실비가 죽은 태아를 신문지로 말아 변기에 내려 버림), 그렇다고 해서 낙태의 현실에 과도한 정치적, 도덕적 의미를 부여하지는 않았다. 오히려 그것은 샐리 미노그Sally Minogue와 앤드루 파머Andrew Palmer가 표현한 것처럼 여자로 하여금 "희열의 원천, 섹스"로 돌아갈 수 있도록 해줄 "일시적이고 부분적인 신체적 장애"이자 일상의 평범한 한 부분으로 다루어졌다.[103] 반면 텔레비전 버전은 낙태를 훨씬 감정적인 태도로 다루며 보이스오버를 통해 낙태라는 사건을 좀더 정확하게 정치적인 맥락 속에 위치시킨다. 하지만 작품 전반적으로 봤을 때, 그리고 캐릭터의 삶에서 그 사건이 차지하는 위치를 봤을 때, 루브의 낙태는 우리의 관심을 끌기 위해 경쟁하는 여러 장면 중 하나에 불과하다. 이런 측면에서 이 작품이 낙태를 다루는 방식을 그보다 몇 년 전에 만들어진 영화 〈토요일 밤과 일요일 아침Saturday Night And Sunday Morning〉의 경우와 비교해 보면 유익할 것이다. 영화에서는 검열관의 끈질긴 요구로 인

■　M. K. 맥머로-캐바나가 설명한 바대로 평자들은 본인의 사회적, 도덕적 성향에 따라 이 작품에서 각기 다른 메시지를 도출해 냈다. 하지만 그녀는 복잡하게 생각하게 만드는 이 작품이 정작 전달하고자 하는 의미는 비교적 단순하고 분명한 편이라고 보았다. "'Drama' into 'News': Strategies of Intervention in 'The Wednesday Play,'" *Screen*, Vol. 38 No. 3, 1997, pp.247~259를 보라.

해 낙태 시술이 실패로 끝나는데, 그 사건은 다시 내러티브의 전환점이 되고 아서(앨버트 피니Albert Finney)와 브렌다(레이첼 로버츠Rachel Roberts), 이 두 인물의 정신적 성숙의 궤적을 형성한다. 아서는 도린(셜리 앤 필드Shirley Anne Field)과 결혼하고, 브렌다는 남편 잭(브라이언 프링글Bryan Pringle)과 함께 아서의 아이를 키우기로 결심한 뒤 결혼 생활에 다시 마음을 붙인다. ■ 하지만 〈업 더 정션〉에서 낙태는 성공적으로 끝날 뿐 아니라 내러티브에 별다른 영향을 끼치지도 않는다. 루브는 그 문제를 금방 떨쳐내 버리며 얼마 안 가 "6개월 넘게 한 사람만 사귀다 보면 매일 밤 같은 남자와 키스하는 게 슬슬 지겨워진다"는 불평까지 한다. 그러므로 〈토요일 밤과 일요일 아침〉과 달리 드라마에서는 성적 문란함에 대해 어떤 대가도 치를 필요가 없으며, 남자를 찾아다니는 삶은 지극히 정상적인 것으로서 계속 진행된다. 물론 팝 음악과 성적 쾌락은 허름한 집, 박봉의 직장, 부채에 대한 공포, (핵폭탄을 암시하는 한 장면에 드러나 있는) 세상의 종말에 대한 공포로 가득한 삶에 기쁨을 가져다주는 몇 안 되는 일 중 하나다. 하지만 만약 사실이 그러하다면, 이 드라마가 비판하려는 대상은 극중 캐릭터의 행동보다 그가 처한 사회적, 경제적 환경이 된다. 노동 계급 문화의 활력을 긍정하는 것이 그런 환경의 유해성을 은폐할 수 있음에도 불구하고

■ 〈토요일 밤과 일요일 아침〉에 관한 앤서니 앨드게이트Anthony Aldgate의 논의를 다음 책에서 살펴볼 수 있다. *Censorship and the Permissive Society: British Cinema and Theatre 1955–1965*, Oxford: Clarendon Press, 1995, Ch. 5. 그는 〈알피*Alfie*〉(루이스 길버트 Lewis Gilbert, 1966)의 낙태 장면이 중요한 전환점이었다고 보고 있지만, 그 영화가 상영 가능해진 것은 〈업 더 정션〉이 방영된 지 몇 달 뒤임을 상기할 필요가 있다.

말이다.■

　　일부 비평가는 이 드라마가 노동 계급을 낭만화하거나 그들에 대해 모순된 태도를 보이고 있다고 공격했지만, 가장 격렬한 비난을 불러일으킨 요인은 성행위에 대한 묘사 방식이었다. 뉴먼에 따르면 이 드라마와 관련해 514건의 전화가 걸려 왔으며 그중 464건이 불만 신고 전화였다고 한다.[104]■■ 앞서 지적한 것처럼 이 작품은 특히 화이트하우스의 분노를 사 그녀로 하여금 보건부 장관에게 편지까지 보내게 했다. 언론도 적대적인 태도를 취했다. 〈데일리 텔레그래프〉의 한 비평가는 이 드라마가 "바닥을 드러내 보였다"고 비난하며 더 강도 높은 TV 검열을 요구했다.[105] 〈데일리 메일〉의 블랙은 좀더 우호적이었지만 "〈더 웬즈데이 플레이〉 보이들"이 "텔레비전 드라마에서 성행위와 욕을 어디까지 다룰 수 있는지 시험해 본 것" 같다는 의심을 제기했다.[106]■■■ BBC의 시청자리서치부도 일부 시청자가 "역겹고 수치스러우며 필요 이상으로 상스럽"다고 느꼈다고

■　모리스 위긴은 〈선데이 타임스*Sunday Times*〉(1965. 11. 7)에 쓴 다소 뻐딱한 리뷰에서 사회적 환경에 대한 비판과 노동 계급의 활력에 대한 긍정 사이에서 발생하는 명백한 긴장에 대해 지적하면서, "일부 자유주의적 지식인은 슬럼의 삶이 훨씬 풍요롭고 어딘가 더 인간적이며 보람차다는 환상에 빠져 있다. 그러면서 그들은 또한 풍요로운 삶이 존재하는 슬럼에서 사람들을 꺼내어 (역시 그들의 주장에 따르면) 하찮고 피폐한 삶만이 존재하는 교외에 집어넣으려 한다"고 비판했다.
■■　이 수치가 무의미한 것은 아니지만, 이 프로그램을 시청한 사람의 수가 950만 명에 육박했음을 상기할 필요가 있다. 그것은 그때까지 방영된 〈더 웬즈데이 플레이〉 시리즈 중 가장 높은 기록이었다.
■■■　어떻게든 이 드라마를 공격해 이목을 끌려고 한 언론도 많았지만, 호의적인 입장을 표한 언론도 제법 많았다. 심지어 한 비평가는 〈더 타임스*The Times*〉(1965. 11. 4)에 "놀랍고 기술적으로 흥미로운" 작품에 감동을 받았다고 썼다.

밝혔다.[107] 이런 비판이 일었던 점을 감안하면 단막극국장 마이클 베이크 웰Michael Bakewell이 〈더 웬즈데이 플레이〉 베스트 시즌(1966년 7월 첫 방영)의 일환으로 이 작품을 재방영하기로 했을 때 같은 논쟁이 발생한 것도 당연한 일이다. 재방영 결정은 프로그램 심의국장 휴 웰던에 의해 승인되었으며 그 시점에 대해 여러 말이 오고 가긴 했지만 결국 예정대로 진행됐다.[108] ■

물론 첫 방영 때도 논쟁이 없었던 것은 아니다. 〈업 더 정션〉은 주간 프로그램 리뷰 그룹으로부터 특유의 "활력"과 "즉각적인 경험을 환기하는 듯한" 형식에 대해 좋은 평가를 받았지만 "빈약한 스토리라인"과 확실히 지나치게 긴 분량에 대해서는 지적을 받았다.[109] 이사회도 처음엔 〈업 더 정션〉을 비롯해 〈더 웬즈데이 플레이〉 시리즈에 비판을 하려고 하다가 결국 "그 정확한 주제와 동기를 파악하는 데 실패"한 비평가들의 "피상적인 평가"와 반대로 "매우 올바른 작품"이란 사실을 받아들이게 됐다.[110] ■ ■ 같은 회의에서 그린도 이제 NVALA는 "1000명 정도의 가입 자"를 의미할 뿐이며 그런 상대에 겁먹지 말라고 조언했다. 하지만 첫 방영 당시 이 작품이 일으켰던 논쟁을 감안했을 때 이사회는 재방영에 관

■ 이 프로그램의 재방영이 다시 논쟁을 일으킬 것이라는 점을 인식한 BBC1 심의국장 마이클 피콕은 원래 일정보다 방영을 늦출 것을 요구했다. 최종적으로 재방영 시즌은 7월 6일 데니스 포터의 〈앨리스*Alice*〉로 시작해 〈커밍아웃 파티〉(1966년 8월 10일 재방영)도 포함하게 됐다.

■ ■ 이런 견해는 시드니 뉴먼이 〈업 더 정션〉에 대한 불평에 대답하기 위해 작성한 서한에서도 드러난다. 그는 이 드라마가 "삶을 우리가 보고 싶은 대로가 아니라 정말 있는 그대로 재현"할 뿐만 아니라 "많은 사람들로부터 도덕적이라는 평가를 받고 있다"고 주장했다. BBCWAC T5/681.

KEN LOACH

해 훨씬 소심한 태도를 취할 수밖에 없었다. 심지어 이사회 의장은 화이트하우스가 보낸 편지의 견해에 동의했다. 그 편지에서 화이트하우스는 〈업 더 정션〉의 "첫 방영을 허가했던 것"은 이해할 수 있어도 "잘 알려진 대로 그 드라마가 시청자에게 미친 영향"을 고려하면 "재방영을 허가하는 것은 완전히 다른 문제"라고 경고했다. 새로 부임한 BBC 웨일스 대표이사 그랜모 윌리엄스Glanmor Williams가 "사람들이 느끼는 불쾌감이 존중할 만한 정당한 근거가 있는 것인지 고려해" 봐야 한다는 주장을 펼치긴 했지만, 그럼에도 이사회는 〈업 더 정션〉이 "재방영 시즌에 포함돼선 안 된다"는 결정을 내렸다.[111] 이 과정에서 웰던 역시 문제에 제대로 대처하지 않고 잘못된 판단만 내리고 있다며 질책을 당했다. 휴 그린 사장도 같은 의견이었던 모양으로, 그는 이사회에 웰던이 "더 나은 충고를 구했어야" 했다고 말했다. 하지만 웰던은 그런 질책을 받아들이지 않고 사임하겠다며 으름장을 놓았다. 그리고는 그린에게 4장에 이르는 메모를 보내어, 〈더 웬즈데이 플레이〉를 "관리 규제"하는 일은 "불만족스러운" 작업이었으며 대체 프로그램을 비축해 두는 전략 또한 별 효과가 없었다고 시인했다.[■■] 그는 또한 자신은 〈업 더 정션〉을 일부 동료들만큼 좋아하지 않으며 제작진에 초반부에 등장하는 성행위 장면을 삭제할 것을 요

■ 이사회 의장은 또한 1964년 6월 이사회가 체신장관에게 "국민의 정서에 불쾌감을 주는" 프로그램을 자제하겠다고 약속한 바 있음을 상기시켰다.

■■ 〈포 더 웨스트〉(1965년 5월 26일 방영)가 전파를 탄 이후로 웰던은 단막극국장 베이크웰에게 〈더 웬즈데이 플레이〉의 모든 방영분을 방송 전에 미리 훑어보도록 지시했다. 〈뽑으라, 나이젤 바튼을 뽑으라〉의 1965년 6월 방영이 취소된 뒤로는, 불시에 방영 작품을 대체해도 문제가 없도록 여분의 드라마를 비축해 두는 방안을 마련했다.

청했다고 전했다. 주간 프로그램 리뷰 그룹 모임에서도 TV 프로그램은 "시청자를 소외시키지 말아야 할 …… 의무"가 있으며 "도덕성보다 가족을 포함한 시청자 그룹이 민감하게 여기는 부분에 얼마나 주의를 기울이고 있는가를 질문해야" 한다고 강조했다.[112] ■ 그렇긴 하지만 결국 "텔레비전부의 프로그램 측면에서 말하자면 …… 이것이 〈더 웬즈데이 플레이〉 시리즈 중 가장 뛰어나고 주목할 만한 작품이라고 생각하며 …… 이 드라마가 자랑스럽고, 그 기술적 탁월함과 올바른 목적을 칭찬하고 싶다"고 명확한 의사를 표했다. 이런 상황을 고려했을 때, 그는 〈더 웬즈데이 플레이〉의 역대 "최고" 작품을 재방영하는 베스트 시즌에 〈업 더 정션〉을 포함시키지 않을 수가 없으며 현재의 "정책상" 그렇게 하자면 "텔레비전부 전체가 완전히 무너질" 것이라 경고했다.[113] ■ ■ 그런 다음 윌던은 뉴먼의 도움을 받아 이사회에 제출할 청원서를 작성하여, 〈더 웬즈데이 플레이〉 시리즈 전체를 옹호하는 입장과 〈업 더 정션〉의 재방영에 대한 자신의 확고한 결정을 전달했다.[114]

　〈업 더 정션〉의 재방영에 관한 논란이 공개적인 갈등으로 번질 가능성이 있긴 했지만, 윌던이 예상한 BBC 내부의 분열이나 그의 사임은 일

■　이듬해에 작성된 텔레비전 검열에 관한 보고서에서 윌던은 "시청자 중에 가족 집단도 있다는 사실을 끊임없이 주지하는 것"이야말로 방송 가능한 콘텐츠에 대한 가장 강도 높은 규제라고 주장했다. "Control over the Subject Matter of Programmes in BBC Television: A Note by CPTel," 28 September 1966, BBCWAC T16/543.

■ ■　메모의 중간 전달자 역할을 했던 텔레비전본부장 케네스 애덤은 자신도 "이사회의 관점에 동의하기 어려웠"다면서 그럴 줄 알았다면 그린 사장에게 재방영에 관해 언급하지 않았을 것이라고 전했다. Memo from Director of Television to DG, 13 June 1966, BBCWAC R78/1919/1.

어나지 않았다. 그러나 일련의 사건이 예상치 못한 결과로 이어진다. 이 사회가 재방영 시즌을 진행하지 않기로 결정한 지 이틀 만에 BBC는 한 통의 편지를 받았다. 〈업 더 정션〉의 촬영지 중 하나였던 한 초콜릿 공장의 변호사가 재방영을 막기 위해 고등법원의 명령을 받아낼 것임을 알려온 편지였다. 편지는 그 공장이 "딱 보면 어느 브랜드인지 알 수 있으"며 "제대로 된 감독관도 없이 비위생적인 환경 속에서 …… 만들어진 식품이란 인상"을 주는 드라마로 인해 사업에 피해를 입을 수 있다고 주장했다.[115] 비록 BBC 측 변호사가 그런 상황만 갖고는 고등법원의 명령을 받아낼 수 없을 것이라고 권고했지만 그들은 재방영을 진행할 경우 발생하는 피해 금액을 BBC에 청구할 것이라 경고했다. 아이러니하게도 이런 소송 협박은 BBC 경영진의 입장과 정확히 맞아 떨어졌으며, 덕분에 경영진은 이사회가 이미 재방영 금지를 결정했다는 사실을 공개적으로 밝히지 않고도 베스트 시즌 방영을 취소할 수 있게 됐다. 노먼브룩 경도 "이사회와 프로그램 제작진의 의견의 차이를 공론화할" 필요가 없게 된 사실에 만족을 표했다.[116] 〈업 더 정션〉을 재방영하지 않기로 한 이사회의 결정에 대해 소수의 원로 인사만 알고 있어도 되는 상황이 되자, BBC는 재방영 시즌의 취소가 "순전히 법적인" 문제라는 편리한 변명을 금세 공식적인 입장으로 내세웠다.■ 영리한 웰던도 BBC가 "여러 프로그램에 대해

■ BBC가 실제로 벌어진 일을 성공적으로 은폐함에 따라 이후 평자들도 헷갈릴 수밖에 없었다. 이를테면 M. K. 맥머로-캐나바도 BBC가 소송 협박에 편리하게 반응했다는 사실을 지적하긴 했지만, 이사회 스스로 이 프로그램의 방영을 이미 취소한 결정(그녀의 말에 따르면 BBC 입장에서는 그런 방법을 고려하는 것 자체가 너무 "수치스럽"고 "치명적"일 결정)에 대해서는 몰랐던 것 같다. "'Drama' into 'News,'" p.255를 보라.

무언의 압박을 받고 있는" 게 아니냐는 하원 의원의 질문에 이번 결정은 "전적으로 기술적인" 문제였다는 대답으로 일축했다.[117]■ 〈업 더 정션〉은 비록 이번에는 텔레비전을 커밍아웃시키는 데 실패했지만, 몇 년 뒤(1968) 다시 장편 영화로 만들어져 다시 세상에 나오게 된다. 이 영화는 로치의 동료이자 BBC 스토리 편집자인 로저 스미스가 시나리오를 쓰고 피터 콜린슨Peter Collinson이 연출한 작품이다. 로치는 이 리메이크에 관여하지 않고 계속해서 던과 〈불쌍한 암소〉를 만들었다. 하지만 그전에 또 한 편의 충격적인 텔레비전 작품이자 〈더 웬즈데이 플레이〉 사상 가장 유명한 작품이 될 〈캐시 컴 홈〉을 완성했다.

■ 레이 돕슨Ray Dobson의 첫 번째 편지는 "자신의 개인적 가치를 방송국에까지 강요하려는 사람들의 압력" 때문에 BBC가 "논쟁을 피하고자 다른 시청자들로부터 자신이 좋아하는 프로그램을 볼 권리를 박탈하는 것은 아닌지" 우려하는 한 시민의 의견을 전달하고 있다. Letter from Ray Dobson, MP for Bristol North East, to Director of Programmes, 23 June 1966, BBCWAC T16/730/1.

"사실과 허구의 차이"를 흐릿하게 만들다

〈캐시 컴 홈〉, 〈인 투 마인즈〉, 〈골든 비전〉

3

숀 서튼Shaun Sutton에 따르면, 시드니 뉴먼은 BBC 부임 당시 자신이 추진한 장기 드라마를 관리할 만한 "새로운 부류의 텔레비전 프로듀서 양성"을 책임지고 있었다.[118]■ 프로듀서는 감독의 역할과 구분되는 경영자이자 창작자로서의 임무를 수행해야 한다고 뉴먼은 생각했다. 1966년 그는 한 연설에서 프로듀서의 역할에 대해 다음과 같은 견해를 밝혔다. "감독은 있다가 없어지기도 하고 없다가 생기기도 한다. 작가도 마찬가지다. 하지만 프로듀서는, 능력 있는 프로듀서는 끝까지 간다."[119] 하지만 프로듀서 한 명당 맡고 있는 프로그램 편수가 너무 많다 보니 그들이 발휘할 수 있는 창조적 역량에는 한계가 있었다. 예를 들어 제임스 맥태거트도 1965년 한 해 동안 단 한 편을 제외한 〈더 웬즈데이 플레이〉 시리즈 전체를 포함해 30편이 넘는 드라마를 프로듀싱했다. 같은 시기에 그는 클라이브 엑스턴이 쓴 〈본야드*The Boneyard*〉(1966년 1월 첫 주 방영)의 연출도 맡았다.

■　BBC는 오랫동안 프로듀서와 감독의 역할을 구분하지 않았으며 대개는 한 사람이 두 역할을 모두 수행했다.

그 결과 여러 프로듀서 밑에서 일하는 스토리 편집자가 프로듀서보다 더 많은 권력을 누리게 되었으며, 새로운 작가를 물색하고 작품을 의뢰하고 각본 집필 과정을 관리하고 각본에 적합한 감독을 찾는 일도 모두 스토리 편집자가 책임졌다.

1장에 언급한 바대로 토니 가넷은 켄 로치의 〈캐서린〉에 배우로 참여했다가 맥태거트의 제안을 받고 〈퍼스트 나이트〉와 〈더 웬즈데이 플레이〉의 스토리 편집자가 됐다. 하지만 가넷은 뉴먼이 만들어 놓은 업무 분담 구조에 동의하지 않았으며, 프로듀서가 더욱 창조적인 역할을 짊어질 수 있도록 스토리 편집자 직책을 없애야 한다고 주장했다. 뉴먼에게도 "프로듀서가 편성권을 나눠 주는 무슨 숨은 권력자라도 되는 것처럼 생각하는 사고방식을 버려야 한다"고 건의했다. "프로듀서는 시작 단계부터 작가와 함께 일해야 하고 마지막까지 감독과 함께 가야 한다."[120] '끝까지 감독과 함께 가야 한다'는 그의 생각은 맥태거트가 자리를 비운 사이 그가 〈업 더 정선〉의 제작을 추진하게 되면서 실천으로 옮겨졌다. 가넷에 따르면, 맥태거트는 이 프로젝트를 별로 마음에 들어 하지 않아 그에게 프로듀서를 맡으라고 했는데 그가 그러길 거부했다.[121] 하지만 이 작품에서 가넷이 맡은 역할은 스토리 편집자보다 프로듀서의 그것에 더 가깝다는 사실에는 의심의 여지가 없다. 또한 그에게 있어 이 작업은 켄 로치와 지속적인 협업 관계를 구축하게 해준 굉장히 중요한 계기였다. 두 사람은 이후 1980년까지 그 관계를 유지했다. 나중에 가넷이 직접 밝힌 바대로 두 사람은 "비슷한 야망"을 공유했으며 "미학적, 정치적"으로 "거의 한 사람"이나 다름없었다.[122]

〈업 더 정선〉에 공헌한 부분을 통해 자신의 능력을 충분히 인정받게 된 가넷은 뉴먼으로부터도 많은 자유를 허락받았다. 1966년 10월에 방영을 시작할 〈더 웬즈데이 플레이〉의 새 시즌 구상안과 관련해 BBC1 심의국장에게 보내는 편지에서 뉴먼은 2, 3주마다 "새로운 피"를 수혈해 줄 것으로 기대되는 "가넷식 드라마"를 전폭적으로 지원하여 "텔레비전 드라마의 지평을 넓혀" 보고 싶다고 전했다.[123] 물론 가넷식 드라마는 제대로 된 결과를 내기까지 좀더 많은 시간을 필요로 했고, 텔레비전 스튜디오 촬영보다 주로 필름 촬영을 해야 했다. 그러니 뉴먼의 제안이 어느 정도 반대에 부딪힌 것도 당연했다. 기술 스태프들은 16mm 필름이 화질 면에서 너무 떨어져 보일까 봐 걱정했다. 단막극국장 마이클 베이크웰은 16mm 필름이 35mm만큼 선명하진 않겠지만 "〈업 더 정션〉이 성공적으로 표현해 낸 화면의 질감"은 그 작품의 "주제 …… 와 스타일에 정확히 부합"하는 것이었다고 말했다.[124] 필름 촬영과 편집에 따른 비용의 증가는 가넷식 드라마가 보통의 〈더 웬즈데이 플레이〉 작품보다 더 고예산 드라마임을 의미했고, 이 또한 엄격한 검토의 대상이 됐다. 이에 가넷은 BBC의 회계 시스템에 대해 불만을 제기하려고도 했다. 그는 자신을 제외한 다른 프로그램의 프로듀서들이 "BBC가 자체적으로 제공하는 텔레비전 서비스 비용에 대해 신경 쓰지 않"도록 길들여져 있는 방식 때문에 BBC의 회계 시스템도 "야외 중계 방송과 스튜디오의 로비"에 편향되어 있다고 봤다.[125] 그럼에도 어쨌든 가넷의 드라마가 비교적 고예산 작품인 것은 맞았기 때문에 BBC1 심의국장 마이클 피콕Michael Peacock은 그러한 새로운 정책이 확실한 첫 번째 결실을 내놓기 전까지는 제작 편수를 제한하기로 했다. 나중에 밝혀진 것처럼 첫 번째로 완성된 가넷식 드라마 〈캐시 컴 홈〉은 새로운 정책과 가넷에 대한 우려를 완벽히 씻겨 주었다.

"국가의 양심"을 자극하다: 〈캐시 컴 홈〉

〈캐시 컴 홈〉(1966년 11월 16일 방영)은 제러미 샌포드의 첫 텔레비전 드라마였다. 이튼 학교와 옥스퍼드 대학교를 나온 그는 이전까지 주로 라디오용 다큐멘터리나 드라마 대본을 썼다. 그의 작품 중 병역 제도를 풍자한 〈꿈꾸는 군악대Dreaming Bandsmen〉(1956년 9월 18일 방송)는 연극으로 옮겨지기도 했다. 그는 또한 앞서 설명한 대로 넬 던과 결혼하여 부촌인 첼시에서 노동자가 많이 사는 배터시로 이사한 상태였다. 이는 그로 하여금 사회 의식이 더 짙은 작품을 쓰게 했다. 1960년에 그는 이웃사촌인 헤더 서튼 Heather Sutton과 함께 〈홈리스 패밀리Homeless Families〉(1960년 4월 11일 방송)란 제목의 라디오 다큐멘터리도 썼다. 전후 "노숙자가 되지 않으려면 공중 보호소에서 들어"갈 수밖에 없었던 "런던의 2만 가구"에 대해 관심을 촉구하는 작품이었다.[126] 샌포드에 따르면 이 작품은 그와 서튼이 진행한 여러 인터뷰를 바탕으로 쓰였으며, "홈리스들의 이야기를 녹음한 것 사이사이에 …… 그들을 보살피는 직업을 가진 사람들의 건조하고 매정한 설명을" 섞어 넣은 편집물처럼 구성됐다.[127] 하지만 작품에 대한 세간의 저조한 관심은 샌포드를 실망시켰다. 그래도 그는 홈리스 편에 서서 운동을 계속했으며, 1961년에는 홈리스들이 사는 서더크의 뉴잉턴 주택의 열악한 시설에 대해 고발하는 기사를 〈옵저버〉에 써서 화제를 모으기도 했다.[128] 또한 그는 뉴잉턴 주택에 머무르고 있었던 이웃 에드나의 경험에 영감을 받아 기존의 라디오 작품을 텔레비전 드라마로 각색하기로 결심했다.■ 그는 처음에 '수렁The Abyss'이라고 제목을 붙인 이 드라마가 그동안 조사한 홈리스 내용에 깊이 뿌리내린 작품이 되길 바랐다. 내용에 대해서도 홈리스 문제를 조사하며 만나게 된 "사람들의 녹취록, 녹취 테이프,

메모 …… 신문 스크랩"을 바탕으로 쓴 "짤막짤막한 장면을 다수" 포함하고 있다고 설명했다.[129]** 그 개략적인 내용을 담은 기획안을 1964년 2월 처음으로 BBC에 보냈는데, 돌아온 것은 미적지근한 답변뿐이었고, 한 번 더 보냈을 때도 마찬가지였다.[130]*** 그래서 이듬해에 수정안을 보냈는데, 이는 아주 약간 더 나은 반응을 얻었다. 당시 〈더 웬즈데이 플레이〉 프로듀서 피터 루크Peter Luke는 샌포드의 "사명 의식"에 존중을 표하는 한편, 이런 드라마는 〈더 웬즈데이 플레이〉를 일종의 정치 강령으로 만들어 버릴 수도 있는 "다큐멘터리류"라며 내쳤다.**** 스토리 편집자 데이비드 베네딕터스David Benedictus도 그 작품의 가치를 납득하지 못했으며 "발라드 곡이라든지 사실적 요소에 아이러니한 논평을 덧붙여 줄 수 있는 다른 무언가를 집어넣어서 …… 가벼운 분위기"로 바꿔 보는 게 좋을

■ 당연하게도 〈만취한 여자, 에드나*Edna, Inerbriate Woman*〉(1971년 10월 21일 방송)는 제러미 샌포드가 홈리스에 관해 쓴 두 번째 텔레비전 작품이 됐다.

■ ■ 샌포드는 〈홈리스 패밀리〉를 쓰고 신문에 기사를 기고한 것 외에, 라디오 프로그램 〈인 더 사우스 이스트*In the South East*〉(1961년 10월 2일 방송)를 위해 지방 당국과 경찰에게 시달리는 이동식 주택 거주자들을 인터뷰하는 일도 했다. 아마도 거기서 〈캐시 컴 홈〉의 이동식 주택 주차장 시퀀스가 나왔을 것이다.

■ ■ ■ 1964년 7월 8일 앨런 쿡Alan Cooke 감독은 샌포드에게 답장을 보내 이전보다 구조는 "훨씬 개선되고 강화됐다"고 칭찬하면서 그러나 여전히 자신의 "기호에 맞는" 이야기는 아니라고 설명했다. BBCWAC T48/513/1.

■ ■ ■ ■ 여기서 "정치적"이란 단어가 어떤 의미로 사용되었느냐는 샌포드의 질문에 베네딕터스는 "전략적, 브레히트적, 있는 그대로라는 말처럼 아무에게 아무 의미로든 사용될 수 있는 단어"라고 별 도움이 안 되는 대답을 해주었다. 베네딕터스가 샌포드에게 보낸 다음 서한을 보라. 14 December 1965, BBCWAC T48/513/1.

것 같다고 조언했다.[131]■ 하지만 1965년 말 던을 통해 이 프로젝트에 대해 알게 된 가넷이 찾아왔다. 가넷은 BBC의 동료들이 지닌 의구심에 동의하지 못했다. 〈업 더 정션〉의 뒤를 이을 새로운 종류의 드라마를 개발하는 데 높은 열의를 갖고 있었던 그는 결국 1966년 초 샌포드에게 각색을 의뢰했다. 샌포드가 BBC에 첫 기획안을 보낸 지 2년 만의 일이었다. 가넷은 또한 초기 단계부터 로치를 불러들여 샌포드와 공동으로 각색하게 했다. 그 무렵 제목은 '캐시의 상경When Cathy Came to Town'으로 바뀌었고 이후 1966년 여름 촬영이 끝난 뒤엔 다시 〈캐시 컴 홈〉이 됐다. 나중에 샌포드는 로치가 각본에 기여한 부분이라고는 그저 각본 회의 때 몇몇 제안을 한 정도가 전부였으며 〈캐시 컴 홈〉은 공동 각본이 아니라고 강력하게 주장했다. 하지만 로치는 고료를 지불받았으며 당시 가넷의 메모를 봐도 그가 샌포드와 함께 "실제로 각본을 쓰는 과정"에 열심히 임했던 것으로 짐작된다.[132] 로치 본인도 "원안이 두서없게 쓰여 있어서 …… 우리 둘은 그걸 드라마 각본 형태로 만들려고 했고 물론 그 각본도 다시 여러 번 수정을 거쳤다"고 회고했다.[133]■■ 그러므로 샌포드가 이 각본을 쓰는 데 원동력을 제공한 사실에는 의심의 여지가 없지만, 그것을 영상에 적합한 형태로 다듬는 과정에서 로치가 중요한 공동 작가의 역할을 한 것으로 보인다. 이것이 〈더 웬즈데이 플레이〉 작품으로서는 드물게도 오프닝 크레딧에 단순히 '각본 제러미 샌포드'가 아니라 '제러미 샌포드가 쓴 이야기'라

■   베네딕터스는 노골적으로 표현하진 않았지만 〈세 번의 맑은 일요일〉에서 사형 제도를 다루는 데 사용된 시어터 워크숍풍의 기법 같은 것을 염두에 두었던 듯하다.
■■   샌포드도 로치가 자신의 이야기를 "좀더 간결한 …… 형태"로 만드는 데 도움을 줬다고 인정했다. Hayward, *Which Side Are You On?*, p.174.

고 표기되었던 이유일 것이다.

　드라마는 캐시(캐롤 화이트)란 젊은 여자에 관한 이야기다. 집을 나와 런던으로 도망 온 그녀는 배달 일을 하는 운전사 레지(레이 브룩스Ray Brooks)를 만나 사랑에 빠진다. 그들은 처음에는 살림 형편이 꽤 괜찮았지만, 캐시가 (세 자녀 중) 첫 번째 아이를 임신하고 레지도 교통사고로 직장을 잃게 되면서 어려운 사정에 처한다. 그래서 어쩔 수 없이 편리하고 현대적인 아파트에서 나와 레지의 어머니 집에 얹혀살게 된다. 그나마도 잘 풀리지 않자 그들은 저렴한 임대 주택을 구하는데, 얼마 후 집주인이 죽어 퇴거 명령을 받게 된다. 결국 그들은 이동식 주택, 버려진 집, 심지어는 텐트를 전전하다가 마지못해 레지를 제외한 캐시와 아이들만 홈리스를 위한 쉼터로 들어간다. 그리고 캐시와 아이들은 곧 도미토리 형태의 '파트 쓰리' 주거 시설로 옮겨진다. 그러나 여전히 가족과 함께 살 곳을 찾지 못한 데다 일자리를 구하러 떠난 레지에게 사실상 버림 받은 처지가 된 그녀는, 마지막으로 리버풀 스트리트 기차역 밖에서 찍은 저 유명한 장면인 사회복지국 공무원에게 아이들을 빼앗기는 수모까지 겪게 된다.

　이를 통해 알 수 있듯 이 드라마는 〈업 더 정션〉보다 훨씬 꽉 짜인 극적 구조를 지니고 있다. 플롯은 주인공 가족의 상황 변화를 특징적으로만 보여 주는 짧은 시퀀스들로 구성되어 있으며 많은 수의 캐릭터를 아우르고 있어 여전히 삽화적으로 보이기도 하지만, 분명 캐시란 한 명의 캐릭터를 중심으로 탄탄하게 조직되어 있다. 내러티브상 캐시가 차지하는 특권적 위치는 화면 속 상황을 설명하기 위해 간간이 사용된 보이스오버가 주로 그녀에게 할당되어 있다는 점을 통해서도 분명히 드러난다.[■] 더불어 〈업 더 정션〉의 느슨한 내러티브는 주인공이 어떤 상황에 닥치든 상관없이 삶은 계속된다는 사실을 보여 줬던 반면, 〈캐시 컴 홈〉의 플롯은 점점

홈리스 문제: 〈캐시 컴 홈〉의 레지(레이 브룩스)와 캐시(캐롤 화이트)

더 많은 불운에 시달리는 주인공의 몰락 과정을 바탕으로 훨씬 탄탄한 극적 논리를 구사한다. 또 특정한 한 캐릭터의 운명을 특별히 강조하는 방식을 이용해 시청자가 그 캐릭터에 친밀감을 느끼게 하면서도 그것을 개별화된 드라마로 보도록 하지는 않는다. 이런 관점에서 캐시는 충분히 입체적인 캐릭터라기보다 샌포드가 "보통 여자"라고 말한 사회적 대표 유형으로 등장하여 그녀가 처한 특수한 곤경을 "전형화"한다.[134] ■ ■ 샌포드도 홈리스 문제를 보편적인 주택난의 결과가 아니라 개인적인 상황으로 파악하는 관점을 피하기 위해서는 캐시가 "무고한" 인물로 비춰져야 한다고 봤다.[135] 그래도 일부 시청자는 캐시와 레지가 화근을 자초했다고 비난했지만, 그럼에도 이 드라마가 두 주인공이 몰락하는 이유를 특별히 개인적

■   여러 연구자들이 지적한 것처럼 캐시의 보이스오버는 허구적 내레이션과 다큐멘터리적 내레이션 둘 다의 관습으로부터 벗어나 있다는 점에서 일반적인 성격을 지닌다고 보기 어렵다. 픽션 영화에서 보이스오버는 전통적으로 플래시백과 연결되어 왔다. 하지만 〈캐시 컴 홈〉의 보이스오버는 단순히 앞서 일어난 사건이나 과거의 사건이 불러일으키는 생각만 설명하는 게 아니라 시청자가 '현재'의 시점에서 보고 있는 화면의 내용에 대해 '지금 - 여기'에서 할 수 있는 논평도 들려준다. 가령 드라마의 초반부에서 런던의 거리를 비추는 푸티지 위로 캐시가 "저기 저 집 …… 계단이 부서진 저 집이 내가 살려고 알아봤던 집이다. …… 저기는 직장이었고 ……" 라고 설명하는 장면이 그렇다. 하지만 이런 형식의 보이스오버는 다큐멘터리에서도 보기 드문 것이다. 사건 현장에서 이루어지거나 사건의 목격자에게서 들은 대화나 진술이 아니기 때문이다. 존 코너John Corner가 주장한 바처럼 이 보이스오버는 "과거의 사건 자체에 대한 반응이라기보다 과거를 묘사하는 방식에 대한 반응으로서" 후반 작업 중에 만들어진 논평의 성격을 지닌다. *The Art of Record: An Introduction to Documentary*, Manchester: Manchester University Press, 1996, p.94를 보라.

■ ■   하지만 이는 현실에서는 단 한 사람이 캐시가 겪었던 일을 모두 겪을 가능성이 거의 없다는 반론에 부딪혔다. 하지만 샌포드는 캐시의 경우보다 "훨씬 복잡해" 보이는 사례를 들면서 그런 비판은 "말도 안 되는" 것이라 일축했다. Jeremy Sanford, "Edna and Cathy: Just Huge Commercials," *Theatre Quarterly*, Vol. 3 No. 10, 1973, p.85.

이거나 심리적인 요인이 아니라 그들에게 부과된 경제적, 사회적 힘의 작용으로 파악하고자 했음은 분명한 사실이다.[■] 존 코기와 데보라 나이트도 로치의 작품이, "과학적" 실험을 행하듯 캐릭터에게 주어진 사회적 환경과 유전적 영향을 관찰하고 그 과정을 서사화하는 에밀 졸라의 자연주의와 유사성을 갖고 있다고 지적한 바 있다.[136][■■] 이런 이유에서 졸라는 (〈캐시 컴 홈〉과 몇몇 공통점을 가진 여성 중심 소설)《목로주점》(1872)의 주인공들에 대해 그들은 "악한 것이 아니"라 "끝이 없는 고생과 가난한 환경 때문에 망가진" 것일 뿐이라고 말할 수 있었다.[137] 비슷한 태도를 지닌 〈캐시 컴 홈〉도 두 주인공이 근본적으로는 "선했을" 수도 있지만 스스로 통제할 수 없는 사회적, 정치적 요인들에 굴복당했다고 강조한다. 이런 사회 결정론은, 샌포드의 말을 빌리자면 "이 사회에 의해 한 가정이 완전히 파괴당하는" 지경이 될 때까지 나쁜 상황에서 더 나쁜 상황으로 끊임없이 치달아 가는 플롯에 그대로 스며들어 있으며, 다큐멘터리 기법을 통해서 더욱

■　한 예로 1967년 1월 재방영 때 일부 시청자는 두 주인공의 "무책임한" 태도를 비난하며 계속해서 아이를 낳는 것을 그 근거로 들었다. BBC Audience Research Report, *Cathy Come Home*, 1 February 1967, BBCWAC T5/965/1. 이런 비판은 캐시가 세 번째 아이를 임신한 사실에 대해 언급하는 그녀의 보이스오버에도 담겨 있는데, 이 드라마의 우울한 결론을 감안하면 "안락한 환경" 대신 "사랑"을 선택했다는 캐시의 말도 뒤에 이어지는 사건들을 통해 별로 믿을 만하지 못한 것으로 드러난다. 이에 대한 논의는 다음을 보라. Corner, *The Art of Record*, p.102.

■■　물론 이런 영향은 부분적으로 이탈리아의 네오리얼리즘을 통해 전달된 것이 사실이다. 로버트 필립 콜커Robert Philip Kolker는 이탈리아의 네오리얼리즘을 로케이션 촬영과 "가난한 노동 계급 주체들"만이 아니라 "환경을 이용해 그 주체들을 규정하는 방식"과 관련지어 설명한 바 있다. *The International Eye: Contemporary International Cinema*, Oxford: Oxford University Press, 1983, p.44.

강화된다. 여기서 다큐멘터리 기법은 개인적 곤경을 일반화하는 장치이 자 이 드라마가 두 주인공이 역경에 처하게 된 이유로 지목하고자 한 사 회적 현실을 "기록"하는 수단이다.[138]

이렇듯 〈업 더 정선〉에 사용됐던 미학적 장치는 여기서도 지속적으 로 사용됐다. 몇몇 짧은 신은 스튜디오에서 촬영됐지만, 대부분의 분량은 1966년 4~5월 동안 런던과 버밍엄 현지에서 촬영됐다. 하지만 〈업 더 정 선〉에서처럼 장소의 지리학적 정확성이 강조되지는 않았다. 캐릭터의 경 우와 마찬가지로 장소에 있어서도 어느 정도 '전형성'을 추구했기 때문이 다. 로치에 따르면 버밍엄에서 촬영한 이유 중 하나는 홈리스 문제가 런 던에 국한된 것으로 인식되는 일을 피하기 위해서였다.[139] 배터시의 만토 바 거리처럼 구체적인 장소를 암시하는 장면이 더러 있긴 해도, 대체적으 로는 런던의 랜드마크를 노골적으로 보여 주지 않고 캐릭터를 런던 사람 으로 한정하지 않은 것도 그런 이유 때문이었다. 하지만 드라마 속 도시 가 버밍엄인지 확실히 알 수 없게 되어 있고 주인공 가족이 다른 도시로 이사를 간 것인지 아무 설명이 없는 것을 보면, 이 작품이 보편적인 도시 경험을 묶어 낼 수 있는 가상의 합성 도시 이미지를 구축하고자 했다고 도 말할 수 있다. 그러나 〈업 더 정선〉에서와 마찬가지로 실제 장소를 보 여 주는 방식은 여전히 사건의 '진정성'과 홈리스에 대한 이 작품의 관점 을 보증하는 핵심 수단이었다. 픽션의 관습적 문법이 불신의 유예를 수반 한다면, 빌 니콜스Bill Nichols의 설명대로 다큐멘터리는 보는 사람에게 눈 앞에 펼쳐져 있는 세계가 "사실"이라는 "믿음을 주입"하기 위해 노력한 다.[140] 이런 측면에서 〈캐시 컴 홈〉 안에 실제 장소가 등장하는 것은 이 작 품이 명백히 기록 가능한 실제 문제를 다루고 있음을 말해 주는 가장 핵 심적인 부분이었다. 예를 들어 제작진은 뉴잉턴 주택에서의 촬영을 허가

받은 것에 특히 기뻐하고 놀라워했다. 그곳은 샌포드가 직접 방문하여 보도 기사로도 다룬 바 있는 악명 높은 홈리스 쉼터였다. 결국 그 장소는 거의 마지막에 등장하는 '홀름 리' 수용소 장면의 배경으로 쓰였다. 물론 그것은 배우를 기용해 사전에 계획한 대로 촬영한 장면이었지만, 사실적인 공간에서의 촬영은 이 드라마가 내세우는 리얼리티를 강화하고 그 리얼리티에 대한 믿음을 주입하는 데 있어 설득력 있는 방법을 제공했다.

허구의 틀 안에서 이런 진정성과 정확한 관찰을 추구한 작품의 태도는 〈업 더 정션〉에 사용됐던 것과 비슷한 다큐멘터리적 장치를 채택함으로써 더욱 강화되었다. 이런 양상은 전작에서보다 더욱 심화되었다. 이 작품은 극중 행위를 계획한 대로 찍은 것이 아니라 지금 벌어지고 있는 일을 관찰한 것인 양 보여 주는 우연적인 카메라워크와 거친 프레이밍을 사용해 다큐멘터리적 외양을 모방했다. 한 사소한 예를 들면, 캐시가 홈리스 쉼터 중 첫 번째로 머물렀던 컴버미어 주택에서 급식을 받으려고 줄을 서 있는 장면에서 카메라는 그녀를 비추기 전 그녀 앞에 서 있는 여자와 아이들을 따라 움직인다. 이때 카메라의 운동은 불안정하며, 줄 서 있는 사람들을 보고 있는 우리의 시야는 전경에 위치한 누군가의 머리에 의해 부분적으로 가려진다. 또 이름 모를 어떤 여자가 카메라 앞을 지나가면서 캐시를 보고 있는 우리의 시야를 일시적으로 차단하기도 한다. 구체적인 대화 내용을 듣기 어렵게 만드는 배경의 소음이 사람들이 떠드는 소리와 합쳐진 가운데, 카메라는 미리 계획된 장면을 찍는 것이 아니라 관찰자적 다큐멘터리에서처럼 앞에서 벌어지고 있는 사건을 보여 주기 위해 고군분투하는 것 같은 인상을 준다. 이런 사례가 말해 주는 것처럼, 카메라의 시점은 "구경꾼"의 그것이 되려는 경향을 보이며, 다큐멘터리 감독이라면 확보하기 힘든 숏이나 편집 양식(숏-리버스 숏, 시선 일치, 시점

사실적인 로케이션의 활용: 〈캐시 컴 홈〉

숏)은 피하려 한다.■ 몇몇 장면(예를 들면 홈리스 쉼터에 있는 캐시와 레지를 보여 주는 장면)에서 클로즈업과 캐릭터 중심적 편집이 사용되긴 하지만, 대부분의 장면은 고전적인 편집을 지양한다. 사소한 예를 하나 더 들자면, 홈리스 관리를 맡고 있는 위원회의 감독관이 아직 퇴거 전인 주인공 가족의 슬럼가 집을 방문하는 장면에서 그들의 대화는 다소 떨어진 거리에서 단 하나의 테이크로 찍혀 있다. 보통은 그런 장면에서는 역방향에서 촬영한 숏이 번갈아 나오기 마련이지만 여기서는 그렇지 않다.

하지만 〈캐시 컴 홈〉은 고전적인 편집 형식을 등한시하는 동시에 전작 〈업 더 정선〉과 마찬가지로 몽타주에도 상당히 의존하고 있다. 여기서 몽타주는 개별적인 드라마에 맥락을 부여하고 캐릭터에 부과된 환경적 요인을 보여 주기 위한 수단으로 사용된다. 이는 사람이나 장소를 담은 다큐멘터리적 화면에 정체불명 캐릭터의 말소리를 덧입힌 숏들로 구성된 설명적 몽타주가 플롯의 짜임새를 형성하고, 또한 존 코너가 설명한 것과 같은 "내러티브 행위의 주선율에 깔려 있는 다큐멘터리에 대한 지시성"도 감지하게 한다는 점에서 더욱 그러하다.[141] 예를 들어 레지가 교통사고를 당한 후 그의 가족은 그의 어머니 워드 부인(윈프레드 데니스 Winfred Dennis)의 집에 얹혀살게 된다. 화면에는 그녀가 자신이 살고 있는 공동 주택의 계단을 오르는 모습이 보이고, 뒤로는 그들이 어떤 조건에서 살게 될지 설명하는 이름 모를 사람들의 목소리("여기 사는 아이들은 고양

■ 코기가 보기에 로치의 작품에서 가장 두드러지는 특징은 "극적인 외양"보다 "다큐멘터리"의 차용이다. 그런 지적을 통해 코기는 로치의 작품이 단순히 다큐멘터리와 비슷해 보인다기보다 수용자의 "주체–위치"를 변경시키기도 한다고 주장한다. Caughie, "Progressive Television Drama and Documentary," p.26.

이만 한 쥐들을 보며 자란다." "이 빌어먹을 건물들은 너무 낡다 못해 무너지기 직전이다.")

가 들린다. 그런 뒤 워드 부인의 아파트 안에서 벌어지는 몇몇 짧은 신이 이어지고 사이사이에 또 다른 보이스오버와 함께 공동 주택 주변과 거주 민을 촬영한 숏들이 삽입된다. 장소가 어딘지 구체적으로 나오진 않지만 촬영이 이루어진 곳은 이즐링턴의 악명 높은 에딘버러 코티지나 포펌 가 다. ("변기에 앉아서 동시에 요리도 할 수 있다"는 극중 대사만 들어도 충분히 짐작할 수 있는 곳이어서 지방 의회가 민감한 반응을 보이기도 했다.) 물론 리허설을 어느 정도 하긴 했지만, 그 지역 사람들을 담은 대부분 숏은 아무 계획 없이 눈앞에 일어나는 일을 바로 촬영한 것들이다. 이런 식으로 실제로 다큐멘터리에 나올 만한 '사실성'을 지닌 푸티지는 미리 짜놓은 드라마 신과 함께 편집 된다. 이야기의 리얼리티에 진정성을 부여하고 그들이 다른 사람들과 비 슷한 생활 조건 속에 살고 있음을 보여 줌으로써 주인공 가족의 특수한 상황을 일반화하기 위해서다. 이런 전략은 보이스오버의 사용을 통해 강 화된다. 샌포드에 따르면 여기에 사용된 목소리 중 일부는 프리프로덕션 기간과 촬영 기간 중 그가 직접 채집한 것이며, 데니스 미첼의 다큐멘터 리에서처럼 후반 작업 과정 중에 필름 이미지에 덧붙여진 것이다.[142]■ 비 록 화자가 누구인지는 알 수 없지만 그들이 공동 주택에 거주하던 사람 임은 확실히 알 수 있도록 되어 있다. 로치에 따르면 그들의 보이스오버 는 "진정성의 기준을 마련해 주고 나머지 장면도 그 기준에 부합하도록

■　모든 보이스오버는 실제 기록을 바탕으로 한 것이다. 그러나 정말로 다큐멘터리적 기록의 의미를 갖는 보이스오버가 얼마나 되는지는 분명하지 않다. 이 작품에서 보이스오버는 다큐멘 터리적 진정성을 증명하기 위해 사용된 것임은 분명하나, 홀름 리를 배경으로 한 장면에서 나 타나는 것처럼 사실 그중 대다수는 전문 배우가 연기를 통해 다시 옮긴 말을 녹음한 것이다.

이끌어" 주었다.[143] 보이스오버는 주인공의 경험을 좀더 넓은 맥락 속에 위치시키고 그것이 특별한 것이 아님을 강조하는 데도 핵심적인 역할을 한다. 샌포드가 직접 말한 것처럼 그것은 "이것이 단지 한 가족의 이야기가 아니라 …… 수백 수천 명의 이야기임을 끊임없이 상기시키는 장치"이다.[144]

이런 개인적 경험의 확장은 영국 내 일반적 주택 상황에 관해 객관적 정보를 제공하는 보이스오버를 사용함으로써 한 단계 더 나아간다. 〈업 더 정션〉에서 공적인 보이스오버가 등장하는 장면은 낙태 장면이 유일하다. 하지만 〈캐시 컴 홈〉에는 그런 장면이 훨씬 많이 나온다. 레지가 교통사고를 당한 뒤 캐시가 집을 알아보러 다니는 장면에서는 어떤 남자의 보이스오버가 등장해 "런던에는 공급 가능한 주택의 수보다 20만 가구가 더 많이 살고 있"고 "6만 명의 독신 가정에는 싱크대나 오븐이 없"으며 "런던 자치구 7곳"에 있는 "주택 중 적어도 10분의 1"이 과밀 거주 상태라고 설명한다. 레지가 법정에 출두한 이후 가족이 다시 집을 구하러 다닐 때 나오는 또 다른 보이스오버는, 영국 전역에 걸쳐 홈리스의 숫자("버밍엄 3만 9000가구 대기 중, 리즈 1만 3500가구, 리버풀 1만 9000가구, 맨체스터 거의 1만 5000가구")가 얼마나 되는지 나열한다. 평론가들은 종종 이런 보이스오버를 설명적 양식의 다큐멘터리에 등장하는 '전지적' 성격의 논평과 연결시켰지만, 그렇게 보는 것은 적절치 않다. 이 드라마 속 보이스오버는 한 명의 권위적인 내레이터가 아니라 공적인 성격을 지닌 여러 목소리를 아우르고 있으며, 평범한 사람들의 보이스오버와 마찬가지로 그것이 지방 자치 정부 공무원의 목소리든 그저 이 문제에 관심을 갖고 있는 논객의 목소리든 실제 그 사람의 목소리를 녹음한 것으로 암시돼 있기 때문이다. 그렇다 하더라도 이 작품이 한 가족의 상황에 대한 특수성을 넘어서서

특수성의 일반화: 〈캐시 컴 홈〉에서 공동 주택 구역에 사는 주민들

보다 일반적인 결론에 도달하기 위해 설명적 양식의 다큐멘터리 수사학에 기대고 있는 것은 사실이다. 니콜스가 설명한 것처럼 다큐멘터리의 목적은 "믿음을 주입"하는 것만이 아니라 "그 믿음을 뒷받침하는 근거나 논리를 증명"하는 것이기도 하다.[145] 이런 측면에서 영국의 주택 상황에 대한 사실과 수치를 알려주는 것은 단지 캐시의 개인적 경험이 대표하는 사회 문제의 일반적 성격을 강조하기 위한 것만이 아니라 사회 개혁이 필요하다는 이 작품의 주장의 타당성을 강화하기 위한 것이기도 하다.

이런 식으로 이 작품은 드라마와 다큐멘터리 기법을 결합하여 정서적 반응과 지적 반응 모두를 불러일으키고자 했다. 줄리아 핼럼Julia Hallam은 문화 비평이 대중적인 형식의 텔레비전 드라마를 좀더 긍정적으로 다룰 필요가 있음을 역설하면서, 가장 많은 호평을 받은 〈캐시 컴 홈〉을 비롯한 〈더 웬즈데이 플레이〉의 높은 위상은 "리얼리즘과 '객관성'에 대한 편향"과 "개인적 감정에 집중하는 멜로드라마에 대한 혐오"와 관계가 있다고 주장했다.[146] 하지만 이는 잘못된 지적이다. 〈캐시 컴 홈〉은 당대 사회와 관련해 전달하고자 하는 주장과 논점의 타당성, 혹은 객관성을 강화하기 위해 다큐멘터리 기법이나 리얼리즘을 차용한 동시에 멜로드라마의 관습적 플롯이나 캐릭터에도 상당 부분 의지했다. 희생양이 된 순진한 혹은 샌포드의 표현에 따르면 '무고한' 여주인공, 인과관계의 축약, 여성의 히스테리 폭발, 파토스pathos를 일으키도록 계산된 장면(엄마와 아이들을 강제로 헤어지게 하는 마지막 장면) 등이 그것이다. 실로 냉정한 성격의 한 평자는 이 작품을 바로 그 점, 즉 이것이 다큐멘터리의 리얼리즘이나 객관성을 지니고 있다고 알려져 있는 바와 달리 그 수준에 한참 못 미치는 최루성 드라마라는 점 때문에 기준 미달의 작품으로 평가했다.[147] 이런 식으로 이 드라마가 다큐멘터리적 요소를 사용해 전달하고자 한 주장은, 목표한 정서적 반응을 정확히 이끌어 내도록 고안된 멜로드라마적 표현 양식을 통해 강화됐다. 그리고 동시에 이 드라마가 지닌 다큐멘터리적 아우라는, 멜로드라마적으로나 서사적으로 과잉인 요소를 통해 감정을 이끌어 내는 방법이 과연 타당한 것인가에 대한 비판으로부터 이 드라마를 방어해 주었다. 한 시청자의 반응처럼, "누구든 이 드라마에 감동하지 않을 수 없다…… 반다큐멘터리적 방법론은 이런 실제 상황에 관해 어떤 픽션도 무가치하다고 느끼게 만든다."[148]

제임스 스미스James Smith가 보기에 "무고한 영웅"을 "시스템의 피해자"로 그리는 이런 방식은 그가 "저항의 멜로드라마"라고 부른 범주의 기본적 특징이다. 하지만 그는 그것이 또한 필연적으로 실패할 수밖에 없는 운명을 지닌 멜로드라마 형식이라고 생각했는데, 기존의 사회 환경에 대해 "오로지 이런 저항 의식을 갖고 있는 이들에게만 호소력을 지니기" 때문이었다.[149] ■ 〈캐시 컴 홈〉이 '저항의 멜로드라마'에 대한 스미스의 정의에 부합하는 것은 맞지만, 그가 말한 방식대로 실패한 작품은 아닌 것 같다. 그저 높은 시청률을 기록했을 뿐만 아니라 노동당 의원 프랭크 알런Frank Allaun이 말한 것처럼 "국가의 양심"을 자극하는 데도 성공

■ 마이클 워커도 제임스 스미스의 개념이 로치의 작품에 적용될 수 있음을 지적하고 있다 ("Melodrama and the American Cinema," *Movie*, Nos 29‒30, Summer 1982, p.15). 나도 다음 글에서 로치의 이후 작품들이 극중 캐릭터가 처한 곤경이나 그의 개인적 선택이 사회적, 경제적 요인으로 인한 것으로 드러나는 유물론적 멜로드라마로 이해될 수 있다고 지적한 바 있다. John Hill, "Ken Loach: Every Fuckin' Choice Stinks," *Sight and Sound*, November 1998, pp.18~21.《켄 로치의 영화*The Cinema of Ken Loach*》에서 제이콥 리는 이런 개념들을 바탕으로 하여 발전된 논의를 펼치지만, 나의 글을 비판함에 있어 관습이란 개념을 분석적인 용어가 아니라 가치 판단적인 용어로 사용함으로써 그에 대한 몰이해를 드러내고 있다.

체제의 피해자: 〈캐시 컴 홈〉의 강렬한 마지막 장면

했기 때문이다.■ 이 드라마를 시청한 사람의 숫자는 대략 1200만 명(혹은 전체 인구의 23.6%) 정도로 추산되며 이 시청자들의 반응 지표는 〈더 웬즈데이 플레이〉 시리즈의 평균 수치를 한참 웃돌았다.[150] BBC는 이 드라마에 쏟아진 관심을 자본으로 전환하고자 두 달도 안 돼 재방영을 결정했는데, 재방영 당시 반응 지표 수치는 심지어 더 상승했다. 이에 놀란 시청자리서치부는 〈더 웬즈데이 플레이〉의 1966년 시청자 수만 놓고 봤을 때 〈캐시 컴 홈〉은 "대박을 터뜨렸다"고 공표했다.[151] 세간의 전설과 달리 이 드라마 때문에 자선 단체의 쉼터가 만들어지기 시작한 것은 아니었지만, 첫 방영 후 불과 한 달 뒤 자선 단체가 첫 쉼터를 만드는 과정에서 이 드라마가 야기한 논란을 적극적으로 활용했던 것도 사실이다. 자선 단체는 재방영 때도 그 기회를 활용하여 언론에 캐롤 화이트의 사진과 "어젯밤 캐시를 보셨어요"라는 문구를 넣은 광고를 싣기도 했다.[152]■■ 이 드라마에 대한 폭넓은 반응에 영국 정부도 특별 시사회를 요청해 왔으며, 그 자리에는 노동당 주택부 장관 앤서니 그린우드Anthony Greenwood, 보건부 장관 케네스 로빈슨Kenneth Robinson을 포함한 정부 관료들이 참석했다. 그린우드는 또한 로치, 가넷, 샌포드를 만나 홈리스 문제를 어떻게 다루면 좋을지에 대해 논의했다. 가넷에 따르면, 장관은 "마지막에 나온 서독 관련 자막은 유감"이라 했지만 "이런 작품을 만든 의도나 사실 관계

■　1966년 12월 15일 알린은 하원의 주택건축조성금 법안 제2독회에 대해 지지 발언을 했다. BBCWAC T5/965/1.

■ ■　BBC는 이미 캐롤 화이트의 사진을 사용해도 좋다는 허가를 내린 상태였다.

에 대해서는 단 한 번도 이의 제기를 하지 않았"다.[153]■ 하지만 로치는 기득권층이 서둘러 이 드라마를 홈리스 문제에 관한 이해를 돕는 작품으로 반기는 모양새가 이 드라마를 끌어들여 실질적인 개선책 마련을 피해 가려는 방책으로 보인다며 불만을 드러냈다. 〈캐시 컴 홈〉이 첫 방영 이후 2년 뒤 또 한 번의 재방영을 앞두고 있었을 때, 샌포드도 그동안의 성과에 대해 우울해하며, 보호 시설에 사는 아이들의 숫자, 청약 대기 중인 가구의 수, '파트 쓰리' 주거 시설 입주자 수가 모두 증가했음을 지적했다. 가장 큰 변화는 파트 쓰리 주거 시설의 상태가 그나마 조금 나아진 정도였다.[154] 한편으로 이는 한 편의 영화나 텔레비전 프로그램이 만들어 낼 수 있는 유의미한 사회 변화의 한계를 다시금 상기시키는 유익한 자료이지만, 데릭 패짓Derek Paget의 주장처럼 그렇다고 이 작품이 정치적, 문화적 영역 안에서 성취해 낸 지속적인 반향을 깎아내려서는 안 될 것이다.[155] 이 드라마는 여전히 정기적으로 재방영되고 있으며 사회의식이 담긴 텔레비전 드라마의 아이콘과도 같은 작품이다. 예를 들면 〈캐시 컴 홈〉이 만들어진 지 40주년이었던 2006년에 〈가디언〉, 〈인디펜던트〉, 〈옵저버〉 모두 이를 특집으로 다루었으며 이 드라마가 주택 문제에 관한 논쟁에 여전히 영향을 미치고 있음을 보여 주었다.[156]

■ 문제의 자막에는 서독이 "전후 시기에 영국보다 주택을 두 배 더 많이" 공급했다는 내용이 담겨 있었다.

다큐멘터리 드라마

〈캐시 컴 홈〉이 텔레비전 드라마로서 드문 수준의 호응을 이끌어 낸 것은 맞지만 모두에게 호평을 받은 것은 아니다. 지방 당국 공무원을 매정한 인간으로 묘사한 것과 관련해서는, 이 드라마의 재방영 당시 로렌스 에반스Laurence Evans의 악평이 화제를 모았다. 그는 이 작품이 당국의 홈리스 처리 방식을 지적하면서 지방 관청과 공무원을 "여자들 가슴이나 훑어보는" 사람들로 묘사했다고 비난했다.[157] 드라마와 다큐멘터리 요소를 결합한 방식에 대해 의구심을 표한 이들도 많았다. 물론 이는 실로 전혀 새로울 게 없는 논쟁이었으며 〈업 더 정션〉 때부터 BBC나 다른 언론에서 많이 다룬 문제기도 했다. 예를 들어 모리스 위긴Maurice Wiggin은 〈선데이 타임스Sunday Times〉에 쓴 글을 통해 〈업 더 정션〉이 "이른바 '다큐멘터리적' 요소라고 하는 것"을 끌어들여 "사실과 허구 사이의 경계를 흐릿하게 만들었"다고 질타했으며, 〈파이낸셜 타임스〉의 T. C. 워슬리T. C. Worsely도 "리얼리티로 봐야 할지 픽션으로 봐야 할지" 시청자를 "헷갈리게" 하는 작품이라 평가했다.[158] BBC 자체 시청자 조사 결과에 따르면 일부 시청자도 〈업 더 정션〉이 "통상적인 의미의 '드라마'"를 벗어난 점에 대해 당혹감을 느꼈으며 "처음부터 드라마가 아닌 '드라마화된 다큐멘터리'로 소개됐더라면" 좀더 재밌게 봤을 것이라 생각했다.[159] ■ 하지만

■ BBC 드라마국장 시드니 뉴먼은 드라마에 사용된 기법에 당혹감을 느꼈으며 "극의 창작 과정에 다큐멘터리 요소를 더해 넣음으로써 프로듀서가 자신이 맡은 임무를 넘어섰다"고 지적했다. Television Weekly Programme Review Minutes, 10 November 1965, BBCWAC R78/1919.

이 작품의 주제적 측면이나 성행위의 재현 문제를 둘러싼 논란에 비하면 다큐멘터리와 드라마의 혼합, 사실과 허구의 혼용에 대한 논쟁은 상대적으로 뒷전으로 여겨졌다. 그래도 〈캐시 컴 홈〉의 막대한 영향력을 고려하면, 이 문제가 나중에 더 큰 파급 효과를 지닌 논쟁거리로 다시 떠오르게 된 것은 너무 당연한 일이다.

앞서 보았듯 BBC가 이 드라마의 제작을 연기한 이유 중 하나는 너무 다큐멘터리처럼 느껴진다는 점 때문이었다. 방영 전에도 이 드라마에서 다큐멘터리 장치를 어느 정도로 사용해도 되는가와 관련해 다소 논란이 있었다. 가넷은 윗사람들의 감시를 피하려고 노력했지만, 그의 작품이 다른 〈더 웬즈데이 플레이〉 작품보다 고예산이다 보니 사실상 여전히 도마 위에 올라 있는 상태였다. 방영 석 달 전쯤인 1966년 8월, 1차 편집본을 본 뉴먼과 단막극국장 제럴드 세이버리Gerald Savory는 러닝 타임이 "10분 정도 넘친"다고 지적했고 가넷도 여기에 동의했다.[160] ■ 세이버리는 가넷에게 시청자가 "캐시와 그녀의 가족에 관한 인간적인 이야기에 집중"할 수 있게끔 "'다큐멘터리' 색채가 짙은 부분"과 "보이스오버의 상당 부분"을 잘라내라고 요구하고, BBC1 심의국장 마이클 피콕에게도 그 사실을 전달했다.[161] ■ ■ 최종 버전에 남아 있는 보이스오버의 분량을 봤을

■　〈캐시 컴 홈〉을 방영하는 과정에 있었던 이런저런 사정이 어느 정도 신화화되기도 했던 것 같다. 예를 들면, 샌포드는 이 드라마의 제작이 비밀리에 이루어졌기 때문에 "가넷의 〈캐시 컴 홈〉이 실제로 방영되기 전에 완성본을 본 윗사람은 아무도 없었다"고 주장한다. 물론 이는 사실이 아니다. "Patronising the Proles," *Plays and Players*, May 1972, p.58을 보라.

■ ■　가넷이 "보이스오버의 상당 부분"을 덜어내고 "캐시와 그녀의 가족의 이야기와 무관한" 장면을 삭제하라는 요구를 받은 내용은 다음을 참조하라. Memo from Savory to Garnett, 31 August 1966.

때 가넷과 로치가 이런 지침을 얼마나 따랐는지는 알 수 없지만 어쨌거나 뉴먼과 세이버리가 다큐멘터리적 구성 요소를 줄이고 기존의 텔레비전 드라마 규범에 부합하게 만들라고 했던 것은 분명하다.

이 작품의 미학적 전략에 대한 우려는 방영 이후에도 계속 표출됐다. 주간 프로그램 리뷰 그룹 모임 때 대부분은 호평을 내놨으나, 피콕과 시사국장 폴 폭스Paul Fox는 이 작품이 "다큐멘터리와 드라마의 경계를 흐릿하게 만든" 점에 대해 의구심을 표했다.[162] 일간지의 비평가들도 이 문제에 대해 지적했으며, BBC 시청자리서치부도 일부 시청자가 "드라마와 다큐멘터리적 사실"을 혼합한 것에 이의를 제기했다고 보고했다.[163]■ 하지만 가장 강력한 비판을 제기한 이는 텔레비전 토론 및 시사국장 그레이스 윈덤 골디Grace Wyndham Goldie였다. 그녀는 1967년 1월 재방영을 며칠 앞두고 "사실적인 것과 허구적인 것"을 혼용한 방법론에 거센 공격을 쏟아 부었다. 그녀는 이 드라마를 "흥미로운 텔레비전 작품"으로 인정하는 한편, "고의적으로 사실과 허구의 차이를 흐릿하게 만들려고 하"는 "위험한 텔레비전 드라마의 새로운 경향"을 보여 주는 한 사례로 간주했다.[164] 이런 불평은 이후 몇 년간 로치를 끈질기게 따라다니며 괴롭힌 문제인 만큼 여기서 잠시 이와 관련한 문제들을 짚고 넘어가는 편이 좋겠다.

여러 평자들이 살펴본 바대로 이런 논쟁은 다큐멘터리와 드라마 간 경계에 대한 확신을 바탕으로 이루어졌다. 하지만 다큐멘터리와 드라마

■ 이 작품이 재방영됐을 즈음에는 이런 불평이 잦아들었다. 아마도 그사이 이 드라마가 획득한 명성의 영향인 듯하다. "Repeat of Cathy Come Home," Audience Research Report, 1 February 1967, BBCWAC T5/965/1.

가 오랜 세월 동안 다양한 방식으로 교차돼 온 사실을 감안하면 그런 확신은 확실히 기이한 것이다. 니콜스가 지적한 것처럼 다큐멘터리에 대한 합의된 정의라는 것은 없으며 "픽션과 다큐멘터리를 나누는 절대적 기준"이 존재하지 않는다는 것도 자명한 사실이다.[165] 이는 다큐멘터리가 얼마나 광범위한 극적 장치를 포용해 왔는지 보여 주는 다큐멘터리 실천사에도 명백히 드러나 있다. 다큐멘터리의 아버지라 불리는 존 그리어슨 John Grierson도 드라마적 구성 요소의 사용 여부가 뉴스릴이나 강연용 영화lecture film 같은 논픽션 영화의 "하위 범주"로부터 엄밀한 의미의 다큐멘터리를 구별해 낼 수 있도록 해주는 중요한 기준이라 봤다.[166] 브라이언 윈스턴Brian Winston이 설명한 것처럼, 1930~1940년대 영국 영화의 경우에도 드라마로부터 다큐멘터리를 구별하는 기준은 사건을 "지금 벌어지고 있는 일처럼 보여 주는 카메라"가 아니라 "이미 일어난 일이자 누군가에 의해 목격된 일처럼 보여 주는 카메라"였다.[167] 그런 윈스턴의 관점에서 보면 험프리 제닝스Humphrey Jennings의 〈불은 시작되었다Fires Were Started〉(1943)도 철저히 준비된 대본, 배우, 스튜디오를 활용해 만들어진 영화이긴 하나 다큐멘터리로 보는 것이 합당하다. 같은 이유로 〈캐시 컴홈〉도 다큐멘터리로 분류할 수 있다. 샌포드가 반복해 주장한 바와 같이 그 작품은 실제로 일어났던 사건이자 대부분의 경우 샌포드가 직접 관찰하기도 한 사건들(즉 이미 일어난 일이자 누군가에 의해 목격된 일)을 바탕으로 했기 때문이다.[168]

하지만 존 엘리스John Ellis의 주장대로 사실과 허구, 드라마와 다큐멘터리 간 경계의 조정은 영화보다 텔레비전에서 더 큰 중요성을 갖는다. 이는 텔레비전 프로그램의 "흐름"과 "사실 체제regime of factuality" 유지의 제도적 중요성 때문이다.[169] 하지만 초기 텔레비전을 둘러싼 조직적, 기술적 정황을 살펴보면 다큐멘터리와 드라마 사이의 경계는 상당히 유동적이었음을 알 수 있다. 실제로 BBC에 텔레비전 다큐멘터리국이 생긴 것도 겨우 1953년 일이며, 그전까지는 드라마국 안에 로버트 바Robert Barr가 이끄는 작은 다큐멘터리 그룹이 있었던 게 전부였다. 바 또한 텔레비전 다큐멘터리란 "형식"은 "메시지를 전달하기 위해 어떤 극적 장치를 사용해도" 무방한 "사실의 드라마화"라고 주장하며, 드라마와 다큐멘터리 사이의 경계에 관해 별로 집착하지 않았다.[170] ■ 1950년대에는 '드라마화된 다큐멘터리dramatized documentary'가 하나의 뚜렷한 텔레비전 장르로 부상했으며, 아서 스윈슨Arthur Swinson에 따르면 "창의적인 각본"의 대부분이 그 장르에서 나왔다.[171] ■ ■ 이런 현상은 부분적으로는 당시 창작 드라마가 상대적으로 적었기 때문이었지만, 다른 한편으로는 당시 텔레비전에 주어졌던 경제적, 기술적 제약, 즉 다큐멘터리도 드라마처럼 스튜디오에서 '생방송'처럼 만들어졌기 때문이었다. 결국 당시에 이루어진 다큐멘터리의 드라마화는 필요에 의해 이루어진 것이라고 말할 수 있다.

물론 이런 상황은 1960년대 중반에 이르러 변화했다. 텔레비전 뉴스와 다큐멘터리에서 16mm 필름 사용이 증가하면서 35mm 필름 대비 비

■　벨은 초기 텔레비전 다큐멘터리가 "이상한 혼종 형식"을 띠고 있었다고 설명한다(John Corner (ed.), *Documentary and the Mass Media*, p.80).

■ ■　드라마화된 다큐멘터리에 대한 좀더 포괄적인 해석을 통해 스윈슨은 드라마화된 다큐멘터리가 "자신이 대변하는 인물에 대해 가능한 한 정확한 해석을 제공하고자 하는 배우들에 의해 연기된" 것이자 "필름 시퀀스의 도움과 더불어 스튜디오에서 '생방송'처럼 제작된" 것이며, "스튜디오도 실제 삶 속의 행위가 발생한 로케이션을 복제한" 것이고 "이야기도 실제 삶에서 가져와 가능한 한 최소한만 가공했다는 의미에서 진실하"다고 지적했다. Arthur Swinson, *Writing for Television*, London: Adam and Charles Black, 1955, p.80.

용 절감이 이루어졌고, 제작자와 감독들도 스튜디오에 덜 의존하게 됐다. 다이 본Dai Vaughan이 설명한 것처럼 1960년대 초에는 저소음형 16mm 카메라(에클레어Eclair 카메라)와 전문가용 수준의 경량 녹음기가 개발돼 휴대 장비만 갖고도 로케이션 동시 녹음을 할 수 있게 됐으며, 적은 수의 스태프로 신속하고 저렴하게 만들 수 있는 "새로운 유형의 다큐멘터리"도 출현했다.[172]■ 이런 발전은 다이렉트 시네마와 시네마 베리테 등 비간섭적 형식의 관찰을 특별히 강조하는 새로운 다큐멘터리 이데올로기의 출현으로 이어졌다.■■ 그 결과 한때 텔레비전 다큐멘터리의 일반적 성격에 속하는 것으로 여겨졌던 드라마화된 스튜디오 다큐멘터리의 방법론은 점점 사라져 갔다. 하지만 드라마화된 다큐멘터리의 전통은 (로치가 3회분을 연출한 적이 있는 장수 경찰 시리즈 〈Z 카〉를 기획하기도 한) 드라마 다큐멘터리 그룹Drama Documentary Group의 작업을 통해 계속 이어졌다.■■■ 켄 러셀 Ken Russell이 〈모니터Monitor〉(1958~1965) 프로그램의 일환으로 만든 〈엘가Elgar〉(1962년 11월 11일 방영)와 여러 예술 다큐멘터리도 사변적인 극적 재구성을 포함했으며, 피터 왓킨스Peter Watkins의 〈컬로든 전투Culloden〉

■　노먼 스왈로우Norman Swallow도 이전까지는 "가공된 세트, 준비된 배우, 작성된 대사를 사용해 스튜디오에서 리얼리티를 재구성하는 것"을 의미했던 텔레비전 다큐멘터리에 녹음기와 16mm 장비가 어떤 영향을 끼쳤는지 논한 바 있다(Factual Television, London: Focal Press, 1966, pp.194~200). 그는 공장 견학을 소재로 한 잭 골드Jack Gold의 BBC 단편 〈이보다 더 행복할 수 없는Happy as Can Be〉(1959년 8월 3일 방영)이 16mm 카메라와 6mm 테이프 사용에 있어 선구자적 역할을 했다고 설명한다.

■■　다양한 논객들이 지적하듯 이런 용어들은 곧 혼란스럽게 여겨졌지만 영국의 영화 감독들은 프랑스에서 실천된 비교적 더 간섭주의적인 시네마 베리테보다 미국의 다이렉트 시네마로부터 더 많은 영향을 받았다. 영국 텔레비전에서 16mm 필름 촬영의 부상과 관련한 논의는 다음을 보라. Sexton, "'Televérité' Hits Britain," pp.429~444.

(1964년 12월 15일 방영)도 역사적 사건을 현대적 뉴스 프로그램을 연상시키는 스타일로 "재구성"한 것과 관련해 언론으로부터 "드라마냐 다큐멘터리냐"라는 질문을 받았다.[173] 처음부터 끝까지 16mm로 로케이션에서 촬영하고 비전문 배우를 기용한 왓킨스의 작품은 로치에게도 중요한 영향을 미쳤다.■■■■ 하지만 〈컬로든 전투〉는 공식적으로는 다큐멘터리 및 음악국에서 만든 다큐멘터리였다.■■■■■ 반면 〈캐시 컴 홈〉은 드라마국에서 제작한 작품이었으며, 앞서 언급한 드라마화된 다큐멘터리와 여러 비슷한 면이 있긴 했지만 스스로를 새로운 종류의 다큐멘터리화된 드라마documentarised drama로 내세웠다는 점에서 독창적인 작품이었다. 물론 엘리스는 텔레비전 다큐멘터리에 관한 그의 글에서 "사실적 재료에 허구적 요소를 현재 통용되는 수준 이상으로 집어넣을" 경우에는 텔레비전

■■■ 1961년 2월 27일 메모에서 엘윈 존스Elwyn Jones는 "다큐멘터리 형식"을 잡지, 개인적 발언, 장편 영화, 사례집, 다큐멘터리의 드라마화 다섯 가지로 구분했다(BBCWAC T16/61/2). 존스는 드라마 다큐멘터리 슈퍼바이저로서의 권한을 활용해 〈Z 카〉를 출범시켰다. 그것은 허구적으로 만든 경찰 일지였지만 그럼에도 BBC 연간 보고서에 "드라마화된 다큐멘터리"로 분류됐다(BBC, Annual Report and Accounts 1961‑1962, Cmnd. 1839, London: HMSO, 1962, p.119). 비슷한 시기에 독립텔레비전공사도 병원 드라마 〈응급 병동 10Emergency Ward 10〉(1957)과 〈보호 관찰관Probation Officer〉(1959)을 "반다큐멘터리 시리즈"로 분류했다(Annual Report and Accounts 1959‑1960, London: HMSO, 1960, p.15).
■■■■ 〈컬로든 전투〉에 대한 한 텔레비전 다큐멘터리에서 로치는 왓킨스의 영화가 갖는 "엄청난 영향력"에 대해 이야기하며 그 작품을 왓킨스의 다큐멘터리 작업과 "같은 수위"의 작품을 만들어 보고 싶은 자신의 욕망과 연결시켰다. Making Real History(BBC Scotland, 1996년 4월15일 방영).
■■■■■ 1955년 BBC 다큐멘터리국은 해산되었으며 소속 스태프들도 다른 부서에 흡수됐다. 새 다큐멘터리국이 설립된 것은 1962년 휴 웰던 임기 때였으며 1963년에는 음악국이 여기에 통합됐다.

의 "사실" 체제가 "장르적 차원의 위기"를 맞을 수 있다고 경고했다. 하지만 〈캐시 컴 홈〉이 야기한 "장르적 차원의 위기"는 오히려 정반대 방향, 즉 기존의 텔레비전 드라마(픽션)에 더 많은 사실적 요소(다큐멘터리)를 집어넣는 방향으로 나아갔다고 할 수 있다.[174]

여러 측면에서 보면 윈덤 골디가 〈캐시 컴 홈〉에 반기를 든 이유도 이 작품이 다큐멘터리국이 아니라 드라마국에서 만들어진 작품이란 점 때문이었다.■ 그녀가 보기에 "모든 사실 기반 프로그램"은 정확성을 보장하고 "논쟁적인 분야"에 대한 "편파성"을 피하기 위해 "철저히 계획되고 검토되"는 반면, 이 드라마는 "사회로부터 특권의 행사를 허용 받은 방송 단체가 지켜야 하는 근본적인 규칙"을 지키지 않았다.[175]■■ 이런 측면에서 그녀는 단순히 이 작품의 형식이 사실과 허구 사이의 경계를 흐릿하게 만들었다는 점(드라마화된 다큐멘터리의 오래된 특징)에 대해 이의를 제기

■ 하지만 윈덤 골디의 텔레비전 시사국 경력이 그녀를 다큐멘터리의 영화적 전통에 더 적대적이도록 만들었음을 지적할 필요가 있다. 그녀는 그런 다큐멘터리는 "감독이란 단 한 사람만의 입장"을 "의심의 여지없는 진실"의 상태로 승화시킨 지나치게 사적이고 주관적인 프로그램이라 봤다. Grace Wyndham Goldie, *Facing the Nation: Television and Politics 1936 – 1976*, London: Bodley Head, 1977, p.54를 보라. 켄 러셀도 예술 다큐멘터리 시리즈 〈모니터〉를 위해 일하는 "덜 된 영화 감독들"에 대해 그녀가 드러냈던 반감을 기억하고 있었다(Joan Bakewell and Nicholas Garnham (eds), *The New Priesthood: British Television Today*, London: Allen Lane, 1970, p.135).

■■ 〈인 투 마인즈〉의 방영 이후 나온 〈데일리 익스프레스*Daily Express*〉(1967. 3. 8)에서 제임스 토머스James Thomas도 비슷한 관점을 드러냈다. "한때는 한 가지 문제에 골몰한 작가가 자리를 잡고 앉아 다큐멘터리를 쓰면 경험이 많은 특집 방송 팀이 그 내용의 균형을 잡아 주어 공정한 방송이 가능하도록 했다. 요즘 작가는 다큐멘터리를 써놓고 그것을 드라마라 부른다. 그리고 드라마국의 보호 아래 시사국 제작자에게는 결코 허용되지 않는 표현의 자유를 누린다."

한 것이 아니었다. 문제는 드라마에 다큐멘터리 요소를 결합하는 방법이 방송국의 심의를 피해 정치적 편파성을 드러내기 위한 수단으로 활용될 수 있다는 점이었다. 골디의 결론이 미심쩍긴 해도, 그녀의 주장에서 취할 게 아예 없는 건 아니다. 필립 슐레진저Philip Schlesinger를 비롯한 여러 필자들이 설명한 바 있듯 이 단막극은 "작가"적 지위를 보유한 덕분에 훨씬 엄격한 규제를 받는 텔레비전 뉴스나 시사 프로그램에 비하여 "대안적"이고 "저항적"인 정치적 관점을 보다 "공개적으로" 전시할 수 있었다.[176] 로치 본인도 1969년에 한 인터뷰에서 만약 그와 가넷이 "일반 시사나 다큐멘터리 등의 민감한 분야"에서 일했더라면 "우리가 만들고 싶은 것을 만들도록" 허락받지 못했을 것이라고 설명했다.[177] 그러므로 가넷과 로치가 사실 기반 프로그램의 '공식적' 의견에 부합하지 않는 자신들의 생각을 표현하기 위해 〈더 웬즈데이 플레이〉의 상대적 "개방성"을 자신들에게 유리한 방향으로 이용했던 것은 분명한 사실이다. 거기다 〈더 웬즈데이 플레이〉는 저녁 뉴스 뒤(그리고 〈캐시 컴 홈〉 방영 때는 동시에 〈24시 Twenty-Four Hours〉란 시사 프로그램의 앞)에 방영됐으며, 이런 특수한 시간대는 그들에게 텔레비전의 '흐름'을 그들 식대로 전유하여 이른바 '사실적'이라는 프로그램과 '허구적'이라는 프로그램 사이에 가능한 밀담을 이끌어 낼 수 있는 기회를 제공했다. 물론 윈덤 골디도 그 점을 알아차렸다. 그녀는 텔레비전에서는 "프로그램이 계속 연속 방영"되기 때문에, 사실적인 것과 허구적인 것을 뒤섞는 이 시리즈의 반다큐멘터리적 방식이 사실 기반 프로그램의 "진실성"과 "타당성"에 다분히 위협적이라고 주장했다.[178] 로치와 가넷도 이런 분석에 딱히 반대하진 않았지만 그들의 결론은 좀 달랐다. 그들은 사실 기반 프로그램의 '진실성'을 내세우는 그녀의 주장을 받아들이지 않았을 뿐 아니라, 텔레비전 뉴스, 시사 프로그램, 다큐멘터리에 존재한다는 '객관성'과 '균형'이란 용어 자체에 반대했다. 이후 가넷은 "'허구'와 '사실'"은 "사실상 모든 프로그램에 함께 누벼져 있으며" BBC는 "위선적이고 논란의 여지가 있는 객관성을 가식적으로" 유지하는 수준에 겨우 머무르고 있다고 주장하기도 했다.[179] ■ 그는 또한 1965년부터 다큐멘터리국장을 맡아온 리처드 카우스턴Richard Cawston에게 "공정하고 균형 잡혀 있으며 책임감 있는" 다큐멘터리를 만드는 것은 "기득권 단체의 홍보팀이나 해야 할 일"이라고 비판했다.[180] 이런 측면에서 가넷은 자신이 로치나 다른 동료들과 함께 만드는 드라마가, BBC 프로그램의 '불균형'을 해소해 줄 수 있는 반대급부이자 그들이 사용하는 방법론의 '객관성'에 의문을 제기하는 작품으로 계속해서 남을 수 있기를 바랐다. 하지만 그런 노력은 〈캐시 컴 홈〉을 분열적인 작품으로 만들기도 했다. 그것은 홈리스의 입장을 전달하기 위해 다큐멘터리적 관습이 보장하는 '진실성'에 의지하는 한편, 다큐멘터리적 관습이 지닌 '권위'에 의문을 제기한 작품이었기 때문이다.

이렇듯 〈캐시 컴 홈〉이 야기한 '다큐멘터리 드라마'에 관한 논쟁은 처음에는 사실과 허구의 혼용, 그리고 그에 대한 시청자의 잠재적 반응을 둘러싼 문제처럼 보였으나, 나중에는 보다 일반적인 사회적, 정치적 맥락으로 확장됐다. 이는 왜 로치의 실험이 이전에 만들어진 '드라마화

■ 폴 페리스Paul Ferris와의 인터뷰에서 가넷은 이 주장을 더 강력하게 펼쳤다. "사실/허구 논쟁과 관련해 나와 웰던은 BBC가 매일 밤 내놓고 있는 뉴스야말로 가장 뛰어난 픽션이라고 본다. 그것은 시사국이 사실을 갖고 만든 거짓말이다. 그에 비하면 나는 픽션을 가지고 진실을 전달한다. 물론 그것은 절대적 진실이 아니라 상대적 진실이다." Paul Ferris, *Sir Huge: The Life of Huw Wheldon*, London: Michael Joseph, 1990, p.245.

된 다큐멘터리'들보다 더 문제적인 것으로 받아들여졌는지를 설명해 준다. 원래 드라마화된 다큐멘터리는, 시청자에게 사회 제도의 작동 방식을 설명해 주거나 사회적 문제에 대해 근심하는 자애로운 국가의 역할에 스스로를 동일시하면서 공공 정보나 교육에 관심을 쏟는 온정주의적 방송의 기풍 안에 자리를 잡았다.[181] 하지만 로치의 작품들은 기득권층에 치명적인 사회적, 정치적 동기나 공공 제도의 문제점을 동기로 삼았다. 〈캐시 컴 홈〉도 "대부분의 사람이 모르고 있는 영국"의 현실은 물론이고 중대한 사회 문제를 제대로 다루지 못하고 있는 공공 정책의 실패까지 보여 주고자 했다.[182] 결과적으로 이 드라마가 논쟁을 일으킨 이유는 이 작품의 형식적 특징 때문만이 아니라 이 드라마가 사회적, 정치적 목적을 위해 다큐멘터리 드라마를 사용한 방식 때문이기도 했다. 이는 〈캐시 컴 홈〉과 이후에 만들어진 텔레비전 드라마 사이의 관련성을 살펴봐도 알 수 있다. 예를 들어 평범한 사람들에게서 구한 다큐멘터리 소재를 허구적 캐릭터와 엮어낸 〈골든 비전〉은 아마도 로치의 모든 드라마 중 가장 관습에 역행적인 작품이라 할 수 있다. 하지만 축구 팬들에 대해 비교적 부드럽게 묘사한 덕분인지, 〈빅 플레임〉이나 〈랭크 앤 파일〉만큼 뜨거운 비평적 논쟁을 이끌어 내진 못했다. 또한 논쟁에 대한 지나친 강조는 그의 다큐멘터리 드라마에 사용된 다양한 기법을 제대로 살펴보지 못하게 했다. 〈인 투 마인즈〉의 경우가 그랬다. 〈인 투 마인즈〉는 언론으로부터 그저 "또 한 편의 그렇고 그런 다큐멘터리 드라마"란 소리를 들었지만 당시의 대부분의 비평가가 인정한 것보다 형식적으로 훨씬 더 복잡한 작품이었다.[183]

"한 사람의 광기가 실제로 의미하는 것": 〈인 투 마인즈〉

켄 로치에 따르면 〈인 투 마인즈〉(1967년 3월 1일 방영)는 "사실상 토니(가넷)의 프로젝트"였으며, 로치가 참여하기 전 몇 달 전부터 가넷이 먼저 준비하고 있었던 기획이 확실하다.[184]■ 각본은 데이비드 머서David Mercer가 이 작품에 기술 자문으로 참여했던 R. D. 랭R. D. Laing과 데이비드 쿠퍼David Cooper의 연구에 기초하여 쓴 것이다. 1950년대에 신경쇠약을 앓았던 경험이 있는 머서는 광기란 주제에 특히 관심이 많았으며, 그전에 만든 〈치료하기 좋은 환자A Suitable Case for Treatment〉(1962년 10월 21일 방영)라는 텔레비전 드라마로도 상당한 비평적 찬사를 받았다. 그는 〈치료하기 좋은 환자〉를 쓰기 전까지 랭의 연구에 대해 읽은 바가 없었지만, 거기서 광기를 사회적 규범에 대한 저항의 형태로 다룬 방식은 랭의 생각과도 확실히 닮아 있었다. 랭 또한 정신분열증을 자기 자신과 사회로부터 소외당한 "아웃사이더"가 "거짓 자아"를 만들어 내는 행위로 파악했다.[185] 하지만 〈치료하기 좋은 환자〉는 재기 넘치는 부조리주의 작품으로 〈전함 포템킨Battleship Potemkin〉(1925)이나 〈타잔Tarzan〉 시리즈에서 가져온 장면이나 꿈 시퀀스를 활용해 현실과 환상을 넘나들기도 했다. 그와 비교하면 〈인 투 마인즈〉는 기록적인 성격이 훨씬 짙은 침울한 톤의 드라마였다. 하지만 이 드라마도 객관적 관찰과 주관적 지각 사이를 넘나듦으로써 미켈란젤로 안토니오니Michelangelo Antonioni, 베리만, 레네 등 다큐멘터리의 관습을 뛰어넘었던 작가들의 현대 '예술 영화'로부터 받은 영향을 드러냈다. 로치의 작품 중

■ 사실 가넷은 처음에 로이 배터스비Roy Battersby를 감독으로 기용하려 했다.

〈청년의 일기〉에 사용된 주관적 시퀀스가 그런 면모를 보여 줬던 바 있다.

머서와 가넷은 특히 랭과 A. 에스터슨A. Esterson의 연구서 《온전한 정신, 광기, 가족Sanity, Madness and the Family》에 이끌렸다. 거기서 랭과 에스터슨은 정신분열증을 생화학적, 신경학적으로 설명하는 기존의 이론에 도전했다. 그들은 정신분열증이 개인의 "육체적" 현상인 동시에 의사소통의 패턴과 가족 "관계" 안에서 이루어지는 심리적 강화 과정의 산물이라 봤다.186■ 그리고 그런 주장을 여성 환자의 가족에 관한 일련의 사례 연구를 통해 발전시켰다. 그 사례 연구의 많은 부분은 가족 구성원을 상대로 실시한 인터뷰를 바탕으로 했다. 그러다 보니 여러모로 그 책은 인터뷰를 기초로 한 넬 던, 제러미 샌포드, 토니 파커의 소설과 비슷한 점이 많았고, 보다 전통적인 학술 연구물보다 드라마로 각색하기에도 적합해 보였다. 가넷과 머서는 처음에 그 책에 나오는 사례 중 하나를 각색하려고 생각해서, 가넷이 랭에게 녹음테이프의 원본을 요청하는 단계까지 갔다. 랭 역시 자신이 맡았던 한 환자의 부모에게 연락해 머서가 찾아가도 좋을지 허락을 구해 주기도 했다. 랭과 에스터슨이 쓴 책의 영향은 이 작품의 첫 번째 부분에 특히 잘 드러나 있다.■■ 이 장면은 정신질환을 앓

■ 랭이 보기에 구속적인 가족은 "구성원 모두가 집단성을 내면화하는 방식"을 통해 집단의 통일성을 획득한다. 이는 "그 뒤로 모든 개개인이 동정, 협박, 혜택, 죄책감, 고마움, 적나라한 폭력 등을 통해 다른 사람으로 하여금 계속 집단성의 내면화를 유지하도록 압박하는" 결과를 낳는다(Laing, 'Series and Nexus in the Family,' p.12). 하지만 정신분열증 환자에게 이 "내면화" 과정은 "정상적 자아"가 "존재론적 안정의 상실"과 "이질적 자아"에 압도당하는 과정을 수반한다.

■■ 기록에 따르면 《온전한 정신, 광기, 가족》이 이 드라마의 주된 소스였다고 하지만, 몇몇 사람들에 따르면 《분열된 자아The Divided Self》의 마지막에 나오는 "아이가 살해당했다고" 믿는 줄리란 환자에 관한 사례 연구('The Ghost of the Weed Garden: A Study of a Chronic Schizophrenic')와도 비슷한 점들이 많다고 한다.

고 있는 케이트 윈터(안나 크로퍼Anna Cropper)와 그녀의 부모, 여동생, 당시 남자 친구의 인터뷰로 이루어져 있으며, 그 인터뷰를 통해 윈터가 사람들 사이에 존재하는 감정, 부담, 긴장 등과 그런 것들이 케이트에게 미친 영향을 파악한다. 두 번째 파트는 케이트의 재입원, 의사와 간호사의 치료 방식, 점점 더 심해지는 케이트의 정신적 황폐화 과정을 다룬다. 이 부분은 《온전한 정신, 광기, 가족》보다 가족의 인터뷰에 더 많이 의지하고 있지만, 그럼에도 케이트의 '병'을 제대로 다루지 못하는 의료진의 실패를 보여 주는 방식에 있어 여전히 랭의 관점을 공유한다. 1964년 〈뉴 레프트 리뷰New Left Review〉에 실린 한 기사에서 랭은 가족이란 "사회적 하위 체제"의 작동 방식을 좀더 광범위한 정치적 맥락 안에서 바라보고자 한 바 있다. 그는 "정신분열증"이 진단 가능한 "질병"이 아니라 의료 제도, 더 폭넓게는 사회에 의해 붙여진 "꼬리표"일 뿐이라고 주장했다.

> 꼬리표가 붙은 사람은 환자의 역할만이 아니라 환자의 병력까지 부여받는다. …… 정신과 검사라고 하는 굴욕적인 절차를 치르고 나면 그는 '정신'병원이라는 전체주의적 시설에 갇혀 시민으로서의 자유를 모두 잃게 된다. 우리 사회의 다른 어디에서보다 그는 더 완벽하고 철저하게 인간의 지위를 박탈당한다.187■

〈인 투 마인즈〉가 기록하고자 하는 것도 바로 그런 '박탈'이란 비인간화 과정이었다. 그러기 위해 의료 제도가 케이트에게 정신분열증 환자

■ 이 분석문에서 랭은 《정신병원Asylums》(1961)에서 정신병원을 "전체주의적 제도"로 정의한 어빙 고프먼Erving Goffman에게 영향을 받았음이 틀림없다.

의 역할을 부과하고 강요하여 그녀로 하여금 끝내 싸움을 포기하고 스스로를 정신과 의사의 대학 강의용 전시 자료로 내어놓게 만드는 과정을 보여 주었다.

나중에 머서는 자신이 쓴 각본이 "스튜디오"에서 "배우와 세트"를 활용하여 촬영될 줄 알았다고 말했지만, 사실 가넷은 그런 방식을 고려조차 하지 않았다.[188] 그는 처음부터 이 작품이 "다큐멘터리 기법"을 사용해야 하며 머서의 "상상력과 드라마의 역량"은 "다큐멘터리적 정확성"에 "단단히 정박해" 있어야 한다고 주장했다.[189] 머서도 자신의 에이전트 페기 램지Peggy Ramsay와 의견을 주고받는 과정에서 이 작품이 "정통적인" 드라마보다 "일종의 드라마 다큐멘터리"로 보이길 바란다고 제안했다.[190] 이런 측면에서 이 드라마는 로치의 텔레비전 드라마 경력에서 필름으로의 완전한 이행을 점찍은 작품이다. 〈업 더 정션〉이나 〈캐시 컴 홈〉과 달리 모든 장면은 로케이션 촬영으로 이루어졌으며, 로치가 이맘때쯤극히 혐오하게 된 스튜디오 촬영 장면도 없었다.■ 그리고 전작들과 마찬가지로 기록 자료를 바탕으로 하였으며, 진정성을 강화하기 위해 다큐멘터리 촬영 기법을 차용했다. 그러나 이 작품만의 독창성은 인터뷰 촬영 기법에 있었다. 그것은 1965년 방영을 시작한 〈맨 얼라이브Man Alive〉 같

■ 이전 해에 켄 로치는 영화적 인서트와 스튜디오 녹화분을 뒤섞는 것은 "불연속적인 촬영과 연속적인 녹화"의 기본적인 양립 불가능성 때문에 "가망 없는 도전"이 될 수밖에 없다고 불평을 토로했다. 그리고 "장비의 변경"은 항상 "눈에 띄기 마련이"며 "양쪽 방법의 역학 차이"가 드러날 수밖에 없다고 설명했다. Kenneth Loach, "Film versus Tape in Television Drama," *Journal of the Society for Film and Television Arts*, No. 23, Spring 1966, p.12를 보라.

은 텔레비전 다큐멘터리 프로그램의 스타일을 빌려온 것이었다. 그 프로그램은 개인적인 경험과 동시대의 사회 문제에 대해 말하는 평범한 사람들의 인터뷰를 바탕으로 하여 감동적인 이야기를 전달했으며, 그러한 새로운 종류의 보도 형식을 개척한 것으로 명성을 얻었다. 예를 들면 1965년 말 방영한 미혼모 문제를 다룬 "러브 미 앤 리브 미*Love Me and Leave Me*" 편이 그랬다. 가족 구성원들이 자신의 곤경에 대해 카메라에 대고 말하는 걸 보여 주는 방식을 통해 〈인 투 마인즈〉가 환기시키려 했던 것도 바로 그런 프로그램이 보여 준 친밀한 스타일의 인터뷰였음이 틀림없다. 하지만 이 드라마에서는 인터뷰하는 사람이 텔레비전 기자가 아니라 정신과 의사(혹은 R. D. 랭의 대리인)다. 그는 이 드라마의 초반부에 나오는 보이스오버에서 자신이 정신분열증 환자의 가족에 관한 연구를 하고 있다고 밝힌다. 그렇다고 이 작품이 전적으로 동시대 텔레비전 다큐멘터리의 문법에만 기대고 있는 것은 아니다. 도입부와 케이트의 입원 장면에 들어 있는 의사의 짧은 설명을 제외하면, 이 작품은 눈앞에 보이고 들리는 장면에 대해 설명하는 해설적인 보이스오버를 기피한다. 더 놀라운 것은 의사도 항상 외화면에만 존재하며 그가 질문하는 목소리를 통해서만 그의 존재를 알 수 있다는 점이다. 따라서 관습적인 다큐멘터리와 달리 질문자와 답변자를 연결시켜 주는 오버 더 숄더 숏*over-the-shoulder shot*도 없고, 질문자의 질문하는 모습이나 상대방의 답변에 대한 그의 반응(끄덕임)을 보여 주는 리버스 숏도 없다.

이는 〈업 더 정션〉에서 배리가 화면에 보이지 않는 누군가를 상대로 계속 말을 하는 할부 판매원 시퀀스가 그랬던 것과 마찬가지로 불안감을 유발한다. 원래 각본에는 의사가 "카메라의 목소리"를 제공할 뿐, 극중 캐릭터들은 마치 카메라로부터 "질문을 받는 것처럼" 돼 있었다.[191]■

이런 이상한 표현 방식은 완성된 화면이 다소 양가적으로 느껴지도록 한다. 거기에는 다큐멘터리적 외양이 지닌 객관성과 사건을 서술하는 의사의 주관성이 동시에 담겨 있다. 그래서 카메라의 시점이 중립적 관찰자의 시점처럼 보일 때도 있고(가상의 다큐멘터리 스태프가 답변자 쪽에 좀더 가까이 위치한다), 화면에 보이지 않는 의사의 시점을 좀더 적극적으로 반영한 것처럼 보일 때도 있다(카메라가 의사의 목소리는 물론 시선까지 대리함을 암시한다). 공간적 배치를 통해 만들어진 이런 장면이 주는 주관성의 느낌은 여러 이미지의 스타일상의 특징을 통해 더욱 강화됐다. 이 작품은 텔레비전 인터뷰에서는 편파적이라고 여겨질 만한 여러 "표현주의적" 기법(익스트림 클로즈업extreme close-up, 카메라의 운동, 하이 앵글과 로 앵글 등)을 사용했다.■■ 한 예로 카메라가 윈터 부인(헬렌 부스Helen Booth)의 별로 아름답지 못한 클로즈업을 향해 줌 인하는 장면을 들 수 있다. 캐릭터에 지나치게 밀착한 카메라와 이미지의 가장자리를 잘라낸 프레임을 통해 캐릭터의 이목구비를 과장되게 보여 주는 이런 방식은, 의사의 시점에서 관찰한 것을 객관적으로 전달하는 수준에서 더 나아가 의사가, 그리고 이 작품이 어떻게 그녀를 주관적으로 해석하고 있는지 보여 준다.

■   완성된 작품은 출판된 버전의 각본과 여러모로 비슷한 점이 많긴 해도 그와 상당한 차이가 난다.

■■   이런 면에서 이 영화가 줌을 활용한 방식은 매우 중요하다. 그것은 다큐멘터리에서 빌려온 방법처럼 보이기도 하지만, 로빈 우드Robin Wood가 지적한 것처럼 "공간을 융해시키고 물리적 현실에 대한 우리의 감각을 약화"시킬 수 있는 잠재력 또한 갖고 있다. *Hollywood from Vietnam to Reagan*, New York: Columbia University Press, 1986, p.35를 보라. 〈인 투 마인즈〉에서 카메라가 등장 인물의 시선에 일치돼 있다는 점을 고려하면 줌의 사용은 공간의 "주관화"를 강화하기 위한 것이다.

〈인 투 마인즈〉에서 윈터 부인(헬렌 부스)의 인터뷰 장면

객관적인 시점과 주관적인 시점 사이를 넘나드는 방식과 그 둘 사이의 경계를 흐릿하게 만드는 연출 방식은 중반부에 이르러 한발 더 나아간다. 의사가 케이트의 재입원으로 인해 더 이상 인터뷰를 할 수 없다고 선언하는 장면에서다. 이 교차점에서 카메라는 의사와 맺고 있던 관계를 갑작스러울 정도로 완전히 끊어 버리고 케이트에게로 넘어간다. 의사의 선언 직후, 화면에는 병원 복도를 걸어가는 케이트의 부모가 보인다. 그리고 그들은 뒤를 돌아 카메라를 보면서 말하는데, 이를 통해 이 장면이 케이트의 시점을 반영한 것임이 드러난다. 사운드트랙도 케이트의 속마음을 들려준다. 윈터가 사람들이 복도를 걸어가는 동안 카메라가 팬을 하여 흰 벽 위 케이트의 손을 비추기도 한다. 카메라와 케이트의 이런 연결 상태는 이어지는 장면(예를 들면 간호사가 외화면에 있는 케이트에게 말을 거는 장면)에서도 계속된다. 하지만 한편 카메라 앞에 있는 그녀를 보여 주는 장면들은 이런 카메라의 시점이 단순이 그녀의 시점(의 근사치)에 한정된 것만은 아니며 주관적 양식과 객관적 양식을 오가고 있음을 의미한다.

어떤 경우에는 한 숏 안에서 시점의 변화가 이루어지기도 한다. 예를 들면 병원 장면 중 처음에 카메라 앞에 있던 케이트가 엄마에게 이별의 키스를 한 뒤 프레임 밖으로 사라지는 장면이 있다. 카메라는 간호사와 이야기를 나누는 그녀의 부모를 잡고 있다가 갑자기 케이트 쪽으로 빠르게 팬을 한 뒤, 문을 통과하여 침대에 몸을 던지며 베개에 얼굴을 파묻는 케이트의 시점 숏으로 바뀐다. 마지막에 그녀가 베개에 얼굴을 파묻을 때 화면은 흰색이 된다. 그런가 하면 다른 장면에서는 화면 구성이나 편집 기법과의 결합을 통해 주관적 시점과 객관적 시점 사이의 변화가 훨씬 복잡하게 이루어지기도 한다. 이는 정신과 의사와 의료진이 케이트를 인터뷰하는 시퀀스를 통해 드러난다. 케이트의 대답이 일관성을 잃어

'객관적' 리얼리티와 '주관적' 지각 사이의 경계를 허물다: 〈인 투 마인즈〉

감에 따라 카메라는 그녀의 얼굴을 좀더 타이트하게 잡고, 사운드트랙도 실제로 벌어지고 있는 대화가 아니라 그녀의 속마음을 들려준다. 케이트의 보이스오버는 그녀의 시점에서 바라본 정신과 의사와 의료진의 익스트림 클로즈업 숏들과 결합하여 그녀의 소외감을 전달하기도 한다. 그런 뒤 객관적 시점으로의 전환을 알리듯, 카메라는 케이트의 등 뒤에서 줌아웃하여 그녀가 의사들과 대화하는 모습을 보여 준다. 다시 그녀의 속마음("소리 지른 게 언제지?")을 들려주는 사운드트랙은 플래시백의 동기를 제공하고, 그 플래시백에서 그녀는 부모와 섹스에 관해 언쟁을 벌이다 결국 아버지에게 맞는다.■ 그런 뒤 드라마는 병원 인터뷰로 돌아간다. 그런데 케이트의 플래시백이 '주관적'인 것인지에 대해선 구체적인 표시가 없는 반면, '객관적' 세계로 돌아가는 과정에는 정신적 환각을 연상시키는 일종의 양식화가 동반된다. 이를테면 케이트는 정신과 의사와 젊은 여의사의 뒤에 놓인 카메라에 의해 찍혀 있다. 그러나 과장된 시점 숏을 사용하여 황량한 흰 벽을 배경으로 케이트를 보여 주는 이 장면은, 그들의 대

■   비록 이 장면은 오로지 플래시백으로 해석될 수밖에 없지만 작품 초반에 나오는 몇 장면에 대해서는 어느 정도 시간적 불확정성도 존재한다. 예를 들어 첫 번째 파트에서 카페 밖에 있는 케이트의 숏들과 그녀가 쇼핑하는 모습이 담긴 숏들은 정신과 의사의 인터뷰 장면과 함께 편집된다. 그 이미지들은 케이트가 무슨 말을 하고 있는지 직접적으로 보여 주지 않으며 그래서 그 장면들은 케이트가 인터뷰를 하는 동안 어떤 행동을 보였는지에 관한 예시를 제공하는 것인지(텔레비전 다큐멘터리라면 이 경우에 해당할 것이다) 인터뷰 이전에 벌어진 사건들에 대한 플래시백인지가 모호하다. 이 불확정성은 부분적으로는 이 드라마를 좀더 확장시키고 인터뷰의 흐름을 끊어 주는 짧은 장면들(머서의 원래 각본에는 등장하지 않는 장면들)을 더 넣고 싶었던 로치의 욕망에서 비롯된 결과로 보인다. 뒤에 나오는 다른 장에서 지적한 바처럼 이 드라마를 리메이크한 〈가족 생활〉(1971)은 여전히 플래시백을 사용하기 하지만 사건의 순서를 훨씬 이해하기 쉽게 해놓았다.

화를 기록한다기보다 그 대화에 대한 케이트의 주관적 버전을 제공한다. 그리고 케이트가 경험하고 있는 모욕감이나 통제력의 상실을 강조한다. 그녀가 화면 안에 등장하고 있으며 그 화면이 그녀의 시점과 불일치함에도 그러하다.

객관적 현실과 주관적 지각 간 경계의 이런 붕괴 현상은 몽타주의 사용 방식을 통해서도 드러난다. 작품의 마지막 부분에 이르러 케이트의 부모가 병문안을 다녀간 다음, 케이트의 어머니와 아버지(조지 쿠퍼George Cooper)가 하는 말을 차례대로 들려주는 사운드트랙이 들리는 가운데 화면은 케이트의 클로즈업에서 다른 환자들의 숏으로 넘어간다. 〈업 더 정션〉과 〈캐시 컴 홈〉에서 개인의 조건을 일반화해 보여 줬던 여러 몽타주처럼, 이 시퀀스도 케이트의 경험을 아마도 그녀와 비슷한 상황에 있을 것으로 짐작되는 다른 환자들의 경험과 동화시킨다. 하지만 전작의 사례들이 폭넓은 사회학적 성격을 지녔던 것과는 대조적으로, 이 시퀀스는 주인공의 내면 상태에 대한 외면적 표현으로 작용한다. 케이트가 어떻게 자신에 대한 부모의 부정적인 견해를 내면화하게 되었는지, 나쁜 케이트의 존재를 인정하게 되었는지 보여 주는 것이다. 그러므로 이 작품은 여전히 캐릭터의 정신적 몰락을 사회적, 환경적 요인과 관련지어 설명하고자 한 동시에 주관적 기법을 사용해 내면의 정서 상태를 표현해 내고 있으며 그 점에 있어서는 로치의 다른 작품보다 훨씬 멀리 나아갔다고 말할 수 있다. 이런 맥락에서 이 작품은 텔레비전 다큐멘터리만큼이나 전통적인 유럽 예술 영화(분절된 내러티브, 괴로워하는 주인공, 스타일에 대한 자의식)에서도 많은 것을 빌려왔다.[192] 직접적으로 눈에 보이지 않는 인물의 주관적 상태를 표현하기 위해 이런 기법을 사용함으로써 외부의 현실을 관찰하는 수준에 한정돼 있는 다큐멘터리 양식의 한계를 효과적으로 드러내

보인 것이다.■

이런 형식적 급진주의를 고려한다면 〈인 투 마인즈〉가 단순히 다큐멘터리를 따라한 작품으로만 해석되었다는 사실은 놀라울 정도다. BBC가 조사한 시청자 중 일부도 내러티브의 "단편성"이나 "정체불명의 목소리"와 "익스트림 클로즈업"의 사용 방식에 대해 불만을 표했다고 한다.[193] 하지만 대부분의 비평가는 그런 특징을 무시했으며, 드라마에 다큐멘터리적 장치를 도입한 점이나 그런 방법이 순진한 시청자에게 미칠 수 있는 잠재적 영향력의 측면에서만 이 작품을 논하려고 했다. 이는 또한 이 드라마에 관한 논의가 주로 사실적 정확성을 따지는 것이었음을 의미한다. 방영 당일 저녁, 〈심야 라인업Late Night Line-up〉은 이 프로그램에 관해 토론을 벌였는데, 그 자리에 나온 런던 세인트 토머스 병원 정신과 의사 윌리엄 사전트 William Sargant는 주인공의 증상이 정신분열증 증상과 일치하는지와 관련해 의문을 표했다. 그는 방송 출연에 이어 〈더 타임스〉에 쓴 글에서도 케이트의 캐릭터가 "전형적인 정신분열증이라 보기 어렵"고 "정신병원의 환경이 모두 드라마 속에 나오는 것과 같진 않다"고 주장했다.[194]■■ 이런 의문은 이후 이어진 논의의 방향을 결정지었을 뿐만 아니라 이 작품의 비평적 평가를 특징짓는 환원주의적 경향을 강화하는 데도 한몫했다. 또 이 작품이 정신분열증이란 꼬리표 자체에 대해 질문을 던짐으로써 보다 포괄적인

■　이 작품에 새겨져 있는 자기 반영성은 액자 구조의 사용을 통해 한층 더 강화된다. 머서의 초안에는 이 드라마가 케이트에 관한 것이며 그 저자는 케이트의 낙태아의 아버지임이 훨씬 분명하게 드러나 있다.

■■　윌리엄 사전트는 유명한 심리 치료 반대론자로 정신의학적 치료에 있어 그가 1940년대에 처음 시행한 전기충격요법(ECT)을 비롯해 물리적 치료법을 지지했다.

형태의 사회적 분석과 비평을 행하고자 했다는 사실을 알아보기 어렵게 만들었다. 이런 이유 때문에 머서는 사전트에게 편지를 보내 그가 〈심야 라인업〉에서 케이트를 "할러웨이 교도소"에나 가게 될 "팔자"의 "히스테릭한 사이코패스"로 묘사한 점에 대해 거세게 비난했을 뿐만 아니라 그의 그런 비판이 요점을 벗어난 것이라고 반박했다. 그리고 이 작품은 정신분열증 환자를 다룬 게 아니라 "한 인간의 광기가 실제로 의미하는 것을 제외한 나머지만 다루고" 있는 "정신의학적 이데올로기"에 의해 "정신분열증 환자로 규정당한 인물"을 다룬 것이라 설명했다.[195] 나아가 그는 이 드라마가 미칠 악영향에 대해 불만을 토로해 온 또 다른 정신과 의사(M. 워드 M. Ward 박사)의 편지에 로치 대신 답장을 보내면서 이런 논의를 더욱 발전시키기도 했다. 머서가 보기에 중요한 것은 진단명의 "꼬리표" 자체가 아니라 "가족이란 미시적 사회"와 그보다 더 광범위한 "거시적 사회"와의 연관성 속에서 환자의 상태가 갖는 "의미"였다.[196] 그래서 로치, 가넷, 머서에게는 이 작품이 기록된 증거에 바탕하고 있다는 사실이 중요했으며, 이 드라마의 진정한 힘은 보다 보편적인 사회적 갈등을 정확히 짚어 냈다는 점에 있었다. 이런 측면에서 케이트가 결국 신경쇠약 증세를 보이기 직전, 그녀가 자신을 혼전 성관계나 일삼는 문란한 여자라 여기는 부모와 언쟁을 벌이는 플래시백 장면이 나온다는 점은 매우 중요하다. 그녀의 부모는 그녀의 증세가 주로 그녀의 성생활에서 비롯된 것이라고 여기는 동시에 그것을 자신들의 도덕적 기준에 대한 모욕적 행위로 받아들인다. 이런 섹슈얼리티에 대한 감시는 병원에서도 이루어지며, 이는 케이트와 폴(조지 이네스George Innes)의 만남에 대해 간호사가 보이는 반응을 통해서도 드러난다. 이런 관점에서 케이트의 이야기는 사회 전반에 널리 퍼져 있는 개인주의와 사회 규범의 대립, 관용과 전통적 '도덕'의 대립을 상징한다. 그러므

사회 통제 권력의 승리: 〈인 투 마인즈〉의 엔딩

로 케이트가 결국 수동적 자세를 취하며 스스로를 낮추는 모습은 의료적 실패만이 아니라 사회적 억압과 통제의 승리를 나타내는 것이기도 하다. 그러므로 전작 〈캐시 컴 홈〉과 마찬가지로 〈인 투 마인즈〉도 무고한 여성이 억압적인 사회적 압력과 제도(부르주아적 도덕성, 가족, 의료 제도)의 희생양으로 전락하는 내용의 "저항의 멜로드라마"로 읽을 수 있다.■ 실제로 정신과 의사와 의료진의 뒤에서 촬영한 케이트의 숏은 〈캐시 컴 홈〉의 한 비슷한 장면, 즉 캐시가 컴버미어 주택의 관리인과 그의 동료들에게 심문을 당하며 사회적 무력감을 경험하는 바로 그 장면을 강하게 연상시킨다. 그러므로 〈인 투 마인즈〉는 한편으론 정신질환에 초점을 맞춘 드라마이기도 하지만, 다른 한편으론 지배적인 사회 질서의 유지에 필요하다고 하는 규범성과 순응성을 비판하는, 일종의 사회적 알레고리의 성격을 지니고 있기도 하다. 5장에서 논의하겠지만, 이런 가설은 이 드라마를 영화로 리메이크한 〈가족 생활〉에서 더욱 선명한 주제 의식으로 발전한다.

"텔레비전 영화의 새로운 형식": 〈골든 비전〉

로치의 다음 텔레비전 드라마는 그 작품의 장난스런 판타지 요소를 감안하고 보더라도 〈인 투 마인즈〉와 매우 다른 종류의 드라마이다. 〈인 투

■ 엘리자베스 윌슨Elizabeth Wilson은 여성주의적 사상의 출현에 랭이 미친 영향에 대해 논하면서 "10대 반항아"를 가족에게 억압받는 존재로 본 그의 정신분열증 논의가 "환자란 개념을 '희생양으로서의 영웅'으로 발전시켰다"고 주장했다. *Only Halfway to Paradise: Women in Postwar Britain: 1945–1968*, London: Tavistock, 1980, p.119를 보라.

마인즈〉가 내면적 정신 상태를 검토하기 위해 예술 영화의 내레이션 기법을 차용했다면, 〈골든 비전〉(1968년 4월 17일 방영)은 어떤 전작보다도 훨씬 단호하게 다큐멘터리를 지향한다. 1969년에 한 어느 인터뷰에서 당시 BBC 다큐멘터리국장 리처드 카우스턴은 〈캐시 컴 홈〉이 시청자들에게 "배우들의 연기가 아니라 실제 사람들이 나오는" 드라마라는 "오해를 불러일으킬" 수 있다는 점에 대해 우려한 바 있다.[197] 앞에서 살펴본 것처럼, 비록 로치가 새로운 형식의 관찰자적 다큐멘터리에서 여러 기법을 빌려왔으며 '실제 사람들'을 엑스트라나 외화면 보이스오버의 화자로 기용했던 것은 맞지만, 그의 드라마는, 적어도 지금까지는, 전문 배우의 연기를 기반으로 하여 만들어졌다. 그 점은 다큐멘터리 드라마를 방어하기 위해 흔히 사용돼 온 변명이기도 했다. 가넷도 나중에 이렇게 말한 바 있다. "우리 드라마에는 작가 크레딧도 있었고 배우 크레딧도 있었다. 크레딧 화면에도 나왔고 〈라디오 타임스〉를 통해서도 확인할 수 있었다. 시청자도 이게 픽션임을 알았다."[198]■ 그러므로 〈골든 비전〉이 특별한 작품이 될 수 있었던 이유는 단순히 허구적인 맥락에서 다큐멘터리 기법을 모방했기 때문이 아니라 실제 사람들을 촬영한 '진짜' 다큐멘터리 재료를 허구적 캐릭터와 상황 속에 집어넣었기 때문이었다. 로치의 작품이 끊임없이 다큐멘터리 드라마에 관한 논쟁에 시달려 온 점을 감안하고 봤을 때 〈골든 비전〉은 다큐멘터리 푸티지를 관습적인 방식 그대로 사용했

■ BBC 프로그램 〈아레나*Arena*〉의 "드라마가 드라마가 아닐 때는 언제인가?*When Is a Play Not a Play?*"(1978년 4월 17일 방영) 편에서 앨런 클라크Alan Clarke 감독은 근본적인 의미에서 같은 지적을 했다. "다큐멘터리는 사람들이 자기 자신을 연기하는 것이다. …… 드라마는 배우들이 돈을 받고 다른 사람을 연기하는 것이다."

다는 점에서 더욱 예외적인 작품이었다. 이런 이유로 인해 켄 로치의 이전 작품들에 대해 충분히 잘 알고 있었던 비평가 스탠리 레이놀즈Stanley Reynolds조차 이 작품을 "새로운 형식의 텔레비전 영화"라고 주장하고 말았다.[199]

이 작품의 각본은 이전에 로치의 드라마에 몇 번 출연한 적도 있는 리버풀 출신 배우 네빌 스미스Neville Smith가 방송인이자 각본가인 고든 허니콤Gordon Honeycombe의 도움을 받아 쓴 것이다. 맨체스터 시티, 아스날, 셰필드 유나이티드 상대로 한 세 번의 에버튼 FC 경기를 중심으로 진행되는 이야기는 허구적으로 설정된 몇몇 헌신적인 에버튼 축구팬들의 삶을 2주 동안 뒤쫓는다. 그러나 드라마는 팬들의 활동을 보여 주는 수준에 머무르지 않고 에버튼 팀이 훈련하는 모습이나 경기하는 모습, 팀 전략을 짜는 모습, 선수나 관계자가 인터뷰하는 모습 등을 담은 다큐멘터리 푸티지까지 사용한다. 구디슨 파크나 하이버리에서 열린 실제 경기 장면에도, 드라마를 위해 특별히 촬영한 장면은 물론 BBC 스포츠 채널에서 촬영한 영상까지 사용됐다. 이렇게 많은 다큐멘터리 푸티지를 사용한 점을 감안하면 이 작품이 픽션 부분에도 다큐멘터리의 아우라를 부여하기 위해 노력을 들인 점이 별로 놀랍지 않다. 로치의 이전 작품에서와 마찬가지로 많은 신(술집 신이나 집안 신)은 다큐멘터리의 특징을 연상시키는 느슨한 극적 구조, 평범하고 심지어는 잘 들리지 않는 대사, 우연적인 카메라워크에 상당 부분 의존하고 있다. 다른 장면에서는 한발 더 나아가 배우를 실제 상황 속에 집어넣음으로써 다큐멘터리와 픽션의 경계를 녹여 버리기도 한다. 예컨대 배우들이 실제 관중의 일부분이 되어 실제 경기를 관람하는 장면을 들 수 있다. 유스턴 역에서 브라이언(조이 카예)이 방금 런던에 도착하여 "우리가 구디슨 갱"이란 응원가를 불러대고 있

〈골든 비전〉에서 관중 속에 섞여 에버튼 FC 경기를 관람하는 배우들

는 실제 에버튼 서포터즈 무리 속에 끼어들어가 연기한 장면도 마찬가지다. 이런 예시들에서 다큐멘터리적 요소와 픽션의 요소를 정확히 구분해 내기란 대단히 어려우며, 이 작품 전체의 특징도 바로 그런 두 가지 요소가 서로 뒤엉켜 있다는 점에 있다.

이런 점에서 한 가지 중요한 전략은 몽타주와 오버랩 사운드 *overlapping sound*의 사용이다. 그것들은 실제 에버튼 관계자들과 픽션을 연결하기 위한 방법으로 사용된다. 이 작품에서 핵심 인물 중 하나는 알렉스 영Alex Young이다. 그는 에버튼 FC에서 센터포워드를 맡은 스코틀랜드 출신 선수로, 허구적으로 창조된 그의 팬 조 호리건(켄 존스)이 '골든 비전'이라 부르는 인물이다. 축구팀이 훈련 받는 모습을 담은 푸티지와 트레이너 윌프 딕슨Wilf Dixon의 코멘트 다음에 나오는 장면은 영의 바스트 숏과 그의 부인과 딸의 숏을 교차시키며 그가 가족과 함께 자신의 선수 생활에 대해 이야기하는 모습을 보여 준다. 그가 계속 말을 하고 있는 와중에 화면은 그가 집을 떠나는 장면, 차를 몰고 딸을 데리러 학교에 가는 장면으로 바뀐다. 실제 축구 선수를 촬영한 이 장면은 곧 허구의 주인공들(조, 존, 브라이언, 시드, 빈스)이 각자의 직장에서 일하는 장면으로 이어진다. 그 직장들은 던롭고무회사처럼 실제로 존재하는 회사지만 이 작품에서는 허구적 배경으로 사용된다. 그 앞에 나왔던 한 시퀀스에서도 일하고 있는 주인공들의 모습이 나오는데, 그 뒤로 각자의 직업과 그에 대한 생각을 전달하는 남자들의 목소리가 들린다. 물론 이들은 허구적 상황 속에 놓인 허구적 인물들이다. 하지만 다큐멘터리적인 보이스오버의 사용은 그런 장면들에 리얼리티의 아우라를 부여할 뿐만 아니라, 꾸며낸 드라마와 실제 다큐멘터리 장면을 연결시킴으로써 그 둘을 일종의 등가관계로 만든다. 이렇게 다큐멘터리적인 것과 픽션적인 것을 비슷하게 녹여 내는 방식은 가공의 인물인 시드(조니 지)가 나오는 영상 위에 에버튼 FC 감독 존 무어스John Moores의 목소리를 덧입힌 장면에서도 똑같이 발견된다. 이는 또 에버튼 관계자(무어스, 회장 잭 샤프Jack Sharp, 매니저 해리 캐터릭Harry Catterick, 영)의 인터뷰 영상을 존(빌 딘), 조, 시드가 구단에 대해 이야기하는 픽션 푸티지와 교차시킨 몽타주 신으로 이어진다. 시드의 푸티지 위로 영이 하는 말이 계속 들리는 장면처럼, 오버랩 사운드를 좀더 많이 사용한 장면도 있다. 앞서 나온 몽타주에서와 마찬가지로 다큐멘터리적인 것과 픽션적인 것은 서로 뒤엉켜 있으며 둘 사이의 경계는 점점 모호해진다.

이런 장치는 새로 만들어 낸 장면의 진정성을 보증하기 위한 것처럼 보이는 한편 다른 논점을 설명해 주는 역할도 한다. 드라마는 노동 계급 서포터즈들에게 축구가 얼마나 중요한 것인지를 대단히 노골적인 수준으로 보여 준다. 그들의 삶에서 축구가 갖는 중요성에 비하면 인생의 가장 중요한 사건들, 생일, 결혼, 죽음 같은 것은 부차적인 것에 불과할 정도다. 빈스(네빌 스미스)는 아스널과의 경기를 보러 축구장에 가느라 아들이 태어나는 순간을 놓치고, 시드도 다른 경기를 보러 가기 위해 신랑 들러리의 의무인 축사를 대충 끝내 버리며, 자신이 죽으면 재를 구디슨 파크에 뿌려 달라고 했던 헤이건(새미 샤플리스Sammy Sharples)도 바람을 이루진 못하지만 대신 관 속에 안치된 채 구장을 한 바퀴 돌게 된다. 이런 식이다 보니 한 사람의 인생을 장식해 주는 중요한 예식을 담당하는 종교의 역할을 축구가 대신하는 것처럼 느껴지며, 그 지역 교구의 신부가 조니의 집을 찾아가 그의 출석률을 조사하는 장면이 나오는 것도 우연이 아니다.

하지만 이 드라마는 축구가 불러일으키는 열광과 열정의 느낌을 전달하려는 한편 단순히 축구를 노동 계급 문화의 진정한 표현 양식으로

판타지로의 전환: 〈골든 비전〉에서 골 기회를 잡은 조(켄 존스)

찬양하는 일은 피하고자 한다. 전통적인 마르크스주의가 종교를 '인민의 아편'으로 간주했던 것과 마찬가지로, 이 드라마 역시 경제적 불이익과 기회의 박탈에 시달리는 남자들에게 축구가 제공하는 보상적 기능에 대해 의식하고 있다. 주인공들의 보이스오버를 통해 밝혀지듯, 그들은 모두 저학력자이며 장래성이 없는 직장에서 권한도 별로 없는 직급에 있다. 그래서 시드를 나무라는 공장 감독관의 숏 너머로 "직장에서 당신을 감시하는 상관"에 대해 설명하는 무어스의 목소리가 들리는 것은 의미심장하다. 축구가 사람들로 하여금 "인종 폭동이나 정치적 폭동"보다 나은 방법으로 "분풀이를 할 수 있도록" 해준다고 말하는 것도 바로 그다. 고참 헤이건이 1920년대 런던에서 있었던 기아 행진을 언급하긴 하지만, 이 드라마는 사람들로 하여금 직장이나 가정에서 얻은 사회적 불만을 환상이나 정치적으로 무해한 통로를 통해 배출할 수 있도록 하는 축구의 비정치화 기능에 대해 주목한다. 그러므로 에버튼 서포터즈들이 시민권에 관한 노래 〈우리는 물러서지 않는다We Shall Not Be Moved〉를 가져와 서포터즈 공식 주제가로 사용한 것도 우연은 아닐 것이다. 다큐멘터리적 외양에 천착한 이 드라마는 반대로 코믹한 효과를 위해 다큐멘터리적 관습과 단절하기도 한다. 한때 로치도 참여한 적이 있는 〈Z 카〉의 테마곡이자 이후 에버튼 공식 주제가가 된 노래는 에버튼 서포터즈가 등장하는 두 장면에 사용되는데, 그중 하나는 에버튼 코트를 입고 에버튼 리본을 단 개를 보여 주는 장면이다. 동네에서 공을 차고 있는 한 소년의 모습 너머로 실제 축구 경기 중계 해설이 들려오는 장면도 있고, 이 드라마의 마지막 장면에서 조가 에버튼의 교체 선수로 선발돼 골을 넣는 꿈을 꾸기도 한다. 이런 식으로 코미디적인 장치는 주인공들의 소망과 그들이 처한 상황의 가혹한 현실 사이의 간극을 강조할 뿐만 아니라 축구에 식민화된 상상력이 만들어 낸 판타지 혹은 허위의식도 엿보게 한다.

또한 드라마는 축구도 자본주의적 기업의 한 형태로 보아야 하며 축구 선수의 연봉이 비교적 낮았던 시대에 축구 선수의 지위가 노동자의 그것과 별다르지 않았음을 지적한다.■ 그래서 축구 선수들은 그들의 계약 조건과 고용 보장 문제에 대해 이야기하는 반면, 무어스나 샤프의 인터뷰는 구단의 사업 분야(투자액과 보유 재산 등)에 할애된다. 영도 프로 축구 선수가 되지 않았더라면 "임대 주택에 사는 광부"가 됐을 "평범한 노동 계급 가족"의 일원으로 등장한다. 단조롭고 따분한 직장에 관해 이야기하는 주인공들의 보이스오버와 영의 코멘트의 결합은 이런 두 부류의 노동자 사이의 유사성을 드러낸다. 이런 유사성은 월요일 아침에 다시 출근길에 나선 주인공들의 숏과 이윤과 투자액에 대해 걱정하는 에버튼 상사들의 코멘트를 대조시킨 장면을 통해 더욱 강조된다. 그래서 비평가 T. C. 워슬리는 이 드라마가 〈업 더 정션〉과 〈캐시 컴 홈〉에 존재했던 "프로파간다"적인 측면을 떨쳐 버렸다고 보았지만, 실제 이 드라마는 계급 기반 사회에서 축구가 행하는 역할에 대한 분석의 기초를 제공했다.[200] 이런 부분이 왜 생각보다 분명히 드러나지 않았는가는 제작 과정에서 발생한 몇 가지 문제들을 통해 설명될 수 있다.

■ 아서 마릭Arthur Marwick에 따르면 축구계에서 시행된 최고 임금제는 "축구를 사실상 노동 계급 직종"으로 만들었다. 그는 1961년 최고 임금제 폐지와 1963년 '빅토리아 시대의 주종主從 이적 체계'의 폐지로 인해 "최고로 실력 있는 선수들"이 "스펙터클의 사회에서 높은 보수를 받는 다른 엔터테이너들"과 같은 대우를 받게 됐다고 주장했지만, 실제로 이런 변화는 그가 설명한 것보다 더디게 이루어졌고 협소한 범위에 한해서만 이루어졌다. *The Sixties: Cultural Revolution in Britain, France, Italy and the United States*, c. 1958 - c. 1974, Oxford: Oxford University Press, 1998, p.478을 보라.

에버튼이 촬영을 허가했음에도 불구하고 가넷과 로치는 여전히 실제 촬영 때 많은 제약을 받았고 애초에 계획한 장면을 모두 포기해야 했다. 그 결과 촬영 전 대본에 있었던 많은 장면, 특히 구단 경영의 경제학에 대해 다룬 장면은 최종 버전에서 모두 빠졌다. 무단 결근에 대한 처벌, 선수들의 실적 평가, 물건이나 다름없이 다루어지는 선수들의 가격 책정 장면도 모두 삭제됐다. 더군다나 제작진은 편집권과 관련해 명확한 합의에 도달하지 못한 채 촬영을 시작했다. 이는 인터뷰 사용과 관련해 구단과의 분쟁으로 이어졌으며, 최종적으로 BBC가 에버튼 선수들에 관계된 몇몇 장면을 덜어내기로 하며 사태가 마무리됐다. 구단은 구단의 명성에 치명적인 손상을 입힐 가능성이 있는 장면들을 삭제하는 데 열을 올렸는데, 이렇게 해서 잘린 장면 중 선수들이 자신의 계약 조건에 대해 불만을 나타내는 장면이 얼마나 많았는지를 보면 놀랄 정도다. 알렉스 영도 미리 허가를 얻지 않으면 스코틀랜드의 고향 집에 갈 수 없도록 되어 있는 조건, 언론을 상대했다는 이유로 벌금을 받은 사실 등에 대해 불만을 드러냈다. 수비수 레이 윌슨Ray Wilson은 한발 더 나아가 구단이 선수들을 이처럼 취급하고 있으며, 축구 선수들이 "석탄 광부나 항만 노동자도 견디지 못할" 조건 속에 일하고 있다고 주장했다.[201] 선수들이 느끼는 이런 축구에 대한 환멸은 최종 버전까지 살아남았지만, 거기에 맥락을 부여해 줄 수 있는 다른 요소의 부족은 그 정치적 의미를 약화시켰다. 결국 〈골든 비전〉은 축구 선수를 착취당하는 노동자로 그려 내는 데 끝내 성공하지 못했지만, 항만 노동자에 대해 노골적인 관심을 드러내 보인 로치의 다음 텔레비전 작품은 전혀 그렇지 않았으며 다큐멘터리 드라마가 좀더 노골적으로 정치적 성향을 드러내기 시작한 점과 관련해 논쟁을 불러왔다. 이제까지 살펴본 것처럼 〈골든 비전〉은 로치의 작품 중 다큐멘터리와 드라마의 경계를 가장 효과적으로 무너뜨린 작품이었다. 하지만 이 작품은 "가볍"고 "오락적"이라는 평가를 받았기 때문에 BBC 경영진도 그것의 혼종적 성격에 대해 상당히 느긋한 태도를 보였다.[202] 그래도 로치의 BBC 작품이 점점 더 노골적으로 정치적이 되어 감에 따라 사실과 허구의 혼합에 대한 논쟁은 더욱 격렬해졌다. 그런 논쟁은 그의 작품이 형식적인 면에서는 다큐멘터리와 더 가까워지는 게 아니라 더 멀어져 가고 있었음에도 불구하고 여전히 계속됐다.

"정치적으로 편파적인 텔레비전 드라마"

〈빅 플레임〉과 〈랭크 앤 파일〉

4

토니 가넷은 호주에서 온 한 질문지에 답하며 〈캐시 컴 홈〉의 제작 동기
에 대해 다음과 같이 밝혔다.

이 작품을 만든 우리의 목적은 예술가는 모름지기 이 세계의 문제에 대해 관심을
가져야 하며, 현실이 아무리 끔찍할지라도 이 사회가 스스로를 돌아볼 수 있도록
그런 현실을 은폐하지 않고 보여 주는 것이 텔레비전의 의무 중 하나라는 원칙에
서 나온 것입니다. 그러므로 우리의 목적은 좁은 의미에서는 정치적이라고 할 수
없는 것입니다. 공영 방송국에 소속된 예술가로서 말하자면 우리의 역할은 정치
적으로 편파적이어서는 안 됩니다. 하지만 이 작품은 사람들의 삶의 구조와 우리
가 공동으로 짊어져야 할 책임감에 관한 작품이란 의미에서 정치적입니다. 우리는
정치적 해결책을 내놓진 못했지만 굉장한 분노와 열정을 갖고 이 문제를 폭로하려
최선을 다했습니다.203

비록 가넷이 〈캐시 컴 홈〉을 제작하게 된 동기를 넓은 의미에서 정치
적인 것으로 설명하긴 했지만, 그와 켄 로치는 자신들의 성취가 얼마나 정
치적으로 가치 있는 것인가에 대해 점차 의구심을 갖게 됐다. 나중에 로치

는 〈캐시 컴 홈〉이 "사람들을 홈리스로 만드는 기저 구조"를 무시하고 그저 "사회적 상황"만 다루었기 때문에 전혀 "정치적"이지 못한 작품이었다고 시인했다.[204] 가넷도 로치와 공동으로 한 인터뷰에서 이 드라마가 "정치적 분석"을 결여하고 있으며 "기저에 깔린 시스템"이 아니라 "시스템의 사소한 기능적 부분만 비난한" 것으로 해석될 여지가 있다며 아쉬움을 드러냈다.[205] 물론 그들이 이런 발언을 하게 된 바탕에는 두 사람이 1960년대를 통과하며 점점 급진적으로 변하고 혁명 정치에 더욱 이끌리게 됐다는 사실이 존재한다. 더군다나 당시는 미국에서 시작해 다른 곳으로 퍼져나간 시민권 운동, 제3세계에서 일어나고 있었던 민족 해방 운동, 미국의 베트남전 개입이 불러온 반전 운동과 국제적인 학생 운동, 반자본주의적 반문화 등이 활발하게 일어났던 정치적, 사회적 격변의 시기였다. 영국에서도 노동 투쟁이 활발해지고 사회주의자들 사이에서 1964년 선출된 노동당 정부의 행정에 대해 불만이 거세지고 있던 시기였다. 로치와 가넷이 짐 앨런과 만난 것도 1960년대 중반이었다. 앨런은 그들이 이전에 함께 일했던 어느 누구보다도 훨씬 정치적인 작가였다. 그는 2차 세계 대전 참전 후 선원, 광부, 항만 노동자, 건설 노동자 등 육체 노동직을 전전하다가 1960년대에 뒤늦게 작가가 된 인물이었다. 그리고 1950년대에는 노동당과 트로츠키파 단체인 사회주의노동자동맹(Socialist Labour League, 노동자혁명당Workers' Revolutionary Party의 전신)과도 관계를 맺었던 정치 활동가였다.■

■　짐 앨런은 브래드포드 탄광에서 일하고 있던 1958년, 사회주의노동자동맹의 클리프 슬로터Cliff Slaughter가 "요크셔와 랭커서 내에 있는 석탄청 공무원, 우익 단체 지도부, 공산당의 스탈린주의자들의 골칫거리"라고 설명한 바 있는 노동조합 신문 〈더 마이너The Miner〉의 설립자 중 하나가 되었다. *Jim Allen: The Lust for Life*, Manchester, 2000을 보라.

"정치에 대해 매우 심도 있고 명확하게 이해하다": 짐 앨런이 켄 로치와 대화하는 모습

그는 나중에 사회주의노동자동맹과 헤어졌지만 여전히 광범위한 맥락에서 트로츠키주의자로서 사회를 분석하는 일에 힘썼으며, 그와 함께 일하는 사람들에게 강력한 정치적 영향력을 발휘했다. 그래서 가넷도 앨런과의 첫 미팅 때 그가 "오락물을 쓰고 싶"다며 "정치와 관련된 이야기는 한마디도" 못하게 막았다고 농담하면서도, 그가 "텔레비전 역사상 가장 일관되게 정치적인 작품을 만들어 온" 동시에 "사실상 모든 세대의 문화 노동자에게 정치의식을 심어 준" 창작자라고 평가했다.[206] 로치도 앨런이 정치를 "매우 심도 있고 명확하게 이해하고 있었"으며 자신도 그로부터 "세계를 바라보는 방식"을 배웠다고 설명했다.[207] ■ 로치나 가넷 모두 사회주의노동자동맹에 가입하진 않았지만 그들의 사상에 이끌렸으며, 가넷이 런던에서 매주 열었던 급진 좌파들의 '금요일밤 모임'에 앨런이 소개해 준 사회주의노동자동맹 대표 제리 힐리Gerry Healy가 몇 번 참여하기도 했다.■ ■
이런 정황을 감안하면 로치와 앨런이 공동으로 작업한 작품들(〈빅 플레임〉, 〈랭크 앤 파일〉, 〈희망의 나날들〉)이 대단히 좌파적인 지향성을 나타낸 것도 당연하다. 그것들은 모두 노동 계급의 투쟁을 다루었으며 혁명 의제를 공개적으로 지지한 작품이었다. 그리하여 BBC 안에서도 새 차원의 논쟁이 시

■ 켄 로치는 자신의 정치 성향에 대한 질문에 답하길 꺼렸지만, 1980년 한 인터뷰에서 스스로를 "한때 트로츠키주의자에 가까웠"던 "반스탈린주의적 사회주의자"로 설명했다. Leonard Quart, "A Fidelity to the Real: An Interview with Ken Loach and Tony Garnett," *Cineaste*, Autumn 1980, p.28.

■ ■ 트레버 그리피스의 희극 〈더 파티*The Party*〉(1973)는 이 모임에서 아이디어를 얻은 작품으로, 1968년 5월 한 텔레비전 프로듀서의 집에 모인 여러 인물들이 혁명 전략에 대해 의논하는 내용을 다루었다. "Transforming the Husk of Capitalism," *Theatre Quarterly*, Vol. 6 No. 22, 1976, p.40을 보라.

작됐다. 드라마와 다큐멘터리의 혼용의 정당성에 대한 문제 제기도 여전히 계속되고 있었지만, 정치적인 목적을 위해 드라마를 사용하는 것에 대한 적절성과 그런 드라마의 정치적 사용이 '객관성'과 '균형'을 유지하기 위해 노력한다고 하는 BBC에 가한 위협적 측면을 둘러싸고 새로운 논쟁이 벌어진 것이다.

스탈린주의도 아니고 사회민주주의도 아닌 것

짐 앨런이 켄 로치의 정치적 안목에 끼친 영향과 그들이 같이 작업한 기간을 고려했을 때 그들이 함께한 작업 아래 깔려 있는 정치적 사상을 미리 살펴보는 것이 좋을 것 같다. 흔히 로치를 '사회주의자'나 심지어는 '마르크스주의자' 감독이라고 간주하지만, 그런 수식어들은 그의 작품에서 자주 발견되는, 그리고 다른 사회주의자나 마르크스주의자는 동의하지 않을 수도 있는 특정한 관점을 제대로 설명해 주지 못한다. 데이비드 코츠David Coates의 주장처럼 사회주의의 달성은 한 번도 단일한 과제였던 적이 없으며, 사회주의자들 사이에서도 목표와 전략, 조직의 방법론과 관련해 늘 의견 충돌이 있어 왔다.[208] 사회주의자들은 주로 개혁론자와 혁명론자로 갈렸으며, 혁명론자는 다시 공산주의자들과 트로츠키주의자로 갈렸다. 이런 맥락에서 트로츠키주의는 자본주의 내부의 사회민주주의적 개혁과도, 소비에트 연방이 보급하고 영국 공산당(CPGB)이 오랫동안 지지해 온 사회주의 모델과도 스스로를 차별화하고자 한 사회주의 전략이었다. 노먼 제라스Norman Geras에 따르면 트로츠키주의는 "점진주의와 개혁주의"도 아니고 "스탈린주의"와 "권위주의"도 아니었다. 그것은 "프

롤레타리아 혁명과 노동자의 민주주의가 나란히 동행하는" 혁명적 사회주의의 한 형태였다.[209] ■

사회주의노동자동맹은 1938년 러시아에서 망명을 떠나온 레온 트로츠키Leon Trotsky에 의해 창립된 제4인터내셔널과 연대를 선언한 몇 안 되는 영국 단체 중 하나였다. 1959년 5월 전 혁명 공산당 멤버들이 새로 설립하였으며, 1956년 소비에트의 헝가리 침공 이후 영국 공산당을 탈퇴한 사람들도 여럿 참여했다. 자본주의가 곧 붕괴할 것이라는 경제 분석에 깊이 빠져 있었던 사회주의노동자동맹은 공산당과 사회민주당 모두에서 나타나고 있는 "지도부의 위기"에서 비롯된 문제들을 특히 심각하게 여겼다.[210] 그리고 개혁주의와 혁명 전통 내 '지도부의 위기'에 대한 이런 자각은 로치의 작품에서도 주된 테마가 되어 갔다. 30년이 지난 뒤에도 로치는 자신의 작품이 "노동 운동에 내린 두 개의 저주, 즉 스탈린주의와 사회민주주의"에 여전히 사로잡혀 있다고 말했다.[211]

사회민주주의 안에 존재하는 지도부의 위기에 대한 비판은 1960년대, 1970년대의 노동당 정부와 관련해 특히 설득력을 얻었다. 1900년에 노동대표위원회Labour Representation Committee로 출발한 노동당은 스스로를 혁명 단체로 내세운 적은 없지만, 1918년 당 규약 4번 조항에 따라 '생

■ 피터 세즈윅Peter Sedgwick도 트로키츠주의의 "고전적인 입장"은 "사회민주주의를 반 노동 계급, 친자본주의적 권력과 동일시하고 스탈린주의를 모스크바의 보수주의자와 민족주의자들의 후진성으로 이해하"며 "스탈린주의와 사회민주주의의 프레임 밖에서 혁명의 정치를 발전시키는 일에 헌신하는 것"이라고 비슷한 공식을 제시한 바 있다. "Varieties of Socialist Thought," in Bernard Crick and William A. Robson (eds), *Protest and Discontent*, Harmondsworth: Penguin, 1970, pp.65~66을 보라.

산 수단의 공동 소유'를 주장했다. 이는 1945년부터 1951년까지 집권한 클레멘트 애틀리Clement Attlee 정권(노동당) 아래 탄광, 철도, 석유, 전기 등 여러 관련 기업의 국유화로 이어졌지만, 1950년대 전후 합의안에 대한 보수당의 타협은 노동당으로 하여금 전통적인 '사회주의' 수사학을 버리고 관리 통제주의와 과학 발전을 중심으로 한 '현대화' 담론을 채택하게 했다.■ 과학적, 기술적 변화가 원동력이 된 '새로운 영국'에 대한 노동당의 약속은 경쟁의 증가와 경제 성장에 입각한 것이었다. 하지만 보수당이 남겨 놓은 국제 수지 적자의 규모와 영국 화폐 제도를 유지하라는 런던 금융가와 은행의 압박에 못이긴 새 노동당 정부는 주택 수요를 낮추고 파운드를 지키기 위한 헛된 노력의 일환으로 통화 수축 정책을 펼칠 수밖에 없었다. 그럼에도 결국 파운드는 1967년 평가절하되었다.

영국 화폐 제도를 보호하고 위태로운 경제를 유지하겠다는 새 노동당 정부의 의지는 임금 제한 정책의 길로 나아갔다. 1965년 정부는 물가와 임금의 인플레이션을 막기 위해 물가소득위원회National Board for Prices and Incomes를 설립했으며, 뒤이어 선원들의 파업과 7월 파운드화 위기가 발생한 1966년에는 6개월 임금 동결을 시행하기도 했다. 도미닉 샌드브룩이 지적한 것처럼 "단체 교섭을 사실상 제한한 노동당 정부의 결정은 많은 조합장들에게 충격적인 배신감을 안겼다."[212] 그러나 정부가 임

■ 노동당 대표 해럴드 윌슨은 1963년 노동당 전당대회에서 한 연설에서 당은 "과학적 혁명"의 측면에서 "사회주의"에 헌신하겠다고 고쳐 말해 화제를 모았으며, 이듬해 투표일에는 더 이상의 공유화 대신 경제적 효율성을 약속했다. David Coates, *The Labour Party and the Struggle for Socialism*, Cambridge: Cambridge University Press, 1975, pp.98~99.

금 제한 정책을 통해 인플레이션의 원인을 과도한 임금 지불 문제로 떠넘기려 했음에도 불구하고, 1967년 11월 파운드화의 평가절하에 따라 인플레이션이 발생하면서 인플레이션의 지속과 '낙오'에 대한 공포가 노동 투쟁을 자극했다. 노동 계급의 불만의 증가와 임의적인 정책 개입의 실패에 직면한 노동당 정부는 1969년 1월 〈갈등을 대신해In Place of Strife〉란 백서를 발표하여 '임금 조정'을 위한 휴업 같은 노동 쟁의 행위에 대한 법적 제약과 파업 투표 용지의 의무화 방안을 제안했다.■ 이런 과정을 살펴본 콜린 리스Colin Leys는 이제 파업이 노동자와 고용주 사이만의 갈등이 아니라 정부와의 싸움이 됨에 따라 "노동 전선"이 "새로운 정치적 중요성"을 획득하게 됐다고 지적했다.[213] 당시 노동 투쟁 문제를 둘러싼 정치적 분위기의 영향으로, 앨런과 로치의 작품에서 나타난 파업의 드라마화는 특히 그들의 작품이 제공한 정치적 해석의 성격을 감안했을 때 확실히 논쟁거리가 될 만했다. 노동당 정부는 노동 투쟁의 확산과 그것이 관련 정책에 미칠 위협적 영향에 대해 불만을 품고 있었지만, 혁명주의 좌파 세력은 노동당 정부가 노동 계급의 이익을 자본, 특히 금융 자본의 이익에 종속시켰다며 그들을 비판했다. 더불어 노동당의 시각으로는 노동조합회의Trade Union Congress가 생산 현장 투쟁을 제어하고 당이 원하는 수준의 산업 협력을 제공하는 데 실패한 것처럼 보이겠지만, 급진 좌파 세력의 관점에서는 반대로 노동조합 지도부가 정부나 고용주와 "사회적 파트너십"을 형성하는 일에 평조합원들을 끌어들이고 그들로 하여금 장

■ 나중에 노동당은 이 법안을 포기했지만 백서의 발표 이후 겨우 한 달밖에 되지 않았을 때 〈빅 플레임〉이 방영되면서 이는 상당한 쟁점이 됐다.

기적인 이익에 반하는 경제 정책을 수용하도록 부추김으로써 오히려 그들을 배신한 것으로 보인다고 설명했다.■ 결과적으로 이 시기의 노동 투쟁과 비공식 파업의 급증은 극단적으로 다른 해석과 설명을 낳았다. 토니 레인Tony Lane과 케네스 로버츠Kenneth Roberts가 밝힌 것처럼 "정치인, 고용주, 노동조합 지도부"는 파업, 특히 비공식 파업을 국가의 경제적 문제로 제시하고자 했다. 하지만 파업 노동자들을 포함하여 다른 이들은 "문제"의 핵심은 파업에 있지 않으며 "경제 구조, 노동조합, 노동과 권력의 본질"에 있다고 봤다.[214]■■ 전자에 반대하는 후자의 이런 관점, 즉 문제는 파업 노동자들이 아니라 경제 체제, 노동조합 지도부, 노동의 본질이라는 관점이야말로 로치와 앨런이 이 시기에 만든 작품들을 통해 표현하고자 했던 바로 생각된다.

"유망한 작가": 짐 앨런

제러미 샌포드와 마찬가지로 앨런도 처음에는 BBC의 적극적인 반응을 이끌어 내기까지 고투를 겪었다. 그의 작품들, 특히 〈맨 비니스*The Man*

■ "경제 지상주의"와 "개혁주의"에 영합한 "노동조합의 양심"은 마르크스주의가 반복적으로 제기한 화두였다. 이는 마르크스만이 아니라 레닌과 트로츠키의 글에서도 나타나는 바이다. 개관을 원한다면 다음을 참조하라. Richard Hyman, *Marxism and the Sociology of Trade Unionism*, London: Pluto Press, 1971.

■■ 토니 레인과 케네스 로버츠가 쓴《필킹턴 파업*Strike at Pilkington*》은 제목이 알려주듯 앨런과 로치의 다음 작품 〈랭크 앤 파일〉에 영감을 준 노동 쟁의 사건(1970년 세인트헬렌스의 필킹턴에서 벌어졌던 유리 제조 노동자 파업)에 관한 사회학적 연구서다.

Beneath〉도 〈캐시 컴 홈〉의 초고가 통과해야 했던 것과 같은 종류의 반대에 부딪혔다. 그는 일찍이 1960년부터 BBC에 각본을 보냈다. 처음 보낸 것은 한 성직자가 창녀의 초상화를 성모 마리아의 초상화로 착각하는 내용의 〈마돈나*The Madonna*〉였는데, 작품 의뢰를 받지 못했다. 두 번째는 불만에 가득 찬 중년의 사무원이 자신이 일하는 사무실을 털 계획을 세우는 내용의 〈작은 낚시꾼*The Little Fisherman*〉이었는데, 이듬해에 "야심도 없고 재미도 없"다는 이유로 역시 거절당했다.[215] BBC 드라마국의 관심을 끄는 데 성공한 앨런의 첫 번째 작품인 〈맨 비니스〉는 그가 자신의 경험에 기대어 쓴 첫 번째 작품이었다. 폐광에 맞서 싸우는 한 탄광 노동자가 결국 공산당에게 배신당하게 되는 이야기를 다룬 그 각본은 나중에 그의 작품을 관통하게 될 주제 의식을 보여 준 첫 작품이기도 했다. 그러나 〈맨 비니스〉 각본을 읽은 BBC 드라마 프로듀서들은 탄광 노동자의 삶에 대한 그의 이해도를 높게 평가하는 한편, 이 작품의 정치적 자의식이 과하다고 생각되며("구닥다리 정론의 냄새가 나며") 너무 다큐멘터리처럼 느껴진다("우리가 원하는 종류의 드라마보다 약간 칙칙하고 다큐멘터리 같다")고 불평했다.[216] 그래서 BBC가 진행을 결정해 작품을 의뢰했음에도 실제 제작 단계까진 가지 못했으며, 리디퓨전Rediffusion 유선 채널의 〈더 갬블러〉 시리즈에 편성되기 전까지 계속 미완의 프로젝트로 남아 있었다. 심지어 당시 아직 스토리 편집자였던 가넷도 새 시리즈 〈더 웬즈데이 플레이〉에서 앨런의 첫 번째 기획서(〈웨이스트 머신*The Waste Machine*〉)를 제외시켰다. 그는 앨런이 "유망한 작가"처럼 보이긴 했으나 각본 자체는 "다소 거칠"고 극중 캐릭터도 "그 존재 자체만으로" 흥미롭다기보다 "이론적으로 접근한" 느낌이었다고 했다(바로 다음 앨런, 로치, 가넷이 함께 만든 다음 작품도 똑같은 비판을 받았다).[217] 하지만 그럼에도 1966년 앨런에게 첫 번째 의미 있는 텔레비

전 드라마(〈럼프〉)를 맡긴 것 역시 가넷이었다. 그때면 앨런도 그라나다 채널의 장수 연속극 〈코로네이션 가Coronation Street〉(그라나다, 1960~)의 각본도 써봤고 BBC 〈30분 시어터Thirty-Minute Theatre〉로부터 건설업 관련 단편 〈하드 워드The Hard Word〉(1966 6월 15일 방영)도 의뢰받아 어느 정도 경력이 생긴 상태였다. 〈하드 워드〉와 마찬가지로 〈럼프The Lump〉(고故 잭 골드Jack Gold, 1967년 2월 1일 방영)도 건설업 내부의 문제를 다룬 작품으로 나중에 그가 로치와 만들게 될 작품에서 분명하게 드러날 여러 주제를 예견케 했다.

이 드라마는 건설 현장에서 불법 시위를 벌이는 노조 대표이자 좌익 투쟁가 요키(레슬리 샌즈Leslie Sands)의 이야기에 초점을 맞춘다. 시위가 실패하자 그는 친구 사이가 된 젊은 학생 마이크(콜린 패럴Colin Farrell)와 막노동판에서 일할 수밖에 없게 된다. 그곳은 노동자의 법적 권리를 박탈시켜 그들이 세금과 보험금을 스스로 지불하게 만드는 곳이다. 그런데 어느 날 마이크가 폭우 속에서 일하기를 거부하다 해고당하자 요키는 악독한 현장 감독과 싸우게 되고, 급기야 자신이 파고 있던 구덩이의 한 부분이 무너지면서 거기에 깔려 죽고 만다. 이야기만 봐도 이것은 사회 폭로적 성격을 지닌 〈더 웬즈데이 플레이〉의 전통에 일부 부합하는 드라마였으며, 실제로 그런 식으로 홍보되기도 했다. 이를테면 〈캐시 컴 홈〉이 홈리스 문제에 대한 관심을 촉구했던 것처럼, 앨런의 드라마도 〈캐시 컴 홈〉 같은 작품이 요청한 새로운 주택 건설 과정에 동원된 노동자들이 부당한 조건 속에 일하고 있다는 사실을 폭로했다. 하지만 〈럼프〉는 정치 활동가를 중심으로 한 드라마였기 때문에 〈더 웬즈데이 플레이〉의 다른 작품들보다 훨씬 명확한 정치적 관점을 제공했으며, 투쟁가를 '문제아'로 여기는 지배적 시선에 저항하고 개혁보다 혁명의 의제를 공공연히 지지했다.

건설업의 부당함에 맞서다: 짐 앨런이 쓴 〈럼프〉의 요키(레슬리 샌즈)와 마이크(콜린 패럴)

KEN LOACH

이런 관점에서 볼 때, 학생으로 나오는 마이크는 중산층 시청자를 대리하는 인물이다. 요키에게 "국가에 끼칠 손해"에도 불구하고 시위를 일으키려는 동기가 무엇인지를 질문함으로써 중산층 시청자에게 노동자들이 얼마나 부당한 조건 속에서 일하고 있으며 그들에게 저항이 얼마나 중요한 것인지를 이해할 수 있게 했다.

나아가 이 드라마는 고용주만이 아니라 노동조합 지도자들 또한 진정한 사회 변화를 저해하는 장애물이라 설명했다. 건설 노동자들의 단합심이 약해서가 아니라 바로 그들 때문에 '막노동판'의 문제에 효과적으로 대응할 수 없다고 암시한 것이다. 그리고 노동조합에게 평조합원들을 위해 제대로 된 지도부 역할을 하지 못한 책임을 물었다. 가령 조합 임원 메이슨(조비 블랜샤드Joby Blanshard)은 노동자들을 일터로 되돌려보내기 위해 애쓸 뿐만 아니라 고용주의 대행인이나 그 지역 교구 신부와 함께 계략을 써서라도 불법 시위를 막으려 한다. 앞서 비계공 스티브(로이 민튼Roy Minton)는 요키에게 "현장 감독, 조합, 신부…… 모두랑 싸울 순 없는 게야. 수레를 끌고 언덕을 거꾸로 올라가는 꼴이라니까"라고 불평을 토로한 적이 있다. 1966년 전국선원조합의 파업의 배후에 공산당("정치적 동기를 가진 사람들이 똘똘 뭉친 집단")이 있다고 했던 노동당 대표 해럴드 윌슨Harold Wilson의 주장을 연상시키는 이 드라마는 노동조합 지도부의 투쟁성이 아니라 소극성과 정치적 목표 의식의 결핍을 공격함으로써 그들에 대한 일반적인 평가를 전복시키고자 했다.

〈빅 플레임〉

짐 앨런과 켄 로치의 첫 번째 공동 작업 〈빅 플레임〉에서도 비슷한 정서가 발견된다. 앨런은 〈럼프〉의 촬영 직후 이 드라마를 의뢰 받았는데, 1967년 11월 항만 노동력의 재배치에 저항하는 항만 노동자들의 비공식 파업이 있기 전까지 별 진척을 보이지 못했다. 그것은 리버풀의 수천 노동자가 참여한 노동 쟁의였고, 앨런에게 각본을 마무리 지을 수 있는 영감을 제공했다. 앨런에게 이 드라마는 자의식과 야심이 깃들어 있는 작품이었으며 75분보다 더 긴 러닝 타임의 가치가 있다고 생각될 정도로 '거대한' 작품이었다. 하지만 그는 가넷에게 이 작품의 제작 허가를 받는 데 성공하면 그의 결혼식 때 춤을 추겠다고 말했을 정도로 이 작품이 논란에 휩싸일 만한 작품임을 의식하고 있었다.[218] 실제로 머시 항만과 항무위원회는 이 드라마의 내용이 지닌 논쟁적 성격 때문에 촬영 허가를 망설였으며, "사람들에게 좀더 신뢰감을 줄 수 있는 해결책"으로 결말을 대체하는 것을 포함해 각본의 상당 부분을 수정해 달라고 요구했다.[219] ■ 이 드라마는 실제 머시사이드 항만에서 촬영되기도 했고 항만 노동력의 고용 감축을 제안하며 그 합리화 방안과 일자리 감축에 물꼬를 틔워 준 1965년 데블린 보고서의 이행에 대해서도 반감을 품고 있었지만, 그렇다고 리

■ 이 드라마의 제작 과정에 대해 앤서니 헤이워드Anthony Hayward가 살펴본 바에 따르면, 이사회에 각본을 보여 준 것은 로치였다고 한다. 그리고 가넷은 그와 로치가 실제로 촬영할 내용은 그들이 본 각본과 다르다며 이사회를 호도했다. 가넷이 헤이워드에게 설명한 바대로 그는 당시 촬영의 원활한 진행을 위해 BBC가 보여 준 "암묵적 동의"를 일종의 기회로 활용했다. Hayward, *Which Side Are You On?*, p.114를 보라.

버풀 파업을 구체적으로 재현하지는 않았다. 앨런이 말한 '정치적 판타지'로 나아가기 위해 그 사건을 발판으로 삼은 정도가 다였다. 전작 〈럼프〉에서 등장 인물 중 하나인 스티브가 건설 노동자들의 비공식 파업이 "뭐라도 결과를 냈"으면 상황이 "달라"졌을 거란 생각에 그들의 실패에 대해 애통해하는 장면이 있다. 나중에 술집 장면에서 그는 "현장 감독만 계속 갈아치울" 게 아니라 "우리 같은 놈들이 주도권을 쥐"어야 한다며 건설업의 국유화를 지지한다. 여러모로 볼 때 〈빅 플레임〉이 머시사이드 파업에 투영하고 있는 것도 이런 가능성 혹은 정치적 판타지다. 파업이 단순히 노동자들의 실직으로 귀결되지 않고 항만을 점령하는 수준까지 나아갔더라면 상황은 많이 달라지지 않았을까 상상해 보는 것이다.■

이는 결국 로치가 다루어온 이야기의 종류에 변화를 가져왔다. 앞서 지적한 것처럼 〈커밍아웃 파티〉, 〈캐시 컴 홈〉, 〈인 투 마인즈〉 같은 드라마는 전형적인 사회적 희생양이 자신이 통제할 수 없는 사회적, 경제적 상황으로 인해 몰락하는 과정에 초점을 맞췄다. 하지만 〈빅 플레임〉은 한 인간이 단순히 사회적, 경제적 환경의 산물 혹은 희생양일 뿐만 아니라 동시에 그 환경을 형성하고 사회 변화를 이끄는 수행자일 수도 있음을 보여 주고자 한다. 극중 기자로부터 "트로츠키주의자"라고 불리는

■ 〈빅 플레임〉이 1967년 말에 쓰였으며 1968년 초에 촬영된 점을 감안하면 이 드라마는 1968년 프랑스에서 발생한 공장 점거 운동이나 1970년대 초 영국에서 일어난 연좌 농성과 생산 관리 쟁의의 전조라 할 만하다. 1970년대 초 "경영의 대안적인 비전"이 어떻게 명확히 드러났는가에 대한 훌륭한 해석을 찾는다면 다음을 보라. Michael Gold, "Worker Mobilization in the 1970s: Revisiting Work-Ins, Co-operatives and Alternative Corporate Plans," *Historical Studies in Industrial Relations*, No. 18, 2004, pp.65~106.

정치 투사 리건(갓프리 쿼글리Godfrey Quigley)이 통찰한 바대로, 인간은 "사회에 의해 자신이 어떤 사람인지 결정당하"기 때문에 "자신이 얼마나 선한지 보여 줄 기회를 갖지 못한"다. 그러므로 그가 내리는 결론은 "한 인간을 변화시키기 위해선 사회를 먼저 변화시켜야 한다"는 것이다. 이런 맥락에서 보면 레이먼드 윌리엄스Raymond Williams의 설명대로 환경이 캐릭터에 미치는 영향을 "시험"하는 자연주의의 "실험적" 방법론은 여기서 "극적이고도 정치적인 가설"을 살펴보기 위한 다른 종류의 "실험"으로 대체되어 있다.[220] ■ 이와 관련해 핵심적인 장면은 비공식 파업위원회가 리건과 만나는 장면이다. 거기서 리건은 논쟁의 초점을 경제적인 것(임금 인상 요구)에서 정치적인 것(자기 자신에 대한 권력의 쟁취)으로 옮겨가야 한다고 주장한다. 이런 면에서 이 드라마는 노동자들의 파업이 실패한다고 하더라도 그들이 지배력을 행사할 수 있음을 시범적으로 보여 준다. 리건의 예상대로 노동자들의 항구 점령은 군사력 개입으로 인해 종료되지만, 그럼에도 그 사건은 수마일 주변 노동자들의 마음에 '거대한 불꽃'을 일으킨다. 파업 주도자들이 수감됐음에도 불구하고 항만 노동자들의 투쟁 정신은 살아남으며, 드라마는 그들의 수감에 반대하는 노동 투쟁이 확산되고 있음을 알리는 뉴스 보도 사운드트랙과 함께 끝난다. 조합 임원 로건(메러디스 에드워즈Meredith Edwards)을 태운 차가 법원을 빠져나간 뒤 카메라는 한 무리의 노동자들을 소집 중인 파업위원회 멤버(네빌 스미스)를 보여

■ 윌리엄스는 그 이후 발표한 또 다른 뛰어난 저서에서 이를 "동시대 현실을 기록"하는 "직설법적" 양식으로부터 "그 이면에 존재하는 일련의 가능한 사건들을 추측"하는 "가정법적" 양식으로의 이동으로 해석한다. Raymond Williams, *Politics and Letters*, London: Verso, 1979, p.219를 보라.

준다. 그는 "우리는 생각해야 합니다. 우리 자신을 위해 싸워야 합니다"라고 말한다. 그리고 그들이 항만 점거에 찬성표를 던질 때 울려 퍼졌던 드럼 소리가 흐르는 가운데 그들의 얼굴을 담은 여러 숏이 차례로 지나가며 드라마는 끝난다. 〈럼프〉에서 요키의 죽음이 마이크에게 작지만 가치 있는 몇 가지 생각을 남겼던 것처럼, 〈빅 플레임〉에서 노동자들의 투쟁도 다른 이들에게 그들을 뒤따를 용기를 불어넣는 것처럼 보인다.■

이에 따른 필연적 결과로서, 이 작품은 로치의 이전 작품들에서보다 집단의 역할을 훨씬 많이 강조한다. '조기 검열용 시놉시스'에 따르면 이 드라마는 "항만 노동자의 가족, 서로 반대 입장에 있는 두 형제"의 이야기를 다룰 예정이었다.[221] 하지만 그것은 〈인 투 마인즈〉 같이 가족 내 갈등에 초점을 맞춘 다른 종류의 작품에 사용된 것과 비슷한 아이디어였다. 반면 여기서 대니(노먼 로싱턴Norman Rossington)와 스티브(론 데이비스Ron Davies), 두 형제 사이의 갈등은 주로 성격 차이에 의한 불화보다 전술에 관한 정치적 충돌(조합 임원인 스티브와 파업위원회 총무인 대니)로 그려진다. 이런 점 때문에 이 드라마 속 캐릭터들의 심리가 관습적인 측면에서 볼 때 충분히 '입체적'이지 못하다는 비판도 나왔다. 하지만 이 작품은 신념의 충돌을 중요하게 다루기 위해 가정불화의 요소를 사소하게 다루고자 했

■ 사실 이 작품은 1969년 리버풀의 제네럴 일렉트로닉(GE)의 공장에서 발생했던 연좌농성에서도 일부 영감을 받은 것으로 보인다. Graham Chadwick, "'The Big Flame'—An Account of the Events at the Liverpool Factories of G.E.C.-E.E.," in Ken Coates, Tony Topham and Michael Barratt Brown (eds), Trade Union Register, London: Merlin Press, 1970을 보라.

던 것이 분명하다.■ 나아가 이 작품은 노동자들을 노동 투쟁으로 이끄는 투쟁가들에 방점을 찍긴 했지만, 그들이 처한 상황의 개인적, 심리적 측면보다 그들이 나머지 파업 노동자들과 공유하는 집단 경험에 더 많은 가치를 부여했다.

전작들에서와 마찬가지로 몽타주와 보이스오버의 사용은 주어진 상황을 개별적 경험보다 집단적 경험으로 느끼게 하기 위한 중요한 수단이었다. 이를테면 파업 결정이 내려지고 난 뒤, 노동회관에 모여 있는 노동자들을 보여 주는 긴 시퀀스가 있다. 파업 주동자 중 한 명인 코너(피터 케리건)가 집회에서 연설하는 모습, 노동자들이 파업 진행 상황에 대해 의논하는 모습은 그들이 사는 동네의 여러 행인의 숏들과 함께 나온다. 그 시퀀스는 주인공들을 이전까지 한 번도 등장한 적이 없는 평범한 사람들과 함께 보여 준다. 항만을 점령한 노동자들을 보여 주는 이후의 또 다른 시퀀스에서도 다른 곳에서 일하고 있는 일반 노동자들의 숏이 함께 나온다. 그리고 두 경우 모두에서 이미지는 그들의 투쟁에 대해 설명하고 논평하는 일련의 보이스오버와 병행되는데, 그 보이스오버 중 일부는 등장인물의 것임을 확인할 수 있지만 대부분은 그렇지 않다. 이런 식으로 이 작품은 지도부에서 노동자 일반으로 초점을 이동시키면서, 개인적 경험을 일반화하고 집단적 성격의 행위를 강조한다.

■ 두 형제 외에도 대니 편을 드는 아버지 앤디(해럴드 킨셀라Harold Kinsella)를 포함한 파올러가의 이야기가 별로 등장하지 않는다는 점을 감안하면 앨런과 가넷이 처음에는 이 작품을 좀더 관습적인 드라마로 홍보했을 수 있다. 나중에 단막극부장 제럴드 세이버리는 초고가 훨씬 "드라마답게" 보였으며 최종 완성작은 "휴머니티를 죄다" "밋밋하게 다려 없애 버렸"다고 불평했다. Television Weekly Programme Review Minutes, 26 February 1969, BBCWAC.

경제적 문제에서 정치적 문제로의 인식 전환:
〈빅 플레임〉에서 집회에 모인 노동자들을 향해 말하는 코너(피터 케리건)

로치의 전작(⟨업 더 정션⟩, ⟨캐시 컴 홈⟩, ⟨골든 비전⟩)에서와 마찬가지로 허구적 시퀀스 속에 관찰자적 기록 영상과 정체불명의 보이스오버를 혼합해 넣은 이 드라마의 방식은 다큐멘터리의 전통적 장치에 기대는 동시에 또한 그것으로부터 벗어나고자 한 것이다. ⟨골든 비전⟩에서처럼 그런 시퀀스는 평범한 사람들의 목소리에 방점을 찍으면서, 사운드트랙에 실린 논평 일부가 대본에 있었던 것임에도 불구하고 여전히 실제 대화를 녹음한 것처럼 들리게 한다. 노동자들의 항만 점거나 군사력 개입까지 묘사해야 하는 드라마의 규모를 감안하면 ⟨빅 플레임⟩이 대사나 보이스오버를 위해 액션을 자제한 것이 분명하게 느껴진다. 이를테면 파업위원회가 정치인, 조합 지도부와 협상을 벌이는 장면, 리건이 파업위원회에게 항만을 점거하는 방법도 있다고 알려주는 장면, 리건이 대니에게 자신의 정치적 신념에 대해 설명하는 장면 등이 그러하다. 이런 대사나 보이스오버에 대한 강조는 이 작품이 정치의식의 발전에 대한 논의를 중요하게 여긴 점과도 관계가 있지만, 정치적 담론에 대한 이런 강조는 노동 계급의 삶을 비정치적인 것으로 묘사해 온 영국 다큐멘터리 전통을 상기시키기도 한다. 예를 들면 이런 종류의 담화 시퀀스는 여러 북부 도시에서의 삶을 합성한 이미지에 평범한 사람들의 말소리를 덧붙인 데니스 미첼의 ⟨거리의 아침⟩ 같은 시적 리얼리즘 다큐멘터리와 공명하는 지점이 있다. 하지만 미첼의 작품 속 보이스오버가 (코너의 적절한 표현대로) "기꺼이 궁핍하길 택하는 희생자 정신"을 불러일으켰다면, ⟨빅 플레임⟩의 보이스오버는 개인적인 사연과 수동적 태도보다 노동 투쟁이나 노동자들의 권한에 관한 정치적 자의식이 담긴 발언을 더 강조한다.

몽타주도 영국 다큐멘터리 역사에서 중요한 요소로 간주돼 온 기법이다. 험프리 제닝스의 ⟨리슨 투 브리튼Listen to Britain⟩과 같은 전쟁 다큐멘터리가 어떻게 몽타주를 활용해 사회 관계를 설정하고 국가 공동체의 이미지를 투영했는지에 관해서도 널리 지적되어 왔다. 비슷한 전략은 〈크리스마스 빼고 매일*Everyday Except Christmas*〉 같은 프리시네마 영화에도 나타나 있다. 그 영화의 몽타주는 전통적인 노동 계급의 공동체 의식을 유발할 뿐만 아니라 사회적 삶과 경제적 삶의 내적 연관성도 표현했다. 〈빅 플레임〉도 노동자들 사이에 존재하는 연대감을 드러내기 위해서만이 아니라 노동 계급 공동체의 좀더 정치화된 버전을 보여 주기 위해 이런 관습적 다큐멘터리 몽타주의 전통적 재현 방식에 의지하고, 또 그것을 전유하여 노동자들 간의 연대만이 아니라 노동 계급 공동체의 정치화된 상태를 투영하고 있는 것으로 보인다. 나아가 이런 시퀀스들이 전통적으로 내포해 온 '국가적-알레고리적' 의미를 고려한다면, 이는 새로운 형식의 사회적 협력을 암시할 뿐만 아니라 국가 공동체와 국익에 대한 재상상*reimagining*까지 도모하는 것이다. 노동자 경영권 시퀀스의 사운드트랙에서 한 항만 노동자가 말하는 것처럼 항만은 "사막의 오아시스"가 아니며 그렇기 때문에 노동자들의 투쟁은 "국가 전체의 산업"과 연결되어 있다.

이런 집단성에 대한 강조는 파업 노동자와 그들의 투쟁에 관한 스테레오타입화된 이해 방식에 의문을 나타내고자 하는 이 영화의 전략을 형성하기도 한다. 집단성에 주목함으로써 이 드라마는 노동자들이 단순히 '정치적 동기를 가진 소수'에 의해 조종당하고 있는 게 아니냐는 의견에 반박을 가한다. 이 의견은 처음에는 파업 노동자들을 인터뷰하는 TV 기자에 의해, 그다음에는 뉴스 영상에 등장하는 정부 각료에 의해 제기된 것이다. 노동자 경영권 시퀀스 또한 노동자들의 투쟁이 무정부주의와 무질서로의 전략을 의미한다는 주장과 맞서 싸우고자 한다. 조합 지도자

BBC의 편향성을 비판하다: 〈빅 플레임〉의 TV 기자

로건은 뉴스에서 노동자들의 투쟁을 "조직적 음모"라고 비난하는 와중에 진짜 음모를 벌이고 있는 것은 정부와 고용주들이라고 호소한다. 대니가 말하는 것처럼 "우린 경영주들과 정부의 음모에 속수무책으로 당하고 있다."

주류 미디어 이미지가 파업 노동자를 보여 주는 방식에 대한 이런 의구심은 BBC 기자가 나오는 장면에 잘 드러나 있다. 여기서 기자는 파업 중인 몇몇 항만 노동자들에게 고용주나 조합과 어떤 이야기가 오가고 있는지에 관해 물어본다. 파업 노동자들은 자신들이 비공식 파업 주도자들에게 조종당하고 있는 게 아니냐는 의견을 부정하며 끝까지 파업을 계속하겠다는 의지를 표현한다. 이런 대답에도 불구하고 기자는 카메라를 돌려 "파업 중인 항만 노동자 중 일부는 …… 가능한 빨리 일터로 돌아가길 바란다"고 전한다. 방금 보여 준 장면과 상반되는 기자의 코멘트는 BBC가 "반노동 계급"적이라고 했던 어느 항만 노동자의 주장을 바로 확인시켜 준다. 이렇듯 BBC 뉴스 바로 다음에 방송된 이 BBC 제작 드라마는 이 장면을 통해 BBC 뉴스의 공정성과 보도의 정확성에 의문을 제기한다.[■] 이런 식으로 도전장을 내던졌으니 〈빅 플레임〉이 편파적 드라마라는 비판과 방영 부적합 판정을 받게 된 것도 무리는 아니다.

이 드라마는 1968년 초에 촬영됐지만 이후 1년이 지나도록 방송을 타지 못했다. 이에 〈데일리 메일〉은 아마도 가넷의 제보를 받은 듯, 1969년 2월에 "BBC에게 〈빅 플레임〉은 여전히 너무 뜨거운 감자인가?"라는

[■] 실제 BBC 기자 해럴드 웹Harold Webb이 출연하기로 되어 있었지만 사장의 반대로 그러지 못했다. News and Current Affairs Meeting, 21 February 1969, BBC WAC R78/2639/1.

제목의 기사를 보도하면서 이 드라마가 이미 두 번이나 방영이 연기됐으며 또 한 번 연기당할지도 모른다는 내용을 전했다.[222] 비록 방영이 연기된 것은 명백한 사실이었지만 BBC는 그것이 편성상의 결정이란 사실을 부인했다. 이사회 총무는 이사회 의장에게 제출한 보고서에서 이 프로그램의 방영이 첫 번째 연기됐던 이유는 아직 완성이 덜 되었기 때문이고 두 번째 연기됐던 이유는 유러피언 빙상 선수권 대회로 인한 조정 때문이었다고 설명했다. 하지만 다른 한편으로는 이 프로그램이 BBC1 심의 국장 폴 폭스의 검토를 받았고 논쟁을 일으킬 여지가 있는 것으로 확인된 것으로 알고 있다고도 전했다. 그 결과 방송국은 홍보 자료는 물론 프로그램 소개 글에 이 작품은 드라마이며 "모든 극중 인물은 지금 배우로 활동하고 있는 연기자들이 연기한 것"이라고 명기하기로 결정했다.[223]

이 드라마와 다른 일부 프로그램의 방영을 둘러싼 긴장감은 그보다 몇 주 전 발행된 〈라디오 타임스〉의 '토킹 포인트' 지면 기사 "시청자와의 약속을 지키기 위해"에도 깔려 있었다. 폴 폭스가 서명은 하지 않았지만 직접 쓴 것이 분명한 그 기사는 "리얼리즘 각본의 새로운 전통"이라 말한 것에 대해 지적했다. "실제 현실에서 가져온 소재"로 만든 〈캐시 컴홈〉이나 〈골든 비전〉 같은 "실험적인" 드라마의 새로운 기법이 "너무 앞서 나간" 것은 아닌지, 시청자로 하여금 자신이 보고 있는 것이 "드라마인지 다큐멘터리인지" 헷갈리도록 "그들의 머릿속에 혼란"을 끼치고 있는 것은 아닌지 질문했다. 그리고 급기야는 BBC가 "시청자와의 약속을 지키기 위해"서는 "아무리 실험적인 기법이라고 해도 넘지 말아야 할 한계"가 있다고 스스로 결론 내리며, "지난 세월 동안 방송사가 받았던 항의들"을 살펴보면 "시청자들이 자신이 보고 싶지 않았던 것을 보았을 때보다 예상치 못한 것을 보았을 때 더 문제가 많이 발생했"다며 글을 마무리 지었다.[224]■ 아무 맥락 없이 이런 기사가 나온 것 자체가 이상한 일이지만, 이 기사의 숨은 의미는 로치, 가넷, 앨런이 로이 배터스비, 클라이브 굿윈Clive Goodwin, 제임스 맥태거트, 로저 스미스, 케니스 트로드Kenith Trodd와 함께 공동 성명으로 〈라디오 타임스〉에 발표한 답문을 통해 분명히 드러났다. 이 글에서 그들은 그 기사가 검열을 요구한 것이나 다름없다고 주장하며 BBC가 편성을 거부한 배터스비의 연출작 두 편, 즉 〈다섯 여자Five Women〉와 〈힛 서든리 힛Hit, Suddenly, Hit〉을 예로 들었다. 그리고 폭스의 기사가 주장하는 바와 달리 그들이 문제 삼은 것은 "혼합 형식"의 적합성이 아니라 BBC가 "불쾌하게" 여기는 "사회적, 정치적 태도"의 표현 방식이라고 주장했다.[225]

BBC 경영진이 사실과 허구를 혼합하는 연출 방식에 대해 계속해서 우려를 표한 것은 분명한 사실이다. 예를 들어 〈다섯 여자〉는 주로 출옥한 지 얼마 안 된 여자들의 인터뷰를 바탕으로 쓰인 토니 파커의 책을 각색한 것이었다. 〈인 투 마인즈〉와 비슷한 점도 더러 있었지만, 배터스비의 버전은 여자들이 한 말을 여배우들의 입을 통해 다시 옮겼기 때문에 드라마도 다큐멘터리도 아닌 것으로 여겨졌다. 프로그램 심의국장 휴 웰던

■ 마이클 피콕이 LWT(런던 위켄드 텔레비전)로 떠남에 따라 폴 폭스가 BBC1 심의국장 자리를 넘겨받았다. 전 〈파노라마Panorama〉 편집장이자 전 시사국장 출신인 그는 주로 사실 기반 프로그램을 통해 경력을 쌓았으며, 이는 그가 왜 그토록 사실과 허구를 혼용하는 방식을 적대시했는지 설명해 준다. 한 인터뷰에서 그는 다음과 같이 말하기도 했다. "사실과 허구를 뒤섞는 방식은 BBC의 진실성을 폄훼하고 권위를 무너뜨리는 일이라고 생각한다. BBC의 가장 훌륭한 점 중 하나는 뉴스 및 시사 서비스가 갖고 있는 진실성과 권위이며, 우리가 사실과 허구를 뒤섞기 시작하는 순간 신용도를 잃어버릴 수밖에 없다." Bakewell and Garnham, *The New Priesthood*, p.236을 보라.

은 드라마의 프로듀서 가넷에게 쓴 장문의 편지에서 이 프로그램을 방영하지 않기로 한 BBC의 결정을 변호했다. BBC의 명성은 "사실인 것과 사실이 아닌 것, 실제인 것과 실제가 아닌 것 사이의 명확한 구분"을 통해 쌓아온 것이며, 〈다섯 여자〉는 "이것도 저것도 아니"라는 것이 그 근거였다.226■ 하지만 〈빅 플레임〉의 경우에는 이런 주장을 관철시키기가 더욱 어려웠다. 예를 들면 〈골든 비전〉과 비교했을 때 관습적인 다큐멘터리의 요소를 거의 사용하지 않았기 때문이다. 이 드라마가 리버풀 항만 노동자 파업이나 데블린 보고서에 대한 항의, 노동당 정부 정책 등 동시대적 사건을 연상시키긴 했지만, 극중에 사용된 진정한 의미에서의 다큐멘터리 재료는 윌슨 총리의 목소리가 전부였다. "이 파업은 아무 성과도 내지 못할 것이다"라고 말하는 그의 목소리는 도입부에 재현된 항만 노동자들의 파업을 규탄하고 노동당 정부의 물가 및 소득 정책의 정당성을 옹호했다. 이런 측면에서 그들이 말한 이 드라마의 다큐멘터리적 특징은 다큐멘터리적 요소의 직접적인 차용이나 〈다섯 여자〉처럼 기록된 담화를 드라마화하는 방식과는 별 관계가 없었다. 그것은 차라리 '다큐멘터리적인 것'(로케이션 촬영, 겉보기에 무신경한 관찰자적 카메라워크, 다큐멘터리적 편집, 때때로 준전문 배우들의 입을 통해 옮겨진 평범한 대사의 사용)의 모방과 관련된 문제였다. 그러므로 BBC는 〈빅 플레임〉이 드라마와 다큐멘터리를 혼용하는

■ 이런 유형의 우려에 관하여 나중에 추가된 사실은, BBC가 일찍이 1954년 출옥한 전과자들의 갱생 과정을 그린 '스토리 다큐멘터리' 〈리턴 투 리빙Return to Living〉을 방영한 적이 있다는 것이다. 이 스토리 다큐멘터리의 모든 장면은 배우가 연기한 것이었지만 당시 그런 방식이 문제가 되었던 기미는 보이지 않는다. Caryl Doncaster, "The Story Documentary," in Paul Rotha (ed.), *Television in the Making*, London: Focal Press, 1956.

것을 걸고 넘어졌지만, 관련 증거들은 BBC가 주로 문제 삼은 부분이 사실 이 작품의 극적 접근 방식보다 정치적 견해였음을 알려 주었다.

이는 1969년 2월 드라마가 방영된 직후 결국 BBC 내부에서 일어난 논쟁을 통해 확인되었다. 당시는 BBC가 1966년 10월 처음 〈빅 플레임〉의 제작을 의뢰했을 때와 비교해 BBC의 최고위급 임원과 BBC 내부의 전반적인 분위기가 상당히 변화한 상태였다. 1967년 노동당 총리 윌슨은 BBC 이사회 의장에 전 보수당 정치인이자 전 독립텔레비전공사(Independent Television Authority: ITA) 사장이었던 힐 경Lord Hill을 임명했다. 윌슨은 BBC가 자신에 대해 음모를 제기하고 있다고 생각하고 그 점을 대단히 언짢아했기 때문에, 그의 결정은 BBC 사장 휴 그린이 달고 있는 날개를 잘라 버리고 BBC를 좀더 정치적으로 고분고분하게 만들기 위한 계획적 시도로 해석됐다. 비록 힐과 그린이 한동안 어떻게든 함께 일하기 위해 노력했음에도 불구하고 힐의 지휘 아래 BBC의 분위기와 이사회의 역할은 점점 변화하기 시작했으며, 결국 그린이 힐과 합의하에 1968년 7월 사직서를 제출하게 됐다. 후임으로 온 찰스 커런Charles Curran은 후일 "이사회와 이사회 편에 서 있는 사람들이 그린의 개방적인 자유주의가 가져온 엄청난 충격을 만회하고 그들의 권위를 회복하기 위해 취한 조치"에 대해 전혀 "지나치지 않"으며 "바람직한" 변화라고 생각했다고 밝혔다.[227] 실제로 한 논객의 말에 따르면 커런은 "전임자보다 방임주의에 대한 포용력이 낮으며 제작진의 지적, 정치적 과잉을 통제하는 데 있어 의지할 만한 결단력을 지닌 관리자"이자 "믿을 만한 사람"으로 널리 인식됐다고 한다.[228] ■

찰스 커런은 1969년 4월 전까지 정식 사장은 아니었지만 그럼에도 〈빅 플레임〉의 방영 이후 촉발된 논쟁에 긴밀히 관계해 왔다. 방영 이틀 뒤 그는 뉴스 및 시사국 스태프 회의에 참여해 이 드라마가 "사실상 트로키츠주의 선전물"이나 다름없으며 이제껏 "그런 효과를 겨냥한 BBC 프로그램이 단 한 번이라도 있었는지" 질문했다.[229] 그리고 며칠 후 경영진 회의에서는 이토록 "논쟁적인" 드라마를 방영하는 것에 "상당한 의구심"을 품고 있지만 그럼에도 불구하고 그것을 "방영하는 것이 옳다고" 생각한다고 밝혔다.[230] ■ ■ 또 그사이 BBC 이사회 의장에게 편지를 보내 이 드라마에 대한 자신의 반응과 "BBC 텔레비전에서 이런 주제를 드라마로 다루어도 되는지에 대한" 의문을 전달했다.[231] 이 문제에 대해 비교적 늦게 개입한 커런은 이 드라마를 몹시 거슬려했던 것이 분명하다. 그러나 이 드라마의 정치적 견해를 불쾌하게 여김에도 불구하고, "〈라디오 타임스〉를 통해 공개한 마당에 방영을 취소하는 것은 어리석은 짓이며 방영하지 않을 경우 발생할 비난 여론이 방송국에 훨씬 치명적일 수 있다"고 판단했다. 하지만 이 드라마가 "균형을 유지해야 할 공영 방송의 보편적 의무"에 대해 근본적인 문제 제기를 유발할 것이란 점에 대해서는 여전히 우려했다. 그는 〈빅 플레임〉이 "해당 사안에 대한 균형 있는" 시각을 전달하지 못했으며 드라마로 방영되지 않았더라면 한 편의 다큐멘터리에 머물렀을 것이라고 주장했다. 그러나 커런은 〈캐시 컴 홈〉, 〈업 더 정션〉, 〈럼프〉도 균형을 결핍한 작품들이었지만 "이들 드라마의 높은 성취도와 그들이 사회 문제를 논한 방식"과 관련해 BBC가 그 공을 가로

■ 밀턴 슐만Milton Shulman은 또한 사장으로서 커런이 보인 접근 방식이 "균형과 그에 일치하는 책임감에 대한 과도한 강조"에 기반하고 있었음을 지적했다.

■ ■ 해외 방송 상임이사도 "방영 취소에 따른 위험이 너무 크다"는 사실에 동의했다.

챘다는 사실에 대해 알고 있었다. 그래서 그는 "절충 불가능한 해결책을 요구하는 사회 문제를 광범위하게 다루는 방식보다 특정한 정치적 주제를 직접적으로 다루는 방식이 좀더 예민한 문제를 야기한다는 점"에서 〈빅 플레임〉이 전작들과 "차이"를 갖는다고 덧붙였다. 그는 결국 BBC가 각본을 승인하는 단계에서부터 "(수용 가능할 것으로 보이는) 사회적 저항의 드라마와 (수상해 보이는) 정치적으로 편파적인 드라마"를 정의하고 구분하는 것이 중요하다고 주장했다. 그리고 만약 한 작품의 "창의적 가치"가 "불균형의 위험 요소를 정당화"할 정도로 높다고 보일 때는 "그다음으로 직급이 높은 책임자와 상의"하여 결정해야 한다고 했다.■

부분적으로 커런의 의견에서 영감을 받은 BBC 이사회 의장 힐은 이 드라마가 "당대의 정치적 프로파간다를 전달하는 데 극작품을 활용해도 되는가와 관련한 원칙에 중요한 문제를 제기하고 있"다면서 그다음 이사회 회의 때 〈빅 플레임〉 특별 시사를 진행했다.[232] 이는 드라마에 대한 논쟁을 유발했으며 3월에 있을 다음 이사회 회의 때 해당 문제와 관련한 정책 성명서를 제출하는 것으로 이어졌다. 성명서는 "당대의 정치적 논쟁을 객관적으로 다루어야 하는 BBC의 일반적 의무와 그런 논쟁적 주제를 다룬 BBC 드라마국 작품의 의도 사이에 충돌이 발생할 가능성"

■ 커런은 개별 드라마의 균형이란 다른 입장을 지닌 드라마를 추가적으로 제작하여 회복시킬 수 있는 것이 아니라고 봤다. 이런 의견은 텔레비전 예술프로그램국장 스티븐 허스트가 제기한 것으로, 그는 〈빅 플레임〉이 "자유주의를 자유 사회를 공격하기 위한" 용도로 이용했다고 비판하며, 이것은 "비뚤어진 마르크스주의자의 관점에서 리버풀 항만 노동자 파업을 바라본 작품"으로 "비마르크스주의 작가 로버트 바나 엘윈 존스가 쓴 드라마로 균형을 회복"시켜야 한다고 주장했다. Minutes of the Television Weekly Programme Review, 26 February 1969, BBCWAC.

"우리는 우리 자신을 위해 싸워야 합니다.":
〈빅 플레임〉의 마지막 부분에 나타난 정치적 의지

이 있음을 지적하며 다음과 같이 제안했다.

> 정치적 입장을 지닌 작가가 정치적 현안에 대한 BBC 프로그램 심의를 피해 가기
> 위한 수단으로 BBC 드라마를 고의적으로 이용하고자 하는 시도는 전면적으로
> 방지되어야 하며, 이런 목적을 달성하기 위해서는 당대 정치 프로파간다의 전파
> 수단 역할을 하는 드라마의 각본을 훨씬 엄밀하게 검토해야만 한다.233 ■

비록 이사회의 몇몇 임원은 〈빅 플레임〉에 대해 적대감을 나타냈지만, 이사회는 이런 조치를 전적으로 반길 수 없었으며, 이런 절차가 BBC 텔레비전 드라마를 "무력화"하거나 정치적으로 과격한 작품(예를 들면 조지 버나드 쇼George Bernard Shaw의 드라마들)의 방영 금지로 이어질 수 있다는 점에 대해 걱정스러운 태도를 비쳤다. 결과적으로 이사회는 성명서를 채택하는 대신 그에 대한 의견이 담긴 회의록을 전달했다. 하지만 이런 결과는 처음에는 자유주의의 승리로 보일 수 있을지언정 실제로는 그렇지 않았다. 예를 들면 그랜모 윌리엄스 교수(BBC 웨일스 대표이사)는 성명서가 그저 기존의 정책을 되풀이한 것일 뿐이며 그래서 "불필요하고 거슬린"다며 그 내용에 반대했다. 회의에 참여한 휴 웰던도 "텔레비전 심의국이 정치적 소수자들에게 이용당할 가능성에 대해 익히 인식하고 있"

■ 물론 이 작품이 정치적 관점과 관련해 상당한 비판을 받았다는 점도 지적할 필요가 있다. 〈데일리 익스프레스Daily Express〉(1969. 2. 20)에서 제임스 토머스는 이 작품이 폭스의 기준을 "통과한" 것 자체가 놀라운 "노골적인 공산주의 프로파간다"라며 불만을 표했다. 절대 지칠 줄 모르는 화이트하우스도 총리와 야당 지도자에게 보내는 글에서 〈빅 플레임〉이 "공산주의자들의 항만 점거에 대한 청사진 역할"을 했다며 BBC 헌장을 재검토해 줄 것을 요구했다. The Times, 21 February 1969, p.2.

음을 강조하며 "바로 그런 이유로 최근 방영을 저지한 작품들을 예로 들었"다.[234] ■ 이런 측면에서 이사회의 결정을 살펴보면 그들은 정치적으로 편파적인 작품도 방영할 수 있는 BBC의 권리를 방어하고자 한 것이 아니라 이미 시행되고 있는 정책에 더 많은 이목이 집중되는 것을 우려했던 것으로 보인다.

이런 논의는, 찰스 커런이 드라마와 다큐멘터리 관습의 혼용이 시청자를 속이는 행위라고 본 폴 폭스의 근심을 공유하긴 했지만 그와 이사회가 훨씬 더 걱정스러워했던 것은 다큐멘터리에 영향을 받은 드라마나 리얼리즘 드라마가 정치적으로 사용되는 것이었음을 알려 준다. 로치와 그의 동료들에게 드라마국에서 일하는 이점 중 하나는 정치적으로 편파적일 수 있다는 점이었다. 한 예로 앨런은 "균형"이나 "중립성" 같은 말을 믿지 않는다고 기꺼이 공표했다.[235] 하지만 커런이 보기에 BBC에 문제를 가져온 것은 바로 그런 사실, 즉 드라마는 사실 기반 프로그램에 요구되는 균형과 객관성의 의무를 피해갈 수 있다는 사실이었다. 이런 우려는 BBC 사무국의 J. A. 노리스J. A. Norris가 〈빅 플레임〉에 관해 접수된 불만에 대응하기 위해 보낸 답장에 드러나 있다. 노리스는 〈캐시 컴 홈〉과 관련해 처음 제기됐던 우려를 반복하며 "BBC가 제공하는 수많은 시사 프로그램의 제대로 된 맥락 안에서 자신의 아이디어를 처리할 수 있는 기회만으로는 만족하지 못하는 작가들"이 드라마를 "프로파간다의 전

■ 충분히 짐작할 수 있듯이 이와 관련해 가장 적극적으로 발언한 비평가는 우체국직원노동조합 사무총장 톰 잭슨Tom Jackson이었다. 그는 극중 노동조합을 재현한 방식에 대해 개탄하며 "정치적 편향성에 반대하진 않지"만, 〈빅 플레임〉의 경우 그 편향성이 "극히 일부의 위험한 소수를 지지하기 위한" 것으로 보인다고 반박했다.

파 수단"으로 사용하는 일을 예방하고자 주의하고 있다고 설명했다.[236] 하지만 커런과 BBC 경영진이 "논쟁의 한가운데 있는 이 드라마"와 그것이 BBC에 미칠 수 있는 악영향에 대해 불만스러워한 것은 명백한 사실이지만, 변화하는 분위기 속에서 BBC도 로치, 앨런, 가넷이 계속해서 논쟁적인 작품을 만드는 것을 두려워할지언정 완전히 막지는 못했다. ▪

하지만 세 사람이 함께 작품을 만드는 일이 점점 드물어진 것은 사실이다. 1967년 드라마국장 시드니 뉴먼까지 사임하고 그 자리에 숀 서튼이 앉은 뒤, 가넷과 트로드는 당시 전 BBC1 심의국장 마이클 피콕이 이끌었던 작은 방송사 LWT(런던 위켄드 텔레비전)와 2년짜리 계약을 맺고 그곳에서 드라마를 만들었다. 가넷은 또한 〈빅 플레임〉 촬영 몇 달 이후부터 영화 제작에도 관심을 갖기 시작해 로치와 함께 1968년 여름, 장편 영화 〈케스〉의 촬영을 시작했다. 이듬해 그들은 〈골든 비전〉의 공동 각본가 네빌 스미스가 쓴 작품이자 노동 계급 활동가의 죽음을 다룬 LWT 드라마 〈애프터 라이프타임〉(1971년 7월 18일 방영)도 함께 만들었다. 하지만 〈빅 플레임〉처럼 그 드라마도 방영이 연기됐다. 이 문제는 가넷과 트로드가 LWT의 상무이사였던 피콕의 파면에 저항하기 위해 1969년 9월 LWT의 임원직을 사직하면서 더 심각해졌다.[237] 따라서 〈애프터 라이프타임〉은 1969년에 이미 완성되었음에도 불구하고 1971년까지 방영되지 못했다. 그러자 가넷은 이 작품을 바로 언론에 공개해 버렸다.[238] LWT는 방영 연

▪ 예를 들어 조지 멜리George Melly는 〈빅 플레임〉이 "휴 그린 경의 사임을 추모하는 작품"으로서 새로운 체제 아래서는 그와 비슷한 작품이 결코 살아남을 수 없을 것이란 두려움을 드러내고 있다고 해석했다. *Observer*, 23 February 1969.

기가 프린트 상태와 러닝 타임, (배우조합의 항의를 샀다는) 비전문 배우의 기용, (로치의 작품으로서는 드물게도 드라마의 정치적 입장이 아니라 성적인 뉘앙스가 문제였다는) 독립텔레비전공사의 편집 요구 등과 관련한 문제 때문이었다고 주장했다. 그리고 자신들이 이 드라마의 정치성을 우려했던 것은 아니지만 그래도 방송국이 이 작품의 방영을 망설였던 이유에 그런 요인이 충분히 포함됐을 수도 있다고 밝혔다.[239]

그리하여 〈빅 플레임〉의 촬영이 끝나고도 2년 넘게 지난 1970년 말이 되어서야 로치는 다음 BBC 작품 〈랭크 앤 파일〉(1971년 5월 20일 방영)을 만들 수 있었다. 앨런이 각본을 쓴 이 작품은 그라나다 채널에 팔려고 기획한 것이었으나 나중에 BBC로 옮겨져 〈플레이 포 투데이*Play for Today*〉(〈더 웬즈데이 플레이〉의 후신) 시리즈 중 한 편으로 삽입됐다. 여러 면에서 이 작품도 〈빅 플레임〉만큼이나 논쟁적인 작품이었다. 하지만 BBC가 이 작품의 제작을 의뢰할 것인가를 두고 많이 망설였던 것은 분명하나, 그해 초 〈케스〉가 개봉하면서 로치의 위상이 워낙 높아져 있었던 상태라 BBC도 그를 기용하고 싶어 했다. 커런조차 〈빅 플레임〉과 관련한 우려를 접어 두고 〈랭크 앤 파일〉이 "일류 소재"로 만든 드라마임을 인정할 수밖에 없었다.[240] 그러므로 날로 높아지고 있었던 감독으로서 로치의 위상과 텔레비전 자장 안에서 보기 드문 "일류" 작품을 만들어 내곤 하는 그의 능력 때문에 BBC는 그의 거의 모든 작품이 야기해 온 정치적 논란에도 불구하고 그를 계속 기용할 수밖에 없게 되었다.

〈랭크 앤 파일〉

이는 〈랭크 앤 파일〉(1971년 5월 20일 방영)의 사례를 통해 잘 드러난다. 앞서 언급했듯 이 작품은 애초에 그라나다 TV를 위해 기획된 것이나 촬영에 들어가기 불과 4일 전 제작이 취소됐다. BBC 제작자 그레이엄 맥도널드Graeme McDonald는 그라나다가 마지막 순간에 겁을 먹은 것이라며 그 밑바탕에는 "정치적 이유"가 깔려 있음을 암시했다.[241] BBC 드라마국은 이 프로젝트를 넘겨받길 간절히 원한 동시에 이 작품이 일으킬 수 있는 문제를 인식하여 사장이 앞서 제안한 대로 그다음으로 높은 직급의 책임자에게 이 문제를 상의하는 방법을 택했다. 단막극부장 세이버리는 BBC 심의국장 폭스에게 연락해 이 프로젝트가 사실과 허구를 다루는 방식에 관한 BBC 정책을 위반할 수도 있지만 로치가 "원안을 근본적으로 수정하길 원치는 않을 것"이라고 설명했다. "모두 알다시피 로치의 사고는 정해진 패턴대로 작동하지 않으며 그의 가장 뛰어난 텔레비전 작품은 모두 허구와 기록을 뒤섞은 것이었다." 나아가 그는 "로치의 뛰어난 재능을 기용"할 기회를 잃어버리면 "실로 대단히 후회스러울" 것이라고 강조하며, BBC가 이 프로젝트를 그대로 진행시키되 그 안에 "잠복해 있는 위험"을 인식하고 있으면서 나중 단계에서 내용을 편집하거나 "완전히 부적합한" 결과물이 나왔을 시에는 방영을 취소할 각오까지 하고 있는 게 좋을 것 같다고 제안했다.[242] ■ 1970년 4, 5월 1만 5000명의 필킹턴 유리제조사

■ BBC의 대응 속도가 얼마나 신속했는지는 로치가 그 달의 말일(〈가족 생활〉 작업이 예정돼 있던 날짜)까지 촬영을 끝낼 수 있도록 하기 위해 바로 다음 주부터 촬영을 개시했다는 사실을 통해 잘 드러난다.

노동자가 일으킨 파업을 다룬 이 프로젝트를 둘러싸고 많은 긴장감이 돌았다. 완성된 드라마는 실제 사건에 상당히 충실한 편이었음에도 필킹턴사 경영진은 세인트 헬렌스가 아니라 스토크 온 트렌트에서 촬영한 점을 들어 작품에 협력하길 거부했다. 제목을 '세인트 헬렌스 파업'이라고 하면 어떻겠냐는 제안도 소용없었다.[■] 필킹턴사를 연상시킬 만한 구체적인 내용들도 각본에서 삭제됐으며, BBC는 이 작품을 특정 파업을 드라마화한 것이 아니라 "여러 다른 파업의 특성"을 아우르는 동시에 "전형적인 노사 분쟁에 관해 균형 있게 그려 낸 작품"으로 설명했다.[243] 그리고 촬영과 편집이 끝난 뒤에도 너무 논쟁적이거나 법적으로 문제가 될 만한 장면들을 새로 쓰거나 수정하길 권고했다. 그리하여 드라마 도입부에서 실제로 판유리의 공급을 독점하고 있었던 필킹턴사를 암시하는 장면이 삭제됐고, 마지막에 파업 주도자 데이(피터 케리건)가 영국이 "경찰 국가"가 되어 가고 있다고 말하는 장면의 수위도 조절됐다.[■■]

이런 장벽에도 불구하고 이 드라마는 로치의 전작들이 갖고 있었던 주제 의식을 그대로 연장한 것으로 보인다. 필킹턴사에서 실제 벌어진 사건들을 기반으로 한 드라마는 "100년 동안 한 번도 파업"이 일어난 적

■ 로치는 그라나다가 그 지역에서 가장 크고 중요한 회사 중 하나였던 필킹턴을 거스르지 말아야 한다는 두려움 때문에 제작을 취소했다고 주장했다. Hayward, *Which Side Are You On?*, p.116에서 인용.

■■ 그러나 이런 수정을 거쳤음에도 이사회 부의장 레이디 플로덴Lady Plowden은 프로그램의 방영 이후 트로츠키를 인용한 마지막 장면에 대해 "익명성을 지니고 있다던 BBC의 목소리에서 친혁명주의적 발언이 나오더라"고 불평했다. Meeting of Board of Governors, 17 June 1971, BBCWAC R1/39/1. 로치는 그 보이스오버가 사실 마지막 단계에서 공식적인 승인 없이 수정된 부분이라 밝혔다. Annal Peter Cheeseman Lecture, Staffordshire University, Stoke-on-Trent, 23 March 2004.

〈랭크 앤 파일〉의 배경을 스토크 온 트렌트에서 세인트 헬렌스로 대체하다

이 없는 한 공장 지대 마을에서 노동자들의 투쟁이 예상치 못하게 급증하는 과정을 따라간다. 이런 측면에서 이 작품은 자신들끼리 알아서 비공식 파업위원회를 조직하거나 풀뿌리 조직을 만들 수밖에 없는 노동자들의 심정과 그런 심정을 이해하지 못하는 노동조합 지도부의 실패를 보여 주고자 한다. 극적인 측면에서 이 작품은 개인보다 집단을 강조했으며, 극중 주인공들도 다분히 산발적으로 그 존재감을 드러낸다. 이를테면 영화는 "여기는 전쟁터다"라고 말하는 에디의 보이스오버로 시작하지만 노동자들이 공장 밖으로 나가 파업에 동의하는 대중 집회를 벌이는 오프닝 신에서 정작 에디가 등장하지 않는다. 반대로 파업 주동자들을 비롯해 첫 대중 집회 장면에서 주도적인 역할을 하며 주요 등장 인물이 될 것 같았던 여러 노동자들은 이후 두 번 다시 등장하지 않거나 아주 짧게만 등장한다. 이런 식으로 이 작품은 파업위원회가 노동자 집단으로부터 나오게 된 과정뿐만 아니라 계속 그 집단적 역학에 의해 움직여 나가는 과정을 보여 준다. 그래서 파업위원회가 노동조합회의로부터 제안 받은 현장 복귀의 적절성을 두고 분열하며 대중 집회를 제안할 때, 현장 복귀 반대 운동을 이끄는 것도 이전까지는 제대로 모습을 드러낸 적이 없는 평범한 평조합원들이다. 마찬가지로 파업에 참여했던 노동자들이 일터로 돌아가 부당한 대우를 당하자 또 다른 평범한 생산직 노동자들이 반란을 일으키며 파업을 계속해 나간다. 이렇듯 이 드라마는 파업위원회 모임을 여러 번 보여 주긴 하나 위원회나 특정한 개인을 과도하게 강조하는 일은 의식적으로 피하고자 한다. 그리고 그렇게 함으로써 텔레비전 기자가 노동자들을 인터뷰하며 이번 파업을 좌익 투쟁가의 개입에 따른 것으로 설명한 방식(실제 필킹턴 파업 당시 언론 보도들이 파업의 원인을 설명한 방식)에 대해서도 이의를 제기한다. 그런 의미에서 이 작품은 한 문제적 개인에게 순진한 노동자들을 조종해 파업을 일으킨 책임을 묻는 〈성난 침묵The Angry Silence〉(가이 그린Guy Green, 1960) 등 앞서 만들어진 영국 영화의 흐름 으로부터 상당히 비껴나 있다.▪ 물론 그 차이는 상이한 이데올로기적 견 해만이 아니라 상이한 미학적 전략(주인공 수의 증가, 느슨한 플롯 진행, 상세히 묘 사된 개인보다 사회적 대표성을 지닌 캐릭터들에 대한 강조 등)의 결과이기도 하다.

하지만 플롯의 느슨함은 이 드라마가 〈빅 플레임〉과 다소 다르게 느 껴지는 이유이기도 하다. 전작과 마찬가지로 〈랭크 앤 파일〉도 엄청난 양 의 보이스오버를 사용한다. 그러나 부분적으로는 사건의 복잡성 때문에 〈빅 플레임〉에 사용된 비교적 익명적이고 묘사적인 보이스오버에 비해 훨씬 서사적인 성격을 갖는다. 그래서 이 작품의 도입부에서는 보이스오 버의 주체가 누구인지 알 수 없지만, 곧 그것은 두 파업 주동자 에디와 빌 리(빌 딘)의 것으로 밝혀진다. 나아가 〈빅 플레임〉에서 익명성을 지닌 보 이스오버가 파업에 참여한 노동자들의 경험을 묘사하기 위한 것이었다 면 〈랭크 앤 파일〉에서 에디와 빌리의 보이스오버는 중요한 내러티브 정 보를 전달할 의무도 있다. 그래서 마지막에 노동자들이 3일간 파업을 벌 인 뒤 현장에 돌아와 고용주의 보복 행위에 직면했을 때, 그 복잡한 상황 을 설명해 주는 것도 에디와 빌리의 보이스오버다. 이렇게 보이스오버에 크게 의존한 연출 방식은 앨런의 각본에서 비롯된 것이기도 하다. 앨런

▪ 로치는 노동자들에 관한 영화가 별로 없는 상황에서 "개인의 이기적인 양심보다 대중 의 열망에 동의하는 영화"가 나와야 한다며 〈성난 침묵〉을 직접 비판한 바 있다. Alexander Walker, *Hollywood England: The British Film Industry in the Sixties*, London: Michael Joseph, 1974, p.374.

의 각본은 빠른 속도로 진행되며 내러티브의 비약을 수반한다. 그로 인해 플롯을 따라가기가 어려울 때도 있다. 그 결과 일부 시청자는 이야기가 "파편적이고 헷갈리"며 "누가 어느 편인지 파악"하지 못하겠다는 반응을 보였다.[244] 그만큼 그의 각본은 사건의 진행을 따라가는 것도, 작품의 정치적 메시지를 분명히 이해하는 것도 어렵게 되어 있었다.

또한 가넷은 〈라디오 타임스〉에 보낸 글에서 〈빅 플레임〉의 도입부에 나오는 집회 장면에 "고용주가 보이지 않아"서 "이상해" 보일 수 있다고 설명했다.[245] 고용주의 부재는 단지 그 집회 장면만이 아니라 이 작품 전체에 걸쳐 두드러진 특징이다. 문제의 회사가 그 지역 마을에 대해 지배권을 행사하고 있다고 주장하는 작품 속에 회사의 고용주가 등장하지 않는다는 점은 놀랍다. 그런데 이 점이 이 드라마의 요점 중 하나인지도 모른다. 고용주가 가진 권력은 엄청날 수도 있지만 그것은 정부, 미디어, 노동조합 지도부 뒤에 숨어 있다는 것이다. 이를테면 〈빅 플레임〉에서 리건이 파업위원회에 "고용주들은 우리에게 총공격을 가할 것이다"라고 경고하는 장면에서 그가 가리키는 것도 고용주들의 직접적인 행동이 아니라 "정부, 경찰, 군대"의 공격이다. 하지만 다른 한편으로는 고용주의 권력은 당연한 것이며 오히려 사회적, 정치적 진보를 심각하게 방해하는 것은 노동조합의 지도부가 만들어 낸 장벽이라는 느낌도 든다. 그래서 〈랭크 앤 파일〉에서 에디가 조합이 대체 무슨 일을 하려는 것인지 조합 임원 헤이건(어니 맥Ernie Mack)의 말이나 들어 보자고 노동자들에게 제안할 때, 그가 가장 중요한 적으로 여기는 것도 경영진이 아니라 (지방자치제직원노동조합총연맹이 아닌 척하는) 노동조합이다. 그러므로 실제 분쟁 처리 과정에서 해리 필킹턴Harry Pilkington 회장이 보인 대단히 온정주의적인 태도에도 불구하고, 노동자들은 실제 고용주보다 자신들이 속한 조합의 지도부와 주로 싸우고 있다.

평조합원들에 대한 노동조합 지도부의 배신은 〈럼프〉와 〈빅 플레임〉에서도 중심 주제였지만 〈랭크 앤 파일〉에 가장 격렬하게 표현되어 있는 듯하다. 파업위원회가 조합 지도부에 대한 신뢰를 잃었음에도 불구하고 일부 노동자는 빌리가 "모든 노동조합을 대표하는 국회의사당"이라고 표현한 노동조합회의가 자신들 편에서 이 사태에 개입해 줄 것이란 미련을 버리지 못한다. 노동자들이 런던으로 향할 때 노동조합회의 사무총장이 중재에 나서 그들을 현장으로 돌아가도록 설득한다. 하지만 노동자들이 불리한 상황에 처하자 그는 그 문제에서 손을 털어버리고, 노동자들은 노동조합회의가 "투쟁을 통제하고 노동자들이 실패하도록 이끄"는 "죽일 놈의 배신자들"이라 비난한다.▪ 그 뒤 드라마는 파업 노동자 중 한 명인 찰리(찰리 발로Charlie Barlow)가 등장하는 감동적인 장면으로 끝난다. 43년째 근무 중인 고참인 그는 일터로 복귀했지만 연금을 박탈당한다. 그 장면은 회사의 징계 처분과 그로 인해 장기 근속 노동자가 안게 된 모욕감을 강조하는데, 자세히 보면 그 신이 유발하는 분노는 (극중에서 비교적 직급이 낮은 인사과 직원을 제외하면 두 번 다시 등장하지 않는) 고용주보다 파업 노동자들을 지지하기는커녕 그들이 부당한 처사를 받도록 내버려 두는 노동조합 지도부를 향해 있다.

▪ 노동조합회의 사무총장이 나오는 장면에서 이상한 점 중 하나는 카메라가 그를 등 뒤에서 찍어 그의 얼굴이 보이지 않는다는 점이다. 이는 아마도 실제 사무총장 빅 페더Vic Feather를 직접적으로 암시하진 않되 그의 존재를 재현하기 위한 장치로 짐작된다. 하지만 좀더 일반적인 해석에 따르면 이런 장치는 노동조합회의를 얼굴 없는 관료주의자들로 보이도록 한다.

노동조합회의의 배신: 〈랭크 앤 파일〉

〈빅 플레임〉과 비교했을 때 이 드라마는 또한 필킹턴에서 있었던 실제 파업의 결과와 같은 수준의 정치적 실패의 느낌을 훨씬 강렬하게 전달한다. 나아가 노동자 경영권에 대한 비슷한 수준의 실험이 완전히 부재한다는 점을 감안하면 노동자들의 싸움이 갖는 정치적 중요성도 훨씬 모호하게 다가온다. 제이콥 리Jacob Leigh는 인사과 직원과 찰리가 같이 나오는 한 장면에서 찰리가 "파업의 희생양 중 하나"로 묘사되어 있다고 설명한다.[246] 리는 고용주의 결점을 인식하고 있긴 하지만, 그럼에도 이는 찰리의 불행을 파업에 의한 것으로 돌리려는 인사과 직원의 노력과 일치하는 잘못된 공식이다. 한편으로는 고용주들의 행동을 사사롭게 다루는 이 드라마의 미학적 장치와 모호한 결말의 결합이 이런 해석을 유도한 것이라 볼 수도 있다. 앞서 언급한 것처럼 이 작품의 결말은 방영 전에도 후에도 BBC 내에서 불안감을 일으켰다. 〈청년의 일기〉에서 처음 시험적으로 사용됐던 기법으로 되돌아간 이 시퀀스는 노동 투쟁에 참여한 노동자들과 아이들의 이미지로 구성된 일련의 스틸과 에디의 보이스오버를 결합시켰다. 몇몇 비평가들은 이것이 둘을 단순히 이어 붙인 것에 불과했으며 앞서 나온 사건과 명확한 관계를 보여 주지 못했다고 비판했다. 하지만 이 시퀀스는 특정 분쟁의 특이성을 일반화하고 그 분쟁을 다른 노동 투쟁이나 정치적 투쟁과 연결을 짓기 위한 시도로 보이기도 한다. 보이스오버는 또한 이 작품에 나온 것과 같은 비공식 파업을 불법화한 1971년 노사관계법을 예견케 하기도 한다. 그러나 파업의 실패에 대해 다음과 같은 자체적 해석을 들려주기도 한다.

평조합원들의 무력함과 맹목적인 투쟁으로는 아무것도 얻을 수 없다는 사실을 확실히 깨달았다. 가장 중요한 문제는 정치적 리더십과 노동자들을 권력으로 이끌어 줄 단체의 토대를 만드는 것이다.

이런 관점은 노동당과 노동조합회의의 정치적 리더십에 대한 대안을 요구한 것인 동시에 앞서 노동 투쟁을 통해 이뤄낸 성과(조합 지도부의 문제에 대응해 자신들만의 조직을 형성하고 발전시킨 평조합원들과 그들이 보여 준 힘에 대한 긍정)에 흠집을 내는 것이기도 했다. 생산직 노동자들의 파업이 갖는 한계를 지적함으로써 파업에 대한 통념을 재생산하는 위험을 저질렀을 수도 있는 것이다. 이 작품이 노동 투쟁의 근거와 고용주들의 행동을 별로 강조하지 않으려 했다는 점을 감안하면 더욱 그러하다.■ 그러므로 이 작품은 노동 투쟁을 유발한 경제적 조건을 설명하기보다 정치적 전략에 대해 우선적으로 질문함으로써, 노동자들의 실패를 그러려니 여기고 노조의 승인을 받지 않은 노동 투쟁은 헛수고라는 통념을 재생산했다고 볼 수도 있다. 실제로 BBC 경영진도 이 작품의 시청률이 저조했던 이유에 대해 파업을 다룬 텔레비전 프로그램에 대한 시청자의 반감이 높아지고 있었으며 〈랭크 앤 파일〉이 파업을 근본적으로 다른 관점에서 보여 주고자 한 점이 잘 드러나지 않았다고 설명했다.247■■

BBC 경영진이 직접적으로 개입했기 때문인지 최종 완성된 작품은 언론으로부터 "사실에 허구를 합성해 넣는 방식"과 관련해 비판을 받긴

■ 토니 레인과 케네스 로버츠가 쓴 연구서 《필킹턴 파업》의 충격적인 결론 중 하나는 노동자들이 조직되고 관리되는 방식 때문에 오히려 정상적인 업무 환경에서도 굉장히 빠른 속도로 파업의 움직임이 형성될 수 있다는 사실이다.

■■ 이 작품에 대한 BBC의 시청자리서치 조사에 따르면 많은 시청자들이 파업을 지긋지긋하게 여겼으며 "오락물로 만들어진 파업 드라마"도 보고 싶어 하지 않았다고 한다.

했지만 〈빅 플레임〉만큼 논쟁을 불러일으키진 못했다.[248]■ BBC 경영진도 상반된 의견으로 갈렸다. 텔레비전 예술프로그램국장 스티븐 허스트 Stephen Hearst는 이것이 "뛰어난 작품"이지만 "사실상 드라마라는 점을 숨기기" 위해 "부적절한 형식"을 사용했다고 보았다. 시사국장 존 그리스트John Grist도 이것은 "저널리즘"이고 "트로츠키주의 선전물"이지 제대로 된 드라마가 아니라고 비판했다. 하지만 이 드라마를 제작하기 위해 힘쓴 세이버리는 반대 의견을 내놨다. 그는 이 작품이 "다큐멘터리보다 드라마에 훨씬 가까우"며 이 작품에 가해진 비판은 오히려 "이 작품의 핍진성에 대한 상찬"에 해당한다고 주장했다. 이 핍진성에 대해 텔레비전 디자인국장 리처드 르빈Richard Levin은 좀더 자세히 설명하며 "컬러 방송 시대"에 "극적인" 조명 없이 촬영된 "상당히 손상된 것처럼 보이는 흑백 필름 프린트로 방영됐"기 때문에 "드라마보다 훨씬 다큐멘터리 같은" 느낌이 난다고 지적했다. 아직 작품을 보지 못한 텔레비전 상무이사 웰던은 오래전부터 그래온 것처럼 사실과 허구를 혼용하는 것에 대해 우려를 나타냈지만, 이번 작품의 경우에는 시청자를 "속인" 증거가 보이지 않는다고 설명했다.[249]■ ■ 하지만 이 드라마의 홍보물에 대해서는 그것이

■　이런 반응은 몇 년 전 〈캐시 컴 홈〉에 대해서도 같은 비판을 했던 한 평자의 것이 대부분이었다.

■ ■　"다큐멘터리 드라마"에서 "시청자를 속이는 것"의 문제는 로치의 텔레비전 작품과 관련해 반복적으로 제기된 문제인데, 그 논의는 대체로 시청자가 텔레비전을 시청하는 방식을 대단히 단순하게 이해하는 방식에 근거하고 있다. 1978년 BBC가 이 문제와 관련해 시행한 리서치는 시청자들이 사실과 허구의 혼용을 "충분히 수용할 수 있"으며 드라마가 "진실한지 아닌지" 판단하는 것은 방송국 임원들이 아니라 자신들의 몫이라 생각하고 있음을 보여 준다. Audience Research Omnibus Survey No. 4, October 1978, "Blurring the Distinction between Fact and Fiction," BBCWAC R9/793/1.

시청자들을 확실히 호도하였으며 차라리 시청자들에게 "논쟁적인 드라마"를 보게 될 것이라 정확히 알려 주었더라면 더 좋았을 것이라고도 지적했다.■ 커런 사장도 이 프로그램이 "드라마가 허락하는 자유를 충분히 이용해 먹은 뒤 부당한 가설을 다큐멘터리로 포장하는 식으로 두 가지 관습을 혼용하고 있기 때문에 문제를 일으킬" 수 있으며 그것이 "균형을 지킬 줄 안다는 BBC의 명성에 손상을 입힐" 수도 있다고 우려를 표했다.[250] 하지만 나중에 그는 〈랭크 앤 파일〉이 "정통적인 노동조합을 주로 비판했다는 점을 염두에 두면 좌익 편향적 비판"으로부터 이 작품을 방어하는 것도 어렵지 않다고 결론지었다. 아마도 그는 비슷한 시기에 개봉된 코미디 영화 〈아임 올 라이트 잭*I'm All Right Jack*〉(1959)이 이 작품에 완충 작용을 해줄 것이라 생각했던 것 같다. 그는 그 영화가 "노동조합회의가 전적으로 불쾌하게 느낄 만한" 작품이라 생각했다.[251]■■ 그러나 (각기 다른 방식으로) 노동조합 지도부를 똑같이 비판한 두 작품이 어떻게 서로를 보완해 줄 수 있는지에 대해서는 설명하지 않았으며, 이는 그가 〈랭크 앤 파일〉의 정치적 입장에 대해 완벽하게 이해하지 못했다는 방증이다.

■　웰던은 시청자들을 호도하는 일을 피하기 위해 분명한 표식을 사용하는 방법을 선호했다. 그래서 그가 제작을 의뢰한 팸플릿(Principles and Practices in Documentary Programmes, 1972)에는 이런 문구가 실렸다. "시청자는 자신이 드라마가 아닌 다큐멘터리를 보고 있다는 사실을 알아야 한다. 이것이 특정한 관점에서 이런저런 것을 보여 주고자 하는 다큐멘터리임을 알아야 하는 것이다"(p.17). 이어지는 글에서 그는 이런 원칙이 드라마에도 똑같이 적용돼야 한다고 설명했다. "시청자는 자신이 다큐멘터리가 아닌 드라마를 보고 있다는 사실을 알아야 한다. 이것이 특정한 관점에서 이런저런 것을 보여 주고자 하는 드라마임을 알아야 하는 것이다." "Principles and Practices in Documentary Programmes": Note by Managing Director, Television, 13 March 1973, BBCWAC R78/2623/1.
■■　같은 자리에서 웰던도 두 작품이 가까운 시기에 공개된 것은 "우연이 아니"라고 말했다.

그는 또한 이사회 회의에서 "'다큐멘터리'를 '드라마'라고 꼬리표를 붙여 BBC의 비편파주의 원칙을 피해 가고자 하는 사례"가 없길 바란다는 이사회 의장 힐의 말에 이 드라마를 두둔하기도 했다. 그는 "가끔 한 번씩 이렇게 극도로 자연주의적인 드라마를 방영하는" 것 또한 BBC의 원칙이라고 보았으며 "이번 사례도 올바른 결정에 해당"한다고 믿었다.[252] 그리고 이후 수년간 논쟁적인 드라마에 관해 이런 '올바른' 사례의 원칙을 고수했다. 리즈의 의류제조업 노동자들이 일으킨 파업을 다룬 배터스비와 콜린 웰런드Colin Welland의 〈플레이 포 투데이〉 시리즈 작품 〈리즈 유나이티드!*Leeds United!*〉(1974년 10월 31일 방영)를 둘러싸고 일어난 논쟁과 관련해서도 정치적인 주제를 다룬 드라마를 방영 금지시키는 것은 "납득할 수 없는" 일이라고 주장했다. "문제는 양"이기 때문에 "이런 드라마도 적당한 수와 빈도를 유지하며 조심스럽게 다루기만 하면 된다"는 것이었다.[253] 당연하게도 이 양의 문제는 로치가 다음으로 만든 BBC 작품 〈희망의 나날들〉(총 7시간이 넘는 4부작 드라마)과 관련해 또다시 거론됐다.

텔레비전에서 영화로

〈불쌍한 암소〉, 〈케스〉, 〈가족 생활〉

5

〈업 더 정션〉 이후 1960년대의 켄 로치와 토니 가넷은 이전까지 뉴스나 시사 프로그램에서만 사용됐던 가벼운 16mm 카메라를 활용함으로써 스튜디오 드라마에서 벗어나 영화를 향해 나아가는 행보를 보였다. 그런 점에서 BBC 내에서 이루어진 로치의 작업은 드라마와 다큐멘터리뿐만 아니라 영화와 텔레비전 사이를 구분 지어 온 전통적인 경계선을 무시한 것이었다. 실제로 〈캐시 컴 홈〉은 드라마로 받아들여졌지만, 드라마가 대대적인 성공을 거두자 가넷은 극장 배급의 기회를 모색하기도 했다. 옥스퍼드 가의 아카데미 시네마 극장주가 관심을 보이긴 했지만 그는 "영화관에서 보니 텔레비전으로 봤을 때만큼 인상적이지" 않고 "드라마와 다큐멘터리의 혼용이나 녹음 자료들이 영화관보다 텔레비전에서 훨씬 자연스럽게 다가오는" 작품이라며 상영을 포기했다.[254]■ 하지만 가넷은 단념하지 않고 컨템포러리 필름스와 협상하여 잭 골드의 〈럼프〉와 "텔레비전 시청자보다 파리 풀만의 관객들이 더 좋아할 법한

■ 하지만 결국 콩코드Concord가 16mm 프린트로 배급했다.

종류의 작품"이라 소개된 로치의 〈인 투 마인즈〉의 상영 기회를 확보했다.[255] 그러나 가넷에게는 매우 실망스럽게도 BBC 경영진은 "영화 산업과 경쟁을 벌이는 것"은 방송국의 정책에 반하는 일이라며 극장 배급에 반대했다.[256]

비디오보다 필름으로 촬영하거나 텔레비전 작품도 가능하다면 극장 개봉을 하려 한 로치와 가넷의 열의를 감안하면, 그들이 적당한 때를 보아 장편 영화로 방향 전환을 한 것은 당연한 일이다. 가넷은 "영화를 만드는 일이 훨씬 만족스러워" 보였다고 한다. "영화는 더 오랜 시간과 더 많은 돈을 들여 만들 수 있다. 더 큰 캔버스에 그림을 그릴 수 있는 것이다."[257] 하지만 부가적인 시간과 돈에는 그만한 대가가 따랐다. 로치와 가넷은 BBC 경영진을 상대하며 겪어야 했던 온갖 어려움이 있긴 하지만 방송국의 전반적인 자유주의적 태도 덕분에 자신들이 논쟁적인 주제도 다룰 수 있었고 상대적 자유도 누릴 수 있었다는 사실을 잘 알고 있었다. 공영 방송의 경제적 조건 덕에 이윤을 내야 할 의무로부터도 자유로울 수 있었다. 하지만 영화의 경우에는 경제적 압박감의 정도가 상당히 달랐다. 로치가 살펴본 바처럼 상업 영화의 경우, 영화는 하나의 "상품"이나 마찬가지였으며 가장 중요한 문제는 "이 영화가 돈이 될 것인가 안 될 것인가"였다.[258] 그러므로 로치는 장편 영화로 넘어가게 됨에 따라 이전에는 경험하지 못한 "상업적" 요구와 타협하지 않을 수 없었다.[259]

"나 같은 여자애가 성공하는 거 봤어요?":
〈불쌍한 암소〉

〈불쌍한 암소〉는 넬 던이 이전부터 영화화하고 싶어 했던 자신의 소설을 각색한 작품이다. 그녀의 에이전트는, 텔레비전 출신 감독 존 슐레진저 John Schlesinger의 〈어 카인드 오브 러빙 앤 빌리 라이어A Kind of Loving and Billy Liar〉를 만들어 성공을 거둔 바 있는 독립 제작자 조지프 자니Joseph Janni를 끌어들였다. 자니는 앵글로 아말가메이티드란 배급사로부터 제작비를 조달받았고, 그들의 투자금과 정부 지원하에 운영되는 국립영화금융공사에서 받은 추가 자금을 바탕으로 제작이 진행됐다. 제작 규모의 측면에서 보았을 때 이는 로치에게 상당한 변화를 의미했다. 직접 비용만 따졌을 때 〈캐시 컴 홈〉은 1만 5000파운드, 〈인 투 마인즈〉는 1만 2000파운드가 좀 못 되는 규모였다.[260] 비록 이런 수치가 간접 비용을 포함하지 않은 것이긴 해도 〈불쌍한 암소〉의 예산이 21만 파운드임을 감안하면 큰 도약이었다. 이런 차이는 촬영 일정에도 반영됐다. 텔레비전 작품을 만들 때 로치는 보통 3주 정도 촬영하는 데 익숙해져 있었다. 그에 비해 〈불쌍한 암소〉의 촬영 기간은 8주로 계획됐으며 실제 촬영 기간은 그보다 더 길어졌다. 한편으로는 로치의 경험 부족 때문이었고 다른 한편으로는 그가 영화계 사람들과 방송계 사람들이 뒤섞여 있는 스태프들을 다루는 데 어려움을 겪었기 때문이다.[261] 이런 차이에도 불구하고 〈불쌍한 암소〉는 그의 텔레비전 드라마에 사용된 여러 장치를 수용하고 발전시켰다는 점에서 로치의 작품임을 쉽게 알아볼 수 있는 작품이다.

그러나 〈업 더 정션〉과는 대조적으로 이 영화는 한 명의 캐릭터에 좀더 명확히 초점을 맞춘 작품이다. 영화 시작과 동시에 런던 이스트엔

〈불쌍한 암소〉 촬영 시 캐롤 화이트와 테렌스 스탬프에게 연출 중인 켄 로치

드에 사는 조이(캐롤 화이트)는 조니란 이름의 아들을 낳는다. 그리고 남편 톰(존 빈튼)이 체포된 이후 그의 공범 중 한 명인 데이브(테렌스 스탬프)와 관계를 맺는데, 그마저도 감옥에 가게 되자 톰이 석방될 때까지 여러 남자와 짧게 만난다. 하지만 내러티브적 연속성을 훼손시키지 않는 범위 내에서 원래 각본에 나와 있는 사건의 순서를 변경시킨 영화의 플롯은 느슨하고 삽화적이며, 사소한 사건(조니가 머리핀을 망가뜨린 일)과 내러티브적으로 중요한 의미가 있는 사건(데이브의 재판과 구금) 사이를 왔다 갔다 한다. 그래서 영화의 결말에서 어느 정도 내러티브적 해소가 이루어지긴 하지만 거기에는 그 순간까지 비교적 임의로 진행돼 온 것처럼 삶이 그렇게 계속 이어질 것 같다는 느낌도 담겨 있다. 이 영화는 이야기를 명확히 매듭짓기보다 그녀의 미래에 대해 물어보는 외화면 속 정체불명의 인물에게 조이가 직접 카메라에 대고 대답하는 것으로 끝난다. 로저 브롬리Roger Bromley가 주장한 것처럼 로치가 이후에 만든 영화들과 연관 지어 보면 이 영화는 "끝나기"보다 "잠시 멈추는" 것에 가까우며, 관객에게 이제까지 일어난 일을 돌이켜 보고 다음에 어떤 일이 벌어질지 예상해 보게 한다.[262] 자막과 노래를 아이러니한 논평의 도구로 사용한 방식과 더불어 이 영화의 삽화적 구조는 여전히 로치가 고다르의 영향과 브레히트적인 이상에 기대고 있음을 알려 준다. 하지만 그의 초기작에서 볼 수 있었던 것처럼 이런 형식상의 자기 반영적 장치는 다큐멘터리와 뉴스릴에서 빌려온 기법과도 결합됐다.

이는 내러티브가 진행되는 중간에 캐릭터들이 처한 사회적, 물리적 환경을 보여 주는 설명적 숏들을 간간이 삽입한 방식을 통해 특히 잘 드러난다. 조이를 보여 주다 거리의 행인으로 넘어간다든지 그녀가 퇴원하는 모습을 보여 준 뒤 카페의 다른 손님들로 넘어가는 컷에서부터 시작해, 이런 방식은 영화 전반에 걸쳐 나타난다. 술집 시퀀스에서도 같은 전략이 발견된다. 예를 들면 조이와 그녀의 추종자(빵 배달부)가 대화를 나누는 모습을 보여 주다 술 마시고 있는 다른 정체불명의 사람들을 보여 주는 일련의 클로즈업으로 넘어가는 식이다. 해변 시퀀스에서도 같은 전략이 폭넓게 사용된다. 휴가 온 사람들의 숏과 조이와 조니의 숏을 이어 붙인 긴 몽타주로 이루어진 이 시퀀스는 보이스오버를 통해 관객에게 톰의 석방이 임박했음을 알려 주는 것 외에 별 내러티브적 기능을 맡고 있지 않다. 묘사적 성격을 지닌 〈업 더 정션〉과 〈캐시 컴 홈〉에서와 마찬가지로 이런 장치들은 캐릭터들의 행위를 사회적, 문화적 맥락 안에 위치시키고 그들의 특정한 곤경을 노동 계급 공동의 조건과 연결시킨다. 그렇게 해서 역시 두 전작과 마찬가지로 이 영화는 영국으로부터 소외당한 영국인들이 어떻게 살아가고 있는지 보여 주고, '풍요로운 사회'의 진상에 대해 의구심을 제기하고자 한다.

예를 들어 로버트 머피Robert Murphy는 이 영화를 "'스윙잉 런던'에 반기를 드는 영화" 목록에 올리며 이 영화가 "몇몇 노동 계급 출신의 사진작가, 축구 선수, 배우, 모델들의 벼락 출세"에도 불구하고 여전히 노동 계급의 특징으로 여겨지는 "가난, 부진한 삶, 기회의 박탈"을 강조한다고 지적했다.[263] 그래서 조이는 더 나은 삶을 꿈꾸는 동시에 자신의 미래의 한계에 대해 현실적인 태도를 보이며, 영화의 마지막에 이르러 "나 같은 여자애가 성공하는 거 봤어요?"라고 묻는다. 〈업 더 정션〉에서처럼 욕망과 현실의 간극으로 인한 이런 긴장은 동시대 팝 음악(최신 유행곡과 팝 가수 도노반의 새 노래들)을 통해 구체적으로 표현된다. 이 노래들은 그 시기의 문화적 활력을 전달하고 때로는 조이의 정서와 공명하는 것처럼 보이기도 하지만, 다른 한편으로는 극중 행위에 논평을 가하거나 대중 문화가 찬양하는 이상화된 세상과 조이가 직접 경험한 암울한 현실 사이에 존재하는 일말의 간극을 강조하기도 한다. 몇몇 곡은 내러티브 행위에 대해 명시적인 논평을 제공하기 위한 목적으로 특별히 만들어진 것이다. (〈아서 결혼의 파경〉에서도 노래를 가지고 비슷한 효과를 만들어 냈던) 크리스토퍼 로그가 쓴 가사에 도노반Donovan이 멜로디를 붙인 〈낫 투 하드Be Not Too Hard〉란 곡도 그런 경우다. 오프닝 시퀀스에서 조니의 탄생을 보여 주는 숏들과 이후 조이가 집으로 돌아가는 모습을 보여 주는 숏들에 덧붙여진 노래는 "아무것도 가진 것 없"이 "짧은 인생"을 살다 갈 영화 속 캐릭터들에 대해 선입견을 갖지 말라고 명확히 조언한다. 다른 장면의 사운드트랙은 동시대 팝 차트에서 가져온 팝 음악들로 구성되어 있다. 톰이 체포된 후 조이, 조니, 엠 이모(퀴니 와츠Queenie Watts)가 함께 등장하는 시퀀스도 그에 해당된다. 조이가 난롯가에서 옷을 빨고 기저귀를 갈면서 조니와 함께 집에 처박혀 있는 동안 엠 이모는 저녁 외출을 위해 옷도 차려입고 속눈썹도 붙이고 머리도 빗으며 준비를 한다. 이같이 명백히 무의미한 행위들은 여자들의 대화, 라디오 디제이의 멘트("전망이 결코 나쁘지 않네요."), 뉴 보드빌 밴드The New Vaudeville Band의 〈피커부Peek-A-Boo〉나 러빙 스푼풀The Lovin' Spoonful의 〈백일몽Daydream〉 같은 팝 음악의 구절들을 넘나드는 사운드트랙, 시간적 생략을 동반한 복잡한 몽타주 등을 통해 전달된다. "백일몽을 꾸기에 얼마나 좋은 날인가," "당신은 아주 화려하고 자유로워," "뭔가 잘되어 가고 있어" 같은 노래 가사는 자기 앞에 닥친 사건에 대해 기꺼이 인내하는 모습을 보이는 조이의 반응을 구체적으로 설명할 뿐만 아니라, 대중 문화가 찬양해 마지않는 이상적인 인간관계에 대한 판타지와 매일 그녀가 직면해야 하는 사회적, 경제적 압박감 사이의 간극을 확고히 드러낸다.￭

그러나 이 영화의 전략이 이런 식으로 '스윙잉 런던'의 이면을 폭로

하는 것임은 확실하지만, 그 전략을 구사하는 과정에서 특정한 긴장이 발생하기도 한다. 로치가 오코너와 함께 만든 드라마와 마찬가지로 이 영화 역시 노동 계급(과 톰에 따르면 "누구든 털면 먼지가 나는" 이 사회 전반)을 정의하는 요소로 범죄를 강조한다. 범죄에 대한 이런 강조는 존중받을 만한 노동 계급과 임금 노동자의 현실을 외면하게 만들 뿐만 아니라 조이 앞에 닥친 불행을 계급 체제로 인한 불평등이나 사회적 불이익보다 그녀 주변의 남자들의 범죄 성향과 관련지어 보게 한다. 그리고 물리적 환경을 강조하는 면에 있어서도 〈업 더 정션〉과 〈캐시 컴 홈〉을 뒤따르고 있긴 하지만, 그런 환경을 시각적으로 묘사하는 방식은 앞선 텔레비전 작품 때와 질적으로 달라져 있다. 가벼운 16mm 카메라를 활용한 흑백 촬영에 능숙했던 로치는 〈불쌍한 암소〉도 흑백으로 찍고 싶었지만 상업적 고려로 인해 당시 장편 영화 제작의 표준이었던 35mm 컬러 필름으로 촬영해야 했다. 또한 그는 〈업 더 정션〉과 〈인 투 마인즈〉에서 함께했던 촬영 기사 토니 이미Tony Imi를 기용하고 싶었지만 로치의 방법론에 별로 익숙지

■ 이런 간극은 조이와 데이브의 웨일스 여행 장면에서도 작동하고 있다. 처음에 이는 기대감을 낮추는 기능을 한다. "오 주여 웨일스가 얼마나 멋진 곳인지 절대 잊지 않겠습니다"라고 선언하는 자막 뒤에 조이가 데이브에게 통조림 스튜를 던지는 장면을 보여 줌으로써 시골 캠핑의 실제가 이상적 이미지와 어떻게 다른지를 보여 주는 것이다. 하지만 이 시퀀스는 재즈풍의 사운드트랙이 흐르는 가운데 조이와 데이브가 폭포 아래서 포옹하는 장면으로 마무리된다. 많은 비평가들이 이런 상투적인 이미지에 거부 반응을 보이긴 했지만 레이먼드 더그냇Raymond Durgnat은 이 장면에서 보이는 "멘솔 담배 광고"와의 유사성은 조이가 "광고에 길들어 있는 눈으로 시골을 바라보고 있음을 알게 한다는 점"에서 "의도된" 표현이었을 수 있다고 지적했다. "TV's Young Turks (Part Two)," Films and Filming, April 1969, p.28. 이 이미지는 〈캐시 컴 홈〉에서 캐시와 레지가 운하에서 키스하는 모습을 한 편의 광고처럼 보여 줬던 장면을 연상시키기도 한다.

않았던 브라이언 프로빈Brian Probyn이란 촬영 감독과 작업해야 했다. 그래서 이 영화는 〈업 더 정션〉과 〈캐시 컴 홈〉에 사용된 미학적 전략을 상당 부분 반복하긴 했으나, 새로운 촬영 기사와의 호흡, 더 무거워진 장비, 컬러 필름 촬영 등으로 인해 앞선 TV 작품을 특징지었던 '거칠고도 파격적인' 느낌을 잃어버리게 됐다. 카메라워크는 전반적으로 좀더 안정적으로 변했고 핸드헬드 촬영은 제한적으로만 이루어졌으며 조명이나 미장센도 좀더 선명해졌고 촬영 또한 대부분 좀더 깔끔하고 명쾌해졌다. 그 결과 몇몇 비평가는 이런 촬영 스타일이 '밑바닥 인생'을 주제로 한 이 영화에 잘 들어맞지 않는다며 못마땅해하기도 했다. 일례로 한 비평가는 "사탕발림 효과"를 내는 이스트먼 컬러 촬영을 오점으로 지적했으며, 또 다른 비평가는 이런 소재를 "팝 음악으로 포장한 졸라"를 연상시키는 "쾌활한 서정주의"로 도배했다고 비판했다.[264] 로치 스스로도 "컬러 필름을 예뻐 보이지 않게 하는" 것은 너무 어려운 일이었다고 시인하며 자신의 성취를 인정하지 않았다.[265] 그 결과 만들어진 스타일과 내용 간의 명백한 긴장은, 예를 들면 조이가 데이브와 함께 그의 아파트로 돌아가는 시퀀스에도 잘 드러나 있다. 〈캐시 컴 홈〉의 공동 주택 구역 시퀀스를 연상시키는 이 시퀀스는 뒤로 건물 마당이 보이는 가운데 조이, 데이브, 조니가 계단을 오르는 장면과 빨랫줄이 뒤엉켜 있는 마당을 연달아 보여 주는 일련의 숏들로 구성되어 있다. 초기작에서와 마찬가지로 이런 숏들은 기본적인 내러티브 행위를 캐릭터와 관련된 사회적, 물리적 환경을 보여 주고 그들의 비좁고 불편한 주거 환경을 기록하는 수단으로 확장시킨다. 그러나 다른 한편으로 이런 환경을 묘사하는 데 사용된 기교적 구성(아치형 프레임을 통해 화면 속 장소에 도착한 캐릭터들을 보여 주는 구성)과 양식적인 컬러의 활용(일률적인 회색 배경과 대조되는 원색 의상)은 〈캐시 컴 홈〉의 비슷한 시퀀

스에서는 발견되지 않았던 일종의 탐미주의를 드러낸다.■

이 양식화의 요소는 이 영화 내에서 작동하는 다른 종류의 긴장과 관련해 어느 정도 이해 가능할 것이다. 그 다른 종류의 긴장이란, 시각적 스타일과 내용 사이의 긴장보다 사회적 조건을 더 우선적으로 드러내고자 하는 다큐멘터리적 충동과 캐릭터들의 내면 정신 상태에 부합하는 외적 표현을 찾아내려는 심리학적 설명의 충동(예술 영화의 특징) 사이에 존재하는 갈등을 가리킨다. 〈캐시 컴 홈〉처럼 이 영화도 보이스오버를 사용하는데, 조이는 무슨 사건이 벌어졌는지 설명하는 관습적인 내레이터를 연기하기보다 자신의 생각과 감정을 묘사한다. 마찬가지로 보이스오버의 정확한 상태 또한 불분명하게 나타난다. 특히 조이가 데이브에게 보내는 편지를 동기로 삼지 않은 보이스오버들은 더욱 그러하다. 그녀의 보이스오버는 사전에 녹음된 인터뷰 자료일 수도 있고 그녀가 실제로 인터뷰 대상자로 등장하는 마지막 장면은 그런 느낌을 더욱 강화시키지만, 그녀의 보이스오버가 재생되는 시점에는 그런 느낌이 전혀 들지 않으며 그 보이스오버가 〈캐시 컴 홈〉에서처럼 다른 정체불명의 녹음 자료와 관련성을 갖고 있는 것도 아니다. 이 영화에서 조이가 가장 중요한 역할을 맡고 있는 점이나 내러티브의 주관화가 그녀의 보이스오버와 1인칭 시점 자막을 통해 이루어진다는 점을 감안하면, 그녀가 점유하는 공간은 사회적인 특징

■ 전후 관계를 설명하는 이 짧은 몽타주에는 1층에 사는 이탈리아 여자가 창밖으로 고개를 내밀어 자기 아들과 이야기를 나누는 숏도 들어 있다. 이 장면은 조이와 조니의 개별적인 모자 관계를 어느 정도 일반화해 보여 주려는 것이기도 하지만, 다른 한편으로는 이 시퀀스가 전달하고자 진정성과 상충되는, 아는 사람만 알아들을 수 있는 이탈리아 네오리얼리즘에 관한 유머로 보이기도 한다.

만큼이나 심리적인 특징도 띠고 있다. 이는 정서적 위기의 국면마다 명백히 드러난다. 한 예로 데이브가 수감된 이후 조이가 그의 아파트로 돌아갈 때, 그녀와 조니가 마당을 가로질러 가는 모습을 비추는 탁월한 오버헤드 숏overhead shot이 나오면서 도노반의 〈푸어 러브Poor Love〉가 흐른다. 조이가 톰에게 맞은 뒤 집을 나오면서 자신이 처한 상황을 되돌아볼 수밖에 없을 때도 역시 비슷하게 그녀의 혼란스러운 내면을 외적으로 표현해 주는 다양한 숏들(그녀를 프레임 가장자리나 난간 혹은 기둥 뒤에 위치시킨 숏들)이 따라 나온다.■ 이런 측면에서 이 영화의 미장센mise en scéne은 '스윙잉 런던' 영화에 대한 비평(노동 계급이 처한 암울한 환경의 취약점의 폭로)과 공모(그런 영화들의 수사적 양식의 부분적인 차용)를 결합하는 방식을 통해 객관적 관찰과 주관적 표현성 사이를 오가는 것처럼 보인다.

이 영화도 스윙잉 런던 영화라는 인식은 성적인 내용에 의해 더욱 강화됐다. 앞서 보았듯이 〈업 더 정션〉의 노골적인 성적 주제는 방영 당시 상당한 논쟁을 불러일으켰다. 그리고 〈불쌍한 암소〉가 갖고 있는 상업적 가치 역시 부분적으로는 다양한 상대와의 성행위를 통해 쾌락을 얻는 것이 자명한 주인공에 이목을 집중시킨 결과임이 분명했다. 〈업 더 정션〉처럼 이 영화도 전반적으로 조이의 성적 활동에 대해 도덕적 판단을 내리길 거부한다. 마지막 부분에 이르러 그녀도 조니와 잠시 헤어져야만 하는 상황에 처하긴 하지만 자신의 성적 문란함 때문에 처벌을 받지는 않는다.

■ 제이콥 리는 〈업 더 정션〉 초반부에 나오는 배터시 화력발전소 숏과 〈불쌍한 암소〉의 이 시퀀스 시작 부분에 나오는 숏의 유사성에 주목했다. *The Cinema of Ken Loach*, p.47. 하지만 리는 두 숏의 스타일상의 차이나 후자의 숏이 관련 캐릭터의 의식에 훨씬 단단히 뿌리박혀 있다는 사실에는 주목하지 않았다.

실제로 일부 비평가는 캐릭터가 저지른 잘못에 대해 좀더 규탄하지 않은 것이 이 영화의 오점이라고 지적하기도 했다.[■] 하지만 이 영화는 1960년대의 성 혁명을 직접적으로 찬양하지 않았으며, 오히려 성애화된 문화의 도착적 측면과 (고다르의 영향을 짐작케 하듯) 자본주의가 문자 그대로의 의미에서나 비유적 의미에서나 매춘에 더 많이 의존하고 있다는 점에 대해 지적했다. 이 영화의 가장 유명한 한 시퀀스에서 조이는 베릴(케이트 윌리엄스Kate Williams)과 함께 미심쩍은 사진 작가 모임에 갔다가 그곳에 모인 남자 집단의 요구에 따라 노출이 심한 포즈를 취하게 된다. 심지어 그들 중 한 남자는 자신의 카메라엔 필름이 들어 있지 않다며 그녀들을 안심시키기도 한다. 그녀들을 음흉하게 바라보는 남자들의 시선은 남성의 관음증이 지닌 불쾌한 성격을 강조하며 여성의 육체를 바라보는 영화 관객의 시선에 동반되는 관습적 쾌락을 방해한다. 하지만 동시에 이 영화는 부분적으로 노동 계급 여성의 포르노화에 의존하고 있으며, 그녀의 이야기는 기본적으로 성적 모험담의 형태로 전개된다. 물론 노동 계급에 대한 리얼리즘 작품이 일반적으로 노골적인 성적 표현을 차용해 온 것은 맞다. 이런 면에서 노동 계급에 대한 사회적 관찰은 단순히 사회적 병폐를 고발하고자 하는 충동만이 아니라 중산층이 '하층민'의 (상상적인) '엑조틱'한 섹슈얼리티에 느끼는 매혹과도 연결되어 있는 것이다. 〈불쌍한 암소〉의

■ 한 예로, 페넬로페 휴스턴Penelope Houston은 조이가 "게으르고 탐욕적이며 성질이 나쁘고 선천적으로 충실하지 못한" 인물로 그럼에도 불구하고 이 영화를 만든 사람들은 "그녀의 사랑스럽지 못한 특징들이 그녀의 끈질긴 근성이나 자기 아들에 대한 남부 런던 사람의 단순하고 소시민적인 헌신을 통해 어느 정도 보완될 수 있다고" 생각한 것 같다고 비판했다. *Spectator*, 15 December 1967, p.756.

"노동 계급 여성의 포르노화": 〈불쌍한 암소〉의 캐롤 화이트

경우에 그것은 주인공이 성 혁명의 선도자나 (일부 평자들이 주장한 것처럼) 최초의 페미니스트라기보다 스스로의 욕망과 충동을 조절하지 못하고 그런 욕망과 충동의 지배를 받는, 교육받지 못한 "미개인"에 더 가깝다는 사실을 통해 명백히 드러난다.■ 이런 식으로 이 영화는 여주인공을 (이 영화의 흥행에 틀림없이 기여한) 중산층의 관음증 대상으로 전락시키는 한편 노동 계급 주체를 관찰할 때 흔히 끼어드는 중산층의 설교를 피해 가는 데 성공한다.

정작 로치는 이 영화의 성공을 납득하지 못했으며 이후에도 "유행을 좇아 만든" 영화라고 스스로 비판했다.[266] 그래서 이 영화는 영국 박스오피스에서 좋은 성적을 거두고 미국 배급사에도 제작비보다 비싼 값에 팔리긴 했지만 로치가 추구하던 노선의 영화가 되지는 못했으며, 나중에 로치도 자니와 인연을 끊었다.■■ 이에 그는 가넷과 다시 뭉치게 됐으며 둘은 이후 잇따른 영화들의 본보기가 될 만한 한 편의 장편 영화를 만들기 전까지 여러 편의 BBC 드라마를 더 만들었다.

■ 캐서린 도드Kathryn Dodd와 필립 도드Philip Dodd는 팻 바커Pat Barker의 소설 《유니온 스트리트 *Union Street*》에 나타난 노동 계급 여성의 재현에 관해 해석하면서, 여성들은 주로 "생물학적, 육체적 기능, 즉 섹스, 임신, 낙태, 양육, 노화, 죽음"의 측면에서 보임을 당하며 그것은 "대상으로부터 거리를 둔 동물학자나 관찰자의 태도"와 관련이 있다고 지적한다. "From the East End to *EastEnders*: Representations of the Working Class, 1890~1990," in Dominic Strinati and Stephen Wagg (eds), *Come on Down? Popular Media Culture*, London: Routledge, 1992, p.124를 보라. 〈업 더 정선〉과 〈불쌍한 암소〉 역시 넬 던의 소설로부터 "생물학적, 육체적 기능"에 대한 비슷한 강조를 물려받았다고 볼 수도 있다.

■■ 이 영화를 지원한 국립영화금융공사는 이 영화가 "그해의 독보적인 성공작"이었다고 설명하고 있다. *Annual Report and Statement of Accounts for the Year Ended 31st March 1968*, Cmnd. 3716, London: HMSO, 1968, p.2.

"주체를 동정하는 시선": 〈케스〉

앞서 지적한 바와 같이 가넷은 1968년 BBC를 떠나 클라이브 굿윈과 어빙 타이텔바움Irving Teitelbaum과 함께 케스트릴 필름스Kestrel Films란 제작사를 차렸다. 나중에는 LWT와 TV 작품을 계약한 자매 회사 케스트릴 프로덕션도 만들었다. 제작사는 배리 하인스의 소설 《매와 소년A Kestrel for a Knave》(1968)을 각색한 〈케스〉로 출사표를 던져 유명세를 얻었다. (소설의 제목은 사냥을 나갈 때 집사 혹은 남자 하인은 오로지 황조롱이kestrel만 데리고 갈 수 있도록 정해져 있는 사냥용 새의 봉건적 서열을 참조한 것이다.) 하지만 이 프로젝트의 출발점을 되짚어 보려면 가넷이 아직 〈더 웬즈데이 플레이〉 시리즈의 프로듀서였던 BBC 시절로 돌아가야 한다. 당시 가넷은 젊은 노동 계급 출신 축구 선수를 주인공으로 한 하인스의 첫 번째 소설 《홀륭한 재주The Blinder》를 읽고 그에게 각본을 맡기려 했다. 하지만 하인스는 새 소설을 쓰고 있다는 이유로 가넷의 제의를 거절했다. 그 새 소설이 《매와 소년》이 되었으며 하인스는 그 소설을 아직 책으로 완성되지 않은 원고 상태 그대로 가넷에게 보냈다. 가넷과 로치는 그 소설을 영화로 옮기고 싶어 했고, 곧 가넷은 제작비 마련에 착수했다. 처음으로는 막 영화 제작에 발을 들인 미국 배급사 내셔널 제너럴사National General Corporation의 투자를 확보했는데, 나중에 그들은 이 프로젝트에 너무 많은 비용이 들 것 같다며 갑자기 발을 뺐다.[267] ■ 그 뒤 영화는 토니 리처드슨Tony

---

■ 존 러셀 테일러John Russell Taylor에 따르면 내셔널 제너럴사는 이 영화가 가넷이 책정한 예산보다 훨씬 많은 돈이 들 것이라 생각했다. 이 영화의 최종 예산은 15만 7000파운드로 추정된다.

Richardson 감독의 개입으로 구제될 수 있었다. 리처드슨은 자신의 영화 〈어둠 속의 웃음*Laughter in the Dark*〉(1969)을 〈케스〉의 공동 담보로 내거는 조건으로 할리우드 메이저 스튜디오인 유나이티드 아티스츠United Artists의 투자를 따냈다.[268]■ 리처드슨의 도움을 받은 영화는 우드폴 필름Woodfall Film과의 공동 제작 영화가 되었다. 물론 우드폴은 리처드슨과 각본가 존 오스본이 1950년대 세운 제작사로, 〈토요일 밤과 일요일 아침〉, 〈꿀맛〉, 〈장거리 주자의 고독*A Loneliness of the Long Distance Runner*〉(토니 리처드슨, 1962)을 포함해 1950년대 말과 1960년대 초 영국 뉴 웨이브의 형성에 기여한 노동 계급 영화를 많이 만든 곳이었다. 그렇기 때문에 우드폴이 리처드슨의 시의적절한 개입 이후 〈케스〉의 제작 과정에 별로 관여하지 않았음에도 불구하고, 이 영화는 그들과 관계가 있는 작품이란 이유만으로 영국 사회 리얼리즘의 중요한 전통 속에 자리 잡게 됐다.

이런 관점에서 볼 때 〈케스〉는 앞서 만들어진 영화들의 연장선상에 있는 동시에 그들과 여러 차이점도 지니고 있는 것처럼 보인다. 영국 뉴 웨이브 영화들은 경제적, 사회적 변화가 이루어진 중요한 시기에 도착하여 노동 계급의 영화적 재현과 관련해 중요한 사건들을 일으켜 냈다. 특히 그 영화들은 소비주의, 대중 문화, 교외화를 동반한 '풍요로운 사회'의 도래에 직면해, 노동과 공동체를 중시하고 장소에 대한 애착을 지닌 전통적인 노동 계급이 소멸하고 있다는 불안감을 표출했다. 이런 변화는 노동 계급

■ 유나이티드 아티스츠는 〈007 제1탄 – 살인번호*Dr. No*〉(1962), 〈하드 데이즈 나이트*A Hard Days Night*〉(1964), 리처드슨의 〈톰 존스의 화려한 모험*Tom Jones*〉(1963)에 투자한 이래 1960년대 영국 영화를 지원하는 데 큰 역할을 했다. 로버트 머피도 1968~1970년 사이 그들이 지원한 영국 영화가 적어도 31편은 된다고 파악하고 있다. *Sixties British Cinema*, p.260.

새로운 제작사: 케스트릴 필름스의 〈케스〉 촬영장에서 제작자 토니 가넷

의 '여성화'와도 어느 정도 관련이 있었기 때문에 그 영화들은 중산층과 사회적 규범에 대한 압박감을 이기려고 노력하는 정력적인 노동 계급 남성에 대한 동정심을 불러일으키기도 했다.[269] 하지만 뉴 웨이브 영화에서 엿볼 수 있는 풍요로운 사회나 중산층화의 임박함은 〈케스〉에서는 거의 발견되지 않으며, 영화는 오히려 노동 계급에 주어진 경제적, 문화적 불평등에 대해 훨씬 냉혹한 시선을 보여 준다. 영화는 새로 지은 지 비교적 얼마 안 된 집과 학교가 있는 북부 탄광촌을 배경으로 한다. 하지만 새 건물도 사회 변화를 가져오진 못한다. 그라이스 교장(밥 보우스)도 교장실에 모인 학생들을 향해 개교 때나 "지금이나 별로 나아진 게 없다"며 불만을 드러낸다. 영화는 학교를 떠나 삶이 제공하는 새로운 가능성을 찾아가야 할 어린 소년 빌리(데이비드 브래들리)에 초점을 맞춘다. 그의 형 저드(프레디 플레처)는 광부로 일하고 있지만 빌리는 형처럼 되지 않겠다고 결심한다. 하지만 제대로 된 교육을 받지 못했으며 교사들에게 낙오자로 낙인찍힌 그는 대안을 찾아낼 만한 능력이 부족하며, 설령 탄광에서 일하지 않게 된다 하더라도 그의 미래는 아무 장래성이 없는 육체 노동이나 하며 사는 것이 될 것이다. 가넷이 말한 바대로, 이 영화의 목적은 대부분의 아이들에게 "먹고사는 데 겨우 필요한 정도만" 가르친 뒤 그들을 "노동 시장에" 내던져 버리는 이 국가의 "끔찍한 교육 체제"를 고발하는 것이었다.[270] ■

　이런 측면에서 빌리는 로치의 전작들에 등장했던 인물들(특히 어른의 세계에서 고통 받는 아이의 한 예시인 〈커밍아웃 파티〉의 심피)과 마찬가지로 대표성을 갖는 희생양의 위치에 있다. 그러나 하인스가 설명한 것처럼 그는, 신문 판매원이나 우유 배달부, 서점의 돈을 훔치는 수준의 사소한 도둑질을 일삼는 성향을 감안했을 때 전적으로 "결백한 캐릭터"는 아니다.[271] 그럼에도 불구하고 홍보물에는 그가 손가락으로 브이 자를 그리는 모습의 사진(실제 영화에는 없는 장면)이 실리긴 했지만, 그는 당국의 권위를 업신여기는 적극적인 반역자라기보다 자신에게 적대적인 세상에서 최선을 다해 살아남으려 하는 실용주의자에 가깝다. 특히 그는 자신을 괴롭히는 형과 자신을 무시하는 어머니(린 페리)가 있는 어려운 가정 환경에서 살아남는 법을 배워야 한다. 그의 아버지의 부재에 관해 별 설명이 없는 점은, 노동 계급의 변화를 아버지의 지위 하락과 연관시키곤 했던 뉴 웨이브 영화의 반향으로 느껴지기도 한다.■■ 하지만 〈케스〉에는 전통적인 노동 계급의 남성적 문화에 대한 향수나 고된 육체 노동의 영웅화가 나타나지 않는다. 사실 학교 선생부터 남학생들에 이르기까지 폭넓게 걸쳐 있는 남성 문화나 그런 문화가 동반하는 가해 행위는 이 영화가 묘사하는 세계의 가장 매력적이지 못한 점 중 하나다. 일례로 젊은 노동 계급 남성인 저드에게는 〈토요일 밤과 일요일 아침〉에 나오는 아서(앨버트 피니)에게 있는 카리스마와 으스대는 매력 같은 것이 전혀 없다. 게다가 저드는 빌

■　이 영화가 만들어졌을 당시 영국 내 대부분의 학교는 그래머스쿨 아니면 신중등학교[그래머스쿨에 가지 않는 11~16세 아동을 위한 실업계 교육 기관으로 영국에서 1970년대까지 존재했다. ─ 옮긴이]였다. 각 학교의 입학생 수는 11세 시험[초등학교 마지막 학년 때 어떤 중등학교로 진학할지 결정하기 위해 치르는 시험. ─ 옮긴이]을 통해 결정되었으며, 이런 방식은 주로 그래머스쿨에 진학하는 소수의 중산층과 주로 신중등학교에 진학하는 다수의 노동 계급 간의 분열을 재생산하는 경향이 있었다. 1965년 7월 노동당은 지방당국에 종합 중등학교[학생의 수준에 상관없이 모든 학생을 가르치는 학교. ─ 옮긴이]를 설립하라고 요청했지만 그런 종합화를 향한 진보는 비교적 천천히 이루어졌다.

■■　영화는 소설에 나와 있는 사실, 즉 빌리의 아버지가 빌리의 어머니와 믹 삼촌의 불륜 관계를 알고 집을 나갔다는 사실을 생략한다. 이런 생략과 그의 아버지가 나쁜 사람이었다는 식의 암시는 빌리의 어머니를 불쌍한 캐릭터로 보이게 한다. 아이들의 아버지의 부재에 대한 책임을 면제시켜 주고 빌리를 무시하는 그녀의 태도가 부분적으로는 자기 운명에 대한 불만이나 새로운 남편을 구하고 싶은 욕망과 관련된 것처럼 보여 주는 것이다.

리를 괴롭힐 뿐 아니라 영화의 마지막에 가서는 악의를 품고 그의 황조롱이를 죽여 버리기까지 하는 그저 못되고 편협하고 폭력적인 인물로 묘사된다. 그러나 로치와 하인스가 저드와 캐스퍼 부인을 지나치게 비호감 캐릭터로 만든 건 아닌지 걱정한 것과 달리, 저드가 단순한 악당으로만 묘사되진 않는다.[272]■ 저드가 빌리를 괴롭힌 건 맞지만, 그 또한 (〈토요일 밤과 일요일 아침〉 같은 영화에 나오는 '부유한 노동자' 집단의 지도자와 달리) 경제적, 문화적 불평등의 피해자이기 때문이다. 이 영화의 첫 런던 상영 때 폴 바커 Paul Barker는 한 통찰력이 엿보이는 리뷰에서 이 영화가 감금의 이미지를 사용하여 두 형제가 각기 다른 방식으로 저마다의 "감옥에 갇혀 있음"을 보여 주었으며, 저드가 학교를 떠나는 행위도 그저 "하나의 감옥에서 다른 감옥으로의 이동"을 의미할 뿐임을 저드와 그의 동료 광부들이 타고 지하로 사라지는 탄광 수송기의 이미지를 통해 시각적으로 각인시켰다고 지적했다.[273]■■ 그러므로 빌리의 말대로 저드가 "탄광촌의 골목대장"이란 사실도 그가 실제로는 경제적, 사회적 권력을 결핍하고 있다는 사실을 숨기진 못한다.

남자 주인공이 자신의 경제적, 문화적 환경의 제약을 초월하고자 갈망하는 것은 많은 뉴 웨이브 영화의 특징이기도 하다. 〈케스〉에서 빌리는

■ 로치는 "저드를 단순히 나쁜 놈으로 만들지 않는 것"이 중요했지만 "결국 그렇게 하지 못했던 것 같다"고 말했다. Fuller, *Loach on Loach*, p.44.

■■ 바커가 정확히 이런 지적을 했던 건 아니지만, 선생들을 포함해 불만족스러운 역할에 갇혀 있는 것처럼 보이는 대다수의 캐릭터에 걸쳐 이런 구속의 느낌이 나타나 있음을 암시했다. 이런 측면에서, 자신이 맡고 있는 학생들을 괴롭히면서도 그들에게 축구를 통해 성공할 수 있다는 환상을 심어 주는 체육 교사 석턴(브라이언 글로버)은 저드와 어느 정도 유사성을 지닌 인물이다.

갇혀 있다: 〈케스〉의 빌리(데이비드 브래들리)

황조롱이에 대한 열정을 발판 삼아 자신의 사회적 상황으로부터 탈출하는 데 어느 정도 성공한다. 그는 황조롱이를 손수 훈련시키며, 황조롱이의 비행은 자율과 초월에 대한 빌리의 욕망을 상징하게 된다. 이런 측면에서 빌리는 주변 사람들의 낮은 기대치에도 불구하고 자신이 그저 교장이 말하는 "대중 매체의 밥"이 아니라 뛰어난 재능을 갖고 있기도 하다는 사실을 증명해 보인다. 그래서 어느 순간 그의 엄마는 빌리가 "다른 환경에서 자라"면서 "좀더 좋은 교육"을 받았더라면 더 훌륭한 인물이 되지 않았을까 생각하게 된다. 이것이 바로 이 영화의 가설이다. 빌리나 빌리 같은 아이들이 다른 조건에서는 훨씬 훌륭하게 자랄 수도 있다는 것이다. 그러나 현재의 체제 아래서 좋은 교육을 받지 못한 대중의 재능은 발견되지 않은 채로 남아 있을 수밖에 없으며, 주변 세계의 냉혹한 현실을 극복해 낸 빌리의 승리 또한 오래 유지될 수 없다. 빌리가 자신이 시킨 대로 우승마에 돈을 걸지 않았음을 안 저드가 복수 삼아 그의 황조롱이를 죽여 버리는 것처럼 말이다. 가넷은 이 영화의 제작비를 마련하는 과정에서 마지막 장면을 빌리가 선생님의 도움으로 동물원에서 일하게 되는 식으로 좀더 긍정적으로 바꾸라는 압력에 부딪혔다고 한다. 그러나 가넷의 주장대로 그런 결말은 개인보다 '체제'에 대해 질문을 던지고자 한 이 영화의 관점을 배반하는 일이 되었을 것이다.[274] 이런 측면에서 이 영화는 한 개인만 탈출시켜 주고 말아 버리는 초기 뉴 웨이브 영화 관습에서 확실히 탈피하여 경제적, 사회적 불평등을 야기하는 체제적 측면을 강조하고자 한다. 그러므로 이 영화 안에서는 빌리가 특별한 재능을 가진 것처럼 보일 수도 있겠지만, 그것이 그가 마찬가지로 기회 부족에 시달리는 다른 수많은 전형적 인물들에 비해 특별히 더 나은 인물이란 뜻은 아니다.

주제와 더불어 이 영화의 스타일상의 특징은 로치의 전작들과의 연속성과 차이를 동시에 드러낸다. 〈불쌍한 암소〉의 경우에서처럼 로치는 컬러 촬영을 꺼렸지만 경제적 필요에 굴복할 수밖에 없었다. 하지만 가넷이 회고하는 것처럼, 그와 로치는 이 영화가 지나치게 회화적으로 보일 것을 우려하여 "모든 필름을 사용 전에 사전 노출시키는 방법을 통해 채도를 감소시키고 컬러감을 누그러뜨렸다."[275] ■ 그러나 이런 노력에도 불구하고 비평가들은 로치의 작품에서 새로운 서정주의나 시적 요소를 감지했다. 이 영화의 전반에 깔려 있는 황량한 느낌을 감안하면 그런 반응이 이상해 보이기도 하지만, 한편 그것은 이 영화가 공업 도시가 갖고 있는 억압적 분위기와 시골 이미지를 대조해 보여 준 데 따른 결과기도 했다. 임시로든 영구적으로든 시골로 도망치는 캐릭터는 뉴 웨이브 영화에 흔히 등장했던 요소다. 하지만 이 영화의 독창성은 노동의 세계와 자연의 세계 사이의 밀접한 관계를 보여 준 점에 있었다. 예를 들어 시골의 평화로움을 보여 주고자 한 장면 하나는 저드가 햇볕이 내리쬐는 시골길을 걷는 모습을 보여 준다. 그러나 뒤에 이어지는 숏은 사실 저드가 탄갱으로 출근하는 길이었음을 알려 준다. 이런 맥락에서 자연의 세계는 노동의 세계에 대한 대안 혹은 도피처라기보다 역시 세속적이고 일상적인 행위가 이루어지는 바로 그 장소로서 의미를 갖는다. 영화의 초반부에 빌리는 신문 배달하는 시간을 쪼개《더 댄디*The Dandy*》란 만화를 읽으며 만화 속 캐릭터 데스퍼릿 댄의 모험을 쫓아간다. 그때 빌리는 언덕의 풀밭

■ 아이라 코니스버그Ira Konisberg에 따르면 사전 노출은 "나중에 만들어진 이미지의 콘트라스트를 줄이고 컬러감을 누그러뜨리기 위해 아직 사용 전인 필름을 약한 조명에 지속적으로 노출시키는 작업"을 말한다. *The Completed Film Dictionary*, London: Bloomsbury, 1987, p.268.

에 앉아 있지만, 그 뒤에 나오는 화면은 우리의 시선을 재설정하며 언덕 아래 위치한 공장과 공장 굴뚝에서 피어오르는 연기를 보게 한다. 흔히 뉴 웨이브 영화도 도시 환경이나 도시 환경이 야기하는 소외를 극복하기 위해 캐릭터를 등장 장면의 로케이션 속에 집어넣곤 했다. 〈케스〉의 위숏 역시 조감 촬영이 제공하는 초월적 느낌에 힘입어 시골 이미지에서 낭만적 요소를 제거하고 영화 속 인물들의 삶에 드리워 있는 노동 현실을 상기시키는 역할을 수행한다.

하지만 이 영화가 로치의 초기작에서 볼 수 있었던 강력한 사회 비평적 요소를 여전히 간직하고 있었음에도 불구하고, 로치의 영화적 스타일은 확실히 달라져 있었다. 로치는 〈캐시 컴 홈〉 같은 작품에서 사용했던 '들어가서 찍고 보는 방식의 영화 만들기'나 스스로 〈불쌍한 암소〉를 망친 요인으로 지적했던 '유행 감각'에 점점 더 많은 불만을 느꼈다. 그래서 〈케스〉에서 그는 과도하게 "도착적"인 "영화적 스타일"로부터 좀더 "연민 어린 시선으로 캐릭터를 바라보는" 방향으로 변화하고자 했다.[276] 이런 측면에서 〈케스〉는 로치가 자신의 특징으로 여겨졌던 자기 반영적 장치를 내다 버리기 시작한 전환점에 있는 작품으로 볼 수 있다. 예를 들어 이는 이 영화가 전작들에 비해 보이스오버, 팝 음악, 설명적 몽타주를 덜 사용한다는 점을 통해서도 분명히 나타난다. 물론 보이스오버는 〈청년의 일기〉 이래 로치의 작품에서 내레이션 양식, 내적 독백의 형식, 사운드트랙에 삽입된 불특정 다수의 목소리, 다큐멘터리적 모방 등 다양한 방식으로 사용되어 왔다. (특히 1인칭 내레이션 형식의) 보이스오버를 텔레비전 드라마에 만연해 있는 연극주의나 자연주의의 탈출구로 여겼던 트로이 케네디 마틴에게 로치가 많은 영향을 받은 것도 사실이다. 하지만 이제 그는 보이스오버를 "인위적인" 장치로 여기게 된 게 확실하다.■ 〈케스〉에서 보이스오버는 빌리가 황조롱이를 훈련시키는 방법을 설명할 때 단 한 번만 등장하기 때문이다. 이 보이스오버는 1인칭 시점("2주 동안은 밥을 하루 세 번 배불리 먹일 거다")으로 시작하지만 나중에는 그가 훔친 매사냥 관련 책을 읽는 형식으로 바뀐다. 이런 방식을 통해 보이스오버는 내러티브적 설명을 제공하는 동시에 언제든 마음이 내킬 때면 책을 읽고 책에서 배움을 구하겠다고 결심한 빌리의 마음도 들려준다. 하지만 〈불쌍한 암소〉에서와 마찬가지로 이 보이스오버는 존재론적으로 애매모호한 상태에 있으며 영화 속 현실상에서의 출처도 결여하고 있다. 이는 '주관적' 영화 문법으로부터 점진적으로 탈피하고자 한 로치의 연출 스타일과도 관련이 있다. 하인스의 원작 소설은 빌리가 폐업한 영화관에 몰래 숨어드는 것으로 끝났다. 그곳은 빌리가 황조롱이를 조종해 황무지에서 저드를 무찌르고 전설적인 '영웅 빌리'가 되는 상상을 펼치곤 했던 곳이다.[277] 하지만 영화는 이 장면을 포함시키지 않았으며 로치의 영화에서 주관적 시퀀스는 전반적으로 점점 더 드문 것이 되어 갔다. 〈케스〉에서 확실히 주관적인 시퀀스는 빌리가 학교 조례 때 꿈꾸는 장면이 유일하다. 우리는 그가 케스를 팔에 얹고 걸어가다 한 연로한 행인의 물음에 답하려고 멈춰서는 모습을 볼 수 있다. 그러나 이 시퀀스가 배치된 방식은 우리가 보는 것이 기

■　사라 코즐로프Sarah Kozloff는 보이스오버 내레이션이 얼마나 흔하게 "문학적"이거나 "비영화적"인 것으로 인식되어 왔는가에 대해 논한 바 있다. *Invisible Storytellers: Voice-Over Narration in American Fiction Film*, Berkeley: University of California Press, 1988. 다큐멘터리의 관찰자적 양식의 확산은 지나치게 지시적이고 권위주의적인 설명적 보이스오버를 폐기하도록 만들었다. 〈캐시 컴 홈〉이 그런 식으로 보이스오버를 사용하긴 했지만, 다큐멘터리적 보이스오버에 대한 로치의 의존도는 단순한 방식으로 포착하기 어려운 사람들의 경험과 이념을 표현해 주는 수단으로 녹음 자료를 사용하는 방식에 주로 근거한 것이다.

억이나 환상임을 암시하는 동시에 이 시퀀스의 주관성을 확실히 드러내지 않는다. 그리고 행인이 카메라 앞으로 지나가는 걸 보여 주거나 행인 때문에 주인공을 보는 우리의 시선이 가려지도록 내버려두는 등 초기작에 두드러졌던 다큐멘터리적 기법 또한 사용하고 있다.

〈케스〉에서는 보이스오버와 더불어 몽타주도 훨씬 덜 사용되고 있으며, 로치 작품의 특징으로 여겨졌던 설명적 시퀀스도 거의 찾아볼 수 없다. 노동 계급 문화에 대한 보다 보편적인 감각을 환기시키기 위해 만든 듯한 클럽 시퀀스(소설에는 없는 장면)가 나오긴 한다. 대화 토막의 편집 방식에서 초기작에 두드러졌던 다큐멘터리적 충동이 느껴지지만, 이 시퀀스 자체는 두 주인공(저드와 그의 어머니)의 대화에 훨씬 더 단단히 고정되어 있다. 이전 작품들에서처럼 우연히 엿들은 모르는 사람들 간의 대화가 보이스오버로 나오지도 않는다. 그런가 하면 설명적 기능과 사회적 맥락의 형성을 담당했던 몽타주의 역할이 축소된 것은 사운드트랙에서 팝 음악이 덜 등장하는 것과도 관계가 있어 보인다. 클럽 시퀀스에 나오는 밴드가 최신 히트곡을 연주하긴 해도, 〈업 더 정션〉이나 〈불쌍한 암소〉 때처럼 팝 음악을 탈디제시스적으로 사용하거나 팝 음악에 맞춰 이미지를 편집하는 방식은 거의 찾아볼 수 없다. 이는 이 영화가 기성 음악을 사용해 극적 행위에 대해 논평을 가하는 방식을 폐기했음을 의미한다. 이 방식이 사용된 유일한 경우는 학생들이 맨체스터 유나이티드와 토트넘 홋스퍼로 편을 갈라 축구 경기를 시작할 때 체육 교사 석던이 빨간색 운동복을 입고 처음 등장하는 순간뿐이다. 〈골든 비전〉에서 〈Z 카〉 음악을 사용했던 방식으로 되돌아가기라도 한 듯, 영화는 이 상황의 부조리함을 강조하고 체육 선생의 유치한 망상을 조롱하기 위해 1958년에 시작된 스포츠 프로그램 〈그랜드스탠드Grandstand〉의 테마곡을 사용한다. 하지만 이제 로치는 이런 식의 노골적인 연출 장치를 보이스오버와 마찬가지로 리얼리즘을 결핍한 장치로 보고 있으며, 자신의 특징적인 연출 양식의 목록에서 그것들을 완전히 폐기하고자 한다.

이에 따른, 아이러니하다고 볼 수도 있는 한 가지 결과는 〈케스〉가 로치의 어떤 전작보다 오리지널 스코어에 훨씬 더 많이 의존하게 되었다는 점이다. 존 캐머런John Cameron이 작곡한 음악은 통상적인 장편 영화의 오리지널 스코어에 비해 상당히 짧음에도 불구하고 구조적으로 중요한 역할을 맡고 있다. 이 영화에서 가장 잘 알려져 있는 해럴드 맥네어Harold McNair의 경쾌한 플루트 연주곡을 포함해 그의 음악은 시골 장면과 도시 장면, 학교 장면을 구분하고 그 장면 각각에 독특한 정서적 울림을 부여한다. 사이먼 프리스Simon Frith가 설명한 것처럼 영화에서 음악의 사용은 보통 "반리얼리즘적인" 요소로 간주되었다.[278] 그래서 리얼리즘을 표방하면서 탈디제시스적 음악이나 영화 속 현실상의 출처를 갖고 있지 않은 음악을 사용한 영화는 역사적으로 양분된 비평적 반응에 부딪혀 왔다. 한 예로 비평가들은 이탈리아 네오리얼리즘의 초석이 된 작품 중 하나인 로베르토 로셀리니Roberto Rossellini의 〈무방비 도시〉에 대해서도 음악을 사용하는 방식에 문제가 많다고 지적했다.[279]■ 로치 스스로도 "주류" 영화에서 용인되어 온 관습에 대한 저항 의식이 "영화의 본질을 흐릴 만한 특정한 종류의 음악을 사용하는 방식이나 특정한 방향으로 정서를 왜곡시키는 방식"을 자제하게 해주었다고 설명한 바 있다.[280] 이런 측면에

■ 예를 들어 스티븐 L. 핸슨Stephen L. Hanson은 음악의 사용이 영화의 "객관성"을 저해한다고 주장했다.

서 음악의 사용은 사회적 리얼리즘과 리얼리즘적 동기의 표준에서 벗어난 것으로 인식되었을 뿐만 아니라 관객에게 특정한 반응을 이끌어 내기 위한 수단으로 비춰지기도 했다. 프리스가 주장한 것처럼 영화 음악은 외부의 물리적 리얼리티보다 "정서적 리얼리티"와 관련이 있을 뿐만 아니라 특정한 "정서를 직접 경험하게 하는" 능력도 있기 때문이다.[281] 하지만 로치가 아무리 반리얼리즘적인 장치로부터 점차 멀어지고 소박한 스타일에 가까워졌다고 해도, 그의 영화에서 음악이 아예 사용되지 않은 경우는 매우 드물었다. 로치의 주장에도 불구하고 이는 그의 영화 작품과 관련해 특히 맞는 말이다. 영화를 만드는 데 있어 상업적 부담과 미학적 욕심의 조합은 그로 하여금 (〈케스〉 뒤에 나온 〈랭크 앤 파일〉과 〈희망의 나날들〉 같은) 텔레비전 작품을 만들 때보다 더 심하게 음악에 의존하도록 만들었다.■ 하지만 로치의 영화에 사용된 음악의 역할과 그것이 직접적으로 불러일으킨 정서적 효과는, 영화 속 캐릭터들이 처한 사회적, 심리적 곤경에 대해 강력한 정서적 반응을 이끌어 내고자 한 그의 작품의 "멜로드라마적" 측면과도 관련이 있었을 것이다.■■

〈케스〉에서 엿보이는 보이스오버와 몽타주로부터의 탈피는, 로치가

■ 존 엘리스에 따르면 텔레비전은 "시각적 지배 체제"의 집중도가 덜하기 때문에 영화보다 사운드에 더 많이 의지하게 된다고 한다. *Visible Frictions*, London: Routledge and Kegan Paul, 1982, Ch. 8. 하지만 이는 음악보다 대사에 관한 지적으로 보인다. 음악은 역사적으로 볼 때 관객의 집중력을 높이고 화면에 보이는 것의 감정적 중요성을 강조하는 효과와 관련해 텔레비전보다 영화에서 더 중요한 역할을 맡아 왔다.

■■ 물론 흔히 지적돼 온 바에 따르면 멜로드라마는 원래 노래(멜로)와 액션(드라마)을 결합한 연극의 한 형태였다고 한다. 하지만 영화 멜로드라마에 대해서는 '멜로'를 미장센과 관련한 것으로만 이해하여 음악 자체의 실질적인 역할에 대해서는 비교적 별로 주목하지 않는 비평적 경향이 있다.

덜 명시적인 관찰자적 양식을 채택하게 됨으로써 핸드헬드 카메라같이 흥미 유발을 목적으로 하는 시네마 베리테적 다큐멘터리 형식을 폐기한 것과도 연관이 있다. 이 영화의 촬영 기사는 이전에 다큐멘터리 작업을 했으며 〈불쌍한 암소〉에서 촬영 조수를 맡았던 크리스 멘지스Chris Menges이다. 그는 로치와 〈케스〉로 만나기 전 〈만약에…*If*…〉란 작품에서 폴란드인 촬영 감독 미로슬라브 온드리섹Miroslav Ondříček과 함께 일한 적도 있었다. 온드리섹은 밀로스 포먼Milos Forman의 영화 〈금발 소녀의 사랑*A Blonde in Love*〉의 촬영 기사였는데, 멘지스는 그의 촬영 방식에 충격을 받았다고 한다. 체코 뉴 웨이브는 강압적인 스타일이나 명시적인 내레이션을 통한 해설에 의존하지 않으면서 사회적 관찰에 기초하여 영화를 만드는 연출 모델을 제공한 것으로 유명했다. 그러므로 로치와 멘지스의 만남은 로치의 예술적 성장상 중요한 시점에 일어난 일이었다. 이후 로치는 극적 행위를 기록하고 편집하는 데 있어 덜 개입주의적인 태도의 촬영 방식을 선호하는 방향으로 나아가게 됐다. 특히 두 사람은 신에 조명을 주는 방식에 있어서도 "숏 자체보다" 촬영될 "공간"을 "강조"하고자 했다.[282] 여기에 배우의 활동에 제약을 가하지 않고 그들에게 미리 연습하지 않은 행동도 할 수 있는 자유를 주기 위해 카메라를 "약간 뒤에" 세우고 초점 거리가 좀 더 긴 렌즈를 사용하는 방법도 같이 사용되었다.[283] 멘지스 스스로도 "배우에게 최대한의 자유"를 주면서도 "시공간에 대한 감각" 또한 환기시

■　로치가 나중에 설명한 것처럼 "중요한 건 배우가 창조해 내고자 하는 믿음의 감각을 방해하는 것이 아무것도 없도록 테크놀로지를 최대한 멀리 떨어뜨려놓는 것이다. …… 감독은 배우를 연출하는 것이 아니라 배우를 위해 연출하는 것이다." John Hill, "Interview with Ken Loach," Sources of Inspirations Lecture, p.8.

새로운 촬영 방식: 〈케스〉의 촬영 작업 중인 크리스 멘지스

키는 숏을 선호한다고 설명했다.[284] 이는 〈케스〉에 대한 설명으로 볼 수도 있다. 몽타주는 덜 사용하고 구도나 구성에 더 많이 기댄 〈케스〉는 시간과 공간을 정확히 기록하는 것에 대한 로치의 관심을 반영하고 있다. 이런 측면에서 보면 로치의 작품에서 더 긴 테이크와 카메라 이동을 더 많이 활용하는 쪽으로 부분적인 방향 전환이 이루어지고 있음을 알 수 있다. 특히 카메라 이동은 공간적 통일성을 유지하기 위해서뿐만 아니라 (이전에는 주변 환경과 사회적 맥락을 대변하는 사람들이나 장소의 숏들의 편집을 통해서만 만들어 낼 수 있었던) 사람과 사람, 사람과 장소 간의 어떤 관계성을 암시하기 위한 방법으로도 사용된다.■ 이런 점은 예를 들어 마권 판매소에 간 빌리를 보여 주는 신을 통해 드러난다. 카메라는 그가 카운터로 가다가 다른 손님 중 한 명과 대화하는 모습을 보여 준다. 빌리는 저드가 돈을 걸라고 한 말들이 우승할 확률이 얼마나 되는지에 대해 대화를 나눈다. 그리고 대화가 끝나자 그는 돈을 걸지 않기로 결정하고 출입구 쪽으로 돌아선다. 그가 프레임을 빠져나가자 카메라는 잠시 동안 정체불명의 손님의 얼굴을 비춘다. 이 모든 것이 하나의 연속된 숏으로 전달되며 빌리와 주변 환경 간의 관계 설정은 아무런 컷 없이 이루어진다. 이는 뒤에 나오는 장면에서도 마찬가지다. 그 장면에서 빌리는 피시 앤 칩스 가게에서 나와 정육점 주인과

■ 물론 바쟁에게 롱 테이크는 시공간적 통일성을 유지하고 현실의 "모호함"을 보존하는 태도라는 의미에서 리얼리즘적 전통의 핵심 요소였다. "The Evolution of the Language of Cinema," in *What Is Cinema?*, Vol. 1, pp.23~40을 보라. 〈케스〉에서 몽타주에서 롱 테이크로의 이행이 뚜렷이 나타나고 있긴 하지만 이것이 대단히 중요한 미학적 요소에 해당하지는 않으며, 예를 들어 심도의 구성이 제한적이라는 점에서 아마 바쟁이 바란 것보다 덜 '모호'하다고 할 수 있을 것이다.

이야기하다 남은 고기를 얻게 되고, 그 뒤 베란다가 있는 집들이 늘어서 있는 우울해 보이는 거리로 걸어간다.

장면 안에서 배우들에게 더 많은 자유를 허용하려고 한 배려는 이 영화에 전문 배우가 거의 전무했던 점과도 관련이 있는 것 같다. 출연진 중 연기 경험이 있는 배우는 로치와 〈Z 카〉에서 함께 일한 적이 있는 콜린 웰런드뿐이었다. 나머지는 린 페리Lynne Perrie, 버나드 아사Bernard Atha, 두기 브라운Duggie Brown, 빌 딘, 조이 카예처럼 늘 같은 클럽을 돌며 공연하는 엔터테이너 중에서 선발한 이들이거나 연기 경험이 전무한 비전문 배우들이었다. 그들 중 가장 유명한 인물은 완전히 무명인 남학생 데이비드 브래들리David Bradley가 연기한 빌리였으며, 거기엔 하인스의 교사 친구 브라이언 글로버Brian Glover, 당시 화가이자 실내 장식가로 일했던 프레디 플레처Freddie Fletcher, 실제로도 교장이었던 밥 보우스Bob Bowes, 그리고 물론 이 영화에 나온 모든 학생들도 포함됐다.[■] 로치는 이전에 맡았던 역할과 지나치게 동일시되거나 그 역할로 너무 유명해진 전문 배우들을 기용하길 기피했음에도 불구하고 조합 협정을 비롯한 여러 이유 때문에 그들을 기용할 수밖에 없었다. 그런 이유로 그는 〈불쌍한 암소〉에 테렌스 스탬프Terrence Stamp를 캐스팅한 것에 대해서도 불만스러워했다. 영화에 그가 등장하는 순간 관객은 이전에 그가 맡았던 "다른 배역들에 관한

[■] 사이먼 W. 골딩Simon W. Golding은 다음 책에서 출연진의 배경에 대해 상세한 정보를 제공한다. *Life after Kes*, Bridgnorth: GET Publishing, 2005. 캐스팅 과정과 많은 수의 무명인의 오디션을 보는 데 많은 시간을 들이는 것은 〈케스〉 이후 영화 만들기에 대한 로치의 접근 방법의 중요한 특징이 되었다. 그가 나중에 말한 것처럼 "알맞은 사람을 찾아내면 알아서 다 된다. 그 난관을 넘기가 제일 어렵다." Tony Garnett and Ken Loach, *"Family Life in the Making,"* 7 Days, 12 January 1972, p.21.

기억"을 떠올릴 수밖에 없다는 것이 이유였다.[285] ▪ 하지만 로치는 단순히 유명 배우가 출연 영화에 자신의 '스타 페르소나'를 끌어들이는 것에 반대한 것이 아니다. 그는 연극적 전통과 그에 따른 발화와 제스처의 정형화된 양식에 기대는 영국의 영화 연기나 텔레비전 연기에 저항하고자 했다. 그런 이유에서 그는 무명인을 원했다기보다 연기의 연극적 양식으로부터 벗어날 수 있는 연기자를 원했다. 〈골든 비전〉의 경우, 이는 북부 도시의 클럽들을 돌며 공연하던 코미디언들, 빌 딘, 조니 지, 조이 카예의 캐스팅으로 이어졌다. 로치는 그들이 자신의 작품에 "정식 배우"들은 갖고 있지 않은 "예리함과 자연스러움"을 가져다 줄 수 있다고 믿었다.[286] 연극적 연기로부터 탈피하고자 한 이 같은 욕망은 로치로 하여금 비전문 배우도 선발토록 했다. 그는 그들이 연기 경험보다 더 중요한 능력, 배역에 "진정성"을 불어넣을 줄 아는 재능을 가지고 있다고 생각했다. ▪▪ 이런 이유로 그는 〈불쌍한 암소〉에서는 폭행죄로 감옥살이를 한 적이 있는 전과자 존 빈든John Bindon을 조이의 범죄자 남편 역으로, 〈빅 플레임〉에서는 항만 노동자와 활동가 경력이 있는 피터 케리건을 파업 주도자 중 하나로 캐스팅했다. 배우가 자신이 연기할 배역과 공통된 경험을 갖고 있어야 한다는 신념은 로치에게 갈수록 중요해졌으며, 〈케스〉에서 가장 경험이 많

▪　헤이워드는 〈캐시 컴 홈〉 때도 로치가 영화 연기 경험이 있다는 이유로 레이 브룩스를 캐스팅하기 꺼렸다고 지적한다.

▪▪　이는 사회 계급이 배우들의 외모나 태도에도 뿌리박혀 있으며 그건 어떻게 해도 속일 수 없는 것이란 믿음과도 관련이 있다. 로치는 다음과 같이 설명하기도 했다. "사람은 자신의 계급을 말하는 방식, 태도, 포크를 드는 방식을 통해 그대로 드러낼 수밖에 없다. 그건 연기할 수 있는 게 아니다. 사투리를 연기할 수 없는 것처럼 말이다." Simon Hattenstone, "Rock Steady," *Guardian*, 29 September 1994를 보라.

은 전문 배우인 콜린 웰런드조차 자신이 배우가 되기 전 영국 북부 도시에서 교사를 한 경험이 없었다면 이 영화에 캐스팅되지 못했을 것이라고 말했다.[287] 하지만 작품마다 전문 배우와 비전문 배우 간의 비율이 달랐음에도 불구하고 로치가 전문 배우를 아예 기용하지 않은 경우는 거의 없었다. 그 이유는 부분적으로는 앙드레 바쟁André Bazin이 통찰한 바를 통해 이해할 수 있을 것이다. 바쟁은 사회적 리얼리즘의 특징은 "전문 배우의 부재" 그 자체보다는 "전문 배우와 가끔 연기를 하는 사람들의 우연적인 혼합"을 통해 성취할 수 있는 것이라 보았다. 그가 주장한 것처럼 전문 배우와 비전문 배우 간의 이런 혼합은 "일종의 삼투 현상"이 가능하도록 만들었다. "전문적 경험이 부족한 아마추어들은 경험이 많은 전문 배우들의 도움을 받을 수 있고, 전문 배우들은 진정성이 느껴지는 전반적인 분위기를 바탕으로 더 좋은 연기"를 보여 줄 수 있는 것이다.[288]

하지만 로치는 캐스팅을 통해 '진정성'을 확보하고자 하는 한편, 연출 방식을 더욱 섬세하게 다듬어서 '리얼리티'와 '연기' 사이의 경계를 훨씬 더 불분명하게 만드는 방향으로 나아가고자 했다. 한 텔레비전 인터뷰에서 그가 설명한 것처럼 그의 야망은 배우들을 이야기 속으로 끌어들이는 것, 그들이 관습적인 방식대로 배역을 해석하는 것이 아니라 그 이야기를 "실제로 경험하"고 캐릭터가 실제로 보였을 만한 반응의 방식대로 그 이야기에 반응하도록 만드는 것이었다.[289] 그래서 그는 배우들이 이야기를 정확한 연대기적 순서대로 경험하고 그들이 연기하는 캐릭터가 느낄 법한 것과 유사한 정서적 여정을 밟을 수 있도록 하기 위해 주로 시퀀스 단위로 순서대로 촬영했다. 그는 또한 많은 경우 배우들에게 전체 대본을 주지 않음으로써 그들이 다음에 어떤 일이 일어날지 모르게 하고 그리하여 그들이 자신이 연기하는 캐릭터와 같은 양의 '정보'를 갖고 다음 신을 헤쳐 나갈 수 있도록 했다.[■] 로치는 또한 리허설을 많이 하는 것을 기피했으며 배우들이 자연스러운 연기를 해내기 위해 즉흥적인 것을 많이 해보라고 북돋웠다. 그가 설명한 것처럼 "대사를 토씨 하나 안 틀리고 하는 것은 그리 중요하지 않으며 중요한 것은 지금 어떤 일이 벌어지고 있느냐"였다.[290] 하지만 즉흥 연기는 예상만큼 많이 사용되지 않았으며 로치는 대본 "그대로 촬영되는" 분량이 90% 정도에 이른다고 추정했다.[291][■■] 하지만 그는 어느 누가 봐도 진짜처럼 보이는 반응, 예기치 못한 반응을 이끌어 내기 위한 한 방법으로 기습적인 연출 전략을 고안하기도 했다. 〈캐시 컴 홈〉의 유명한 마지막 장면에서도 같은 방법이 사용된 듯하다. 그 장면에서 캐롤 화이트 본인의 아들을 포함한 아이들은 기차역에서 엄마와 헤어지게 될 거란 사실을 모른 채 촬영에 들어갔다. 학생들이 교장에게 체벌을 받게 될 줄 모른 채 촬영에 들어간 〈케스〉의 한 장면도 마찬가지다.[■■■] 이런 식으로 로치는 배우와 캐릭터를 일치시킴으로써 리얼리티와 연기 간의 차이를 좁히고자 했다. 그는 자신의 영화가 실로 많은 경우에 단순히 특정한 다큐멘터리적 기법을 사용해서만이 아니

[■] 이에 대해 로치는 다음과 같이 설명한 바 있다. "내 생각에 배우는 전체를 볼 필요가 없다. 배우는 캐릭터의 눈을 통해 그 세계를 볼 수 있으면 된다. 그게 내가 배우들에게 그들이 참여하고 있는 영화의 전체 대본을 보여 주지 않는 이유다. 나는 그들이 작품을 조감하길 원치 않는다. 그저 그들이 맡은 캐릭터의 눈높이에서 사건들을 헤쳐 나가길 바랄 뿐이다." Fuller, *Loach on Loach*, p.46.

[■■] 로치의 작품에 각본도 쓰고 출연도 한 바 있는 네빌 스미스는 로치가 "즉흥적인 연출을 하긴" 하지만 "각본을 거스르지 않는 매우 협소한 범위 안에서 그렇게 한다"고 말했다. Paul Madden, "Extracts from an Interview with Neville Smith," *Complete Programme Notes*, n.p.

라 배우들의 체험 과정을 '기록'하기도 한다는 의미에서 어느 정도의 '다큐멘터리성'을 획득한다고 봤다. 배우가 "캐릭터가 경험한 것을 그대로 통과하는" 동안 영화도 부분적으로는 "그들에 관한 일종의 다큐멘터리"가 된다는 것이다.[292] 〈케스〉의 어린 배우 데이비드 브래들리의 경우도 마찬가지였다. 이전까지 황조롱이에 대해 전혀 몰랐던 무명의 소년은 자신이 맡은 캐릭터와 함께 새로운 기술을 습득하게 됐고, 영화도 얼마간은 그의 경험을 기록했다. 많은 이들이 지적한 장면으로, 빌리가 황조롱이를 어떻게 훈련시켰는지에 대해 열정적으로 설명하여 같은 반 아이들을 놀라게 하는 장면이 있다. 사실 수업의 주제는 뒤의 칠판에 써 있는 것처럼 '사실과 허구'의 차이다. 하지만 이 영화의 목적은 캐릭터가 배운 것을 배우도 똑같이 경험했음을 분명히 보여 주는 이 같은 장면을 통해 사실과 허구의 차이를 무너뜨리고 캐릭터와 연기자의 차이를 최소화하는 것이었다.

하지만 스타 혹은 전문 배우의 상대적 부재는 〈케스〉를 팔기 어려운

■■■ 이렇게 배우들을 놀라게 하는 기법은 전적으로 유익한 것일 수도 있지만 — 예를 들면 리키 톰린슨 같은 배우는 〈하층민들〉의 한 장면에서 세 명의 아랍인 여자의 등장에 얼마나 놀랐는지에 관해 정겹게 말했다 — 〈케스〉의 경우에서처럼 문제적인 것으로 드러나기도 한다. 체벌 신에 출연한 소년들은 신뢰가 무너졌다고 느꼈으며 나중에 이루어진 인터뷰에도 드러나듯 자신들을 대하는 방식에 대해 계속 언짢은 기분이었다. Golding, *Life after Kes*, pp.198~205를 보라. 어린 비전문 배우들을 기용해 그들로 하여금 한 영화에서 성공적인 연기를 보여 주기 위해 자신의 복제 불가능한 '새로움'과 '진정성'의 아우라를 소모하도록 하는 방식은 더 중대한 윤리적 문제를 제기한다. 이후 불안정한 연기 경력을 보여 준 데이비드 (다이) 브래들리의 경우를 통해서도 볼 수 있듯, 이는 배우들이 자신이 맡았던 역할에서 빠져나와 배우 경력을 시작하는 것을 매우 어렵게 만든다. 로치가 무명 연기자가 갖고 있는 진정성의 요소를 유지하기 위해 같은 배우와 반복해 작업하는 것을 피하는 것 또한 그의 작업상 특징 중 하나다.

상품으로 만든 주요 원인이기도 했다. 앞서 지적한 바대로 이 영화는 유나이티드 아티스츠가 투자한 작품으로, 그들은 랭크Rank가 소유한 오데온Odeon 체인과 계약 관계에 있었다. 하지만 랭크는 이 영화가 박스오피스에서 성공할 가능성이 없다고 판단했으며, 배우들의 강한 사투리 억양 때문에 그나마 관심을 가질 만한 관객도 흥미를 잃을 것이라고 보았다. 실제로 그 억양이 얼마나 짐스러웠으면 유나이티드 아티스츠는 가넷과 로치에게 알리지 않고 재더빙 작업을 해버렸다. 이 영화의 배급과 관련해 어떤 통보도 받지 못한 가넷은 〈빅 플레임〉 때 사용한 것과 같은 전략을 구사했다. 비평가들을 위한 특별 시사회를 열어 영화가 개봉될 수 있도록 압력을 가한 것이다. 뒤이어 1969년 11월 런던영화제 상영도 성공적이었지만 랭크는 여전히 이 영화를 극장 체인을 통해 배급해도 될지에 대해 확신을 갖지 못했고, 결국 경쟁 상대인 ABC 체인이 이 영화를 가져가도록 내버려두었다. ABC도 이 영화의 상업적 가능성에 대해 확신하지 못했으며, 1970년 3월 동카스터 시에서 먼저 시사회를 가진 뒤 영국 북부 지역 극장들에 한해 이 영화를 개봉하는 이례적인 방법을 썼다. 이 영화가 결국 런던에서 개봉하게 된 것은 촬영이 끝난 지 2년, 배급업자들에게 완성된 영화가 도착한 지 1년이 지난 1970년 5월이었다. 그것도 ABC 체인의 주력 영화관이 아니라 전통적인 아트하우스 영화관인 아카데미 시네마에서 상영됐다. 그럼에도 불구하고 이 영화는 엄청난 양의 언론 보도에 힘입어 상당한 관심을 불러일으켰으며, ABC 역시 이 영화를 8월부터는 런던 교외에 있는 영화관에서도 개봉하기로 했다.[293]

"다들 그렇게 살지. …… 하지만 그게 정상일까?":
〈가족 생활〉

〈케스〉의 상대적인 성공 덕분에 가닛은 로치의 다음 장편 영화 〈가족 생활〉의 제작비를 투자받기가 훨씬 수월해졌다. 〈가족 생활〉은 앵글로-EMI와 국립영화금융공사가 공동 투자하였으며 총 17만 5000파운드의 제작비가 책정됐다. 이 영화는 데이비드 머서의 〈인 투 마인즈〉를 리메이크한 것이었으며, 영화 만들기에 대한 로치의 접근 방식과 관련해 일어나고 있는 변화를 효과적으로 보여 준 작품이기도 했다. 앞서 지적한 것처럼 〈인 투 마인즈〉는 로치의 가장 실험적인 작품 중 하나로, 그 작품에서 로치는 광기라는 주제를 이용해 지각의 주관성을 탐구하면서 객관적인 기법과 주관적인 기법을 대담하게 혼용했다. 그러나 영화 버전에서는 드라마에서 두드러졌던 익스트림 클로즈업, 줌, 스타일리시한 구성, 다중적 시점 숏, 내적 독백과 점프 컷jump-cut 등을 폐기했다. 플래시백은 여전히 사용됐지만 영화 버전은 이야기를 따라가기 더 쉽게 만들고 사건들 간의 인과관계를 더 명확하게 설정하는 등 이야기를 훨씬 쉽게 전달했다. 여기서 핵심적인 변화는 랭학파 정신과 의사와 관계가 있었다. 드라마 버전에서 그는 외화면에 머물러 있었지만 영화에서는 더 큰 역할을 맡고 있으며 카메라 앞에 등장한다. 앞서 만들어진 드라마에서 이 정신과 의사는 연구의 목적으로 인터뷰를 시행했을 뿐이다. 하지만 리메이크 영화에서 그는 재니스 베일던(샌디 랫클리프Sandy Ratcliff, 드라마 원작에서는 케이트 윈터)의 치료를 책임지고 있으며 의료 과정의 일환으로 재니스와 그의 부모를 인터뷰한다. 이런 정신과 의사가 카메라 앞에 등장하는 것은 이 영화의 스타일을 어느 정도 재고하게 만든다. 그것은 부분적으로는 리버스 숏을 대응시켜 편집하는 관습적인 고전적 양식으로의 회귀를 의미하지만, 다른 한편으로는 〈케스〉에서 발전시킨 미학, 카메라를 배우들로부터 멀리 떨어뜨려 놓는다거나 지나친 편집 없이 대화를 끝까지 보여 주는 방식을 기반으로 한 것이기도 하다. 이런 측면에서 이 영화의 촬영 스타일은 느슨한 의미에서의 고전주의로 이해할 수 있으며, 부분적으로는, 즉 통상적인 주류 장편 영화에서보다 숏의 길이는 더 길게 늘이고 컷이나 시점 숏은 더 적게 사용하는 다큐멘터리적 관찰 방식의 영향도 엿보인다. 대화를 나누는 두 사람을 번갈아 보여 주기보다 그중 한 명만을 계속해서 보여 주는 기법이나 이 영화의 초반부에 나오는 경찰서 신에서처럼 카메라가 화면 밖에서 들려오던 목소리의 주인을 보여 주기 위해 소리나는 쪽으로 이동해 가는 식의 기법도 더 많이 사용된다. 혹은 외화면에서 들려오던 목소리의 주인이 갑자기 화면 안으로 들어오는 경우도 있다. 재니스의 아버지가 갑자기 화면 안으로 들어와 그녀에게 손찌검을 하는 장면처럼 말이다. 〈케스〉처럼 이 영화도 전작들에서 사용된 것과 같은 노골적인 연출 장치는 대부분 배제하고 있지만, 개별적 드라마를 사회적 맥락 안에 위치시키는 방법으로 몽타주는 제한적으로나마 사용한다. 예를 들어 영화는 베일던가가 사는 교외의 주택 지구의 흑백 스틸로 구성된 짧은 몽타주로 시작하는데, 이것을 이 영화의 드라마를 구체적인 환경 속에 자리 잡게 해준다. 재니스가 자유주의적 성향의 정신과 의사와 처음으로 대화를 나눌 때도 마찬가지다. 화면에는 백화점에 간 재니스와 여러 매장 직원들을 보여 주는 숏들로 구성된 짧은 시퀀스가 나오고 사운드트랙에서는 의사와 재니스가 나누는 이야기가 계속해서 흘러나온다. 이런 식으로 이 영화는 재니스의 이야기와 다른 사람들의 이야기를 비슷한 사회적 상황 속에서 연결시킬 뿐만 아니라, 〈인 투 마인즈〉에서보다 좀더 객관적인 맥락 안에서 베일던 가족을 관찰할 수 있도록 만든다. 그러나 〈업 더 정션〉이나 〈캐시 컴 홈〉 같은 전작들과 비교하면 몽타주의 사용은 비교적 억제되어 있으며 로치도 이 영화에서 몽타주는 숏의 배열보다 "각기 다른 자연주의적 시퀀스의 배열"을 의미하며 그것이 이 영화의 전반적인 미학적 설계의 핵심이기도 하다고 설명했다.[294]

이런 배열의 전략은 이 영화가 재니스가 받는 두 치료법 간의 차이를 보여 주는 방식을 통해 잘 드러난다. 처음에 영화는 이전에는 외화면에 머물러 있었던 의사의 역할을 확대함으로써 의사가 돌보고 있는 다른 정신질환자들도 소개하고 비물리적 치료법에 대한 설명도 제공한다. 이런 장면은 실험 병동에서 벌어진 일들을 담은 것이다. 실험 병동은 병원의 전통적인 제도를 없애고 환자의 부모도 병원에 들어와 자녀와 함께 공동체를 이루며 살 수 있도록 한 공간이다. 진정성과 정확성을 추구하는 로치의 욕망에 따라 정신과 의사 도날드슨 박사도 실제로 의사인 마이클 리달Michael Riddall이 연기했으며, 그룹 치료 장면에 나오는 많은 인물들도 과거에 정신분열증 환자였으나 지금은 필라델피아 어소시에이션(1965년 랭이 설립한 자선 단체)이 운영하는 대안적 치료 공동체들에 속해 살아가고 있는 이들이 연기했다. 이런 신들은 일반 병동에서의 치료 장면과 대조를 이룬다. 인정사정없는 병원 이사회가 도날드슨의 고용 계약을 연장하지 않기로 함에 따라 재니스는 일반 병동으로 옮겨진다. 그리고 전기충격요법(ECT)을 지지하는 정통파 성향의 정신과 의사 카스웰(앨런 맥노턴)의 관리를 받게 된다. 전기충격요법은 처음엔 그녀에게 도움이 되는 듯 보이지만 결국에는 그녀를 완전히 수동적인 인간으로 만들어 버린다. 재입원 때도 재니스는 강제로 주사를 맞고 전기충격요법을 받는다. 치료가 끝나자 카메라는 휠체어에 실린 채 혼수 상태 환자들이 줄지어 누워 있는 방향으로 이동 중인 그녀의 뒤를 따라간다. 드라마 버전에서처럼 재니스는 그 뒤 결국 정신과 의사의 강의용 전시 자료로 전락한다. 정신과 의사는 자신의 학생들에게 그녀가 "여러모로 전형적인 병력"을 보여 주지만 "그녀의 다양한 증상과 주변 환경 사이에 감지할 만한 연결 고리"는 보이지 않는다고 말한다.

물론 이는 이 영화의 의도와 정확히 반대되는 것이다. 이 영화는 재니스가 처한 곤경의 뿌리를 가족 관계, 더 폭넓게는 가정과 사회 간의 관계 속에서 발견해 내고자 했다. 〈인 투 마인즈〉의 경우에서처럼 정신분열증 기질이 다분한 가족의 요구에 부응해야 한다고 느끼는 주인공의 압박감은 다음의 상세한 연구서에도 잘 묘사되어 있다. 《온전한 정신, 광기, 가족》에서 랭과 에스터슨은 어머니가 딸의 독립을 방해하는 방식에 대해 특히 강조하였는데, 이 영화도 더 많은 자유와 자기 실현의 욕망을 가진 재니스를 그녀의 어머니가 어떻게 억압하는지, 그런 억압이 어떻게 재니스로 하여금 남자 친구에게 "우리 엄마가 날 죽이려고 해"라고 말하게 하는지 그 과정을 보여 주고자 한다. 북부의 노동 계급 출신인 그녀의 아버지(빌 딘)는 정신과 의사에게 아내 베라의 부모가 자신이나 자신과의 결혼을 반대하지 않았더라면 그녀는 경제적으로 훨씬 나은 안락한 삶을 누릴 수 있었을 거라고 말한다. 이런 맥락에서 이 영화는 순응에의 강요가 소시민적 품위나 사회적, 도덕적 규범을 준수하는 것과 연관되어 있음을 보여 주는 〈사랑의 유형〉과 같은 초기 영국 뉴 웨이브 영화의 전철을 따르는 것처럼 보인다. 베라는 연기 경험이 많지 않은 비전문 배우 그레이스 케이브Grace Cave가 연기했다. 당시 홍보물에 따르면 그녀는 현지 여성 단체(앤서니 헤이워드가 확인한 바에 따르면 월섬스토 보수당 여성위원회)를 통해 선발됐다.[295] 연기할 캐릭터와 유사성을 가진 배우를 캐스팅해야 한

정신분열증 기질이 다분한 가족: 〈가족 생활〉의 베일던 씨(빌 딘), 재니스 베일던(샌디 랫클리프), 베일던 부인(그레이스 케이브)

다는 로치의 정책에 따라 케이브는 자신에게 편한 방식대로 연기하라고 격려 받았으며, 영화 속 그녀의 캐릭터도 가족을 비롯해 사회 전반의 지배적 질서를 대변하는 인물이었다.■ 그녀는 정신과 의사에게 다음과 같이 말한다.

> 오늘날의 사회 전체와 …… 관용과 마약 복용 사이에는 어느 정도 연관성이 있는 것처럼 보여요. …… 아주 사소한 일로도 가두 시위나 데모를 벌일 수 있다고 생각하는 거죠. 어쩐지 다 연결되어 있는 것 같아요. …… 이 시대의 젊은 세대에게 더 많은 통제를 가해야 해요.

이를 통해 알 수 있듯 이 영화는 〈인 투 마인즈〉보다 더 노골적으로 가족 내에 존재하는 긴장과 통제의 욕구가 더 큰 사회적 갈등의 축소판임을 보여 주고자 했다.

이는 부분적으로는 재니스의 남자 친구 팀(말콤 티어니Malcolm Tierney)의 역할 확대를 통해 이루어진다. 리메이크 버전에서 그는 재니스로 하여금 그녀의 부모를 떠나게 하고 일반 병동에서 그녀를 데리고 나오는 등, 앞서 만들어진 드라마에서보다 훨씬 적극적인 역할을 수행한다. 결국 그녀가 병원 당국의 손에 다시 끌려가게 되긴 하지만 말이다. 덧붙여

■ 로치는 아버지 역할에는 클럽 코미디언이자 〈골든 비전〉, 〈빅 플레임〉, 〈애프터 라이프타임〉 등에서 함께한 바 있는 빌 딘을 캐스팅했다. 로치가 예상한 것처럼 그의 경우에는 배우와 배역 간의 일치 정도가 훨씬 덜했다. 딘은 "영화에 나오는 것보다 훨씬 솔직하고 너그러운 녀석"이었다. 그러므로 "문제"는 "그가 자신의 그런 면을 너무 많이 보여 주지 않도록 하는 동시에 그가 아닌 다른 사람을 흉내 내지 않도록 하는 것이었다." Garnett and Loach, "*Family Life in the Making*," p.21.

그는 이 영화의 대변자로서 현대 사회에 대한 비평을 대신 전달한다. 영화에서 예술을 공부하는 학생으로 나오는 그는 재니스를 포함하는 친구들의 무리 속에 섞여 닐 영Neil Young의 〈다운 바이 더 리버Down by the River〉의 즉흥 연주를 듣고 있는 모습을 통해 알 수 있듯이, 당시의 반문화와 분명한 연관성을 갖고 있다.■ 〈인 투 마인즈〉의 배우와 달리 그는 '정상적인' 사회의 가치관을 거부하며 재니스도 그렇게 하도록 부추긴다. 이는 그가 재니스를 자신의 화실로 데려가 그녀에게 자신이 그린 그림 중 하나(레오나르도 다 빈치의 유명한 작품 신체도를 그의 방식대로 거칠게 다시 그린 것처럼 보이는 그림)를 선물하는 장면에서 명확히 드러난다. 부모가 "이런 그림을 받는 걸 절대 용납해 주지 않을 것"이라 우려한 그녀는 선물 받기를 꺼린다. 이에 팀은 그녀를 위층 창문 가로 데려가 바깥에 내려다 보이는 풍경, 멀리 공장 굴뚝과 냉각 타워가 보이는 가운데 비슷하게 생긴 집들이 열을 지어 길게 늘어서 있는 모습을 보여 준다. 그는 "저게 너희 어머니와 아버지의 모습이야"라며 "그들이 말한 대로 해. 그들은 너를 저렇게 만들 거야. 다들 그렇게 살지. …… 하지만 그게 정상일까?"라고 묻는다. 이는 사실상 이 영화의 중심 가설이기도 하다. 가족이란 노동력을 재생산하기 위한 "훈련소"이며 "저기 보이는 공장 중 하나에 들어가서 하루치 일을 해내는" 데 필요한 순응성과 수동성을 주입시킬 임

■ 이 짧은 신은 재니스의 집의 냉담한 분위기와 유쾌함의 결여를 대비적으로 보여 주기 위해 만들어진 장면임이 분명하지만, 영의 불안감 가득한 노래는 재니스의 가족 생활에 관계된 트라우마에 내포된 의미를 전달하기도 한다. 노래는 재니스의 부모가 그녀에게 낙태를 강요하는 장면 전에 미리 시작되어 "내 아이를 쏴 죽인 뒤 …… 강물에 흘려보냈다"라는 중요한 대사가 나오기 직전에 끝난다. 이 영화에서 낙태는 재니스 자신의 상징적인 죽음과도 당연히 관련이 있다.

순응성의 재생산: 〈가족 생활〉에서 '정상'적인 세상을 내다보고 있는
재니스와 팀

무를 맡고 있다는 것이다.[■] 그런 이유로 〈가족 생활〉과 〈케스〉는 사회적 풍경을 그리는 방식에 있어서는 분명한 차이를 지니지만, 학교나 가정 같은 사회적 제도가 불만족스러운 직업도 수용할 수 있도록 개인을 준비시킴으로써 경제 체제를 위해 복무하고 있음을 보여 주는 방식에 있어서는 비슷한 점이 많다. 이 영화에서 재니스의 아버지는 한 직장에 25년 넘게 다녔다는 점에서 훌륭한 노동자로 등장한다. 반면 재니스는 한 직장에 진득하게 눌러 있지 못하며 이는 그녀에게 병이 있음을 짐작케 하는 조기 징조가 된다. 나중에 그녀가 아버지가 충성스런 봉사의 대가로 받은 시계를 부수자 그녀의 병원 재입원이 확실시되는 것 또한 마찬가지다. 반대로, 전기충격요법을 받은 이후 그녀가 일시적으로 회복되었다는 사실은 그녀가 다시 일을 시작했다는 사실을 통해 확인 가능하다. 그녀의 퇴원 장면은 곧장 그녀가 초콜릿 공장에서 아무 생각 없이 빈 상자에 초콜릿을 채워 넣으며 일하는 모습을 보여 주는 짧은 몽타주로 이어진다. 하지만 드라마에서는 공장이 여자들의 끊임없는 수다와 동지애를 확인할 수 있는 기회의 공간이 되고 대중 음악도 즐거운 소동과 춤판을 벌이기 위한 구실이 되었던 반면, 〈가족 생활〉에서 노동은 그저 반복을 거듭하며 소외감을 낳을 뿐이고, 라디오 프로그램 〈토니 블랙번 쇼*Tony Blackburn Show*〉에서 흘러나오는 대중 음악도 그저 감각의 둔화를 심화할 뿐이다. 이런 식으로 이 영화에서 재니스가 거치는 순화 과정은 가정이

■ 랭에 따르면 가족의 "기능"은 "존중, 순응, 복종에 능하며 …… 노동의 가치를 존중할 줄 아는 1차원적인 인간을 …… 길러내는 것"이다. *The Politics of Experience and the Bird of Paradise*, Harmondsworth: Penguin, 1967, p.55를 보라. 물론 랭이 말한 "일차원적 인간"이란 개념은 허버트 마르쿠제Herbert Marcuse에게서 빌려 온 것이다.

요구하는 순응성과 절제력뿐만 아니라 자본주의 체제가 필요로 하는 순종과 규율과도 단단히 연결되어 있다. 그러므로 〈케스〉에서처럼 아주 사소한 반항적 행위도 실패의 결말을 맞을 수밖에 없다. 팀이 재니스로 하여금 그녀 집의 정원과 장식용 석상에 파란색 스프레이를 뿌려 대면서 부모의 소시민적 위선을 경멸하도록 부추길 수는 있겠지만, 그것도 일시적인 해방감 이상으로 아무것도 가져다주지 못하는 순전히 상징적인 제스처에 불과하다. 로치는 이 영화의 암울한 결말에 대한 질문을 받고 다음과 같이 설명했다.

> 정신적으로 아픈 사람들을 치료하는 현재의 방식에서 어떻게든 낙관주의를 찾아낼 수 있다고 생각한다면 그건 오산이다. "전체적인 체제는 엉망진창이지만 기다려 보세요. 여기 가느다란 희망이 있습니다"라고 말하는 거나 다름없다. 그건 "빌리 캐스퍼를 동물원에 취직시킬 수도 있지 않았느냐"고 묻는 것만큼이나 잘못된 것이다.[296]

하지만 이 영화가 〈인 투 마인즈〉의 특징이었던 자의식적인 스타일을 배제한 점을 감안하면, 정신분열증과 그 치료 방법을 묘사하는 데 있어 이 영화가 추구한 '정확성'이 텔레비전과 언론에서 다시 한 번 쟁점으로 떠오른 것도 별로 놀라운 일은 아니다.■ 아이러니하게도 영화적 스타

■ BBC의 〈리뷰*Review*〉 프로그램에서 벌어진 토론에는 한 정신과 의사도 참여했다. 그는 여러 신문이 이 영화에 묘사된 병원의 정신분열증 치료 방식이 어느 정도 사실인지에 대해 우려를 표하고 있는 가운데 정작 영화의 주인공은 정신분열증의 증상을 보이지 않는다고 주장했다. 로치, 가넷과도 논쟁을 벌인 이 정신과 의사는 나중에 〈뉴 소사이어티*New Society*〉(1972. 2. 3)에 기고한 글에서 이 영화를 "전통적인 정신의학"에 반대하는 "프로파간다"라고 비난했다.

일과 플롯의 단순화의 조합은 플롯의 멜로드라마적인 측면을 더 잘 드러
나게 했고, 비평가들은 의료 시설에서 일하는 사람들을 단순히 "악당"으
로 묘사한 건 아무 죄 없는 "희생자"를 괴롭힌 것이나 다름없다며 비판
했다.[■] 이런 맥락에서 이 영화에는 TV 버전에는 없는 한 장면이 포함되
어 있다. 병원 당국의 대리인들이 재니스를 팀의 아파트에서 데려오는 장
면이다. 물론 이 장면은 〈캐시 컴 홈〉에서 캐시가 아이들을 빼앗기는 장
면을 연상시키며, 등장 배우 중 한 명인 에드윈 브라운이 두 작품 모두에
서 냉정한 공무원 역할을 맡고 있기도 하다. 이렇듯 전문 배우를 기용해
관료 집단을 묘사한 방법 또한 이 영화가 캐스팅에 있어 이중 잣대를 지
니고 있다는 반론을 불러일으켰다. 실제로 랭학과 정신과 의사는 실제
의사가 연기한 반면 일반 병동 의사 카스웰은 상대적으로 더 잘 알려져
있으며 이전에 〈하얀 토끼*The White Rabbit*〉(1967)에서 나치 역을 맡아 호
평도 얻은 바 있는 텔레비전 배우 앨런 맥노턴Alan MacNaughton이 연기했
다.[■■] 그러므로 앞서 지적한 것처럼 바쟁은 전문 배우가 비전문 배우와
의 작업을 통해 더 진정성 있는 연기를 보여 줄 수 있다고 생각했지만, 관
습적인 연기 기법은 정반대로 사용될 수도 있다. 존 코기가 '드라마 다큐
멘터리'의 전반에 관해 주장한 것처럼 흔히 "고전적인 연기 기법은 ……
관료 집단이나 권위를 묘사하는 데 사용"되며, 그 결과 "대사를 완전히

■ 크리스토퍼 윌리엄스는 이 영화가 "컬러감을 거의 다 날려 버리거나 악마주의를 통해 제
도의 실체를 보여 주곤 했던 해머 영화사Hammer Films의 공포 영화"와도 비슷하다고 설명했
다. *New Society*, 6 April 1972, p.21.
■■ 이런 조합이 잰 도슨Jan Dawson으로 하여금 그 배우가 "정신의학의 폐해"를 의인화한
방식에 관해 설명하는 과정에서 배우의 눈에 나타난 "게슈타포의 번득임"에 대해 언급하도록
했을 것이다. *Monthly Film Bulletin*, February 1972, p.31.

외우지 못한 것"은 "진실한 말"처럼 여겨지고 "전통적인 연기 기법"은 "위선"으로 보이게 된다.[297] ■

그러나 많은 평자들이 〈가족 생활〉의 진지한 목적의식을 존중하는 한편 이 영화의 공정성에 대해서는 회의적인 반응을 보이고 있는 가운데, 영화는 이후 수년간 반복될 또 다른 종류의 논쟁을 불러일으켰다. 1972년 초 이 영화가 개봉되자 좌파 신문 〈세븐 데이즈7 Days〉는 앤서니 바넷 Anthony Barnett, 존 맥그래스, 존 매튜스John Mathews, 피터 울른Peter Wollen 이 진행한 로치와 가넷의 인터뷰를 실었다. 이는 특별히 흥미로운 명단이었다. 존 맥그래스는 물론 로치와 〈청년의 일기〉 때 함께 일했던 작가였다. 하지만 로치는 초기작의 반자연주의로부터 탈피해 간 반면 맥그래스는 여전히 영화, 텔레비전, 연극의 관습적 언어에 대한 저항적 형식에 심취해 있었으며 최근에는 7:84 시어터 컴퍼니7:84 Theatre Company를 설립해 계속해서 그런 신념을 실천으로 옮겨 나가고자 하고 있었다. 마찬가지로 피터 울른도 정치적 아방가르드에 심취한 영화 이론가이자 영화 비평가로서 그해 연말 고다르의 '카운터 시네마counter cinema'에 관한 자신의 유명한 에세이를 발표하려고 하고 있었다.[298] 그러므로 맥그래스와 울른

■ 그러나 이런 전략은 문제적인 것으로 드러날 수 있다. 폴 맥도널드Paul McDonald가 주장한 것처럼 연기의 "신빙성"과 "사실성"은 특성상 행해진 연기의 "비가시성"에 근거한다. "Film Acting," in John Hill and Pamela Church Gibson (eds), *The Oxford Guide to Film Studies*, Oxford: Oxford University Press, 1998, p.31. 하지만 로치의 영화에서 비전문 배우들은 대사를 유창하게 전달하는 데 실패하는 등 특정 코드를 가시적으로 드러내는 방법을 통해 진정성을 획득한다. 하지만 이런 불안정한 연기나 대사 중 엉뚱한 곳을 강조하는 방법이 그저 이상하고 부자연스러운 것, 그리고 나아가서는 형편없으며 수준 미달인 연기 기술의 결과물로 해석될 여지도 있다.

모두 리얼리즘의 정치적 가치에 대해 회의적인 입장이었으며 로치와 가넷을 향한 그들의 질문에도 그런 그들의 우려가 반영되었다.

〈업 더 정션〉과 〈캐시 컴 홈〉 이후로 로치는 특정 개인의 상황을 좀 더 일반적인 사회 정치적인 맥락과 연결시킨 이야기를 전달하는 데 관심을 쏟아왔다. 드라마와 다큐멘터리의 관습을 혼용하는 것과 관련해서도 다음과 같이 설명했다.

> 우리는 두 세계에서 가장 좋은 것들만 가져오려고 했다. 픽션을 통해 얻어 낼 수 있는 사적 관계와 경험에 대한 통찰력을 가져오려고 하면서 그것을 빈틈없는 맥락 속에 위치시키고자 했던 것이다. 사적 세계와 공적 세계 사이를 넘나드는 편집이 주는 혼란스러움이 바로 우리가 원했던 것이다.[299]

하지만 사적 세계와 공적 세계 사이의 균형을 유지하는 것은 그리 단순한 과제가 아니었으며 그의 작품은 늘 둘 중 하나를 희생시킴으로써 다른 하나를 더 강조하는 식의 모험을 일삼았다. 그래서 〈가족 생활〉이 관객들로 하여금 특별한 한 인물의 이야기를 통해 보다 일반적인 결론에 도달할 수 있도록 하는 방법을 모색한 것은 자명하지만, 더욱 단순한 스타일에 대한 추구는 이 영화의 초점이 이전의 텔레비전 작품의 경우들보다 개인에 더 많이 맞춰져 있는 것처럼 보이게 했다. 이는 울른의 견해로, 그는 로치에게 이 영화를 "이런 특별한 사람들에 관한 것으로 만들고, 완벽하게 현실적인 것으로 만든 결과 결국 …… 그런 특별한 사람들에 한정된 영화가 되어 버렸으며, 당신이 처음에 가지고 있었던 더 보편적인 이론과 주장에 대한 관점을 상실하게 됐다"고 지적했다.[300] 실제 이런 식으로 이 영화를 읽는 방식은 이 영화의 홍보물을 통해 고무된 것이었다. 그

들은 관객들이 지나치게 "정치적"이거나 "프로파간다적"이라고 생각되
는 영화는 보러 가지 않을 수 있다는 사실에 대해 두려움을 느꼈던 게 분
명하다. 이 영화가 아카데미 시네마에서 상영됐을 때 프로그램 노트는 이
영화가 "'전형적인' 병력을 보여 주기 위해 보편화를 시도한 작품이 아니
며 특별한 사람들에 관한 특별한 이야기"임을 분명히 명시했다.▪▪ 사실
정신분열증에 대한 이 영화의 묘사는 그보다 훨씬 복잡한 방식으로 이루
어져 있으며 앞서 설명했듯 그런 묘사를 사회적 요인과 연결시키고 있다.
하지만 로치의 영화들이 특별한 이야기의 전달을 통해 보편적인 정치적
주장을 펼치는 데 있어 어느 정도로 성공적이었는가는 논쟁거리로 남아
있을 수밖에 없다. 정치적 스펙트럼상 어디쯤 위치하느냐에 따라 그의 영
화 속 캐릭터들이 지나치게 개별화되어 있다고 볼 수도 있고 혹은 충분히
개별화돼 있지 않다고 볼 수도 있을 것이다.

맥그래스와 울른은 로치의 작업과 관련해 계속 논쟁을 불러일으켜
온 다른 점들에 관해서도 지적했다. 맥그래스는 자연주의의 한계에 대해
노골적으로 공격하며 "자연주의적 형식에서는 폐쇄적인 상황으로부터

▪   울른은 다른 위험성에 대해서도 인식했다. "이런 특별한 사람들"이 "대표자" 이상의 의미
를 갖지 않을 수도 있으며 그 결과 "이론"은 "너무 단순한 것"이 되어 버릴 수도 있었다. 울른의
우려에 대해 로치는 자신이 "개인과 개인이 서로 어떻게 반응하는지를 관찰하는" 데서 출발하
긴 했다고 수긍했지만 그렇다고 그것이 "얼마간 보편화된 진술"을 이끌어 내는 데 방해가 되진
않았다고 답했다.
▪▪   이언 코넬Ian Connell도 이 영화의 홍보물이 "'가족 생활'에서 가해자란 없다. 피해자만
있다"는 관념을 전달하기 위해 애썼으며 그러다 보니 영화의 사회적 비평의 중요한 측면을 약
화시키는 결과를 가져왔다고 지적했다. Ian Connell, *Film Production and Presentation: The
Institutional Passage of Films*, MA thesis, University of Birmingham, 1973, pp.183~184.

'전형적'인 사례? 〈가족 생활〉의 재니스(샌디 랫클리프)

의 탈출을 보여 주는 것이 불가능하다"고 주장했다. 그러기 위해서는 자연주의적 형식과 관련된 "염세주의"를 탈피할 수 있도록 "주체와의 변증법적 관계"를 거쳐야 한다는 것이다.[301] 울른도 비슷한 관점을 수용하여 "사람들의 마음에 틈과 균열을 일으키기 위해선 내용과 형식 사이에도 틈과 균열이 존재해야" 한다고 주장했다. 그는 이어서 이런 작품은 "결코 폐쇄적이고 연속적인 영화가 되어선 안 되"며 "영화가 끝난 뒤에도 사람들의 머릿속에 남아 있을 만한 불연속성과 폭로"를 포함해야 한다고 말했다.■ 이런 측면에서 맥그래스와 울른은 브레히트의 입장을 환기시켰다. 브레히트는 관객과 좀더 적극적인 관계를 형성하는 데 자극이 되어 줄 것으로 짐작되는 미학적 장치의 보다 자의식적이고 자유로운 사용을 지지했으며, 표면적 리얼리즘이나 관찰의 정확성에 대한 집착과는 단절해야 한다고 주장했다. 개별화에 관한 논쟁에서와 마찬가지로 이런 관점은 로치와 가넷이 곧이어 착수하게 된 노동사 관련 4부작 드라마 〈희망의 나날들〉에 관한 논쟁에서 특히 중요하게 다루어지게 되었다.

하지만 여기서는 자연주의에 관한 논쟁의 기반이 약간 변화했다는 사실을 지적할 필요가 있다. 트로이 케네디 마틴은 반자연주의적 논쟁을 펼친 독창적인 선언문 "자연주의자는 집에나 가라"에서 자연주의를 텔레비전 스튜디오 드라마에 존재하는 연극주의나 시간적 단일화로 규정했다. 하지만 이제 로치의 작품은 주로 로케이션에서 필름으로 촬영되고 신

■ 이 영화와 관해 논하며 크리스토퍼 윌리엄스는 "내러티브적 연속성을 파괴하고, 내러티브적 연속성에 대한 의구심을 갖게 하며, 관객도 스스로를 의심하도록 부추기는 효과"를 이끌어 내는 보이스오버를 포함했던 〈인 투 마인즈〉에 비해 〈가족 생활〉이 사실 한걸음 퇴보한 영화라 주장했다(*New Society*, 6 April 1972, p.21).

중한 편집을 거쳐 완성되었으며 더 이상 케네디 마틴이 염두에 뒀던 단순한 텔레비전 자연주의에 해당하지 않았다. 이런 점에서 로치의 자연주의는 전혀 다른 체계를 의미하는 것이었다. 그것은 표면의 관찰, 경험적 현실, 그리고 자기 반영적 기법의 회피 등으로 규정될 수 있었다. 케네디 마틴의 선언문에 대한 반응의 기이한 측면 중 하나도 가넷이 텔레비전의 반자연주의 운동을 지지하기 위해 자연주의 문학의 기수라 불리는 에밀 졸라를 끌어들였던 점이다.[302] 이런 측면에서 "새로운 종류의 객관성"에 대한 케네디 마틴의 주장은 다소 혼란스러운 구석이 있었으며 결국 두 갈래로 뻗어나간 것 같다. 브레히트적인 장치나 모더니즘적 장치를 통한 공정하고 지적인 객관성, 그리고 필름 사용과 로케이션 촬영을 통한 관찰자적 객관성(혹은 자연주의)의 함양이다. 〈청년의 일기〉에서 관찰자적 요소는 자의식적 내레이션과 몽타주 같은 드라마의 지배적 양식에 대하여 부차적인 요소로 머물렀지만 이런 양상은 앞서 살펴본 것처럼 로치의 이후 작품에서 변화를 맞게 됐다. 로치는 갈수록 다큐멘터리적 동기를 지니지 않은 형식적으로 과도한 장치는 아예 사용하지 않으려고 했다.

　더 나은 자연주의를 향한 이런 변화는 부분적으로는 사람들의 실제 삶을 보여 주려는 단순한 관심에서 비롯된 것이었지만, 이런 변화를 부추긴 또 다른 요소는 작품과 관객의 관계에 관한 구체적인 감각이었다. 로치는 자신의 작품에 대한 맥그래스와 울른의 비판에 맞서 이 영화를 만들며 자신이 가장 중요하게 생각했던 것 중 하나에 대해 다음과 같이 설명했다.

　　우리가 정치적으로 유일하게 중요한 계급이라 생각하는 노동 계급을 위해 영화를 만들려고 노력하는 것, 그리하여 엘리트주의적 영화나 시네아스트적 영화를 만들

지 않고 평범한 사람들이 이해할 수 있는 영화를 만드는 것이 중요했다.303

이는 로치로 하여금 자신의 영화에 대한 관객의 "요구"에 타협할 수 있도록 하고, "노동 계급 관객이 저항감을 가질 만한 형식을 사용해 관객과 극중 인물 사이에 벽"을 만드는 일은 절대 피하도록 했다.304 이런 측면에서 그는 자신의 영화가 따라가기 어렵지 않은 이야기, 노동 계급 관객이 보기에 정확하고 진실한 이야기를 전달하는 것이 극히 중요하다고 보았다. 그는 다음과 말했다.

> 만약 사람들이 어떤 상황을 보고 "그래, 저게 뭔지 알아. 저런 사람들도 알고. 내 얘기 같아. 아님 내가 아는 사람 얘기 같아"라고 말한다면 관객의 마음을 건드리는 데 기본적으로 성공한 것이다. 만약 그것이 노동 환경에 관한 영화라면 관객이 모든 등장 인물을 자신의 동료 노동자로 여길 수 있을 만큼 정확하게 묘사하는 것이 매우 중요하다. 당신이 영화 속에서 무슨 일이 벌어지고 있는지, 영화의 스토리 라인을 따라갈 수 있는지도 매우 중요하다. 그런 점을 감안하면 자연주의적인 외양의 영화를 지향하지 않기가 힘들다.■

하지만 접근성의 문제는 영화와 텔레비전 작업이 갖는 상대적 가치에 관해 의문을 불러왔다. 로치의 텔레비전 작업은 어떤 영화도 이끌어

■ Garnett and Loach, *"Family Life in the Making."* 이런 측면에서 존 맥그래스와 켄 로치 사이의 본질적 차이는 대중의 수용력에 대한 두 사람의 상이한 판단에 근거한다. 맥그래스는 대중적 오락물의 비자연주의적 전통을 감안했을 때 노동 계급 관객이 단지 자연주의적 형식만 수용할 수 있다고 보지 않았다.

내지 못한 규모와 유형(노동 계급)의 관객을 사로잡은 바 있기 때문이다. 이것은 가넷도 인식하고 있었던 문제로, 그는 다음과 같이 주장했다.

점점 더 많은 노동 계급이 영화보다 텔레비전을 더 많이 보고 있다. …… 그러므로 우리가 정치적으로 유일하게 관심을 갖고 있는 계급과 소통하기 위해서는 우리도 텔레비전으로 가야 한다.305

하지만 가넷과 로치는 아무리 관객의 규모나 계급 구성이 다르다 해도 극장용 영화도 만들고 싶었다. 텔레비전이 힘이 없는 것은 상대적으로 그것이 도처에 존재하는 것이기 때문이었다. 텔레비전 작품은 끊임없이 무언가가 방영되는 이미지의 흐름 속에서 더 쉽게 잊혀질 수 있었다. 그래서 그는 "부분적으로는 배급 방식 때문에, 또 부분적으로는 지적 허영 같은 이유 때문에 한때 방영되고 그걸로 끝인 텔레비전 작품보다 극장용 영화가 훨씬 오랫동안 반향을 불러일으킬 수 있다"고 봤다. 이런 이유로 그는 〈인 투 마인즈〉를 극장용 영화로 리메이크한 것이 가치 있는 일이었으며 〈가족 생활〉이 먼저 만든 텔레비전 드라마보다 "더 길고 …… 더 긴 반향을 불러일으킬" 것이라고 결론을 내렸다.306

하지만 〈케스〉의 경우를 통해서도 볼 수 있었듯, 영화 산업 내에서 이루어지는 배급 수단에 대한 반독점적 통제로 인해 로치의 영화는 영국의 주요 영화관 체인 두 곳 중 하나에서라도 제대로 개봉할 기회를 얻기가 쉽지 않았다. 그래서 로치가 아무리 평범한 노동 계급 사람들이 '이해하기 쉬운' 형식으로 영화를 만들어도 '대중' 영화의 여러 특징(이를테면 스타나 높은 '제작비')을 결여한 그의 영화는 배급업자나 극장주들에게 상대적으로 매력적이지 못한 영화로 받아들여졌다." 그것은 로치의 영화가 높은 수익을 낼 수 있는 영화가 아니라는 의미기도 했다. 앞서 살펴본 것처럼 〈케스〉도 영국 내에서는 의외의 흥행작이 됐지만, 가넷에 따르면 다른 나라에는 별로 팔리지 않아서 결과적으론 "'중박' 영화"에 머물렀다.[307] 〈가족 생활〉도 미국에서는 〈웬즈데이 차일드*Wednesday's Child*〉란 제목으로 개봉해 어느 정도 성공을 거두었지만 영국에서는 〈케스〉보다 저조한 성적을 보였다.

영국 영화 관객 수는 장기적으로 하락세를 보이고 있었으며, 1960년대에 영국 영화 제작을 활성화시켜 주었던 미국 자본이 빠져나가면서 1970년대에는 영국 영화계도 일종의 위기에 부딪혔다. 영국 영화계가 경제적 어려움을 어떻게 헤쳐나갔느냐와 관련해서는 "영국 영화는 텔레비전에서 살아남았다"고 보는 견해가 일반적이다.■■ 이를테면 스티븐 프리어스Stephen Frears나 마이크 리Mike Leigh 같은 감독들도 당시 관습적인 영화 산업 안에서는 유지하기가 불가능했던 자신의 경력을 〈더 웬즈데이 플레이〉를 대체하기 위해 만들어진 〈플레이 포 투데이〉 시리즈를 통해 이어갈 수 있었다.[308] 이는 로치도 마찬가지였다. 자신이 원하는 장편 영화를 찍을 기회를 얻을 수 없었던 그는 어쩔 수 없이 텔레비전으로 복귀했다. 사실 〈희망의 나날들〉의 2부도 원래는 장편 영화로 기획한 것이

■　가넷은 자신과 로치가 주인공 역에 샌디 랫클리프를 캐스팅하기 위해 싸워야 했다고 회고한다. 앵글로-EMI의 냇 코헨은 좀더 잘 알려진 배우를 써야 한다며 처음부터 그녀를 반대했다. Conversation with Tony Garnett, London, 23 October 2009.

■■　1977년 제작자 케니스 트로드는 극장에서 상영되는 영국 장편 영화와 비교해 영국 텔레비전 작품의 수준이 어느 정도인지 강조하기 위해 (주로 BBC에서) 필름으로 촬영한 텔레비전 드라마의 목록을 작성한 바 있다. *Vision*, Vol. 2 No. 1, March 1977, pp.14~19를 보라.

었지만 가녯은 필요한 만큼의 제작비를 투자받을 수 없을 거라고 판단했다. 그리하여 그들은 그 영화를 어떻게든 만들기 위해 텔레비전 시리즈의 한 에피소드로 바꾸게 됐다. 그러므로 〈희망의 나날들〉의 방영 당시, 영국 영화계에서는 왜 정치적인 영화가 전혀 만들어지고 있지 않느냐는 질문에 가녯이 "규칙적이고 꾸준하게 영화 제작이 이루어지고 있는" 곳은 BBC밖에 없다고 대답한 것도 무리는 아니다.[309]■

■ 1970년대에 텔레비전 영역에서 일하기로 선택했던 스티븐 프리어스는 "〈희망의 나날들〉이 갖는 중요성에 견줄 만한 극장 개봉 영화가 하나도" 없다면서 "텔레비전에서도 좋은 영화"를 만들 수 있는데 극장용으로 "형편없는 영화"를 만드는 것은 너무나 "터무니없는" 짓이라고 말했다. *Screen International*, 1 November 1975, p.18.

"이것이 우리의 역사다"

〈희망의 나날들〉

6

1916~1926년까지를 다룬 4부작 드라마 〈희망의 나날들〉은 켄 로치의 첫 번째 대규모 역사물인 동시에 그의 경력에서 새로운 전환점이 된 작품이었다. 하지만 그는 이미 〈가족 생활〉 이후 처음 만든 텔레비전 작품인 단편극 〈불행*A Misfortune*〉(1973년 1월 13일 방영)으로 시대극을 향해 첫발을 뗀 바 있었다.■ 로치가 과거를 배경으로 한 작품을 만든 것은 그때가 처음이었지만, 〈불행〉 역시 그의 현대적 드라마나 영화와 어느 정도 연속성을 보였다. 린다 노클린Linda Nochlin이 19세기 회화에 대해 지적했듯, 동시대의 세계를 관찰하는 것에 끌리는 점은 리얼리즘의 당연한 특징이지만 그러한 관심은 새로운 방식으로 과거를 바라보도록 부추기기도 한다. 노클린의 표현대로 "일상적인 삶"에 대한 "객관적으로 정확하고 신

■ 〈불행〉은 BBC2에서 방영하는 생방송 예술 프로그램 〈풀 하우스*Full House*〉의 일환으로 제작 의뢰를 받은 작품이었다. 〈풀 하우스〉는 이 드라마를 만화가 제럴드 스카프Geral Scarfe 의 인터뷰, 피아니스트 머레이 페라이어Murray Perahia와 포크록 밴드 스틸아이 스팬Steeleye Span의 연주, 존 맥그래스의 스튜디오 단막극 〈역사에 접속하다*Plugged into History*〉와 묶어서 방송했다.

빙성 있는" 묘사를 통해 "역사에 대한 새롭게 확장된 개념"을 구성하게 하는 것이다.[310] 안톤 체홉의 단편 소설 두 편을 로치가 직접 각색해 만든 〈불행〉도 마찬가지로 원작에 단순히 새로운 관찰을 집어넣는 것 이상으로 새로운 사회적 차원을 덧붙이고자 했다.

이 작품에 제목을 제공한 원작 소설 《불행*A Misfortune*》은 유부녀를 사랑하는 변호사의 이야기다. 하지만 드라마에서 이 이야기는 전혀 다른 내용의 소설 《사냥꾼*The Huntsman*》과 합쳐진다. 사냥꾼과 그의 아내지만 동거를 거부당한 시골 여자, 이 두 사람의 만남을 다룬 이야기다. 드라마는 두 남녀의 만남에서 출발하여 곧장 배경의 사회적 지형을 확장시킨다. 그래서 원작의 이야기는 중산층의 협소한 사회적 세계에 한정되어 있지만, 드라마가 〈사냥꾼〉에 등장하는 요소를 소개하는 방식은 소설에서의 사회적 경관을 확장시키며 불만족스러운 결혼 생활에 대해 탐구하는 내용의 이야기를 더 넓은 사회 관계 속에 위치시킨다. 〈인 투 마인즈〉나 〈가족 생활〉이 그랬던 것처럼 여기서도 개인의 정서적 딜레마라고 하는 것이 구체적인 사회사적 맥락 속에 놓이게 되는 것이다. 그러므로 이 드라마의 오프닝 시퀀스는 두 여자가 처한 곤경의 유사성을 보여주는 동시에 두 여자가 처한 사회 상황을 극단적으로 대조시키기도 한다. 이를테면 시골 여자는 밭에서 일해 먹고사는 반면, 소피아(루시 플레밍 Lucy Fleming)는 자신을 좋아하는 남자 일린(벤 킹슬리Ben Kingsley)과 함께 유유자적 숲속을 산책한다. 나아가 원작은 소피아가 결혼과 가정 생활에서 느끼는 사회적, 성적 제약에 관해 다루지만, 계급 관계의 묘사에 공을 들인 드라마는 그녀가 아무리 제약을 느낀다 해도 그녀는 여전히 사회적 특권층이며 다른 사람들의 자유의 결핍을 발판으로 삼아 그런 생활을 하고 있음을 보여 준다. 그런 이유로 드라마는 시작부터 농사일을 강조해 보여 줄 뿐만 아니라 그 뒤로도 간간이 계속해서 사회적으로 낮은 지위에 있는 캐릭터들이 수행하는 역할을 상기시킨다.

그러기 위해 이 드라마는 노클린이 리얼리즘의 특징으로 언급한 "수평적 상세함"의 "팽창"을 보여 준다.[311] 로치의 각색은 체홉의 소설에다 상황에 대한 세부 묘사를 채워 넣는다. 그런 세부 묘사는 이야기의 진정성을 강화할 뿐만 아니라 완곡한 사회적 논평을 주입하는 수단이 되기도 한다. 소피아가 숲에서 일린을 만난 뒤 집으로 돌아가는 장면이 좋은 예다. 체홉의 원작에서 이 장면은 그 자체로 의미 없는 사건이며 그저 소피아가 "집에 도착"해 "자신의 방 가운데에 5분 동안 가만히 서있는" 모습으로 묘사될 뿐이다.[312] 하지만 로치의 버전에서 소피아의 귀가는 그녀가 사는 집의 규모뿐만 아니라 그만한 집을 유지하는 데 따른 사회적 질서를 보여 주는 숏들로 이루어져 있다. 그런 이유로 드라마는 소피아가 프레임 안으로 들어와 현관문 쪽으로 걸어가는 모습을 보여 주기 전에 장작을 패고 있는 일꾼에 먼저 초점을 맞춘다. 그다음 화면은 집 안으로 넘어가고, 카메라는 소피아가 우산과 머플러를 내려놓는 모습을 보여 준다. 소피아는 곧이어 위층으로 올라가며 화면 밖으로 사라지지만, 카메라는 계속 그 복도에 멈춰 서서 그녀가 지나간 자리를 치우는 하인의 모습을 보여 준다. 시청자에게 하인의 존재를 상기시키는 전략은 이후에도 계속 이어진다. 원작에서는 짧게만 언급됐던 요리사의 이야기가 드라마에서는 아예 한 신으로 확대되며, 카메라는 외화면에 존재하는 소피아가 그녀에게 모자를 쓰고 요리하라고 명령하는 순간까지 계속해 그녀를 비춘다. 그런가 하면 유모에 관한 신도 있고, 다른 하인들도 저녁 만찬 장면이나 이후 이어지는 사교 모임 장면 등에 계속해서 등장한다. 이런 식으로 드라마는 시선을 분산시키면서 시청자에게 주인공의 라이프스타일이 보통 눈에 잘 보이지 않는 다른 이들의 노동을 바탕으로 한 것임을 주지시키고 (당시 역사에 대해 다 알고 있기 때문에 예견 가능한 것이지만) 곧 사회적 격변이 일어날 것임을 암시한다. 가령 하녀 쪽으로 카메라가 돌아가기 전 남자 하인들이 쟁반을 든 채 동시대의 정치적 상황에 대해 이야기를 나누고 있는 모습을 볼 수 있는데, 이는 소설에는 없는 장면이다. 1917년 러시아 혁명의 그림자는 〈희망의 나날들〉에도 드리워져 있다. 그러나 2부에 나오는 광산 소유주의 집 장면이나 3부에 나오는 국회의사당 장면 등 익숙지 않은 사회적 공간 속에 노동 계급 캐릭터들을 집어넣어 부유층의 삶을 낯설게 느끼도록 한 빼어난 장면들이 더러 있긴 하지만, 이 드라마를 정말 특별하게 만든 요인, 즉 이 드라마를 당시에 만들어진 텔레비전 시대극의 지배적인 경향과 차별화된 작품으로 만든 요인은 노동 계급 캐릭터들과 노동 계급의 역사를 드라마의 중심에 두기로 한 결정이었다.

민중의 역사: 〈희망의 나날들〉

1960년대 말과 1970년대 초에 과거를 배경으로 한 대규모 연속극의 인기는 갈수록 높아졌다. 〈포사이트 연대기*The Forsyte Saga*〉(BBC, 1967)나 〈가족 전쟁*A Family at War*〉(그라나다, 1970~1972), 〈업스테어즈 다운스테어즈*Upstairs, Downstairs*〉(LWT, 1971~1975) 같은 픽션 시대극이나 〈헨리 8세의 부인들*The Six Wives of Henry VIII*〉(BBC, 1970), 〈엘리자베스 R*Elizabeth R*〉(BBC, 1971), 〈왕조의 몰락*The Fall of Eagles*〉(BBC, 1974), 〈제니, 레이디 랜돌프 처칠*Jenny Lady Randolph Churchill*〉(테임스, 1974), 〈에드워드 7세*Edward the*

Seventh〉(ATV, 1975)처럼 실제 역사적 사건이나 인물을 극화한 역사극 모두 인기가 많았다.[■] 물론 시대극과 역사극을 엄밀히 구별하기는 쉽지 않으며, 〈희망의 나날들〉은 두 가지의 요소를 모두 결합했다. 허구적으로 만들어 낸 어느 가족의 업적에 초점을 맞추는 한편 1926년 총파업처럼 실제로 일어났던 사건이나 유명한 정치인이나 노동조합 지도자 같은 실존 인물도 보여 준 것이다. 이는 과거를 재현하는 드라마에 흔히 사용돼 온 방식이다. 이를테면 〈업스테어즈 다운스테어즈〉에도 가공의 캐릭터들인 벨라미 가문이 에드워드 7세의 방문을 받는 장면이 있다. 하지만 그럼에도 불구하고 〈희망의 나날들〉에서 나타난 역사적 사실과 허구의 혼용은 다큐멘터리-드라마 논쟁에 새로운 차원을 추가했다.

같은 시기에 만들어진 다른 역사극과 달리 유독 이 드라마만이 이런 종류의 논쟁을 불러일으켰다는 사실은 이 드라마만이 갖고 있었던 여러 특징에 기인한다. 이 드라마는 정치 엘리트 계층을 무시하지 않았으며 보수당 총리 스탠리 볼드윈Stanley Baldwin과 토리당 내각 구성원 등 역사적 인물들을 등장시켰다. 하지만 이 드라마의 역사적 시각은 사회적 특권층에만 머무르지 않았다. 콜린 맥아더Colin McArthur가 설명한 것처럼 당시 텔레비전이 역사를 극화하는 방식의 핵심적 특징은 한 개인, 특히 위인의 역할을 강조하는 것이었다.[313][■■] 반면 〈희망의 나날들〉은 평범한 갑남을

[■] 이런 드라마들은 같은 시기에 만들어진 역사 영화의 흐름과도 관계가 있을 수 있다. 그 영화들은 주로 군주제를 다루었으며 〈비운의 여왕 메리*Mary, Queen of Scots*〉(1971)나 〈헨리 8세 *Henry VIII and His Six Wives*〉(1972)처럼 두 가지 양식을 어느 정도 크로스오버하기도 했다.

[■■] 물론 "인간이 이룩한 역사는 …… 위인들의 …… 역사의 이면에 존재한다"는 유명한 선언을 한 것은 토머스 칼라일Thomas Carlyle이다. *On Heroes and Hero-Worship*, 1840.

녀의 행위에 방점을 찍고 위인의 행위를 그들과의 관계 속에 위치시키고자 했다. 나아가 역사극의 사회적 범위를 넓히는 과정에서 역사적 사건을 구성하는 데 있어 단순히 개인적인 행위보다 집단적인 행위가 더 중요하다고 강조했다. 역사학자 E. H. 카E. H. Carr가 역사적 해석의 특정한 형식에서 나타나는 개별화 경향에 저항하여 주장한 것처럼, "역사에서 숫자는 중요하다."[314] 같은 방식으로 〈희망의 나날들〉도 과거의 사건과 정치적 행위의 전개가 위대한 개인의 영웅주의가 아닌 엄청난 수의 평범한 사회적 행위자들에 의해 이루어졌음을 보여 주고자 했다. 이런 측면에서 이 드라마는 1960년대 이래 지지를 얻어온 '아래로부터의 역사'란 관념과 연결되어 있다. 아래로부터의 역사란 새로운 형식의 사회사를 가리키는 말로, 역사의 초점을 사회적, 정치적 엘리트 집단으로부터 그동안 역사에서 자신의 경험과 활동을 제대로 인정받지 못했던 사회 집단(노동 계급, 농민, 여성, 소수 민족 등)으로 이동시켰다. 비슷한 방식으로 〈희망의 나날들〉도 그동안 무시되어 온 노동 계급사를 재조명하고자 했다. 그리고 그렇게 함으로써 역사를 만드는 것은 단지 지배 계층의 엘리트들만이 아니며 거기엔 노동 계급의 역할도 존재함을 강조하고자 했다. 짐 앨런은 나중에 이렇게 말했다. "그것은 사람들에게, 노동 계급자들에게 이것이 우리의 역사라고 알리기 위한 시도였다. …… 그 시기의 민중의 역사라고 봐도 좋다."[315]

이런 관점은 드라마 중심에 위치한 가족의 묘사 방식에도 영향을 미쳤다. 당시 가넷이 설명한 것처럼 이 드라마의 전략은 "북부 시골에 사는 어느 가족"이 "1차 세계 대전, 아일랜드 반란, 탄광 노조 파업, 노동당의 첫 집권, 총파업 등 현대 노동 계급의 자의식을 형성한 거대한 사건들에 참여한 일원"으로서 어떻게 행동하는지를 보여 주는 것이었다.[316] 그러기 위해 이 드라마는 〈포사이트 연대기〉, 〈업스테어즈 다운스테어즈〉처럼 당시 가장 성공적이었던 시대극에 사용된 '가족 대하 드라마'의 형식을 차용하는 한편, 상류층이나 중산층 대신 평범한 노동 계급 가족에 초점을 맞춤으로써 그런 형식의 민주화를 꾀했다. 하지만 이런 식으로 내러티브를 조직함으로써 다른 시대극에서 가족을 사용한 방식으로부터 탈피하고자 한 이 드라마는, 동시에 그런 방식에 얽매이게 되기도 했다. 다양한 평자들이 지적한 것처럼 영국 영화와 텔레비전 드라마 안에서 가족은 영국이란 국가의 가치를 상징하는 알레고리적 역할을 맡아 왔다. 이런 관점에서 볼 때 가족 대하 드라마는 국가에 관한 이야기로 읽힐 수 있었다. 한 가족의 경험이 국가 전체의 경험을 예시하는 것이다. 하지만 이런 알레고리적 요소에도 불구하고 가족은 보통 사적 영역에 속하는 것으로 여겨졌으며, 따라서 정치적 사건이 발생하는 공적 세계와는 동떨어진 것으로 설정됐다. 이는 이를테면 〈깁슨 가족 연대기*This Happy Breed*〉(데이비드 린David Lean, 1944) 같은 포퓰리즘적인 전시戰時 영화에도 나타나 있다. 전형적인 중하층 가족의 경험을 다룬 이 영화는 평범한 사람들의 삶과 역사를 찬양하기 위해 '민중의 투쟁'의 수사학을 동원했다. 그러나 극중 인물들이 1차 세계 대전 종전이나 총파업 같은 사건들을 체험한 것은 맞지만, 영화가 사용한 기법(몽타주 등)은 앤드루 힉슨Andrew Higson의 주장처럼 "이런 평범한 사람들과 그들의 사적인 삶을 대문자 정치와 대문자 역사의 공적인 장으로부터" 분리시키는 효과를 낳았다.[317] 그 결과 평범한 사람들은 역사적 장에 초대받긴 했지만, 그저 다른 어딘가에서 벌어지고 있는 중요한 역사적 사건의 구경꾼에 머무르게 됐다. 〈가족 전쟁〉의 중산층 가족이나 〈업스테어즈 다운스테어즈〉에 나온 아래층의 하인들에 대해서도 같은 식으로 말할 수 있다. 그들은 중요한 역사적 사건을 경험하긴 했지만 공론장 내에서 대문자 역사의 행위자로서 온전한 지위를 획득하진 못했다.

물론 앨런과 로치의 전작들도 정치를 전면에 끌고 나오기 위해 개인을 희생시킴으로써 공적 영역과 사적 영역의 간극을 재생산했다고 볼 수도 있다. 위의 예들과 비교하면 공사 관계가 역전되어 있긴 하지만 말이다. 이를테면 〈빅 플레임〉에 대니와 그의 아내(조앤 플러드Joan Flood)가 등장하는 짧은 신이 있는데, 거기서 강조되는 것은 집회, 거리, 항만 등의 공적 세계이다. 〈랭크 앤 파일〉에도 레스의 아내(조앤 플러드)가 나오는 짧은 신이 있는데, 가정 영역은 별로 강조되지 않는다. 앞서 지적한 것처럼 〈빅 플레임〉의 애초 기획은 가족 내 갈등(형제 간, 부자 간의 갈등)을 훨씬 더 중요하게 보여 주는 것이었지만, 정치적 이념의 차이보다 성격의 차이가 더 도드라지는 결과를 피하기 위해 최종 버전에서는 그런 가족 내 갈등을 축소시켰다. 가족 구성원들에 상반된 정치적 견해를 배치하는 연출 장치는 〈희망의 나날들〉에서도 다시 한 번 발견된다. 하지만 가족 구성원 전체가 다양한 공적 행위와 사건(회의, 정치적 운동, 파업)에 참여하는 모습을 보여 줌으로써 그런 장치가 수반할 수 있는 정치의 개인화는 부분적으로나마 피한 것으로 보인다. 이에 일부 냉정한 비평가들은 캐릭터들이 각기 다른 정치적 입장을 상징하고 있다는 사실이 너무 노골적으로 보여서 관습적인 드라마를 볼 때 기대하게 되는 개별 캐릭터의 입체성은 찾아보기 어렵게 됐다고 비판했다. 닐 린든Neil Lyndon은 드라마가 방영되기 전부터 〈라디오 타임스〉를 통해 이 드라마가 가족 구성원을 중심으로 한 몇몇 신을 "드라마화된 정치극"으로 효과적으로 바꾸어 냄으로써 정치적 이념을 "실체가 있는 것"으로 보여 주고자 했다고 주장했다.[318] 물론 가족 구성원 간의 긴장 관계가 정치적 입장의 반영과 밀접하게 연관돼 있는 것은 맞다. 하지만 다른 가족 대하 드라마에서 특징적으로 나타나는 사적 영역의 탈정치화를 피하고 그렇게 함으로써 개인과 정치가 상호 대립적인 것이 아니라 밀접하게 뒤엉켜 있는 것임을 보여 주는 것이야말로 이 드라마의 전략이었다.

하지만 〈희망의 나날들〉과 당시 만들어진 다른 시대극 사이의 가장 큰 차이는 가족에 관한 묘사보다 정치적 견해에 기인한다. 이런 측면에서 이 드라마의 정치성은, 과거에 대한 재현에 활기를 불어넣기 위한 정치적 관점에서만이 아니라 이 드라마가 동시대의 정치적 사건과 맺고 있는 관계 속에서도 이해돼야 한다. 많은 평자들이 지적한 것처럼, 역사에 관한 글이든 드라마든 모두 그것이 속한 역사적 상황에 반응하고 또 그로부터 영향을 받으면서 만들어지는 것이다. 〈희망의 나날들〉의 경우 제작진은 과거로의 회귀가 동시대적인 것이 될 수도 있다는 생각을 숨기지 않았다. 가넷이 〈라디오 타임스〉에 말한 것처럼, "과거로 돌아가고자 한 우리의 동기는 현재로부터 도피하기 위한 것이 아니다. 과거로부터 교훈을 얻고자 함이다. 역사는 늘 동시대적인 것이다."³¹⁹■ 그런 맥락에서 이 드라마는 당시의 다른 역사극에 만연해 있던 특정한 역사적 시각에 도전하고자 했을 뿐만 아니라 그런 시각에 동시대와의 연관성을 부여하고자 했다고 볼 수 있다.

이 드라마의 제작 의뢰, 촬영, 방영이 이루어진 시기는 노사 관계의 점진적 "정치화"가 이루어지고 경제적 갈등(레이먼드 윌리엄스에 따르면 "전후

■ E. H. 카가 설명한 모든 역사는 "현재의 요구와 현재의 상황"을 지시하는 "동시대적인 역사"라는 관념은 베네데토 크로체Benedetto Croce에서 그 연원을 찾을 수 있다. E. H. Carr, *What Is History?*, p.31을 보라.

영국 사회에서 가장 뚜렷하게 드러난 계급 투쟁")이 고조되고 있던 시기였다.[320] 에드워드 히스Edward Heath가 이끄는 보수당 정권은 1970년까지 집권했던 윌슨의 노동당 정권을 밀어내고 1970년 노사관계법을 통과시켰다. 이 노사관계법에 반대해 노동조합 운동이 벌어졌으며, 1972년에는 2차 시위를 벌인 항만 노동자들이 체포된 '펜턴빌Pentonville 5인' 사건, 1973년에는 건설 노동자들이 체포된 '슈루즈버리Shrewsbury 2인' 사건이 벌어졌다. 토리당의 법안에 대한 노동조합의 반대는 인플레이션 상승 시기에 임금에 대한 논쟁까지 벌어지면서 더욱 격심해졌고, 1973년 5월 1일에는 정부의 임금 정책에 반대해야 한다는 노동조합회의의 요청에 따라 약 160만 노동자가 1일 파업에 동참했다. 파업에 참여한 여러 집단 중 가장 큰 정치적 영향력을 가진 것은 탄광 노동자들이었다. 1972년 전국광산노동자조합은 석탄 공급 부족 현상이 일어날 정도로 효과적인 파업을 시행하여 정부로 하여금 어쩔 수 없이 주 3일 작업제와 조합이 요구하는 임금 인상안을 들어줄 수밖에 없게 만든 바 있었다. 이듬해 조합은 더 많은 임금 인상을 요구했으며 초과 근무 금지 규정을 만드는 일에도 착수했다. 그러나 이런 변화는 1973년 10월에 일어난 중동 전쟁에 따른 유가 폭등과 맞물렸으며, 석유와 석탄 부족 현상에 맞닥뜨린 히스 정권은 비상사태를 선언하고 주 3일 작업제를 철회했다. 이듬해 2월 탄광 노동자들이 파업을 벌이자 히스는 '영국을 통치하는 것은 누구인가?'란 구호를 내걸고 총선에 나섰지만 보수당을 패배로 이끌었을 따름이다. 이에 여전히 소수당이었던 노동당이 1973년 노동조합과 협상한 '사회 계약'을 장착한 채 다시 권력을 쥐었지만, 그들도 경제 상황의 악화에 직면해 임금 제한 방법을 모색할 수밖에 없었으며 1975년 결국 일종의 최저임금제를 도입했다.

KEN LOACH

당시 이런 노사 갈등과 그에 대한 정치적 대응의 역사는 〈희망의 나날들〉의 배경으로 작용했으며 그런 배경을 통해 드라마는 동시대적 성격을 갖게 됐다. 앞서 지적한 것처럼 모든 역사극은 공공연히 혹은 암암리에 그 드라마가 속해 있는 동시대적 상황에 말을 걸고 있다고 볼 수 있다. 1960년대 말과 1970년 초 사이 영국 텔레비전에서 시대극이 인기를 얻은 것도 당시 사회적, 정치적 소요에 대한 반응으로 이해할 수 있을 것이다. 예를 들어 필립 퍼서Philip Purser는 〈포사이트 연대기〉가 "좋았던 시절에 대한 향수"를 불러일으키는 "일종의 공공 가족사"로 기능한다고 주장했다.[321]■ 칼 프리드먼Carl Friedman도 〈업스테어즈 다운스테어즈〉가 "1970년대 영국이 간절히 바라마지 않은" 비전(계급 투쟁의 상당 부분이 가족 간 갈등이나 사소한 층간 싸움으로 상쇄되는 자유주의적 토리당원의 천국)을 제시함으로써 "히스와 윌슨 정권의 실망스런 시기 동안 화난 영국인들을 향수로 달래 주었다"고 주장했다.[322]■■ 한편 콜린 맥아더는 이 드라마가 "좀더 안정적인 시대에 대한 향수"를 부추겼다는 점에 동의하면서도, 동시대인들을 "특정 이데올로기로 이끄는" 훨씬 구체적인 기능 또한 수행했다고 주장했다.[323] 그는 자신의 주장을 뒷받침하기 위해 다섯 번째 시리즈 중

■ 도미닉 샌드브룩도 이 연속극을 "1960년대 말로 가면서 점점 더 많은 힘"을 얻어간 "영국 문화의 노스탤직한 경향"과 연결시키면서, 이 드라마가 "꾀죄죄한 10대와 학생들의 모습과 그들이 하는 말이나 키친 싱크 드라마에 질린" 시청자들에게 어필했다고 주장한 〈더 타임스〉의 기자의 말을 인용했다. *White Heat*, p.422.

■■ 로치도 비슷한 입장을 채택하여 〈업스테어즈 다운스테어즈〉 같은 드라마의 효과란 "과거가 우리에게 말해 줄 수 있는 건 아무것도 없다고 말하는 한편 과거에 대한 향수를 불러일으키는 것"이라고 말한 바 있다. "Days of Hope," Interview with John O'Hara, *Cinema Papers*, No. 12, 1977, p.301을 보라.

총파업 시기를 배경으로 한 에피소드를 예로 들었다. 〈9일의 기적The Nine Days Wonder〉(1975년 11월 2일 ITV 방영)이란 제목의 에피소드가 방영된 것은 같은 사건을 다룬 〈희망의 나날들〉의 마지막 회 방영이 끝난 지 겨우 한 달밖에 안 됐을 무렵이었다. 맥아더가 설명하듯 이 에피소드는 동시대적 관심사라는 필터를 통해 과거를 바라보며 과거의 사건만큼이나 동시대의 노동 계급 투쟁에 대한 관점도 분명히 표현했다. 이런 측면에서 그는 이 드라마의 주된 "이데올로기적 목표"가 향수를 통해 만족감을 선사하는 것이 아니라 "사회민주주의"를 안정화하는 것이라고 주장했다.[324]

　　〈희망의 나날들〉이 수행하는 '이데올로기적 인도'의 기능이란 물론 전혀 다른 종류의 것이다. 로치의 역사 영화에 향수를 불러일으키는 경향이 존재한다는 주장이 있긴 했지만, 그것은 안정적인 시대보다 사회적 반란 중 발생하는 혁명적 순간에 대한 애착에 가깝다. 나아가 맥아더가 지적한 〈업스테어즈 다운스테어즈〉 같은 시대극의 '이데올로기적 목표' 와는 대조적으로, 〈희망의 나날들〉은 사회민주주의에 대해 확실히 비판적인 입장이었으며 혁명적 사회주의를 공개적으로 지지했다. 그래서 〈업스테어즈 다운스테어즈〉는 총파업의 결과를 상식과 국가의 승리라며 반겼지만, 〈희망의 나날들〉은 그 결과를 분명한 노동 계급의 패배이자 정치적 기회의 상실로 이해했다. 이런 측면에서 이 드라마는 노사 관계를 재현하는 방식에 있어 주류 매체가 선호하는 관점을 강화하기보다 오히려 거기에 도전하면서 〈업스테어즈 다운스테어즈〉와는 다른 방식으로 현재에 말을 걸었다. 앨런 스케드Alan Sked와 크리스 쿡Chris Cook에 따르면, 당시의 일반적인 시각은 히스 행정부(1970~1974) 때 이루어진 "조합으로의 권력 이동"이 경제적 실패와 "국가적 몰락"의 원인이 됐다고 보는 것이었다.[325] 그러나 〈희망의 나날들〉은 국가가 위험에 빠진 이유가 조합의 권력이 과도해졌기 때문이 아니라 노동당 정치인들과 노동조합 지도부가 야심찬 정치적 목표를 갖고 노동 투쟁을 진행시키지 못했기 때문이라고 봤다. 총파업을 다룬 에피소드의 방영 후에 이루어진 텔레비전 토론회에서 짐 앨런은 이 드라마가 "노동당 정치의 두 가지 노선 …… 개혁 의회 노선과 혁명 노선"을 보여 주고자 했다고 설명했다.[326] 하지만 이 작품의 의도는 후자 쪽에 더 가 있었던 게 분명하다. 과거를 되돌아보고자 한 이유도 과거와 현재 사이의 유사성을 보여 주기 위한 것이었다. 이는 탄광 노동자의 투쟁을 전면에 내세운 방식을 통해서도 잘 드러났다. 탄광 노동자들은 실제로 당시 노동 쟁의에서도 가장 선두에 있었다. 실제로 많은 탄광 노동자들은 선대들이 남긴 역사적 선례를 의식하고 있었으며 당시 요크셔 광부들의 지도자였던 아서 스카길Arthur Scargill도 1972년 탄광 노동자 파업의 성공을 총파업 실패에 대한 "복수"로 묘사했다.[327]

〈희망의 나날들〉의 시대 배경, 1차 세계 대전의 종전, 러시아 혁명, 아일랜드 독립전쟁, 영국 노동당 설립 등이 발생한 1916~1926년은 노동 계급사에서 혁명 가능성을 확인한 중요한 시기다. 1부는 필립(니콜라스 시몬즈Nikolas Simmonds)이 평화주의와 사회주의 사상에 의거하여 양심적 병역 거부를 선언하는 1916년 한 해 동안 일어난 사건들을 다룬다. 그는 장인에게 "이건 우리의 전쟁이 아니에요"라며 "영국의 노동 계급은 다른 나라의 노동 계급과 싸워 그들을 죽이도록 강요받고 있다"고 설명한다. 그러나 필립은 결국 강제 징집되어 혹독한 처우를 받게 된다. 그는 행정 당국의 영향권을 벗어난 전선으로 배치되고 결국엔 명령 불복종으로 군법에 따라 사형을 선고받은 뒤 강제 노동 징역으로 감형 받는다. 그와 마찬가지로 군대에 끌려간 처남 벤(폴 코플리Paul Copley)도, 시간 경과가 불명확하게 처리되어 있어 중간에 무슨 일이 있었는지 알 수는 없지만, 독

강제 징집당하다: 〈희망의 나날들〉 1부의 필립(니콜라스 시몬즈)

KEN LOACH

립전쟁이 벌어지고 있는 1920년의 아일랜드에서 복무 중인 것으로 나온다.[■] 2부는 1921년 광부들이 임금 삭감을 거부하자 탄광 소유주들이 탄갱을 임시 폐쇄해 버렸던 탄광 분쟁을 다루며, 군대에서 탈영한 벤이 탄광 인수에 개입하게 되는 과정을 추적한다. 3부는 1924년 소수 정당으로서 단명한 노동당 정권의 총선 패배를 다룬다. 이제 필립은 노동당 의원이 되어 있으며 자신의 지지자들을 향해 "이제 우리는 사회주의를 향한 길에 확실히 들어섰습니다"라고 공약한다. 하지만 이 에피소드는 의회를 통해 사회주의로 나아가는 방법에는 한계가 있음을 강조하면서, 노동당은 '정부'일 뿐 '정권'을 잡고 있진 못하며 사회주의를 도입하기 위한 '투쟁'은 현상 유지를 지지하는 수준에 '머물러' 있음을 보여 준다. 이는 노사 갈등 해결을 위해 보수당이 세운 계획이 폭로된 사건을 통해 잘 드러난다. 보수당의 계획은 보수당 랭커스터 공작령 대법관 J. C. 데이비드슨 J. C. Davidson에 의해 후임 조사이어 웨지우드Josiah Wedgwood에게까지 전달된 것으로 밝혀진다.[■■] 운수노동조합에 가입한 필립은 한 기자를 통해 보수당의 계획을 알게 된다. 그들이 "민중을 배신할 음모"를 꾸미고 있다

[■] 많은 평자들은 벤이 1916년 부활절 봉기 직후 아일랜드에 배치된 것으로 추정했지만, IRA와 블랙 앤 탠스[아일랜드 반란 진압에 파견된 퇴역 군인 출신의 특별 경찰 부대. — 옮긴이]에 대해 언급하는 것을 보면 이 시퀀스가 훨씬 뒤에 일어난 일임을 알 수 있다. 가넷은 이 드라마가 "(극적 시간과는 다른) 실제 시간은 훨씬 지나 있음"을 확실히 표시해 줬어야 했다고 인정했다. *Radio Times*, 4 – 10 October 1975, p.65.

[■■] J. C. 데이비드슨에 따르면 그는 웨지우드에게 "볼셰비키주의에 영향을 받은 총파업으로부터 헌법을 수호하는 것이 당신의 의무"라고 말했다고 한다. Margaret Morris, *The General Strike*, London: Journeyman Press, 1976, p.153에서 재인용. 앨런은 데이비드슨의 회고록을 이 에피소드의 가장 중요한 자료로 활용했다.

고 생각한 그는 웨지우드(존 필립스John Phillips)와 정면 승부를 보기로 한다. 하지만 웨지우드는 그런 계획의 존재 자체를 부인한다. 한편 마지막에 나오는 자막은 그 계획이 "1926년에 파업 파괴 병력의 기반"으로 사용될 때까지 기밀로 유지되었다고 말해 준다.

3부가 1924년 노동당 정부를 사회주의 정부라 부를 수 있는지 질문하고 그들이 파업 파괴 기구를 유지하고자 했음을 보여 주었다면, 마지막 4부는 노동조합 지도부와 총파업 처리 방식으로 눈길을 돌린다. 2부에 나오는 것처럼 1921년 탄광 분쟁 때 탄광 노동자들은 철도노동조합과 운송노동조합의 지지 파업을 이끌어 내며 '삼자 연맹'을 결성했다. 하지만 지지 파업은 마지막 순간에 취소됐으며, 탄광 노동자들은 동맹 관계인 줄 알았던 이들에게 배신당한 기분을 안은 채 파업을 계속했다. 파업이 취소된 날인 1921년 4월 15일에는 '블랙 프라이데이'란 별명이 붙었다. 이런 사건들이 2부에 직접적으로 묘사되어 있지는 않지만 4부에 나오는 사건들에 그림자를 드리우고 있다. 평조합원들의 시위와 더럼 탄갱 점거에 초점을 맞춘 2부와 비교하면, 4부는 노동조합회의 지도부의 행동 방식과 그들이 보수당 스탠리 볼드윈 정권과 벌이는 협상에 방점을 찍는다. 노동조합회의가 에피소드 초반부에 파업 시위에 찬성하여 투표권을 위임하지만, 드라마는 노동조합회의 지도자들, 특히 러셀 워터스Russell Waters가 연기한 철도노동조합 대표 J. H. 토머스가 볼드윈과 합의를 도출하기 위해 노력하는 모습을 보여 주는 데 집중한다. 그는 1921년 지지 파업 철회 때도 중요한 역할을 했던 인물이다. 이렇듯 노동조합회의 지도자들은 파업을 조직하는 일보다 이런 교착 상태에서 자기들만 빠져나갈 방법을 도모하는 데 더 관심이 많아 보이며, 내각의 협상위원회는 그들을 노련하게 제압하여 그들로부터 사실상의 항복을 받아 낸다. 노동조합회의 지도부는 정부로부터도 탄광 소유주들로부터도 아무런 보상을 받아 내지 못한 채 파업을 끝내 버리고 블랙 프라이데이 때처럼 탄광 노동자들이 제풀에 지쳐 관둘 때까지 자기들끼리 알아서 시위를 계속하도록 내버려 둔다. 탄광 노동자들이 들인 노력의 완전한 실패는 노동조합회의 협상단이 다우닝 가를 최종적으로 떠나는 장면을 통해 강조된다. 볼드윈(브라이언 헤이즈 Brian Hayes) 총리는 그들에게 내각실에서 나가는 방향을 알려 주고, 카메라는 내각실에 앉아 있는 윈스턴 처칠(레오 브릿Leo Britt) 재무장관과 버켄헤드 경(앨런 저드Alan Judd) 인도 국무상으로 넘어간다. 처칠은 "정말 한심한 놈들이군"이라며 그들을 비웃고, 이어 버켄헤드도 "너무 치욕적인 굴복이라 그들을 쳐다보지 않는 게 예의란 생각마저 들더군요"라고 말한다.■ 물론 이 특정 장면이 얼마나 역사적으로 정확한가에 대해서는 의문이 있을 수 있겠지만, 노동조합의 실패 측면에서 파업을 바라보는 것은 특별히 남다른 해석이 아니다. 이를테면 영국 노동조합 운동을 연구한 역사학자 헨리 펠링Henry Pelling도 "현장 복귀"를 "완전한 굴복"으로 해석하며 파업 노동자들도 "자신들의 9일간의" 연대가 모욕적인 패배로 끝났음을 서서히 깨달아 갔다고 지적했다.[328] 하지만 〈희망의 나날들〉은 파업의 결과가 전혀 달라질 수도 있었다고 확신했으며 평조합원들에 대한 노동조합회의 지도부의 배신을 강조했다는 점에서, 파업에 대한 정통적 해석과 갈라섰다.[329] 앨런이 〈라디오 타임스〉에서 꽤 직설적으로 표현한

■ 이런 대화가 극적으로 가공된 것이 틀림없는 가운데, 처칠과 버켄헤드는 노동당의 움직임에 대해 협상보다 대립을 선호한 보수당의 강경파 노선을 대표한 인물들이었다. 1920년대의 노동당의 부상에 보수당이 어떻게 다양하게 반응했는지에 대한 요약은 다음을 보라. Andrew Gamble, *Britain in Decline*, London: Macmillan, 1981, p.92.

그대로다. "총파업은 영국에 노동자들의 정부를 설립할 수 있는 기회였다. 하지만 노동조합회의와 노동당과 공산당은 이 기회를 날려버렸다. 이 드라마의 메시지는 '다시는 그런 일이 벌어지게 하지 말라'는 것이다."[330]

마지막 에피소드의 대부분이 다우닝 가 10번지와 자본가들의 저택에서 벌어지는 노동조합회의의 협상에 집중하지만, 현장 지휘와 파업 시위 지지를 계속하는 지역 행동위원회의 활동에 초점을 맞춘 다른 중요한 장면들도 있다. 런던 시의회와 세라(파멜라 브라이튼Pamela Brighton)와 벤의 만남은 조합 지도부와 정부 간의 협상과 대조를 이루며, 지도부가 얼마나 현장에 있는 파업 노동자들을 무시했는지를 보여 준다. 마지막 시퀀스는, 파업 중단 후 지금은 버려져 있지만 곧 의회 소유가 될 어느 방에서 이루어진다. 세라는 오빠 벤의 도움을 받아 남편 필립에 정면으로 맞서서 "사회민주주의자들은 항상 배신"하며 "노동당 지도부와 노동조합회의는 경영진에게 노동자들을 공급하기 위해 존재할 뿐"이라고 선언한다. 이것이 이 가족 대하 드라마의 결론이기도 하다. 하지만 이 경우 주인공의 가족은 무사히 살아남지 못하며, 사회적 안정의 모델을 제공하기보다 정치적 차이로 인해 분열되고 만다.

〈희망의 나날들〉은 보통 역사극과 다른 방식으로 과거를 해석하면서 또한 그런 해석을 시각적으로 보여 주는 방식에 있어서도 차별화된 모습을 보인다. 〈업스테어즈 다운스테어즈〉나 〈엘리자베스 R〉처럼 당시 대부분의 대중적인 역사극은 스튜디오에서 촬영했으며 필름이나 비디오 인서트는 거의 사용하지 않았다. 하지만 로치의 이전 텔레비전 작품들과 마찬가지로 〈희망의 나날들〉은 처음부터 끝까지 로케이션에서 16mm 필름으로 촬영했으며, 스스로를 드라마 연속극보다 영화 시리즈("1차 세계 대전부터 총파업까지를 다룬 영화 4편")로 당당히 묘사했다. 이런 필름 사용으로

로케이션 촬영: 〈희망의 나날들〉을 연출 중인 켄 로치

인해 이 드라마는 당시 만들어진 다른 역사극과는 차별화된 외양을 보였으며 '다큐멘터리'의 특질을 가진 작품으로 받아들여졌다.[■] 여기에는 여러 가지 요소가 작용했다. 전체적인 모양새로 따지자면 각각의 에피소드는 비교적 독립적이었으며, 주로 페이드나 시간적 생략을 통해 쪼개져 있는 상징적 순간들을 느슨하게 연결한 시퀀스들로 구성됐다. 전선에서 벌어진 사건이나 탄갱 점거 등 중요한 극적 사건도 포함되어 있긴 했지만, 이 작품은 드라마의 "수평적 상세함"을 증가시키는 사소한 세부에도 주목했으며, 그런 세부적 요소들을 〈불행〉에서처럼 부차적인 캐릭터나 사건에 주목한다거나 극적 행위가 완료된 뒤에도 같은 공간을 계속 주시한다거나 하는 방식을 통해 사회 문화적 맥락 속에 위치시켰다. 이 드라마가 추구하는 진정성의 아우라는 잘 알려진 배우보다 상대적으로 무명인 연기자, 혹은 어떤 경우에는 아예 비전문 배우를 기용하는 방식을 통해 더욱 강화됐다. 이는 파업 노동자 조엘 바넷(게리 로버츠Gary Roberts)의 아내를 연기하는 진 스펜스Jean Spence를 비롯해 촬영지 마을(더럼 카운티의 랭리 파크)의 현지 주민들이 다수 출연한 2부에 관해 특히 맞는 말이다. 그들은 대본을 따르긴 했으나 무슨 말을 하는지 이해하기 어려울 정도로 더듬

[■] 그러나 필름의 사용이 시대극적인 '외양'과 역사적 세부에 대한 집착을 부추겨 과거를 동시대적 경험과 너무 동떨어진 것으로 만들어 버렸다는 반대 의견도 있었다. 어떤 면에서 이런 비판은 1980년대 만들어진 헤리티지 영화와 드라마에 대한 논쟁을 불러일으켰으며 시각적으로 매력적인 미장센과 도상학이 전복적인 사회적 비평으로 해석될 여지를 낳았다. 그러나 〈희망의 나날들〉의 관찰자적 양식은 분명 〈다시 찾은 브라이즈헤드Brideshead Revisited〉(그라나다, 1981)처럼 이후 필름으로 만든 드라마들에서 사용된 관찰자적 양식과 전혀 다른 것이다. 헤리티지 영화에 관한 논쟁을 개괄적으로 훑어보고 싶다면 다음을 보라. John Hill, *British Cinema in the 1980s: Issues and Themes*, Clarendon Press: Oxford, 1999.

거렸는데, 그것이 〈엘리자베스 R〉 같은 연속극의 세련되고 연극적인 대사와 대조적인 그들의 평범한 사투리 대사를 더욱 특별하게 느껴지게 했다.■ 시청각적 기법의 측면에서 보면 이 작품은 〈케스〉나 〈가족 생활〉 같은 전작들에 사용됐던 장치를 그대로 이어가고 있기도 했다. 보이스오버나 컬러의 사용을 자제했고 크레딧 시퀀스에 사용된 것을 제외하고는 음악도 사용하지 않았으며 몽타주도 제한적으로만 사용했다. 2부에서 노동자들이 프리처드(에드워드 언더다운Edward Underdown)의 집에 가는 장면과 그들이 낯선 세계에 처음 발을 디디고 있음을 드러내는 일련의 숏처럼, 편집을 사용해 극적인 대조를 설정하는 경우도 분명 있었다. 하지만 〈가족 생활〉에서처럼 로치가 더 선호하게 된 방법은 시퀀스의 배열을 통한 연출이었다. 1부에서는 집회 참여자 모집 장면과 평화주의자들의 모임 장면을, 4부에서는 다우닝 가에서의 회의 장면과 행동위원회 회의 장면을 그렇게 편집했다.

예상대로 이 드라마는 〈케스〉와 〈가족 생활〉에 적용됐던 장치를 그대로 사용했다. 편집이 줄어듦에 따라 숏의 길이가 길어졌으며, 특히 1, 2부의 카메라는 캐릭터들의 움직임을 따라 특정 로케이션을 분주히 돌아다니면서 캐릭터들이 속해 있는 물리적, 사회적 공간을 설정해 주었다. 로치가 설명한 것처럼 테이크의 길이가 길어진 것은 대화를 기록하기 위해서였다.

■ 그러나 이는 로치의 전작들에서와 마찬가지로 비교적 무명인 연기자가 연기한 평범한 노동 계급 캐릭터의 자연스럽고도 진정성 있는 대사와 인정받는 배우가 연기한 정치인이나 경영진의 좀더 자신감 있고 좀더 거짓말 같은 대사가 대조돼 보이도록 만들기도 했다.

시대극을 '낯설게' 만들다: 〈희망의 나날들〉에서 프리처드의 집에 도착한 사내들

다큐멘터리 촬영 기사가 어떤 방에서 대화를 찍는다고 치면 그는 누군가가 언제 말을 시작할지 미리 알고 찍을 수가 없다. 그저 대화를 따라가야만 한다. 우리가 하려고 한 것도 바로 그런 거다. 카메라가 미리 다음에 누가 말할지를 알고 모든 문장의 시작점에 미리 가 있는 것이 아니라 대화가 컷을 결정하도록 내버려 두는 것이다.331

관습적인 영화나 텔레비전 드라마의 "중심화된" 촬영 방식이나 다큐멘터리 기법의 겉모습만 따라하는 방식으로부터 탈피한 이런 "'무계획적'이고 '우연적'인 숏의 수사학"이야말로 존 코기가 이 드라마의 "다큐멘터리적 외양"의 본질로 지적한 것이었다.332 ■ 로치는 분명 〈케스〉와 〈가족 생활〉에서 사용한 것과 비슷한 장치를 썼다. 하지만 그것을 시대극의 맥락 안에서 사용한 것은 비교적 새로운 시도였으며 이 드라마를 (똑같이 사실에 기초한 드라마지만 〈엘리자베스 R〉 같은 드라마는 도달하지 못한) 다큐멘터리의 수준에 있는 작품으로 보게 했다.

■ 존 코기가 세라와 필립이 나오는 술집 장면에 대해 설명하는 4부의 예시는 사실 잘못된 기억이다. 코기는 패닝으로 기억하는 숏은 사실 컷이 된 것이다. 하지만 그의 주장은 여전히 효력을 가지며 무계획적인 숏은 계속해 로치의 가장 강력한 무기로 활용됐다.

"노골적으로 정치적인 프로파간다": 〈희망의 나날들〉에 대한 반응

〈희망의 나날들〉의 특수성이나 노골적인 정치성을 감안한다면 방영 당시 강렬한 반응이 일었던 것은 당연한 일이다. 사실은 방영 전부터 BBC 안에서 이미 긴장감이 돌고 있었다. 앞서 살펴본 것처럼 〈희망의 나날들〉은 원래 1921년 탄갱 폐쇄를 다루고자 한 영화 프로젝트였다. 필요한 제작비 마련에 실패한 시나리오는 BBC 드라마국장 크리스토퍼 모라핸 Christopher Morahan의 손에 들어갔지만, 그도 단막극 정도밖에 되지 않는 소재라며 거절했다. 그 뒤 프로젝트는 3부작 드라마로, 그리고 다시 4부작 드라마로 바뀌었다.■ 하지만 최종적인 제작 허가를 받기 전, 나중에 문제가 될 만한 작품이라는 이유로 그다음으로 높은 책임자인 BBC1의 심의국장 폴 폭스의 검토를 거쳐야 했다.[333] 작품이 완성된 뒤에는 폭스의 후임자인 브라이언 카우길Brian Cowgill이 방영 전에 1, 2, 3부를 검토하기도 했다. 카우길은 이 드라마를 싫어했던 게 분명하지만, 자신이 어떻게 하기엔 너무 늦었다고 판단했다. 그는 "어설프게라도 손을 볼 수 있는 상태"가 아니며 남은 것은 "방영을 할지 말지" 결정하는 일뿐이라는 의견을 내놨다.[334] 방영 결정이 내려지자, 예상대로 거센 논란이 일었다. 역사적 사건을 소재로 한 이 드라마는 정치적으로 격론을 일으킬 만했으며, 동시대의 정치적 상황에 대한 메시지를 함축하고 있었다.

■　1972년 말 3부작으로 의뢰를 받았는데 그것이 2부 분량으로 만들어졌고, 1924년과 1926년을 배경으로 한 3, 4부는 1973년에 제작 의뢰를 받은 것이다. Commissioning briefs, BBCWAC T48/27/1.

마지막 방영일 저녁, BBC는 〈투나잇*Tonight*〉(BBC1, 1975년 10월 2일 방영) 이란 프로그램을 통해 이 드라마에 관한 토론을 마련했다. 진행자 수 로울 리Sue Lawley는 이 드라마가 "두 가지 중요한 문제"를 낳았다는 말로 진행을 시작했다. "짐 앨런의 대본이 얼마나 사실적으로 정확한가? …… 그리고 BBC는 일각에서 '노골적으로 정치적인 프로파간다'라고 한 이 드라마를 방영했어도 됐나?"[335] 사실적 정확성에 관한 질문은 이 드라마에 대해 나온 초기의 대부분 반응을 형성한 첫 번째 문제였다. 예를 들면 BBC 경영진 회의에서도 1부 방영 후 "들어온 항의 전화의 상당수"가 "군인들이 4열이 아닌 3열로 행진하는 장면의 시대착오성" 등에 관한 것이라 지적했으며, 〈라디오 타임스〉와 〈리스너*Listener*〉, 그리고 여러 언론을 통해서도 비슷한 종류의 비판이 제기됐다.[336]■ 1부에 나오는 것처럼 양심적 병역 거부자가 노 맨스 랜드No Man's Land■■에 강제로 보내지는 일 등의 특정 사건이 실제로 일어난 일인지에 관해서도 논란이 있었다.■■■ 이후 이런 반대 의견은 이 드라마의 편향된 역사적 관점과 그로 인해 나타난 정치적 편향성에 관한 것으로 보다 폭넓게 변화해 갔다. 이를테면 3, 4부의 방영

■   가넷은 〈라디오 타임스〉에 온 편지들에 답하면서 군인 훈련 장면은 "멍청한 실수"였지만 비슷한 종류의 다른 "혐의"들은 "근거 없는" 것이라고 설명했다. *Radio Times*, 4 – 10 October 1975, p.65.

■■   두 적군 사이의 무인 지대란 뜻으로 1차 세계 대전 때 처음 사용되었다. — 옮긴이

■■■   이는 웨스트민스터 공립학교 교장 존 레이John Rae가 제기한 문제로, 그는 〈더 타임스〉(1975. 9. 17, p.17)에 실린 편지에서 양심 병역 거부자가 이런 식의 처우를 받았다는 근거는 어디에도 없다고 주장했다. 그런 의견을 반박하기 위해 제작진은 이 드라마의 자문위원이자 《이의 기각*Objection Overruled*》(1967)의 저자 데이비드 불턴David Boulton이 쓴 글을 참조했다. 불턴은 〈더 타임스〉(1975. 10. 13, p.13)에 그에 대한 근거를 제시하기도 했다.

후, 조사이어 웨지우드 노동당 하원의원이나 노동조합 지도부 어니스트 베빈Ernest Bevin과 지미 토머스Jimmy Thomas 같은 역사적 인물의 재현 방식에 대한 불만, 그를 뒷받침하는 역사적 해석에 관한 질문이 잇따랐다.[■] 이어 〈데일리 텔레그래프〉도 이 드라마의 정치성에 대대적인 공격을 퍼부었다. 3부 방영 후 그들은 이 드라마가 "휴먼 드라마가 쓰고 있는 양의 탈을 내던져 버렸으며 공산당의 뻔뻔한 당리당략의 논리를 스스로 드러냈다"는 내용의 기사를 게재하면서 "반세기 동안 유권자들에 의해 거부당해 온 정치 사상이 '공영' 방송의 지지라는 사치를 누려도 되냐"고 질문했다.[337][■■] 편집장 빌 디즈Bill Deedes도 이 드라마의 "좌익 성향"에 대해 "반독점적 국영 사업이 내놓은 유력 정치 사상"이라며 공격했다.[338] 〈더 타임스〉도 앞다투어 기사를 냈다. 그들은 〈데일리 텔레그래프〉보다 우호적이긴 했지만, 그럼에도 가령 오스월드 모슬리Oswald Mosley[■■■]를 "좋은 사람으로 묘사하는" 드라마처럼 "우익 편향적인 …… 극적 소재"도 방영되지 못했을 것은 마찬가지라고 지적했다.[339] 하지만 이런 반응만 있었던 것은 아니다. 〈파이낸셜 타임스〉의 크리스 던클리Chris Dunkley는 로치와

[■] 당시 살아남은 노동당원 중 하나인 도라 러셀Dora Russell은 〈리스너〉(1975. 10. 2, p.444)에 실린 글에서 이 드라마가 웨지우드를 묘사한 방식에 대해 불만을 표했다. 1926년에 노동조합회의의 평의회 서기관 대리였던 월터 시트린Walter Citrine도 〈리스너〉(1975. 10. 9, pp.458~459)에 실린 글에서 마지막 4부에서 노동조합 지도부가 재현된 방식에 대해 의문을 제기했다. 〈투나잇〉 토론 때 사회역사학자 해럴드 퍼킨Harold Perkin도 3부에 등장하는 그런 전략이 얼마나 비밀리에 이루어질 수 있었겠냐며 의문을 제기했다.

[■■] 이 드라마가 "공산주의 지지" 성향을 가졌다고 말하는 이런 공격은 물론 이 에피소드가 소련의 공산주의에 대해 회의적이라는 사실을 간과한 것이다.

[■■■] 1932년 영국 파시스트동맹을 창립해 당수가 되었으며, 1948년 유니온 무브먼트를 결성해 네오파시즘의 국제적 지도자가 되었다. ― 옮긴이

가넷의 '편파성'에 대한 비판에 이의를 제기하며, "대부분의 다른 영화나 텔레비전 드라마"도 "똑같이 편파적"인데 "그들이 전부 같은 의견일 때 가넷과 로치는 반대 의견을 냈을 뿐"이라고 주장했다.[340] 같은 맥락에서 〈데일리 텔레그래프〉의 한 기자도 자신이 소속된 신문의 입장에 대해 다른 의견을 내놨다. 그는 대중 매체가 "역사적 맥락 속의 사회주의 정치의 문제"를 꼭 "좌익 정치 사상에 무조건 반대하는 사람의 관점"에서만 논해야 하는가에 대해 의문을 나타냈다.[341]

〈빅 플레임〉과 마찬가지로 〈희망의 나날들〉도 마지막 4부에서 BBC의 '공정성'에 대한 비판을 시도했다. 볼드윈 총리, 토머스 존스Thomas Jones(엠리스 제임스Emrys James), 아서 스틸-메이틀런드 경Sir Arthur Steel-Maitland(노엘 콜먼Noel Coleman)이 총파업 동안 BBC의 역할에 대해 논하는 다우닝 가 10번지 신이 그 예다. 그들은 정부가 "공정한 이미지를 지킬 수 있도록 이미 BBC를 통제하고 있"다면서, 당시 아직 공공 기업이 아니었던 BBC를 징발하고자 하는 처칠의 열의에 대해 우려를 표한다.■ 이 드라마가 '공정한 이미지'에 대해 공공연히 비판한 점을 감안하면, BBC가 이 드라마를 방영했어도 좋았는가에 대해 논의하는 과정에서 편향성과 균형의 문제가 가장 중요하게 떠오른 것도 당연한 일이다. 이사회는 2부까지밖에 방영되지 않은 시점부터 이미 이 드라마를 문제 삼기 시작했다. 그러나 이사들로 하여금 이 드라마가 "편향적이고 순진하"며 "국가에 대한 신뢰"를 무너뜨릴 만하다고 판단하게 만드는 데는 1, 2부로도 충분했

■ 로치도 총파업 동안 BBC가 맡았던 역할이야말로 BBC가 "독립성을 활용하지 않는 한 독립적"일 수 있고 "계급의 이익을 위험에 빠트리지 않는 한 자유주의적"일 수 있음을 알려주는 증거라고 설명했다. Quart, "A Fidelity to the Real," p.29를 보라.

다.[342] 이런 우려를 감안하여 이사회는 텔레비전 프로그램 편성본부장 앨 러스데어 밀른Alasdair Milne에게 다음 회의 때까지 "'당파적인' 드라마"에 대해 보고서를 작성해 올 것을 요구했고, 그 회의에서 콜린 쇼Colin Shaw 서기장이 작성한 "프로그램의 균형"에 관한 보고서도 함께 논의됐다. 밀 른은 그의 보고서에서 〈더 웬즈데이 플레이〉 시리즈가 스스로를 "동시대 적일 뿐만 아니라 노골적이고 논쟁적인 드라마를 만날 수 있는 통로"로 홍보했다고 설명했다.[343] 그러나 이런 초기 드라마들은 주로 "태도, 도덕, 사회적 문제에 관한" 것이었을 뿐 "정치적 편파성"은 논쟁의 주된 근거가 아니었다고도 지적했다. 나아가 그는 "좌익 편향적"이란 비난을 받으며 "노골적으로 정치적인 본질을 드러낸" 첫 번째 드라마로 〈럼프〉와 〈빅 플레임〉을 꼽았다. 더 최근에 만들어진 "'정치적' 드라마"로는 트레버 그 리피스Trevor Griffith의 〈올 굿 맨All Good Men〉(1974), 존 맥그래스의 〈체비 엇, 스태그 앤 블랙, 블랙 오일The Cheviot, the Stag and the Black, Black Oil〉 (1974), 콜린 웰런드의 〈리즈 유나이티드!〉를 들었다. 하지만 그는 BBC의 지배적인 정치적 강령에 대한 〈데일리 텔레그래프〉의 비판에 대해서는 전적으로 반대하면서, 지난 2년간 방영된 "별로 논쟁적이지 못한 150편 의 단막극과 연속극이나 시리즈의 일환으로 방영된 수백 편 중"에서 "정 치적인 드라마"는 10편이 조금 넘는 수준밖에 되지 않는다고 지적했다.∎ 또 로치와 가넷의 작품은 제작 기간이 오래 걸리는 탓에 어쩌다 한 번씩

∎ 〈투나잇〉(1975년 10월 2일 방영)에서 BBC 드라마국장 숀 서튼도 비슷한 수치를 제시한 바 있다. 그는 앞선 2년 동안 "좌익" 드라마의 수가 "850편의 창작 드라마 중 10편"밖에 되지 않았다면서 이 정도면 "적당한 비율"로 보인다고 주장했다.

방영될 뿐이며 가넷, 로치, 앨런 그룹은 이제 너무 "유명"해져서 "BBC로서는 〈희망의 나날들〉 같은 작품을 꼭 방영해야" 한다고 주장했다.

밀른이 〈희망의 나날들〉의 제작에 적극 동조한 자신의 입장이나 방영을 결정한 BBC의 입장을 변호한 반면, 쇼는 이 드라마에 대해 훨씬 비판적이었다. 그의 보고서는 "정치적 목적을 위해 역사적 정확성을 왜곡하도록 부추기는 것은 BBC의 임무에 속하지 않으"며 "의회 민주주의의 한계를 벗어나 있는 관점"을 보여 주는 프로그램에 "균형"을 회복해 주려 해서도 안 된다고 명시했다. 그는 다음과 같이 설명했다.

> 경찰이나 군대를 다룬 다큐멘터리나 드라마가 좌파 드라마에 대한 '정치적' 균형을 부여해 줄 것이란 주장은 잘못된 것이다. 사실 그런 주장을 끌고 나가다 보면 이 사회의 지배층을 우익의 상징으로 보는 함정, 좌파만이 자유주의자들을 유혹하고 싶어 한다고 보는 함정에 빠지게 된다. 마찬가지로 앤 공주의 활동을 네 번 보여 주는 것이 토니 가넷의 1시간 반짜리 4부작 드라마에 대한 대책이라 보는 것도 위험한 생각이다. 헌법의 정치적 조항에 따라 영국 왕실을 이런 식으로 보여 주어서는 안 된다.344 ■

■ BBC 종합자문위원회 구성원들도 이 드라마에 대한 강한 반대 의견을 표출했다. 한 예로 노동당의 '위대한 여성'으로 불렸던 페기 제이Peggy Jay는 "의회 민주주의가 심각한 위험에 처한" 시기에 BBC가 "사회민주주의와 의회 정부의 전반적인 문제에 대해 의구심을 표하기 위해 역사적 사실을 내다 판 드라마"를 방영한 것은 "끔찍한 판단 착오"라고 비판했다. Minutes of a meeting of the General Advisory Council, 22 October 1975, BBCWAC R78/2507/1.

이런 측면에서 〈희망의 나날들〉에 대한 쟁점은 다큐멘터리-드라마에 관한 문제에서 정치적 편향성과 균형에 관한 보다 일반적인 문제로 이동했다. 래드클리프 자작Viscount Radcilffe에게 보내는 편지에서 찰스 커런 사장은 〈빅 플레임〉 때 구사했던 전략을 가져와, "사건과 캐릭터에 대해 특정하게 해석"하여 "격론에 휩싸인 드라마"라고 해도 "잘 알려진 사실"과 크게 다르지 않고 "실화 소재"를 사용할 때 "진실과 허구"를 혼동하지 않는 한 용인될 수 있다고 주장했다.[345]▪ 하지만 아무리 모든 역사극에는 "해석"이 들어가기 마련이라 해도, 이 드라마가 부딪힌 문제는 과거에 대한 해석으로 인한 것이었으며, 의회를 통해 사회주의로 나아가는 방법에 대한 노골적인 비판도 지배적인 사회 정치적 합의 내용에 반하는 것이자 균형을 중시하는 정치적 프레임을 벗어난 것이었다. 커런이 나중에 말한 것처럼 BBC의 "근본 전제"는 "자유주의"의 근본 전제와 동일했으며, 그는 한 고참 편집 기사의 말을 인용하여 실제로 BBC는 "편파적"이지만 그것은 "의회 민주주의를 지지하는 편파성"이라고 시인했다.[346] 그럼에도 불구하고 커런은 이런 종류의 작품을 방영 금지시키는 것은 "BBC의 원칙에 대한 반역"이라고 봤다.[347] 그는 또 이러한 드라마의 숫자가 너무 적어선 안 되며 BBC 경영진이 〈희망의 나날들〉을 4부작 드라마보다 단막극으로 만들길 원했던 게 분명하다고 우려했다. 사실 최고 경영진은 이 드라마에 대해 여전히 불편해했으며 재방영도 꺼렸다. 애넌위원회▪▪가

▪ 래드클리프는 이 드라마를 본 뒤 BBC 이사회 의장에게 편지를 보냈으며, 영연방국제통신사 사장 자리에서도 사퇴했다.

▪▪ 1974년 영국 방송 산업을 검토하기 위해 애넌 경을 주축으로 설립된 위원회. — 옮긴이

방송의 미래에 대한 보고서를 작성하고 있었고, 선거 결과도 어떻게 될지 몰랐기 때문이다. 그래서 밀른이 1977년 여름 이 드라마를 재방영하자고 제안했을 때 커런은 "이 4부작 드라마를 서둘러*on the trot*(의도한 건 아니지만 기록으로 남겨지게 된 말실수)▪ 재방영하는 것은 헌장 개정 논란에 방해물이 될 수" 있다는 이유를 대며 "그런 의견은 의견으로만 남아 있어야 한다"고 답했다.[348]▪▪ 사실 같은 해에 발표된 애넌위원회의 보고서에 나와 있는 것처럼 위원회는 BBC에서 "격론에 휩싸인 좌익 드라마"가 여러 편 방영된 것을 심각한 문제로 여겼다. 이에 사장 커런은 최종 보고서에 설명돼 있는 것처럼, "우익 드라마도 몇 편 만들어진 것을 보면 알 수 있듯이 드라마 영역에서 균형을 유지한다는 것은 극도로 어려운 일"이라고 설명했으며, 이사회 의장 마이클 스완 경Sir Michael Swann도 이런 "체제 전복적" 드라마들은 왕실 행사, 종교 행사, 스포츠 중계, 심지어 경찰 시리즈를 비롯해 사회 통합적인 역할을 하는 "엄청난 양의 프로그램을 만드는 BBC"의 "전체적인 규모" 안에서 파악되어야 한다고 덧붙였다.[349] 하지만 위원회는 균형에 대한 이런 해석의 타당성에 대해 납득하지 못했으며, 다음과 같이 냉담한 반응을 보였다.

한쪽에는 매주 악당이 마땅히 받아야 할 죗값을 치르는 걸 보여 줄 뿐인 자극적인 경찰 시리즈가 있고, 다른 한쪽에는 정치인, 노동조합 지도부, 회사 대표, 사회복

▪ 'trot'은 트로츠키주의자를 뜻하는 말이기도 하다. — 옮긴이
▪▪ 이듬해에 재방영이 이루어지긴 했지만 그 뒤로는 아직까지 한 번도 다시 방영된 적이 없으며 이 글을 쓰고 있는 이 시점까지 VHS나 DVD로도 발매되지 않았다.

지사도 가난한 사람들을 속여 먹고 짓밟기 위한 거대한 음모의 일부분이라고 묘사하면서 그들의 부패를 고발하는 정치적으로 편파적인 다큐멘터리-드라마가 있다. 자신이 영국인이라는 것에 대해 화가 나 있는 사람들이 전자를 보고 후자가 무너뜨린 균형을 회복시켜 줄 만한 작품이라고 생각할 것 같진 않다.[350]

비평적 논쟁

거의 우연적으로, 이 드라마는 리얼리즘의 정치학에 관한 비평적 논쟁 속에 휘말려 들어가게 됐다. 당시 논쟁의 관점에서 보면 〈희망의 나날들〉은 지나치게 혁명적이거나 의회 민주주의의 교리와 충돌해서가 아니라 충분히 혁명적이지 못해서 문제였다. 자유주의자 비평가 그룹에게 정치적 혁명을 지지했다는 이유로 비판받은 작품이 마르크스주의자 비평가 그룹에게는 충분히 혁명적이지 못하다는 이유로 비판받은 것이다. 1930년대 이래 영국 영화 비평계 내에서 리얼리즘이 특권적 지위를 누려오긴 했지만, 새로운 세대의 비평가들은 리얼리즘이 예술적으로나 정치적으로 억압적일 수 있다는 주장을 내놨다. 영화와 텔레비전 드라마에 관한 이런 식의 비평은 프랑스의 영화 잡지 〈카이에 뒤 시네마*Cahiers du Cinéma*〉의 영향이 컸으며 〈스크린*Screen*〉을 통해 특히 강력하게 표현되었다. 〈스크린〉은 형식으로서의 리얼리즘에 존재하는 정치적 한계를 강조하면서, 브레히트와 고다르의 사례를 뒤따라 자신만의 재현 수단을 찾아내는 데 힘쓰고 그렇게 함으로써 리얼리즘의 기반이 되는 '리얼리티의 환상'에 균열을 일으키는 영화가 필요하다고 주창했다. 이런 측면에서 한 텍스트가 내용 면에서만 혁명적인 것은 불충분했다. 혁명적인 작품은 형식 면에서도 혁명적이어야 했다.■ 그래서 일찍이 니콜라스 간햄 Nicholas Garnham은 1972년 〈스크린〉의 영국 영화 특별호에 실린 글에서 로치가 "정치적 변화를 요구하는 내용의 영화"를 "반동적이라고밖에 할 수 없는 스타일로" 만들고 있다면서 그의 작업에 대해 맹렬히 비난했 다.351■■ 하지만 특히 큰 영향력을 발휘한 것은 1974년 〈스크린〉에 실린 콜린 매케이브Colin MacCabe의 글이었다. 그 글의 제목은 "리얼리즘과 영 화"였지만 관습적인 의미에서 리얼리즘적인 영화들을 다룬 건 아니었 다. 그의 주된 관심사는 사실 주류 할리우드 영화의 '투명성'이나 '환영 주의'였다. 그는 그것을 담론이나 "절합"의 흔적이 부재하는 "담론의 위 계" 문제로 파악했다.352 매케이브의 이러한 정의에 따르면 〈사운드 오 브 뮤직The Sound of Music〉(1965)도 〈분노의 포도The Grapes of Wrath〉(1940) 만큼이나 리얼리즘적인 작품이었다.353 그리고 이는 그가 로치의 작품 과 관련된 리얼리즘의 특정한 양식에 별 관심이 없다는 뜻이기도 했다. 로치의 작품은 할리우드의 고전적 리얼리즘의 규범에서 벗어난 것으로 보통 이해되어 왔기 때문이다. 그럼에도 불구하고 그의 비평에는 〈캐시 컴 홈〉에 관한 짧은 언급이 포함됐는데, 거기서 매케이브는 그 드라마를

■　1969년 〈카이에 뒤 시네마〉와 〈스크린〉에 연속해 실린 유명한 비평문에서 장 루이 코몰리 Jean‑Louis Comolli와 장 나르보니Jean Narboni는 "직접적인 정치적 주제"와 "리얼리티를 전달하는 전통적인 방식 …… 의 파괴"에 대해 다루면서 "기의"와 "기표"의 "두 층위" 모두에 서 작동하는 영화의 중요성에 대해 논했다. "Cinema/Ideology/Criticism (1)," *Screen Reader 1*, London: SEFT, 1977, p.6.

■■　폴 윌먼Paull Willmen도 "영국식 리얼리즘의 다양한 형식"에 대해 "리얼리티"가 "직접 적으로" 촬영될 수 있다는 시각을 견지하고 있다고 비판했다. "On Realism in the Cinema," *Screen*, Vol. 13 No. 1, 1972, p.41.

고전적 리얼리즘의 형식적 한계를 공유한 작품이라 설명했다. 그는 이런 텍스트가 "당대의 지배적인 이데올로기 담론"에 도전하는 것처럼 보일 수도 있지만 "모순을 파헤치는 데 무능력한 탓에 투쟁에 대한 어떤 전망"도 보여 주지 못한다고 지적했다. 그리고 고전적 리얼리즘의 다른 진보적 형태들도 "불평등을 고발하면 그것이 사라질 것이라 믿는 진보에 대한 사회민주주의적 개념이나, 어떤 변증법적 운동도 통하지 않고 노동 계급을 진실의 담지자로 단순하게만 생각하는 특정한 노동자주의적 경향" 둘 중 하나에 얽매여 있다고 결론 내렸다.[354] 매케이브의 분석에 따르면, 변화에 대한 분명한 정치적 입장을 제시하지는 않은 채 사회적 불평등만 드러냈다고 로치와 가넷도 인정한 〈캐시 컴 홈〉은 전자의 예시로, 노동 계급의 경험을 완전무결한 진실로 보는 경향을 지닌 〈희망의 나날들〉은 후자의 예시로 볼 수 있었다. 이 사실은 〈스크린〉의 그다음 호에 실린 콜린 맥아더의 리얼리즘 논쟁에 이 드라마가 휘말려 들어가면서 더욱 분명히 드러났다. 매케이브도 이 드라마에 자신의 주장을 더 확실히 적용시켰다.[355]

이런 논쟁 속에서 나오게 된 〈희망의 나날들〉의 리얼리즘에 대한 비평은, 이 드라마가 전달한 특정한 종류의 정치적 분석 및 지식과 그것이 고무시킨 드라마와 시청자 간 관계의 양식에 주목했다. 맥아더는 매케이브의 가설을 반박한 것으로 주로 알려졌지만, 사실 그와 매케이브는 리얼리즘적, 자연주의적 형식의 한계에 대한 의구심을 상당 부분 공유하고 있었다. 그는 앞서 급진적 영화 감독들이 구사하는 리얼리즘의 가치에 대해 의심을 표한 바 있다. 그가 보기에 그들은 "세계는 그저 세계를 지각하거나 필름에 담긴 세계의 이미지를 통해 이해할 수 있다"는 잘못된 관념을 갖고 있었다. 그리고 그는 〈희망의 나날들〉이 "고전적인 내러티브"와 "개별화된 캐릭터들"의 특징들을 수용함으로써 작품의 정치적 급진주의를 위태롭게 만들었다고 비판했다.[356] 그러므로 매케이브와 맥아더는, 리얼리즘 작품들이 경험적 가시성에 의존하는 경향과 그런 경향이 눈에 보이지 않는 구조적 관계보다 눈에 보이는 개인적 투쟁의 측면에서 역사적 사건의 해석을 특권화하는 방식에 대해 이의를 제기했다는 점에서 같은 입장이었다. 이런 이유에서 매케이브는 특히 이 드라마의 3, 4부가 정치적 제도의 기능과 그것이 개인의 행동에 미치는 영향에 대해 적절한 분석을 제공하는 데 실패했다고 지적했다. 그에 따르면 이 드라마는 "노동당과 노동조합회의에 대한 분석 대신"에 "웨지우드나 토머스의 배신만 지켜보도록 유도했다."[357] ■ 하지만 매케이브가 보기에 문제는 제도적 메커니즘보다 개인적 행위를 강조하는 이 드라마의 정치적 분석만이 아니었다. 그런 분석을 뒷받침하는 시각적 이데올로기 또한, 조합 지도부가 노동 계급을 "배신"했다는 정치적 "지식"을 확인시켜 줄 뿐인 "상상적 동일시" 안에 시청자를 머무르게 함으로써 시청자의 정치적 반성을 이끌어 내는 데 실패한 것으로 보였다.[358]

매케이브의 주장의 이론적 근거에 대해서도 많은 반박이 이루어져 왔지만, 〈희망의 나날들〉의 취약점에 대한 그의 분석에서 얻을 게 아주 없는 것은 아니다. 사실상 다른 모든 것은 배제한 채 총파업 동안 노동조합회의 지도부가 부린 권모술수를 강조해 보여 준 점은 틀림없이 다양한

■ 3, 4부에 나타난 개인화 논리에 대한 이런 비판은 좌파 비평가에 한정된 것이 아니었다. 이 드라마를 그저 공산주의 프로파간다일 뿐이라고 생각한 빌 디즈도 1926년 당시 노동조합회의에 가해졌던 "압박"에 대한 묘사가 이 드라마에는 "누락"돼 있다고 비판했다(〈투나잇〉, 1975년 10월 2일 방영).

경제적, 정치적 힘들에 대한 환원적 해석을 낳았으며 분명히 시청자를 당시 사건에 대한 특정한 해석, "한쪽에 유리한" 분석으로 기울게 했다.■ 그래서 제이콥 리는 매케이브의 비판에 답하여 이 드라마가 "각기 다른 의견을 지닌 세 사람의 경험을 다 강조하는 방식으로 사건을 보여 주었"으며 "한 사람의 관점에 특혜를 부여하지 않았"다고 반박하기도 했다.[359] 그러나 사건을 전달하는 내러티브 조직 방식과 시각적 설명 방식이 확실히 개혁주의보다 혁명주의에 유리하도록 조정되어 있고, 이런 방식이 마지막 4부에서 세라와 벤이 합심해 필립의 의회주의를 비난하는 장면과 특히 세라가 필립의 성격 변화를 안타까워하는 장면으로 마무리되어 있는 것을 감안한다면, 제이콥 리의 반론은 그다지 설득력이 없었다.[360] 이런 측면에서 이 드라마가 브레히트가 말한 일종의 '복합적 보기complex seeing'를 차단했다고 한 비판은 어느 정도 정당한 것이었다.[361] 그것은 좌익 비평가들이 분명 선호했을 만한 형식이다. 하지만 이 드라마가 로치의 초기작에 들어 있던 브레히트주의적인 요소를 완전히 배제했던 것은 아니다. 앞서 살펴본 것처럼 삽화적 극적 구조와 비전문 배우의 타입캐스팅typage을 통한 서사극적 서술 방식은 여전히 남아 있었다. 다큐멘터리적 요소에 의지한 시각적 스타일 또한 어느 정도의 '거리두기'를 동반했다.

■ 1974년에 한 어느 인터뷰에서 가넷은 자신과 로치의 작업을 "프로파간다"로 묘사하는 걸 사실상 만족스러워했다. 〈빅 플레임〉에 관해 그는 자신들이 "이 세상의 질감과 이 세상이 실제로 어떻게 생겼는지를 보여 주는 진실한" 영화를 만들고 싶었지만 그것은 "뚜렷한 관점"을 지닌 "솔직한 프로파간다"이기도 했다고 설명했다. "Interview Tony Garnett," in Eva Orbanz, *Journey to a Legend and Back: The British Realistic Film*, Berlin: Edition Volker Spiess, 1977, p.66.

관객은 캐릭터와 동일시하도록 고무되기도 하고 캐릭터로부터 얼마간 멀어지게 되기도 했다.■ 로치도 특히 마지막 4부와 관련해 "드라마의 내용이 함축하는 바가 전달될 때까지 충분한 여유를 제공"하는 "신중하고 사려 깊은 작품의 느낌을 주고" 싶었다고 설명한 바 있다.[362] 어떤 의미에서 보면, 느린 진행, 카메라의 이동이나 과도한 편집을 자제함으로써 거리두기를 한 관찰자적 시점, 그리고 극적 행위보다 대화를 더 강조한 방식 등을 차용한 이 작품은 매케이브가 비판한 것보다 더 적극적으로 시청자가 반성적 자세를 취하도록 자극했다고 볼 수 있다.

하지만 쟁점은 형식적 특징의 문제만이 아니었으며, 매케이브의 주장의 취약점 중 하나도 이 텍스트를 보는 관람자의 위치를 논함에 있어 검증되지 않은 가설에 의지했다는 것이었다. 이런 점에서 비평가들과 BBC 경영진 사이에도 어느 정도 공통점이 있었다. 그들은 관람자가 사실과 허구 사이의 경계를 모호하게 하는 방식에 의해 기만당할 수 있으며 그리하여 부적절한 수단을 통해 특정한 정치적 결론에 도달할 수 있다고 보았다. 그런 두 가지 의견이 전제로 삼은 관람자 모델은, 관람자(혹은 시청자)가 텍스트의 작용에 좌지우지된다고 보는 수동적 모델이었다. 하지만

■ 존 코기가 보기에 "다큐멘터리적 외양"은 다큐멘터리처럼 보이는 것만을 수반하는 게 아니라 다큐멘터리처럼 보는 양식도 포함한다. 캐릭터와 보는 것이 아니라 캐릭터를 보는 양식 말이다. 코기가 캐릭터와의 동일시에 관해 설명할 때 오로지 "드라마적 외양"의 "고전적" 체계만을 염두에 두는 경향이 있지만, 〈희망의 나날들〉 내에 존재하는 "드라마적인" 외양과 "다큐멘터리적인" 외양을 넘나드는 방식에 대한 그의 해석은 여전히 이 드라마의 시청자가 드라마에 몰입하는 동시에 드라마와 거리를 두게 되는 방식에 대해 한 가지 설명을 제공한다. "Progressive Television Drama and Documentary," pp.9~34를 보라.

BBC 자체 조사가 보여 주는 것처럼 시청자의 반응은 상당히 복잡하고 다양했으며 분명 단순히 텍스트가 '읽어준' 반응이라고만 할 수 없는 것이 많았다. 그러므로 매케이브는 시청자들이 이 드라마가 제공하는 투명한 정치적 시각을 단순히 수용하거나 거부하거나 둘 중 하나밖에 할 수 없다고 분석했지만, 드라마의 정치적 "메시지"에 대한 이해나 그에 대한 반응은 훨씬 다양했으며, 매케이브가 주장한 방식보다 각 시청자가 기존에 갖고 있던 신념에 더 많이 근거했다.[363] ■

이는 매케이브의 주도하에 이루어진 이런 리얼리즘 논쟁이 리얼리즘 영화나 텔레비전 드라마가 제작되고 상영 혹은 방영된 구체적인 사회적, 제도적 맥락은 배제한 채 형식적 특징에 대한 검토만을 바탕으로 했음을 보여 준다. 여러모로 이것은 리얼리즘 논쟁의 핵심에 존재하는 문제였다. 앞서 살펴본 것처럼 맥아더도 매케이브가 리얼리즘의 정치적 타당성에 대해 표한 의구심에 공감하는 한편, 특정 리얼리즘 텍스트의 정치적 진보성에 관해서는 순수하게 형식주의적인 측면에서보다 해당 시기의 영국 영화와 텔레비전 영역 안에서 지배적으로 나타나 있는 형식적 전략과 관련해 판단하는 것이 더 낫다고 보았다. 마찬가지로 존 코기도 개별화나 경험의 특권화와 관련된 리얼리즘의 경향에 대한 매케이브의 문제 의식을 공유하긴 했지만, "텔레비전 드라마에 대한 정치적 분석"이 나아갈 방향에 대해서는 다음과 같이 주장했다.

■ 어느 정도는 BBC의 조사 결과가 매케이브의 주장에 대한 경험적 근거를 제공했다고도 할 수 있다. 상당수의 시청자가 이 드라마의 정치적 메시지를 인식하고 거부했다는 것이다. 하지만 이 조사 결과는 이 드라마가 불러일으킨 다양한 반응, 그리고 한 에피소드 혹은 한 시리즈가 누군가의 태도나 신념의 변화에 미칠 수 있는 영향의 한계를 증명해 보이기도 한다.

드라마의 정치적 메시지를 확인하는 수준을 넘어서 작품의 방영 시기에 작용하고 있는 정치적 힘들과 모순들 사이에서 그 작품이 어디쯤 위치하는지를 분석하는 방향으로, 방영 당시 텔레비전이 주로 유통시키고 있는 다른 재현 방식과 그 작품이 어떤 관계를 맺고 있는지에 대해 이해하는 방향으로 나아가야 한다.364 ■

이 시기의 리얼리즘 논쟁이 종종 양자택일의 문제로 묘사되는 경향이 있지만, 사실 거기에 참여한 비평가들 사이에는 많은 공통점이 있었다. 형식으로서의 리얼리즘의 정치적 유효성에 관해서는 모두가 의구심을 품었다. 다만 리얼리즘 작품이 제작되고 유통되는 특정한 재현적, 제도적 맥락에 얼마나 중요성을 부여하느냐에 있어 차이를 보였을 따름이다. 이런 측면에서 매케이브는 주로 영화를 염두에 두고 글을 쓴 반면, 맥아더와 코기는 텔레비전에 더 많은 관심을 쏟았다는 점을 중요하게 지적할 필요가 있다. 텔레비전 작업에는 구체적인 제도적, 미학적 제약이 따른다. 그 제약은 로치가 수용한 진보적 리얼리즘이나 자연주의가 더 많은 제작 기회를 가져다주었을 뿐만 아니라 더 전복적인 것이었을 수도 있다

■ 이런 입장은 그보다 한 해 전 '리얼리즘 논쟁'에 관여한 내 입장과도 유사성을 갖는다. 나는 "이데올로기, 경제, 영국 영화Ideology, Economy and the British Cinema"란 비평문에서 "모든 종류의 리얼리즘은 결코 …… 대문자 리얼리즘 혹은 여러 하위 리얼리즘을 지닌 단 하나의 리얼리즘 안에 흡수될 수 없으며, 유효성에 대한 평가는 …… 구체적인 사회적, 역사적 맥락이나 구체적인 '내용'과 별개로 이루어질 수도 없다. …… 말하자면 그것이 보수적 성격을 지녔든 진보적 성격을 지녔든 리얼리즘의 유효성에 대한 평가는 …… 그 작품이 속한 생산과 수용의 조건, 해당 시기의 지배적, 종속적 담론, 미학적, 사회정치적 담론과의 관계 등과 같은 맥락에 달린 것이다"라고 논했다. Michele Barrett et al. (eds), *Ideology and Cultural Production*, London: Croom Helm, 1979, p.126을 참고하라.

는 의미다. 매케이브도 자신이 제안한 종류의 혁명적 텍스트는 방송사로부터 제작을 거절당할 수 있다고 인정했으며, 그리하여 "텔레비전에서 미학적 판단의 근거로 사용되는 '시청자'란 개념은 …… 텔레비전 픽션을 어떤 식으로도 정치적으로 사용할 수 없게 만들 수 있다"는 다소 우울한 결말에 도달했다.[365] 하지만 로치와 가넷은 주류 프로그램이 점유하고 있는 바로 그 영역에서 텔레비전 시청자에게 말을 걸 수 있는 방법과 그 방법을 통해 담론의 범위를 확장시킬 수 있는 길을 모색했다. 나중에 가넷이 설명한 것처럼, 텔레비전 시청자가 "가장 편안하다고 느끼는" 형식이 바로 리얼리즘이라는 사실은 그런 형식이 아무리 "퇴보적"인 것이라 해도 그것을 중요하게 사용할 수밖에 없도록 만들었다. 리얼리즘 형식이야말로 자신들의 작품을 "'프레드 삼촌' 같은 사람들도 보게" 만들 수 있는 방법이었기에 그와 로치는 "그것을 잘 사용할 방법을 찾고" 싶었다.[366] 한편 로치도 "리얼리즘을 부르주아적인 것으로 보는 기호학적 비평"에 반대하는 입장을 드러냈으며 텔레비전 작업을 하며 리얼리즘적 형식을 사용함으로써 "더 많은 노동 계급 시청자"와 만날 수 있었다고 주장했다.[367] 텔레비전 재현 방식을 둘러싼 규범을 수용하면서 그것에 저항하기도 하는 이런 방법론은 제도적 동요를 유발할 수 있었지만, 관습에 더 저항적이거나 더 자기 반영적인 형식은 의견의 차이를 더 노골적으로 드러내기 때문에 그럴 수 없었다. 실제로 〈희망의 나날들〉보다 존 맥그래스의 〈체비엇, 스태그 앤 블랙, 블랙 오일〉이 형식적인 면에서는 훨씬 저항적인 작품이라고 일반적으로 평가받았지만, 그 드라마가 드라마, 다큐멘터리 푸티지, 정치적 격론을 결합한 방식은 〈희망의 나날들〉이 야기한 것과 같은 수준의 충격을 전달하지 못했다.* 이런 측면에서 〈희망의 나날들〉의 급진주의는 친숙한 재현 양식에 가까이 가려는 노력과 그런 재현 양식을

KEN LOACH

예상 불가능한 방식으로 사용하려한 노력이 결합돼 나온 것이었다.

시험 기간

〈리스너〉와의 인터뷰에서 가넷은 로치와의 작업에 관해 말하며 부적절하게도 "BBC를 시험"했다는 표현을 사용했다. 이로 인해 직원들이 자신들의 관용도를 어떤 식으로든 시험해 보고 있다는 생각에 분명 화가 난 BBC 이사회는 회의 때 이 문제를 논의의 주제로 삼았다.[368] 그린힐 경 Lord Greenhill이 이사회에 전달한 것처럼 "기사의 어조"는 "가넷 씨, 로치 씨, 앨런 씨가 BBC의 경영진이 어디까지 참아 줄지 시험해 온" 것이란 투였다.[369] "프로그램의 균형"에 관한 보고서에서 서기장 쇼도 "가넷 씨가 BBC를 '시험'한 것과 클레이 크로스나 슈루즈버리 두 사람이 법을 시험한 것 사이에 종이 한 장 차이밖에 없다는 사실은 〈데일리 텔레그래프〉의 수석 기자가 아니어도 얼마든지 알 수 있는 것"이라고 경고했다.[370]■■ 인터뷰를 잘 살펴보면 가넷이 그들의 말처럼 도발적이었던 것은 아니지만, 로치, 앨런, 가넷이 방송 가능한 범위의 한계를 넓히기 위해 노력했으

■ 이 작품은 문제가 많은 논쟁적 작품으로 인식되긴 했지만, BBC 안에서 나온 주된 비판은 실제 석유 굴착 노동자들의 인터뷰를 사용함으로써 사실과 허구를 혼용한 것에 관련됐다. Minutes of a meeting of the Board of Management, 10 June 1974, BBCWAC R78/2639/1을 보라.

■■ 더비서의 탄광촌 클레이 크로스의 노동당 의원 11명은 집세 인상을 거부하다가 주택금융법에 따라 벌금을 선고받았다. 앞에서도 언급한 바 있는 슈루즈버리 2명은 1973년 피켓 시위를 하다 음모에 연루돼 투옥된 데스 워런Des Warren과 리키 톰린슨을 가리킨다.

며 그렇게 해서 BBC의 자유주의가 얼마나 확장될 수 있는지를 시험했던 것은 틀림없는 사실이다. 로치도 말한 것처럼 그들은 늘 스스로 "이래도 무사할 수 있을까?"라고 질문하며 작업했다.[371] 〈빅 플레임〉, 〈랭크 앤 파일〉, 〈희망의 나날들〉은 모두 폭넓은 논쟁은 물론이고 상당한 수준의 제도적 동요를 야기했으며, 그 작품들이 혁명적이지 못하다고 한 많은 비판에도 불구하고 BBC 경영진이 "방영 가능"하다고 말한 범위의 한계에 매우 가까이 다가간 것으로 보인다. 앞서 지적한 것처럼 이 드라마들의 방영은 정치적 편향성과 균형의 부재 문제와 관련해 BBC에 상당한 고통을 안겨 주었다. 실제로 이 문제에 관해 다룬 〈더 타임스〉의 사설('편향성은 쌍방과실?')에 영감을 받은 경영진은 어떤 유형의 프로그램이 이런 드라마들이 무너뜨린 균형을 회복시켜 줄 수 있을지 고민하기 시작했다. 예를 들어 BBC 스코틀랜드 대표이사 레이디 애번사이드Lady Avonside는 "파시스트가 만든 잘 만든 작품을 보여 준다면 BBC의 역사에 대단히 흥미롭고 재미있는 순간이 될 것"이라고 이사회에 제안했으며, 이사회 의장 스완 경도 "인종 차별에 철저히 동조하는 노선의 드라마"라면 〈희망의 나날들〉에 "맞먹는 우익 드라마"가 될 거라고 종합자문위원회에 전했다.[372] 하지만 BBC가 파시즘이나 인종 차별에 대해 노골적으로 동조적인 작품을 방영할 리 없다는 점을 고려했을 때 가능한 결론이란 "도리를 넘어선" 것은 〈희망의 나날들〉 같은 작품도 마찬가지며 그러므로 그 또한 방영되어서는 안 된다는 것이었다. 확실히 〈희망의 나날들〉은 제작 규모 면에서 뿐만 아니라 정치적 급진주의의 수준에 있어서도 로치의 경력에서 최고 수위를 기록한 작품이 됐다. 그는 계속 텔레비전 작품을 만들긴 했지만 자신이 만들고 싶은 작품을 맡기가 점점 어려워졌으며, 1980년대에는 점점 더 공공연히 이루어진 검열에 부딪혔다. 이는 부분적으로는 방송 기관의 변화 때문이기도 했지만, 1979년 선거 때 마거릿 대처의 지휘 아래 우익 보수당 정권이 수립되면서 변화하기 시작한 정치적 분위기 때문이기도 했다. 실제로 이 드라마에 대한 반격 중 가장 귀에 거슬리는 의견은 대처 여사가 하원 제1야당 당수에 선출된 뒤 첫 회담 연설에서 한 말이었다. 〈희망의 나날들〉의 마지막 4부 방영 1주일 뒤에 열린 그 회담에서 대처는 호의적인 청중을 향해 영국은 "자본주의가 아니라 사회주의의 위협"에 직면해 있으며 문제는 "너무 적은 사회주의"가 아니라 "너무 많은 사회주의"라고 말했다. 그녀는 (이후 대처 정권의 공격을 받게 될) BBC와 프로그램 제작자들 모두를 비판하면서, "우리의 국가적 자존감을 갉아먹으려 하는 이들이 영국의 역사를 수세기 동안 억압, 실패, 짙은 어둠에 잠겨 있는 것으로 재기록"함으로써 "우리의 유산과 위대한 과거를 고의적으로 공격"하고 있다고 맹렬히 비난했다.[373]

"영국 최고의 아트하우스 감독"

텔레비전 검열부터 '예술 영화'까지

7

1996년 켄 로치는 BBC 〈모던 타임스*Modern Times*〉 시리즈의 일환으로 〈명멸하는 불빛*The Flickering Flame*〉(1996년 12월 18일 방영)이란 다큐멘터리를 만들었다. 〈스플릿 스크린*Split Screen*〉 시리즈에 포함된 〈타임 투 고*Time to Go*〉(1989년 5월 9일 방영)를 제외하면, 이 다큐멘터리는 1970년대 이후에 그가 만든 첫 BBC 작품이었다. 이 작품은 그보다 한 해 전 일어났지만 주류 매체에서는 거의 다뤄지지 않은 리버풀 항만 노동자들의 노동 쟁의를 다루었다. 제목이 말해 주는 것처럼 이 다큐멘터리는 리버풀 항만 노동자들의 노동 투쟁을 드라마화했던 로치의 초기작 〈빅 플레임〉을 떠올리게 했다. 하지만 노사 관계와 관련해서는 전혀 다른 순간에 방점이 찍혀 있었다. 〈빅 플레임〉은 노동당 정부가 권력을 쥐고 있었던 시기, 다양한 사회적, 정치적 집단에게 민주주의적, 평화주의적 노선에 따라 사회를 조직하는 것이 가능했던 시기에 만든 작품이었다. 그러나 〈명멸하는 불빛〉은 노동당이 앞선 17년간 한 번도 정권을 잡지 못했으며 경제적, 정치적 풍경이 완전히 변형되어 버린 시기에 만들어졌다. 이는 다큐멘터리의 내용에도 반영됐다. 이 프로그램은 평조합원들의 급진주의와 연대, 노동조합 지도부의 배신 등 로치의 초기 드라마의 주제들을 이어받았지만, 고용 감축, 임금 삭감, 피고용자 권리의 감소, 노동 쟁의에 참여한 노동자에 가해지는 법적 제약 등 노동 쟁의를 둘러싼 환경의 변화 또한 기록했다.

이런 측면에서 중요한 전환점이 된 것은 1979년 마거릿 대처의 지휘 아래 보수당 정권이 수립된 일이었다. 앤드루 갬블Andrew Gamble은 대처 혹은 대처주의의 부상을 1971년 보수당 총선 패배와 탄광 노동자들에 의한 보수당 당수 히스의 굴욕 이후 힘을 얻게 된 "정치적 프로젝트"로 설명했다.[374] 혼합 경제, 완전 고용, 복지 시책을 포함한 전후 시기의 정치적 안정책으로부터 등을 돌린 대처주의적 보수당은 국가 경계를 넓히고 사회의 모든 영역에서 시장 지배력을 확장시키고자 했다. 이는 1986년 런던 빅뱅▪을 통해서도 나타난 것처럼, 은행과 금융 서비스 영역과 같은 민간 영역에서의 규제 완화, 공기업의 민영화와 주택 등의 공유 자산의 매도, 정책 목표로서의 완전 고용에 대한 포기, 노동 시장에 대한 규제를 완화하고 노동조합의 권력을 약화시키기 위한 법적 조치의 도입 등으로 이어졌다. 노동조합의 권력을 무너뜨리려는 정부의 강경한 태도를 상징적으로 보여 준 사건은 정부가 1984~1985년 사이 탄갱 폐쇄를 놓고 전국광산노동자조합과 대치한 일이었다. 전국광산노동자조합의 파업은 1년간 지속됐지만 결국 탄광 노동자들이 아무런 보상 없이 작업 현장으로 돌아가는 것으로 마무리됐다. 탄광 노동자들이 두려워한 대로 광산업은 사양길에 들어섰고, 정부의 지속적인 자유시장주의 정책 실시에 따라 대부분의 산업도 같은 길을 걸었다.[375]

▪   1980년대 대처 집권기에 이루어진 금융 대개혁을 가리킨다. 이후 영국은 제조업을 포기하고 금융 산업에 집중했다. — 옮긴이

이런 사회적, 정치적 소요의 시기는 로치에게도 변화의 시기가 됐다. 앞서 지적한 것처럼 〈가족 생활〉의 상업적 실패는 1970년대 내내 가넷과 로치로 하여금 영화 프로젝트를 진행하기 어렵게 만들었고 그들을 텔레비전으로 돌아갈 수밖에 없도록 만들었다. 1970년대 말, 가넷은 아동 영화 〈블랙 잭Black Jack〉(1979)을 투자받는 데 성공하긴 했다. 레온 가필드Leon Garfield가 쓴 역사 소설을 로치가 시나리오로 옮긴 영화였다. "대서양 양쪽에 존재하는 모든 메이저 영화사"로부터 거절당한 이 프로젝트는 국립영화금융공사와 독일, 프랑스 자본의 도움을 받아 겨우 진행될 수 있었다(대신 프랑스 배우 장 프랑발Jean Franval이 출연하게 됐다).[376] 하지만 가넷은 자신이 작품의 주제에 대한 신념보다 그저 투자 가능성을 보고 참여했다는 생각에, 이 영화를 만든 것을 후회했다.[377] 그는 영국 영화 산업의 상태에 대한 불만과 변화한 정치 분위기에 대한 환멸로 로치와 헤어지고 미국으로 건너갔다. 그러나 로치는 1960년대 중반 이후 〈랭크 앤 파일〉 등 소수의 작품을 제외하고는 거의 모든 작품을 가넷과 작업해 온 터였다. 둘은 우호적 관계를 유지했지만 가넷과의 결별이 로치에게 시련이 된 것은 틀림없는 사실이다. 앞서 지적한 것처럼 로치의 경력은 각본가, 촬영기사, 편집 기사, 프로덕션 디자이너, 작곡가 같은 특정한 협력자들과의 장기적인 관계를 통해 형성될 수 있었던 것이다. 그러므로 그가 1990년대에 샐리 히빈, 레베카 오브라이언 같은 제작자들과 견고한 관계를 형성한 뒤에야 그의 경력이 다시 탄력을 받기 시작한 것도 우연이 아니었다.

그사이 기간을 절대 휴지기라고 할 수는 없겠지만, 로치에게 불만스럽고 부진한 기간이 된 것은 분명하다. 가넷과의 결별 이후 그는 찰스 덴턴Charles Denton의 초청을 받아 ATV에서 일하게 됐다. ATV는 중부의 ITV 프랜차이즈를 소유한 방송사였다. 거기서 그는, 여름철이 끝나갈 무렵 그레이트 야머스의 젊은 여자 댄서들이 새 일자리를 알아보러 다니는 모습을 뒤쫓는 1시간짜리 다큐멘터리 〈오디션*Auditions*〉(1980년 12월 23일 방영)을 만들었다. 그다음에는 드라마화된 다큐멘터리 〈사냥터지기〉를 만들었다. 이 작품은 ATV 다큐멘터리국에서 만든 프로그램으로 로치가 오랫동안 같이 일해 온 배리 하인스의 소설을 각색한 것이다. 텔레비전에서 〈오디션〉보다 한 주 일찍 방영된 〈사냥터지기〉는 영화제에서도 상영되었으며 해외 판권도 많이 팔린 편이었다. 그는 이어서 ATV의 후신인 센트럴 텔레비전을 위해 또 한 편의 텔레비전 영화 〈외모와 미소〉를 만들었다. 〈사냥터지기〉처럼 이 작품도 텔레비전 방영 전 영화제에서부터 상영됐고 나중에 그리 큰 규모는 아니었지만 극장에서도 개봉했다.

배리 하인스가 각본을 쓴 〈외모와 미소〉는 부분적으로는 〈케스〉의 속편으로 받아들여졌다. 로치는 다음과 같이 설명했다.

> 〈케스〉는 열네 살짜리 소년에 관한 영화였다. 이번엔 열일곱, 열여덟 살쯤 된 누군가가 등장해 성인의 경험을 하고 거기에 반응하는 모습을 보여 주면 재미있겠다고 생각했다. 가족의 와해와 취직의 어려움이 그 인물에게 미치는 영향을 표현하려고 했다.[378]

〈케스〉가 노동 계급에 속한 어린 아이가 전망 없는 육체 노동을 하며 살게 되도록 길들여지는 방식을 탐구했다면, 〈외모와 미소〉는 사춘기 소년 믹 월시(그레이엄 그린Graham Green)가 실업 상태에서 벗어나기 위해 일자리를 찾아다니지만 허탕만 치는 모습에 초점을 맞추었다. 이런 면에서 이 작품은 그 시기에 가장 빨리 만들어진 "반反대처"적인 작품 중 하나로 인식됐지만, 로치는 이 작품이 충분히 직설적이지 못했으며 "시청자에게서

일자리 구하기: 〈외모와 미소〉의 믹 월시(그레이엄 그린)

분노를 이끌어 내는 능력이 부재한" 작품이라고 보았다.[379] 이어서 그는 〈케스〉에서 발전시킨 관찰자적 방법론이 "낡고 무기력해졌기"때문이라고 그 이유를 설명했으며, 〈외모와 미소〉를 자신의 경력에서 "한 시대의 종말"을 점찍는 작품으로 평가했다.[380] ■

이는 첫 번째로는 픽션에서 다큐멘터리로의 이동, 지금의 로치의 표현대로라면 "그 시대에 적절했던 형식"으로의 이동을 의미했다.[381] 그가 설명한 것처럼 영국 내 대처주의의 부상은 "워낙 긴급하게 다가와"서 그도 재빨리 정면 승부의 자세로 무언가를 만들고 싶었다고 한다. 물론, 최근의 경험이 증명해 준 것처럼 열매를 맺기까지 수년이 걸리는 장편 영화로는 그렇게 할 수가 없었다.[382] 하지만 다큐멘터리로의 방향 전환에도 그것대로의 어려움이 있었으며 여러 해 동안 로치는 자신이 만든 작품을 사람들에게 보여 줄 방법을 찾지 못했다. ATV에서 만든 첫 번째 다큐멘터리 〈오디션〉도 사실 오랫동안 방영이 미루어졌다가 결국 늦은 오후 시간에 비밀스럽게 방영됐다. 그다음으로 만든 〈지도부의 문제A Question of Leadership〉(1981)는 더 상황이 좋지 않았다. 이 작품은 1980년에 촬영하여 그해 8월에 방영하기로 원래 계획되어 있었지만 "공정성과 공평성"에 대한 독립방송공사(Independent Broadcasting Authority: IBA)의 지침을 따르

■   크리스 멘지스가 흑백으로 촬영한 〈외모와 미소〉는 사실 로치의 작품 중 명암 대비, 세심한 구성과 딥 포커스 사용 등이 돋보이는 시각적으로 가장 빼어난 작품 중 하나다. 나중에 이 영화를 "예술입네 하는" 영화였다고 일축한 로치는, 이 영화가 색채감을 자제했음에도 불구하고 도시 환경을 "심미화aestheticisation"함으로써 사회적 비평을 둔화시켰다는 점에 대해 우려했던 것 같다. John Hill, "Interview with Ken Loach," in McKnight, *Agent of Challenge and Defiance*, p.162를 보라.

TV로 방영하기에는 너무 노골적인 작품

지 않았다는 이유로 갑자기 방영이 취소됐다.[383] ■ 1980년 초 전국 철강 노동자 파업이 일어남에 따라 다양한 노동조합원의 인터뷰를 모은 이 프로그램은 보수당 정부의 경제 정책과 철강 노동자들의 충돌을 유도하려는 그들의 명백한 의지에 대해, 그리고 토리당 정책에 앞장서서 반대하지 못한 전국노동조합 지도부의 실패에 대해 공공연히 비판했다. ATV는 이 프로그램을 스튜디오에서 촬영한 고위 노조 간부들의 토론 장면을 추가하여 재편집해야 한다고 주장했다. 로치는 그 장면이 "나머지 장면들을 무력화"한다고 말했다.[384] 작품은 계속된 연기 끝에 결국 방영이 되긴 했지만 원래 정해져 있던 방영일보다 1년이나 늦어진 시점이었으며 그것도 중부 지역에서만 심야 시간에 방영됐다.

이런 시련에도 불구하고 로치는 현재의 경제적, 정치적 사건에 직접적으로 개입하는 다큐멘터리 작업을 계속 시도했으며, 센트럴 텔레비전에서 일하던 중 새로 설립된 채널 4로부터 다큐멘터리 제작 의뢰를 받아내는 데 성공했다. 그들은 기존의 텔레비전 방송을 통해 공급되지 않는 취향과 관심사에 호소해야 할 법적 의무가 있었기 때문에, ITV가 방영하기에는 너무 논쟁적이라고 여겼던 종류의 작품도 방영할 수 있을 듯 보였다. 그중 첫 번째는 〈레드 앤 블루*The Red and the Blue*〉(1983년 10월 1일 방영)였다. 그 전해에 열린 보수당과 노동당의 연례회의에 대한 일련의 인상들을 담은 이 작품은, 양당 간 사회적 관점의 차이를 확연히 드러내 주었을 뿐만 아니라 보수당의 결속력과 당시 트로츠키파 구성원들에 대한 공

■ IBA는 독립텔레비전공사(ITA)의 후신으로 "정치적 문제나 노동 쟁의 논쟁" 면에서 "적당한 공정성"을 보장할 법적 의무가 있었다.

격에 착수한 상태였던 노동당의 분열 상태를 대조해 보여 주기도 했다. 이 프로그램에 대해 우려한 하원의원들을 상대로 사전 시사가 이루어지긴 했지만 방영 자체는 순탄하게 통과되었으며 심지어 여러 긍정적인 평가가 쏟아지기도 했다. 정치적 편향성에 대한 비판은 어쩔 수 없었지만 말이다. 하지만 로치의 다음 프로젝트이자 노동조합을 다루고자 한 4부작 프로그램 〈지도부의 문제들*Questions of Leadership*〉(1983)은 많은 난관에 부딪혔다. 사실상 이 프로그램은 〈지도부의 문제〉의 후속 프로젝트로, 그즈음 일어난 노동 쟁의의 시행 방식, 전기 기술자 노동조합 내부의 민주주의, 브리티시 레이랜드 노조 대표 데릭 '레드 로보' 로빈슨Derek 'Red Robbo' Robinson의 파면 등을 포함해 다양한 문제에 주목했다. 전작과 마찬가지로 이 프로그램도 노동조합 운동 지도부와 관련해 그들이 평조합원들의 의견을 만족스러울 정도로 대표하는 데 실패한 점, 정부 정책을 위협할 만한 정치적 저항을 막기 위해 보수당 정권과 공모 관계를 형성했다는 점 등에 대해 날카로운 비판을 했다. 프로그램은 1983년 5월에 완성됐으며 그해 말에 열린 노동조합회의 연례회의와 같은 시점에 방영될 예정이었다. 하지만 이번에도 역시나 로치의 작품은 '균형'을 결여한 것으로 간주됐고, 그는 전체를 4부작에서 3부작으로, 다시 2부작으로 줄이라는 요구를 받았다. 채널 4도 다른 제작진이 만든 토론 프로그램을 통해 이 작품의 균형을 회복시켜야 한다고 주장했다.[385] 하지만 결국 법적인 이유 때문에 편집 버전조차도 방영하지 않기로 결정됐다. "명예 훼손의 여지가 없으며 충분히 변호 가능한" 작품이란 법적 조언이 있었음에도 말이다.[386] BBC가 〈업 더 정션〉의 재방영을 포기했을 때와 마찬가지로, 이번에도 법적 대응을 초래할 수도 있다고 호소하는 방법이 정치적 편의를 은폐하기 위한 방편으로 사용되었던 것 같다. 탄광 노동자의 파업 관련 노래와 시에 관한 다큐멘터리 〈당신은 어느 편인가?*Which Side Are You On?*〉(1984)의 방영 때도 어려움이 계속 따랐다. 이 작품은 LWT 〈사우스 뱅크 쇼〉의 일환으로 만들어진 것이었지만, 그들은 방영을 거부했으며, 결국 이 프로그램은 채널 4에서 로고를 뺀 채 방영됐다.

역설적이게도 이 시기의 로치의 다큐멘터리 작품들이 부딪힌 방영 금지나 방영 연기 문제는 로치와 가넷이 자신들의 초기 텔레비전 드라마와 관련해 스스로 내놨던 분석을 증명한다. 그들에게 있어 하나의 형식으로서 다큐멘터리화된 드라마가 지닌 매력 중 하나는, 텔레비전 뉴스와 시사 프로그램이 따라야 하는 엄격한 규칙을 우회할 수 있도록 해준다는 점이었다. 그리고 그것은 그들의 반대론자들도 똑같이 지적했던 바다. 이런 측면에서 '순수' 다큐멘터리로 이동한 로치의 작품은 사실 기반 프로그램에 적용되는 규칙과 충돌하기가 더 쉬워졌다. 이전과 마찬가지로 로치는 노사 갈등에 대해 훨씬 정통적인 시각을 보여 주는 다른 방영 프로그램들에 비하면 자신의 작품은 비교적 온건한 공산주의적 시각을 견지하고 있다고 주장하면서, '균형' 회복의 명분으로 작품의 관점의 범위를 제한하는 것에 대해 비판했다. 그럼에도 불구하고 그의 작품에 담긴 관점이 '적절한' 정치적 논쟁라고 하는 것의 한계에서 벗어나 있다는 바로 그이유 때문에, 그의 작품은 공정함의 결여를 근거로 방영 부적합 판정을 받기가 비교적 쉬웠다. 특히 그것이 일회성 프로그램이 아닌 경우에는 더욱 그러했다. 앞서 지적한 것처럼 BBC 사장 찰스 커런은 방영 편수가 너무 많지만 않다면 방송사가 급진적인 드라마를 방영할 수도 있다고 여겼다. 마찬가지로 채널 4의 최고 책임자 제러미 아이잭스Jeremy Isaacs도 〈지도부의 문제들〉의 문제는 구성 편수라고 주장했으며, 나중에 로치에게 "만약 1부로 끝났으면 우리도 당연히 방영을 했을 것"이라고 전했다.[387]

로치가 다큐멘터리 제작에 손을 떼진 않았지만 검열로 상당한 타격을 입었던 것은 분명하다. 나중에 그는 1980년대 중반이 자신에게 "해로운" 시기였으며 다큐멘터리든 장편 영화든 "작업할 수 있는 가능성"이 "급속히 줄어들어" 어느 순간 광고 일을 해야 하는 지경까지 갔다고 설명했다.[388] 하지만 결국에는 장편 영화로 돌아갈 기회가 주어졌고, 그는 1986년 〈파더랜드*Fatherland*〉(미국 제목은 '*Singing the Blues in Red*')를 완성했다. 〈외모와 미소〉 이후 첫 장편 영화였다. 이 작품은 그리 성공적이지 못한 출발로 여겨졌지만, 그가 〈숨겨진 계략*Hidden Agenda*〉에서 앨런과 다시 뭉치면서 그의 경력도 다시 탄력을 받기 시작해 지속적인 생산력의 시기로 이어졌다.

〈숨겨진 계략〉은 로치가 이 영화의 제작자인 레베카 오브라이언과 함께한 첫 프로젝트이기도 했다. 피터 울른의 〈우정의 죽음*Friendship's Death*〉(1987)도 제작한 바 있는 그녀는 로치와 워킹 타이틀Working Title에서 윌리엄 트레버William Trevor의 소설 《운 좋은 바보들*Fools of Fortune*》을 각색하면서 그와 인연을 맺게 됐다. 비록 그 프로젝트는 성사되지 못했고 나중에 팻 오코너Pat O'Connor가 대신 연출을 맡았지만, 그 일로 이후 20년간 이어질 파트너십의 초석이 마련됐다. 그것은 로치가 가넷과 함께 작업했던 것보다 훨씬 긴 기간이었다. 또 다른 중요한 파트너십은 히빈과의 관계였다. 그녀는 채널 4에 들어갈 드라마로 크리스 멀린Chris Mullin의 《아주 영국적인 혁명*A Very British Coup*》을 각색해 보면 어떻겠냐며 로치에게 접근했다. 로치는 그 제안은 거절했지만, 자신의 영화 〈하층민들*Riff-Raff*〉과 관련해 그녀에게 연락을 취했다. 오브라이언이 집안 문제로 인해 제작을 잠시 쉬게 됐을 때였다. 이후 몇 년간 히빈과 오브라이언은 패럴럭스 픽처스Parallax Pictures 산하에서 일하며 제작 임무를 공유했다.

새로운 시대의 시작: 〈숨겨진 계략〉을 연출 중인 켄 로치

패럴럭스는 로치, 히빈, 오브라이언이 감독 레스 블레어Les Blair, 제작자 사라 커티스Sarah Curtis, 감독 겸 배우 필립 데이비스Philip Davis와 함께 만든 영화사로, 나중에는 제작자 엠마 버지Emma Burge까지 들어왔다. "민주주의적 작업 공간의 원칙"과 "아이디어를 공유하고 그 아이디어를 공동으로 개발하는 방식"에 충실하고자 한 패럴럭스는 매년 평균 2편의 영화를 만들고자 했다.[389] 하지만 그 작품들 중 이들 그룹의 인지도를 높이는 데 가장 많이 공헌한 것은 의심할 여지없이 로치의 작품들이었다. 로치는 1992년까지 패럴럭스에 머물렀으며 이후 오브라이언과 새 제작사 식스틴 필름스Sixteen Films를 차렸다. 한편 히빈은 패럴럭스 인디펜던트Parallax Independent란 이름으로 명맥을 유지해 나갔다. 사실 오브라이언은 히빈이 마지막으로 제작한 〈칼라송〉 이후 로치의 모든 영화를 제작했으며 식스틴 필름스 출범 이후 아직까지 로치와의 파트너십을 계속 유지해 오고 있다.

영화 경제학의 변화

하지만 로치가 1990년대와 2000년대 동안 꾸준히 장편 영화를 만들 수 있었던 것은 헌신적이고 능력 있는 제작자들과의 좋은 협업 관계를 구축했기 때문만은 아니었으며, 1970년대에 그를 괴롭혔던 제작비 확보 문제에 대한 해결책을 찾았기 때문이기도 하다. 앞서 지적한 것처럼 로치와 당시 그의 제작자였던 가넷은 제작비 마련에 늘 어려움을 겪었으며 그의 가장 유명한 영화인 〈케스〉마저도 투자를 받은 게 행운에 가까웠다. 당시 영국 영화계는 랭크나, 1960년대에 ABPC(Associated British Picture

Corporation)▪를 장악했던 EMI 같은 영국 메이저 영화사들에 의해 장악 당하고 있었으며, 막대한 미국 자본의 유입 덕에 '미니 르네상스'를 누리 고 있었다. 하지만 1970년대 영화들에 대한 관객 수 감소와 수익성 하락 이 나타나자 할리우드도 투자를 끊었고 영국 메이저 영화사들도 제작에 서 손을 뗐으며 영국 영화 제작 편수도 1984년에 역사상 최저를 기록했 을 정도로 줄어들었다. 이런 상황에서 영국 영화인들에게는 텔레비전이 나 국가, 유럽의 자본이 더욱 중요해졌으며, 로치의 경우에는 그런 자본 을 1990년대 이후 재기하는 데 발판으로 삼았다.

로치의 초기 경력이 텔레비전에 뿌리를 내리고 있는 것은 분명한 사 실이며, 앞 장들에서 논한 것처럼 그와 가넷은 텔레비전 드라마에서 필 름 사용을 늘이도록 촉구함으로써 영화와 텔레비전 작품 사이에 본질적 인 차이가 있는지에 대해 질문했다. 하지만 텔레비전 드라마에서 필름 사 용이 더 빈번해지면서 텔레비전의 경제학은 필름으로 찍은 단막극 수를 감소시켰고 대신 필름으로 찍은 연속극이나 시리즈물에 길을 터주었다. 다른 한편으로 텔레비전 방송사들은 단막극의 성공 가능성에 대한 믿 음을 잃어 가면서 텔레비전은 물론 영화관에서도 상영될 수 있는 작품 에 투자하는 경향이 짙어졌다. 예를 들면 일찍이 1975년 LWT는 시골 생 활을 다룬 피터 홀Peter Hall의 작품 〈에이큰필드Akenfield〉(1974)에 극장 시 사회도 열어 주었다. 앞서 살펴본 것처럼 로치도 〈사냥터지기〉나 〈외모 와 미소〉 같은 프로그램에 영화적 인지도를 높여 주려고 한 ATV에 매 료됐던 바 있다. 하지만 그것은 견고한 전략이라기보다 임시방편에 불과

▪ British International Pictures의 후신. — 옮긴이

했으며, 텔레비전의 영화 제작 투자가 영화 자본의 핵심적 부분을 이룬 것은 채널 4가 출현하면서부터였다. 1982년 영국의 네 번째 텔레비전 채 널로 출범한 채널 4는 BBC나 ITV 방송사와 달리 자체 제작을 하지 않 고 외주 제작사 작품을 구매하거나 만들고 싶은 작품을 아웃소싱했다 는 점에서 색달랐다. 채널 4 드라마국의 경우 예산의 상당량을 〈필름 온 포Film on Four〉에 배당했으며, 텔레비전 영화로 제작한 작품도 가능하다 면 극장 개봉까지 시켰다.[390] 로치는 처음에는 채널 4의 영화 사업이 주 는 이점을 누리는 데 더딘 편이었고 〈지도부의 문제들〉에 대한 방송사의 소심한 반응으로 고통 받기도 했다. 하지만 데이비드 로즈David Rose에 이 어 데이비드 오킨David Aukin이 이끌게 된 채널 4의 드라마국은 그의 운 세를 뒤집는 데 단연 중요한 역할을 하게 됐다. 그의 장편 영화 복귀작 인 〈파더랜드〉의 예산의 50% 이상을 제공한 것도 채널 4였다. 그들은 영 국위성방송과 함께 로치의 다음 작품인 〈숨겨진 계략〉에도 자본을 댔으 며, 로치가 진정으로 제 기량을 회복한 작품이라 할 수 있는 〈하층민들〉 에는 전액을 투자했다. 그 뒤로도 〈레이닝 스톤Raining Stones〉(1993), 〈레이 디버드 레이디버드〉, 〈칼라송〉, 〈내 이름은 조My Name is Joe〉(1998), 〈스위 트 식스틴〉, 〈다정한 입맞춤Ae Fond Kiss…〉(2004), 〈자유로운 세계It's a Free World…〉(2007), 〈룩킹 포 에릭Looking for Eric〉(2009)을 포함해 그의 영화 상 당수에 투자를 계속했다. 그들이 투자하지 않은 작품들도 어떤 식으로든 다른 텔레비전 방송사의 지원을 받아 만들어졌다. 이를테면 채널 4가 투 자를 거부하자 BBC가 영국 텔레비전 판권을 구매하는 방식으로 부분 투자했던 〈랜드 앤 프리덤〉이 그런 경우다. 또 채널 4는 100만 파운드 이 하가 든 〈하층민들〉, 〈레이닝 스톤〉, 〈레이디버드 레이디버드〉는 전액 투 자했지만, 이후 제작비가 상승하자 투자를 꺼렸다. 그로 인해 로치는 영국과 유럽의 다른 투자 자본에 기대야 했다. 채널 4 같은 텔레비전 방송사가 영화에 지원할 수 있었던 한 가지 이유는, 영화사들이 전통적으로 해온 방식대로 박스오피스나 부가 판권을 통하지 않고 광고를 통해 투자금을 회수했기 때문이었다. 이런 관점에서 보면 텔레비전의 영화 투자는 다른 투자 출처가 사라져 가고 있던 시기에 특히 중요한 역할을 했으며, 그것의 사회적, 문화적 중요성을 따졌을 때 영국 영화 제작에 간접 보조금 역할을 했다고 말할 수 있다. ■

그러므로 로치가 가능한 대로 공공 지원 경로에도 적극적으로 의지했다는 사실은 별로 놀라운 일이 아니다. 앞서 지적한 것처럼 〈블랙 잭〉은 국립영화금융공사의 지원을 받았고, 그보다 앞선 시기에 만들어진 〈불쌍한 암소〉와 〈가족 생활〉도 마찬가지였다. 국립영화금융공사 후신인 브리티시 스크린British Screen의 지원도 〈랜드 앤 프리덤〉을 만드는 데 핵심적인 역할을 했다. 하지만 대처 시대는 영화는 물론이고 예술 전반에 대한 공공 지원을 감축시킨 것으로 유명했으며, 1980년대와 1990년대 초 동안 영화 제작 공공 지원 통로는 비교적 제한적이었다.[391] 그러나 이런 상황은 1995년에 이르러 변화를 맞았다. 영화 지원에 관한 정부 정책에 대해 비판이 거세지자 존 메이저John Major 보수당 정권이 국가 복권기금의 일부를 영화 분야에 배당하고 잉글랜드, 웨일스, 스코틀랜드, 북아일랜드의 각 예술위원회들에게 우선 관리를 맡긴 것이다. 이는 즉시 영국 영화사들에 대한 새로운 자본의 유입과 제작 편수 증가로 이어졌다.

■ 채널 4의 초대 최고책임자 제러미 아이잭스에 따르면 〈필름 온 포〉는 투자비 회수나 시청률 향상 이상의 "사회 문화적 근거와 목적"을 가진 프로그램이었다. Stephen Lambert, "Isaacs: Still Smiling," *Stills*, No. 6, May – June 1983, p.26을 보라.

로치는 복권 기금이 "가난한 자들의 세금"으로 이루어진 것이라는 점에 대해 석연찮게 생각했지만, 그 돈이 곧 그의 영화에도 소중한 자원이 됐다.[392] 특히 스코틀랜드 복권 기금과 다른 지역 공공 기관의 지원을 받아 만든 스코틀랜드 배경의 영화 3편(〈내 이름은 조〉, 〈스위트 식스틴〉, 〈다정한 입맞춤〉)이 나오면서 스코틀랜드 '시대'가 만들어지기도 했다.■ 〈보리밭을 흔드는 바람〉도 잉글랜드 예술위원회로부터 복권 기금 지원 관리 권한을 이양 받은 영국영화위원회를 통해 지원을 받았으며, 〈룩킹 포 에릭〉과 〈루트 아이리시Route Irish〉(2010)도 복권 기금으로 운영되는 지역 영화 기관인 북서부영상미디어센터North West Vision and Media로부터 지원을 받았다. 패럴랙스 또한 1997년에 잉글랜드 예술위원회로부터 복권 기금 지원을 받은 세 개 프랜차이즈 중 하나인 필름 컨소시엄Film Consortium의 창업 영화사 중 하나였으며, 이런 방식을 통해 계속 로치를 지원했다.

더불어 로치는 유럽 합작 전략을 통하여 독일의 지방 영화 지원 기구인 노르트라인 베스트팔렌 영화 재단Filmstiftung Nordrhein-Westfalen 같은 다른 공공 지원 경로에도 간접적으로나마 접근할 수 있었다. 앞서 지적한 것처럼 〈블랙 잭〉은 프랑스와 독일에서 지원을 받았다. 〈파더랜드〉도 프랑스-독일 합작 영화였다. 하지만 짧은 기간 동안이나마 가능했던 채널 4의 전액 투자가 끊긴 뒤, 독일의 로드 무비즈Road Movies와 스페인의 메시도르 필름스Messidor Films 같은 제작사들로부터 제작비의 40%, 유럽 영화 지원 기구 유리마주Eurimages로부터 다른 10%를 투자받아 영

■ 〈내 이름은 조〉와 부분적으로 스코틀랜드를 배경으로 한 〈칼라송〉은 글래스고 필름 펀드 Glasgow Film Fund로부터 지원을 받았으며, 〈스위트 식스틴〉과 〈다정한 입맞춤〉도 글래스고 필름 오피스Glasgow Film Office로부터 도움을 얻었다.

화를 만드는 방식을 확립한 것은 〈랜드 앤 프리덤〉 때였다. (로드 무비나 메시도르 필름스는 자국 선판매를 통해 제작비를 마련했다.) 이후에 만들어진 로치의 모든 영화는 사실상 유럽 전역에 있는 다양한 협력 제작사, 배급사, 텔레비전 방송사, 공공 기구로부터 제작비를 충당한 유럽 합작 영화였다. 예를 들어 〈스위트 식스틴〉도 독일-스페인 합작 영화였으며 프랑스, 이탈리아, 벨기에, 네덜란드 배급사로부터 추가 제작비를 제공받았다. 〈보리밭을 흔드는 바람〉도 아일랜드, 이탈리아, 독일, 스페인의 합작사와 다른 20여 곳의 투자 지원을 바탕으로 한 5자 합작 영화였다. 앞서 살펴본 것처럼 이런 방식이 〈블랙 잭〉이나 〈파더랜드〉에서 본 것과 같이 예술적 타협으로 이어진 흔적도 있지만, 로치는 다중 투자의 이점 중 하나가 "아무도 날 쥐고 흔들려 하지 않기" 때문에 "진짜 내 영화"를 만들 수 있다는 것이라고 훗날 설명한 바 있다.[393]

그럼에도 불구하고 이런 투자 방식의 복잡성으로 인해 로치의 작업 영역이 바뀐 것은 사실이다. 그가 처음 영화로 옮겨왔을 때 그의 영화는 주로 영국 관객을 겨냥했다. 〈불쌍한 암소〉는 워너-파테 영화사를 통해 배급됐으며 대중적으로 높은 호소력을 가진 이야기로 홍보됐다. 〈가족 생활〉도 난해한 주제를 다루긴 했지만 MGM-EMI를 통해 배급됐고 제일 큰 영화관 체인 중 하나에서 상영됐다. 하지만 1980년대 이후 로치의 영화는 대규모로 배급된 경우가 거의 드물었고 전 세계의 특별 배급 및 특별 상영 체계에 상당 부분 의지하게 됐다. 물론 영국 내 배급의 축소는 로치에게 특수한 문제였다. 1980년대 중반 이후 영국에서 영화 관람은 상승세에 들어섰지만 할리우드 영화가 영국 박스오피스 매출의 평균 70% 이상, 주로 80% 이상을 차지했다. 이는 부분적으로는 1983년 영국 스크린쿼터제 폐지에 따른 결과였지만, 영국 영화 제작 분야와 배급 및 상영 분야 간의 분리, 그리고 할리우드 메이저 스튜디오 자회사들의 배급 및 상영 분야 장악이 반영된 결과이기도 했다. 그 결과, 영국 영화의 상당수는 자국 내 배급에 어려움을 겪었고, 개봉된다 해도 주로 소규모에 불과했다. 그런 이유에서 로치의 영화들도 늘 영국 개봉을 하긴 했지만 많은 곳에서 상영되지는 못했으며, 1980년대 영화 관객 수 증가를 불러온 멀티플렉스에서는 거의 걸리지 않았다. UIP에 의해 배급된 〈레이디버드 레이디버드〉가 〈가족 생활〉 이후 처음으로 체인망을 통해 배급된 영화였지만, UIP는 이런 종류의 영화를 어떻게 다루어야 하는지 잘 몰랐던 것 같았으며 박스오피스 성적도 약 15만 8000파운드로 대단히 실망스러웠다. 로치는 자신의 영화를 포함한 영국 영화 배급의 이런 실패가 시장에 의한 검열의 한 형태에 해당하는 정치적 문제라고 생각했다. 1994년에 당시 영국 영화 산업의 실태를 조사한 국가문화유산위원회National Heritage Committee 구성위원들에게 그는 상영 "경쟁"이 "사람들이 관람할 수 있는 영화 상품의 폭을 좁게" 만들었으며 위원회가 해야 할 일은 런던 "웨스트엔드에 쉽게 접근할 수 없는 사람들"을 위해 "어떻게 영화 선택의 폭을 넓힐 수 있을지 고민"하는 것이라고 호소했다.[394] 그러나 의미 있는 규모의 영국 영화 관객과 만나고자 하는 이런 로치의 열망에도 불구하고 그의 영화들은 주로 비디오, DVD, 텔레비전 방영 등 작은 스크린을 통해 관람되었다. 예를 들어 1996년 TV 방영 때 〈레이디버드 레이디버드〉의 시청자 수는 240만 명이었는데, 이는 1994년 극장 개봉 때 든 관객 수보다 현저히 높은 수치였다. 〈네비게이터The Navigators〉와 〈자유로운 세계〉 두 편 모두의 경우 바로 텔레비전 방영으로 넘어갔으며, 해외에서만 많은 숫자의 극장에서 개봉되었다.▪

경제적 생존과 문화적 노출 양면에서 보았을 때 결과적으로 로치의

영국에서는 텔레비전 프로그램, 해외에서는 극장 상영작: 〈네비게이터〉

영화들은 점점 더 해외 영화 관객에 더 많이 의존하게 됐다. 실제로 많은 경우 로치의 영화들은 영국보다 해외에서 더 많은 인기를 얻었다. 예를 들어 〈하층민들〉도 그런 경우로, 1991년 유러피언 필름 어워드에서 최우수작품상을 수상했을 당시 이 영화를 본 프랑스 관객이 영국 관객보다 더 많았다. 영국에서 이 영화는 배급업자를 찾는 데 실패했을 뿐 아니라 소수의 기회를 통해서만 상영됐다. 이후 로치의 거의 모든 영화는 영국보다 프랑스 박스오피스에서 더 좋은 성적을 거두었다. 예를 들어 〈다정한 입맞춤〉도 영국과 아일랜드에서는 82만 9000달러밖에 거두어들이지 못했지만, 프랑스에서는 290만 달러의 매출을 올렸다. 프랑스 축구 선수 에릭 칸토나Eric Cantona가 출연한 〈룩킹 포 에릭〉도 로치의 영화 중 영국에서 가장 흥행한 작품 중 하나지만 영국에선 230만 달러를 기록한 반면 프랑스에서는 430만 달러를 기록했다. 로치의 영화는 스페인 내전을 다룬 〈랜드 앤 프리덤〉처럼 특히 성공적이었던 작품을 포함해 스페인에서도 좋은 흥행 성적을 올렸다. 이탈리아에서도 예를 들면 〈룩킹 포 에릭〉이 영국에서와 비슷한 정도로 흥행했다.■■ 그러나 국제적으로 가장 큰

■ 〈가디언〉에 따르면, 프랑스에서 〈네비게이터〉는 블랙 코미디로 효과적으로 홍보되어 개봉한 첫 주말에만 7만 명을 불러모았다고 한다. Fiachra Gibbons, "Le Runaway Train Success Proves Platform for Loach's Comic Touch," *Guardian*, 12 January 2002, p.5. 심지어 〈자유로운 세계〉는 박스오피스에서 400만 달러를 거두어들이며 훨씬 더 흥행했고, 이탈리아와 스페인에서도 좋은 흥행 성적을 거두었다.

■■ 로치는 〈레이디버드 레이디버드〉가 멀티플렉스에서 비교적 저조한 성적을 거둬들였다는 이유로 〈랜드 앤 프리덤〉을 영국에서 '아트하우스'를 통해서만 제한적으로 개봉시킨 점과 관련해 아티피셜 아이Artificial Eye란 배급사에 대한 불만을 공개적으로 표시했다. Louise Brealey, "Freedom Fighter," *Premiere*, January 1996, p.20.

성공을 거둔 작품은 아마 〈보리밭을 흔드는 바람〉일 것이다. 이 작품은 아일랜드만이 아니라 프랑스, 이탈리아, 스페인, 그리고 로치의 영화가 전통적으로 인기가 없었던 미국에서까지도 이례적인 성공을 거두었다. 하지만 영국에서는 제한적으로만 배급되었으며 유통 가능한 프린트 수가 너무 적다는 원성마저 나왔다.[395]

하지만 해외 박스오피스 기록이 보여 주는 것처럼, 로치의 영화들이 영국 안에서 대중 영화로 유통되지 못했다고 해서 비상업적이라거나 경제적으로 성공 가능성이 없는 영화였던 것은 아니다. 그의 영화들은 대부분 수익을 남겼다. 이는 부분적으로는 해외 판권 판매 덕분이었지만, 다른 한편 상대적으로 저예산이다 보니 훨씬 고예산으로 만들어지는 영국의 상업 영화들에 비해 현실적으로 이윤을 낼 가능성이 더 많았기 때문이기도 했다. 이는 1994년 국가문화유산선정위원회 회의 때 로치와 하원의원 조 애슈턴Joe Ashton이 벌인 언쟁을 두고 샐리 히빈이 지적한 사항이기도 하다. 그 자리에서 애슈턴은 영국 영화 감독들이 "평범한 사람들은 별로 보고 싶어 하지도 않을 …… 영화를 만들기 위해" 보조금을 달라고 한다며 불만을 표했다.[396] 그래서 히빈은 위원장에게 보내는 편지에서 영국 영화, 특히 로치의 영화가 "상복은 있어도 흥행복은 없는" 영화라는 인상을 바로잡고자 했다. 그리고 로치의 영화의 대부분이 수익을 남겼다고 설명하면서 "문화적으로 특수한 저예산 영국 영화"라고 낙인찍힌 로치의 영화도 "시장에서 성공할 가능성이 할리우드 영화만큼은 된다"고 주장했다.[397] 그 근거로 그녀는 〈레이닝 스톤〉과 〈레이디버드 레이디버드〉가 영국에서 특히 성공한 영화는 아니었지만 여전히 극장 티켓 매출만 갖고도 수익을 남길 수 있었다고 전했다. 이를테면 〈레이닝 스톤〉의 경우에는 뉴질랜드, 이스라엘, 호주, 덴마크, 벨기에, 노르웨이, 아르헨

티나, 프랑스, 멕시코, 폴란드, 남아프리카공화국, 포르투갈, 그리스에서도 개봉됐다.[398] ▪

물론 로치 영화의 전 지구적 유통이 그의 이후 작품에 경제적 토대를 제공해 준 것은 맞지만, 그의 영화가 영국에서든 해외에서든 대중 영화보다 예술 영화로 더 많이 유통되었다는 점도 지적해야 공평할 것이다. 실제로 2001년 로치의 상황은 업계지인 〈스크린 인터내셔널Screen International〉이 그를 "영국 최고의 아트하우스 감독"으로 부를 정도로 향상되었다.[399] 하지만 로치의 영화들이 점점 더 많이 예술 영화로 유통되었다면, 그것은 그의 영화들이 영화제 상영, 수상, 특별 배급에 의지했기 때문이지 그의 작품의 형식적 특징에 어떤 극단적인 변화가 있었기 때문은 아니었다. 예술 영화 혹은 유럽 예술 영화라는 개념은 종종 특정한 종류의 내러티브와 양식적 관습과 연관돼 왔다. 이를테면 스티브 닐 Steve Neale은 예술 영화의 주된 특징을 극적 행위의 억제, 캐릭터에 대한 강조와 극적 갈등의 내면화, 스타일의 전면화와 작가의 인장 등으로 규정한 바 있다.[400] 꽉 짜인 플롯 구조나 "고전적인" 서술의 성격을 지닌 극적 행위의 패턴을 기피하는 로치의 영화가 주류적 관습에서 벗어나 있는 것은 맞지만, 그는 "현란한" 기법을 기피했으며 자신은 "엘리트적이거나 예술성 있는 척하는" 영화는 만들지 않는다고 피력해 왔다.[401] 그가 만든 작품 중에는 서독행 편도 비자를 받은 동독의 저항 가수 리더마허Liedermacher의 이야기를 다룬 〈파더랜드〉가 관습적인 유럽 예술 영화

▪ 히빈은 TV 판권 수익도 들어올 예정이며 비디오 판권 수익으로도 높은 수익을 올렸다고 설명했다.

에 가장 근접한 경우였다. 그 영화는 특별히 힘든 상황에 놓인 자기 반영적인 주인공을 내세운 동시에 시간적 비약, 꿈과 플래시백 시퀀스, 자막과 노래 같은 넓은 의미에서의 브레히트적인 기법을 비롯한 명시적인 형식적 장치를 다양하게 사용했다.[402] 하지만 로치의 이후 작업에서는 이런 특징들이 나타나지 않으며, 복잡한 시제, 판타지 시퀀스, 도드라지는 스타일상의 장치 등은 대부분 기피된다. 실제로 〈파더랜드〉 이후 로치의 연출 방식은 이전에 비해 코미디처럼 대중적인 장르 형식이나 고전적인 기법과 훨씬 더 적극적으로 화해함으로써 갈수록 전통적 특성을 띠게 되었다고 말할 수 있다. 이는 가끔 로치의 미학적 타협이나 주류 지향적 노력을 보여 주는 것으로 간주되기도 하지만, 영국 영화계에서 득세하고 있었던 장르 혼종의 경향에 부응한 것이나 예술 영화와 대중 영화 사이의 경계를 흐리려 한 것으로 볼 수도 있을 것이다.■

5장에서 〈케스〉가 로치의 텔레비전 작품에 나타났던 보다 명시적이고 인위적인 양식적 장치에서 관찰자적 양식으로의 변화를 보여 줬다는 점에서 로치의 미학적 전환점을 찍은 작품으로 볼 수 있다고 설명한 바 있다. 그러나 로치가 이런 스타일상의 요소를 상당수 유지하고 있음에도 불구하고, 그의 이후 작품들은 1970년대와 1980년대 초 작품에 나타났던 스타일상의 소박함으로부터 얼마간 물러나 있는 느낌을 주기도 한다.

■　1980년대 영국 영화에 나타난 "사회적 리얼리즘"이 왜 "핍진성"만으로는 불만족스러운 것이 되었으며 어떻게 판타지, 양식화, 장르 혼종으로 나아갔는지에 대해 나는 다음 책에서 논한 바 있다. John Hill, *British Cinema in the 1980s: Issues and Themes*, Oxford: Clarendon Press, 1999, pp.134~137. 로치의 작업이 이런 경향(포스트모던 문화의 특징으로 이야기되는 유희성, 상호텍스트성, 외면적 리얼리티와의 결별 등)과 충돌하는 지점도 있지만, 이런 새로운 특성들과 어느 정도 연관성을 갖고 있는 것으로 보이기도 한다.

유럽 예술 영화를 향하여: 〈파더랜드〉의 게롤프 판나흐Gerulf Pannach

하지만 이를 새로운 스타일의 확립으로 보긴 어렵다. 로치의 영화에 지속적으로 유지되고 있는 것이 있다면, 그것은 리얼리즘적 진정성에 대한 추구다. 그의 영화들은 여전히 로케이션 촬영을 통해 만들어진다. 그는 계속해서 전문 배우와 비전문 배우를 섞어서 기용하고 있으며, 종종 전통적인 연기 경험이 아예 없거나 거의 없는 클럽 코미디언(《네게이터》의 벤 트레이시Venn Tracey와 션 글렌Sean Glenn)과 가수(《레이디버드 레이디버드》의 크리시 록Crissy Rock)를 캐스팅해 오고 있다. 그리고 여전히 자신이 맡은 배역과 관련된 실제 경험을 가진 배우를 선호하며 그 경험의 효과를 활용하고자 일정 수준의 즉흥 연기를 허용하고 있다. 또 여전히 촬영을 각본상의 시간 순서대로 진행하며, 기습적 전략을 통해 진실한 반응을 이끌어 내고자 배우에게 전체 시나리오를 주지 않기도 한다. 그래서 배우들 사이에서 "당신은 로치당했습니다"란 표현이 널리 통용되기도 한다. 그리고 그는 예상치 못한 것, 계획하지 않은 것이 나올 여지를 두는 반관찰자적 촬영 스타일을 끈덕지게 유지해 오고 있다. 1980년대 말 이래 거의 모든 작품을 함께한 촬영 감독 배리 애크로이드Barry Ackroyd도, 로치의 연출 전략이 여전히 간결한 "자연주의적" 조명과 배우들의 "연기를 방해"하지 않도록 그들의 행위로부터 멀찌감치 물러나 있는, "긴밀하고 기능적이며 단순한" 카메라워크에 기초한다고 말한다.[403] ■

　　하지만 이것이 다큐멘터리적 외양이 갖는 여전한 중요성을 보여 주

■　로치는 "언제 한 사람으로부터 다른 사람으로 팬을 해야 하는지, 어떤 움직임을 언제 공중에서 포착해야 하는지 정확히 판단하여 카메라를 작동함에 있어 각 신의 정수를 포착"할 줄 아는 애크로이드의 능력을 높이 샀다. Damon Smith, "Our Time of Troubles: Interview with Ken Loach," *Bright Lights Film Journal*, No. 56, 2007, p.16.

는 것이라면, 로치의 관찰자적 양식이 다큐멘터리적 방법론에 대한 전적인 모방보다 다큐멘터리와 고전 영화 양쪽 모두에서 가져온 기법의 혼용을 바탕으로 한 것임을 상기할 필요가 있다. 코기가 주장한 것처럼 로치의 미학을 규정해 온 것은 '다큐멘터리적 외양' 자체가 아니라 '다큐멘터리적 외양'과 '드라마적인 외양'에 관련된 관습적 문법을 혼용하는 방식이었다.[404] 코기는 이 두 가지 외양이 서로 긴장 관계에 있다기보다 상호 보완적인 것이라고 보았지만, 둘 사이의 상대적 균형이란 상황에 따라 달라질 수 있었다. 로치의 이후 작품들이 지속적으로 다큐멘터리적인 보기의 방식을 채택해 오긴 했지만, 리버스 숏의 사용과 연속적 편집을 비롯한 고전적 기법도 더 많이 사용됐다. 관습적 편집 형식으로의 변화는 〈하층민들〉과 〈자유로운 세계〉에 나오는 비슷한 두 장면을 비교해 봄으로써 더 잘 파악할 수 있다. 〈하층민들〉에서 수잔(에머 매코트Emer McCourt)이 스티비(로버트 칼라일)가 일하는 건설 현장에 찾아가 그와 대면할 때 카메라는 두 사람으로부터 거리를 둔 채 이런 감정적 대면 장면에 보통 사용될 법한 리버스 앵글이나 클로즈업을 피하면서 그들의 대화의 대부분을 하나의 테이크로 기록한다. 〈자유로운 세계〉에도 다소 비슷한 장면이 있다. 앤지(키어스턴 워레잉Kierston Wareing)와 캐롤(레슬로 주렉Leslaw Zurek)이 카페에서 커피를 마시며 자신들의 관계에 대해 이야기를 나누는 장면이다. 하지만 후자의 경우 대화는 리버스 앵글로 잡은 클로즈업과 오버 더 숄더 숏을 이어낸 열한 개의 숏을 통해 전달된다. 증강된 편집으로의 이런 변화는 보다 일반적인 편집 양식과 일치하는 것이다. 로치가 1980년대 이래 쭉 함께 일한 편집 기사 조너선 모리스Jonathan Morris는 〈보리밭을 흔드는 바람〉에 대해 설명하며 자신과 로치가 예전보다 신 안에 컷을 더 많이 사용하는 경향이 생겼다고 말했다. 그는 다음과 같이 설명했다.

과거에 우리가 사회적 리얼리즘의 규칙을 좀더 엄밀하게 고수했다면 지금은 신 전체를 보존하는 대신 좀더 많은 편집을 행하고 있다. 이 영화에서 우리를 말릴 건 아무것도 없다고 느껴졌고, 그래서 순조롭게 일을 진행해 나갈 수 있었다.[405]

이는 비교적 긴 테이크, 극적 행위를 뒤쫓는 카메라의 예상치 못한 움직임, 극적 행위가 끝난 뒤에도 계속 거기 머물러 있는 장면 등과 같은, 로치의 초기 영화에 나타났던 많은 독특한 특징들이 줄어들었음을 의미한다. 이는 또 로치 영화의 시각적 스타일에 대한 사람들의 인식에도 영향을 미쳤던 것 같다. 코기가 주장한 것처럼 〈희망의 나날들〉 같은 작품에 나타난 로치의 '다큐멘터리 드라마'적 방법론은 할리우드 고전 영화의 특징과 같은 식의 "투명함"을 만들어 내지 않았으며 오히려 그 반대로 "자기 반영성을 확연히 드러내는 매개적 양식의 수사학"을 사용하며 다큐멘터리적 양식과의 친연성을 드러냈다.[406] 이런 면에서 로치의 작품에 나타난 드라마적 기법과 다큐멘터리적 기법 사이의 균형의 이동은 그의 스타일을 더욱 비가시적으로 만들었고 그리하여 주류적 관습과의 차이를 덜 노골적으로 보이게 하는 효과를 가져왔다. 만약 그렇다면, 국제적 영화 경제학 내에 위치하는 로치 입장의 역설 중 하나는 그의 영화들이 전보다 '고전적'이고 '일반적'인 성격의 미학적 접근 방식을 취하게 되었음에도 불구하고 배급과 상영 방식으로 인해, 연출상의 '예술가적 기교'와 표현성의 전면화에 근거한다고 하는 예술 영화의 사례들로 주로 유통되었다는 점이다.

로치의 부인에도 불구하고 이는 그가 '작가'로 인지되었고 비평적으로도 '작가'로 구성되었음을 의미한다. 물론 어떤 영화를 예술 영화로 인식하는 것은 연출상의 작가적 인장과 밀접한 관련이 있다. 보드웰이 주장한 것처럼 전통적으로 예술 영화에 대한 이해와 해석은 한 영화를 "개

성적인 표현력을 지닌 작품"으로 여기는 관람 방식을 통해 뒷받침돼 왔다.[407] 그러므로 로치가 영화제와 특별 배급망에 의존하게 된 것은 그의 영화가 '켄 로치'의 작품으로 이전보다 더 분명히 홍보되고 수용되게 되었음을 의미한다. 작가와 제작자도 같은 수준의 인정을 받았던 그의 텔레비전 작품이나 스타의 효과가 영화 홍보와 수용의 중심에 놓여 있었던 〈불쌍한 암소〉 같은 그의 초기 영화에 비교해 보면 더욱 그렇게 보인다. 그리고 그의 영화가 점점 더 작가의 작품으로 읽히게 된 것은 그의 영화의 리얼리즘의 이해 방식에도 영향을 미쳤다. 〈캐시 컴 홈〉 방영 당시 BBC는 이 작품이 드라마 기법과 다큐멘터리 기법, 사실과 허구의 혼용을 통해 둘 사이의 경계를 흔들고 시청자를 잘못된 방향으로 이끌 수 있다고 우려했다. 그런데 영화의 경우에 리얼리즘적 기법의 사용은 공적인 의미보다 개인적 스타일로 이해될 가능성이 더 많았다. 같은 맥락에서 그의 영화에 담긴 정치적 내용도, BBC 작품과 관련해서는 제도에 대한 직접적 비판으로 이해되었던 것과 달리 영화에선 개인적 시각으로 해석될 여지가 많았다. 예를 들어 〈보리밭을 흔드는 바람〉은 영국에서 상당한 비평적 호평을 이끌어 내는 데 성공했지만, 〈희망의 나날들〉처럼 앞서 만들어진 작품들은 보수적 언론들로부터 많은 공격을 받았다. 〈희망의 나날들〉 같은 작품은 앞서 언급한 것처럼, 〈데일리 텔레그래프〉에 의해 사

■ 어떻게 영국 영화의 존재 조건의 변화(영화 내 영국 영화 배출구의 감소, 텔레비전과 국제 관객에 대한 의존도의 증가)가 비교적 관습적인 작품들도 예술 영화로 유통되게 된 폭넓은 경향을 낳았는지에 대해 나는 다음 글에서 논한 바 있다. "The Rise and Fall of British Art Cinema: A Short History of the 1980s and 1990s," *Aura: Film Studies Journal* (Sweden), Vol. 6 No. 3, 2000, pp.18~32. 이를 통해 알 수 있는 것처럼 예술 영화의 개념은 텍스트의 성격 자체보다 경제적, 제도적 관계를 기반으로 유지돼 온 것이다.

실 여부와 무관하게 BBC 내 "좌익의 합의"를 보여 주는 증거로 사용됐던 반면, 〈보리밭을 흔드는 바람〉에서 비평의 방향은 "켄 로치는 왜 그토록 자신의 나라를 싫어하는가?"라고 묻는 〈데일리 메일〉 기사 제목을 봐도 알 수 있듯이 로치 개인을 향해 있었다.[408]

하지만 이는 로치의 작품에 분명히 드러나 있는 정치적 주제의 주목할 만한 연속성에도 불구하고 제작, 수용 환경의 변화 속에서 그의 영화의 정치적 영향력 또한 필연적으로 함께 변화했다는 것을 의미한다. 예를 들어 코기는, 어머니와 아이들이 매정한 관료 집단에 의해 강제적으로 헤어지게 되는 과정을 다룬 〈캐시 컴 홈〉과 〈레이디버드 레이디버드〉가 내러티브적 유사성을 지니고 있긴 하지만 두 작품이 작동하는 맥락에는 상당한 차이가 존재한다고 지적했다.

> 〈레이디버드 레이디버드〉에 나타난 사회적 분노는 해외의 비평가들이 주는 상에 따라 한 영화의 위상과 경제적 생존이 달라지는 미학적, 문화적 장 안에서 유통된 반면, 〈캐시 컴 홈〉은 정치적 장 안에서 국가적 사건으로 유통되고 다큐멘터리적 증거로 기능했다.[409] ■

어떤 면에서 이는 1960년대와 1970년대에 로치와 가넷이 직접 경험

■ 조너선 롬니도 〈레이닝 스톤〉과 관련해 그 작품이 텔레비전에서 더 잘 된 것은 그 작품이 충분히 영화적이지 못해서가 아니라 텔레비전이 "작품을 물신화하는 아트하우스 배급망"과 비교했을 때 "관객과 일상 문화와 더 역동적으로 접촉할 수 있는 상영 환경"을 제공했기 때문이라고 지적한 바 있다. "Nothing on the Telly," *New Stateman and Society*, 6 August, 1993, p.34. 이런 논의는 삽화적 내러티브와 배우 앙상블 등, 로치의 작품과 숍 오페라가 지닌 여러 공통점과도 밀접하게 연결돼 있다고 볼 수 있다.

한 갈등을 재서술한 것이기도 하다. 당시 그들은 텔레비전 작업의 중요성을 변호하면서도, 영화의 위상과 지속력 때문에 영화 작업을 계속해서 열망했다.[■] 또한 코기가 말한 것처럼 텔레비전과 영화 사이의 차이는 그것들이 지나온 역사적 조건에 기인한 것이기도 하다. 〈캐시 컴 홈〉의 방영 당시 영국에는 국영 방송 채널이 3개밖에 없었으며, 개별 프로그램이 엄청난 수의 시청자를 휘두르고 그렇게 하여 '국가적 사건'의 지위를 획득하는 것이 가능했다. 하지만 그 뒤로 방송 체계는 TV 채널 급증과 시청 경로의 다각화(비디오, DVD, 인터넷) 등 수많은 변화를 거쳤으며, 가장 인기 있는 텔레비전 프로그램의 시청자 수조차 감소하고 '국가적' 규모의 시청자 층이 파편화되는 결과로 이어졌다. 이런 측면에서 영화와 텔레비전 모두 국가적 규모의 시청자를 상실하게 됐으며, 로치의 영화도 그렇게 변화한 정치적, 문화적 상황에 적응하는 것이 불가피했다.[■■]

[■] 이런 긴장은 〈네비게이터〉의 텔레비전 방영과 관련해 발표된 기사들에서도 드러났다. 〈더 타임스〉는 "개봉 하루 만에 끝나버렸다"면서 로치가 이 작품이 영국에서 제대로 개봉하지 못한 것에 대해 투덜거렸다고 전했다. "Fanfare for the Common Man," *The Times Magazine*, 24 November 2001, p.47. 한편 〈타임 아웃〉은 로치가 이 영화의 화제성 때문에라도 "영화관에서 힘을 잃어버리기 전"에 "최대한 빨리, 최대한 많은 사람들이 보길 바랐"다고 전했다. "Ken Loach Takes a Typically Unblinking Look at the Railway Crisis," *Time Out*, 12 December 2001, p.72.

[■■] 이런 일회적인 국가적 사건의 한계는 로치의 제작자였던 가넷으로 하여금 텔레비전을 고수하는 동시에 누적 효과를 얻어내기 위한 수단으로서의 장수 텔레비전 시리즈로 전향하게 했다. "Working in the Field," in Sheila Rowbotham and Huw Beynon (eds), *Looking at Class: Film, Television and the Working Class in Britain*, London: River Orams Press, 2001, p.77을 보라. 하지만 로치 자신은 시리즈와 연속극으로의 이동이 감독의 역할을 축소시키며 감독은 그 시리즈의 "전형적 스타일"에 순응해야만 하게 된다고 설명했다. 이는 그가 최근 영화 작업을 더 선호하게 된 이유 중 하나이기도 하다. Annual Peter Cheeseman Leture, Staffordshire University, Stoke-on-Trent, 23 March 2004.

그럼에도 불구하고 유럽의 자본, 관객, 비평에 대한 로치의 의존도가 계속 상승하면서 그의 관심사 또한 어느 정도 '국제화'됐다는 점에는 의심의 여지가 없다. 〈파더랜드〉는 로치가 영국 밖에서 찍으며 많은 수의 해외 배우들을 기용한 첫 번째 영화였고, 그 이후로 그의 합작 영화들은 단순히 해외 자본에 의존했을 뿐만 아니라 해외 국가를 공간적 배경으로 채택했다. 〈랜드 앤 프리덤〉은 스페인, 〈칼라송〉은 니카라과, 〈빵과 장미 Bread and Rose〉(2000)는 미국, 〈보리밭을 흔드는 바람〉은 아일랜드, 〈루트 아이리시〉의 일부는 이라크를 배경으로 했다. 그는 또한 두 편의 포트만토 영화 portmanteau film ■를 만들었다. 전 세계의 다른 감독들과의 공동 작업을 기반으로 한 〈2001년 9월 11일11'09"01〉(2003)과 〈티켓 Tickets〉(2005)은 전 지구화된 예술 영화라 할 수 있다. 하지만 투자 환경이 이런 종류의 국제적 프로젝트로 기울도록 부추기긴 했지만, 그는 유럽 자본을 활용해 영국의 노동 계급의 흥망성쇠를 다룬 더 작고 더 지역적인 영화도 계속해서 만들었다. 그런 영화들도 국제적으로 유통될 것이어서 보편적 휴머니티를 바탕으로 한 예술 영화로 해석될 경향이 많긴 했지만, 그럼에도 그의 영화들은 특정한 경제적, 사회적 상황 속에 캐릭터들을 위치시키고자 했다. 이런 측면에서 그의 영화들에 나타난 지역적 요소는 국경을 초월하는 노동 계급 경험의 보편적 차원과 관련해 국제적 가치 또한 갖게 된 것으로 보인다. 그는 "사람들이 자신과 같은 사회의 꼭대기에 있는 사람들보다 속한 사회는 다르더라도 자신과 같은 위치에 있는 사람들과" 더 많은 것을 공유한다는 시각을 늘 견지해 왔으며 그래서 그는 "사람들이

■ 옴니버스 영화의 유의어. — 옮긴이

KEN LOACH

'수평적 동일시': 〈티켓〉의 마틴 콤프스턴, 윌리엄 루앤, 게리 메이틀랜드

국가적 경계를 뛰어넘어 수평적인 선상에서 자신의 동맹자들과 만날 수 있도록 고무"하고자 했다.[410] 실로 이런 '수평적' 동일시야말로 압바스 키아로스타미Abbas Kiarostami와 에르마노 올미Ermanno Olmi와 함께 만든 옴니버스 영화 〈티켓〉에서 그가 말하고자 한 바다. 그가 만든 영화는 로마를 향한 기차에 오른 세 명의 셀틱 FC 팬 겸 노동 계급이 알바니아계 이민자 가족을 도와준 뒤 나중에 자신들도 이탈리아 축구 팬의 도움을 받아 경찰로부터 도망칠 수 있게 되는 내용을 다뤘다. 한편 로치의 지역 영화와 국제 영화들에서 발견되는 노동 계급에 대한 묘사는, 동시대 영국의 위축되어 있는 노동 계급과 세계의 다른 곳들에서 벌어지고 있는 집단 투쟁(〈랜드 앤 프리덤〉의 스페인 내전, 〈칼라송〉의 니카라과 혁명, 〈빵과 장미〉의 '청소부에게 정의를' 캠페인, 〈보리밭을 흔드는 바람〉의 아일랜드 독립전쟁)을 대조해 보여 줌으로써 종종 정도를 벗어난 것으로 보이기도 했다. 이런 측면에서 1980년대 이후 로치의 작업은 영국이 1980년대부터 해온 경제 구조 조정 속에서 '루저'가 된 사람들의 이야기와 다른 시기, 다른 장소에서 정치적 억압과 사회적 불의에 저항해 싸워온 사람들의 이야기 사이를 왕복해 온 것으로 보이기도 한다. 로치의 영화에 나타난 이런 두 가지 경향에 대해 다음 두 장에서 논할 것이다.

"자유로운 세계"

〈하층민들〉부터 〈룩킹 포 에릭〉까지
나타난 사회 변화와 계급

8

휴 베이넌Huw Beynon은 노동 계급의 재현 이미지의 변천에 관한 글에서
"영웅적 노동자," "소외된 노동자," "노동자의 파멸" 같은 주제들을 내건
바 있다.[411] 이 이미지의 범주들이 켄 로치의 작품 세계의 변화를 설명해
줄 수도 있을 것이다. 비록 그의 영화들이 하나의 이미지에서 다른 이미
지로 간단히 변화한 적은 없다 하더라도 말이다. 이를테면 1960년대와
1970년대에 그의 작품들은 '영웅적 노동자'의 이미지를 전달했다. 이 이
미지는 노동 행위 자체보다 더 높은 임금과 더 나은 근무 환경을 요구하
는 노동자들의 상징적인 투쟁과 관련이 있었다. 〈빅 플레임〉, 〈랭크 앤 파
일〉, 〈희망의 나날들〉이 그 예다. 이런 이미지들은 그의 이후 작품에서 완
전히 사라진 것은 아니지만, 앞 장에서 지적한 것처럼, 영국 내 노동 쟁의
보다 국제적인 수준의 투쟁과 더 밀접한 관계를 지니게 되었다. 로치의
작품에서 노동 투쟁을 통해 생성된 영웅적 노동자의 이미지란, 자본주의
아래 진행된 노동자의 '소외'에 대한 명확한 인식과 늘 공존했던 것임을
지적할 필요가 있다.■ 실제로 그는 중앙정보부로부터 청년고용안정소에
관한 단편 영화 〈토크 어바웃 워크Talk About Work〉(1971)를 만들어 달라
는 요청을 받았을 때, 공장 노동을 '지루'하고 '불만족'스러운 것으로 묘

사해서 골치 아픈 상황에 부딪히기도 했다. 노동에 대한 이런 비평은 〈골든 비전〉과 〈케스〉에서도 나타났다. 두 작품에서 육체 노동은 경제적으로 필요한 것이긴 했으나 개인적 성취감을 제공해 주는 것은 아니었다. 〈가족 생활〉은 한 발 더 나아가, 자본주의 아래 있는 임금 노동의 역할이란 경제 체제의 재생산을 위해 자기 필요를 '소외'시키는 것이라는 분석을 보여 줬다.

하지만 당시 로치의 작품이 새로운 형태의 경제 체제와 소외되지 않은 노동에 대한 가능성을 모색했다면, 그의 나중 작품들은 의미 있는 노동의 완전한 부재가 야기할 변화를 보여 주고자 했다. 1990년대가 되자 대처 시대의 탈산업화, 대규모 실업, 반노동조합 법안이 영국 노동 계급이 처한 조건을 철저하게 변화시켰고 대규모 노동 투쟁의 잠재력 또한 심각할 정도로 약화됐다. 〈외모와 미소〉가 일찍이 실업률 증가의 영향을 기록한 작품이라면, 〈하층민들〉은 대규모 실업과 규제 완화가 어떻게 노동자들을 비용 절감에 눈먼 부도덕한 고용주들에 휘둘릴 수밖에 없도록 만들었는지 생생히 묘사함으로써 노동자의 변화한 조건에 대해 가장 명확히 진술한 작품이다. 이 영화가 상영됐을 때 대처는 이미 1990년 11월에 당의 반발로 총리직에서 물러난 상태였지만 보수당 정부는 1997년까지 계속 집권했다. 하지만 로치가 보기에 토니 블레어Tony Blair가 이끄는 노동당 정부의 귀환도 보수당이 마련해 놓은 경제 정책의 방향을 바꾸는 데 큰 역할을 하진 못했다. 물론 1960년대 이래 로치는 노동당 정부가 자

■ 노동자의 '소외' 개념은 헤겔과 마르크스가 흔히 사용했던 개념이며 영국에서는 1959년 처음 발행된 그의 《경제학 – 철학 수고》에 그 논의가 나와 있다.

본주의를 전복하기보다 경영주들을 지지하는 구제불능의 개혁주의자들이 되었다고 생각해 왔다. 그러나 블레어가 이끄는 신노동당New Labour은 자유 시장에 대한 무조건적 열망에 눈이 멀어 '의회를 통한 사회주의'의 수사학조차 방기했다. 결과적으로 노동 시장에 아무런 규제도 가하지 않고 빈부 격차도 심해지도록 내버려 둠으로써 기업에 대한 불간섭주의적 신자유주의 경제 정책을 채택했던 대처주의의 뒤를 이어갔다.[412] 예상대로 로치는 그런 변화에 격하게 반대했으며, 일찍이 1995년에는 노동당 규약 4번 조항 유지를 주장하는 단편 영화도 만들었다. '생산, 분배, 교환수단의 공동 소유'를 주창하는 내용의 4번 조항을 실천하려는 노력은 구노동당 때도 수사학적인 수준에 머물렀지만 조항 자체를 바꾸는 것은 블레어에게 상징적 중요성을 갖고 있는 것이었다. 그 때문에 로치는 노동당에 대해 제대로 이해하지 못하고 있으며 실제로 더 이상 노동당원도 아니라는 괜한 비난까지 받게 됐다.■ 그러므로 로치가 보기에 1997년 신노동당의 승리는 정책 방향에 어떤 변화도 없을 것임을 알려 주는 사건이었으며, 계속해 공격적인 자본주의를 지지하고 힘없고 착취당하는 자들을 외면하는 방식을 통해 대처 정책의 수용이 이루어질 것임을 의미하는 일이었다.[413] 이는 당시 그의 영화들에도 반영됐다. 당시 권력을 잡은 것이 보수당(1979~1997) 행정부든 노동당(1997~2010) 행정부든 상관없이, 힘없는

■ 로치는 〈가디언〉(1995. 2. 24, Section 2, p.4)에서 자신의 단편 영화에 대한 평판을 떨어뜨리고자 한 노동당의 선거 운동에 대해 자신의 생각을 밝힌 바 있다. 그 후로 로치는 1996년 아서 스카길이 수립한 사회주의 노동당Socialist Labour Party과 관계를 맺고 1997년에는 스카길의 선거 방송 연출까지 맡았으며, 2004년 수립되어 노동당 하원의원 조지 갤러웨이George Galloway와 함께 했던 리스펙트당Respect의 국가위원회 일원이 되기도 했다.

피착취자들은 공격적인 자본주의의 피해자로 늘 재현됐다.

이는 〈하층민들〉과 〈네비게이터〉를 비교해 보면 알 수 있다. 두 작품은 10년의 간극을 두고 만들어졌고 각기 다른 정부 아래에서 만들어졌지만, 그럼에도 여전히 같은 문제를 다루었다. 전 건설 노동자 빌 제시Bill Jesse가 각본을 쓴 〈하층민들〉은 런던의 건설 현장에서 일하는 일용직 노동자들과 함께하게 된 젊은 글래스고 청년 스티비(로버트 칼라일)에 초점을 맞춘다. 그들은 폐업한 병원(복지 국가의 종말의 상징)을 부유한 사람들이 입주할 호화 사립 아파트로 개조하는 일을 하는데, 이는 당시 시대 상황에 대한 느슨한 은유이기도 하다. 역설적이게도 홈리스인 스티비 본인은 노숙을 그만두고 불법 점거 생활을 시작한다. 막노동판이 늘 그렇듯 여기서도 노동자들은 자신의 세금과 보험금을 떠안아야 하지만, 고용주는 그들의 안전에 대해 무관심하며 노조 결성의 조짐만 살피고 있다. 물론 로치의 오랜 파트너인 짐 앨런도 1960년대에 〈더 웬즈데이 플레이〉 시리즈에서 막노동판 문제를 고발하는 드라마 〈럼프〉를 쓴 적이 있다. 그러나 두 작품 속 노동자들이 같은 문제에 직면해 있긴 하지만, 〈럼프〉의 인물들이 갖고 있었던 저항 의지는 〈하층민들〉에 와서는 거의 보이지 않는다.

〈하층민들〉에서 래리는 대처 정부의 정책을 공격하고 노동자들이 노조를 결성하도록 부추기는 리버풀 출신의 활동가다. 하지만 다른 노동자들은 그를 고리타분한 정치인과 같다고 여기며 그의 장황한 연설도 듣는 둥 마는 둥 한다. 이런 식으로 영화는 고용주들의 무자비함을 강조해 보여 줄 뿐 아니라 피고용자 권리를 잃어버린 노동자들 또한 투쟁 의지를 상실했음을 밝힌다. 그래서 래리가 노동 조건과 안전 실태에 대해 목소리를 높이다가 무신경한 현장 감독(윌리 로스Willie Ross)에게 해고당할 때도 그의 동료 노동자들은 자신의 밥그릇을 지키기 위해 침묵을 지킨다. 물론

막노동판으로의 귀환: 〈하층민들〉에서 실업자가 된 래리(리키 톰린슨)

영화의 마지막은 셈(지미 콜먼Jimmy Coleman)의 해고 후 스티비와 모(조지 모스George Moss)가 건설 현장을 방화하고 데스먼드(데릭 영Derek Young)가 잘못 설치된 비계(래리가 해고 전 문제 삼았던 것 중 하나) 때문에 사고를 당해 입원하는 것으로 끝난다. 하지만 원래 모는 래리의 정치적 설교에 동의하지 않았다. 한 번은 마거릿 대처 정부의 부당성에 대해 토로하는 래리의 발언을 저지하며 스티비가 원하는 것은 "불법 거주라도 해서 살 수 있는 집"일 뿐이라고 말하기도 했다. 이에 래리는 마르크스가 '룸펜 프롤레타리아'란 용어를 사용했을 때는 모 같은 사람도 염두에 뒀던 것이라며 그에게 정치의식을 좀 가지라고 한다. 이리하여 스티비와 모는 정치적 무관심 상태에서 벗어나 고용주들에 대해 적극적으로 저항하는 방향으로 나아가게 된다. 하지만 로치도 인정한 것처럼, 그들의 행동은 〈빅 플레임〉에 나왔던 것과 같은 "체계 잡힌 정치적 대응"에 미치지 못하며 노동자들을 더 나쁜 상황으로 몰고 갈 게 뻔한 "소외의 상황"을 보여 줄 뿐이다.[414]

건설 현장에서 일했던 빌 제시의 회고담을 바탕으로 한 〈하층민들〉처럼 〈네비게이터〉도 셰필드에 있는 영국 국유 철도British Rail의 신호 및 원거리 통신 부서에서 일했던 롭 도버Rob Dawber의 체험담을 바탕으로 쓰였으며, 철도 민영화에 따른 문제를 다루었다. 철도 민영화 문제는 영국 국유 철도의 해체 및 선로 운용과 열차 운용 간의 분리를 조치한 매우 논쟁적인 문제로, 존 메이저의 보수당 정권이 제안한 것을 그 뒤에 수립된 노동당 정부도 공약을 어기고 계속 관철시켰던 것이다. 로치의 야망은 철도 민영화에 관한 이야기를 "아주 구체적이고 명확한 방식"으로 전달하는 것이었으며, 영화도 철도 매각이 이루어진 뒤 1995년 요크셔 차고에서 일하는 철도 보수 노동자들을 중심으로 진행됐다.[415] ■ 이 영화가 기록하는 것은 생존력을 지닌 경제 실체로서의 노동자들이 점진적으로 분열되어 가는 과정이다. 이런 분열을 야기하는 것은 시장의 압력에 의해 악화된 노동 조건이다. 노동자들은 자기들끼리 뭉치는 대신, 정규직에 보장되는 휴일, 병가 중 급여도 없고 작업복이나 통근비도 스스로 감당해야 하지만 보수는 확실히 더 나은 파견직을 선택한다. 이런 식으로 영화는 노동자들이 훨씬 악화된 조건 속에서 안전 예방책의 보호를 받을 권리도 박탈당한 채 결국 같은 일을 하게 되었음을 보여 준다. 이런 문제들은 영화의 마지막에 가서 결국 곪아터지게 된다. 이제는 파견직이 된 네 사람이 통신 기지에 콘크리트를 바르는 일을 하게 되었을 때다. 비용 절감 문제로 인원이 부족한 상태에서 망보는 사람 없이 일을 하다 보니 결국 원래는 경비원이었던 짐(스티브 휴이슨Steve Huison)이 기차에 치이는 일이 발생한다. 앞서 새 차고 매니저가 사망자 수는 "용인 가능한 수준"으로 유지돼야 한다고 했던 말의 의미를 극명하게 보여 주는 사건이다. 이런 상황에서 이 사고가 자신들에게 끼칠 영향에 대해 알고 있는 노동자들은 끔찍한 도덕적 곤경에 처하게 된다. 믹(톰 크레이그Tom Craig)은 이미 '뉴 타임스'** 직업소개소 블랙리스트에 올라 있었다. 열악한 안전 예방책이나 안전 교육을 제대로 받지 않은 자격 미달 노동자들과 함께 일해야 하는 점에 대해 그가 불만을 드러냈던 탓이다. 그러나 그도 가족으로부터 취업 압박을 받은 뒤 직업소개소에 "적응하는 법을 배우겠다"고 약속했다. 이제 그는 사고에

■ 이 영화가 촬영 중이던 2000년 10월에 햇필드에서 철로 균열에 의한 치명적인 사고가 발생했다. 2001년, 이 영화가 상영되기 바로 얼마 전 노동당 교통부 장관은 이 사고의 책임 기관이자 철로망 관리를 담당했던 레일트랙의 법정관리를 결정했다.
■■ 영국 공산당 내 유러코뮤니즘 분파를 중심으로 일시적으로 생겨났던 좌파 지식인 운동을 가리키는 용어이기도 하다. ─ 옮긴이

대한 조사가 이루어지면 오히려 자신들이 안전하게 작업하지 않았다는 문책을 당하게 될 것이고 더 이상 아무런 일을 구할 수도 없게 될 것임을 깨닫는다. 그래서 짐이 죽을 수도 있지만 그를 외부 도로로 옮겨 뺑소니 사고처럼 보이게 해야 한다며, 다른 일꾼들을 설득한다. 그들 중 한 사내는 "이래선 안 되는데"라고 슬픈 목소리로 투덜거린다. 이 시퀀스는 여러모로 절제된 표현을 사용한다. 사고 장면은 생략돼 있으며 그 의미도 즉각적으로 드러나지 않는다. 하지만 노동자들이 비윤리적 선택을 하도록 강요함으로써 클라이맥스상의 내러티브 전환을 만들어 낸다. 이런 식으로 이 영화는 산업 현장을 더 위험하게 만든 경제 정책을 비판할 뿐만 아니라, 근본적으로 건실하긴 하나 완벽하진 못한 사람들이 자신의 통제를 넘어선 상황에 의해 윤리적 딜레마에 갇히게 되는 모습을 보여 준다.

〈하층민들〉에서처럼 경제적 압력에 저항하고자 하는 평범한 노동자들의 힘은 미미하다. 영화의 도입부에서 그들이 속해 있는 노조는 경영진과 일정한 합의를 이룬 상태다. 하지만 새로 나타난 고용주들은 그 합의안을 일방적으로 파기해 버린다. 노조 대표 제리(벤 트레이시)가 노동자들을 대표해 나서 보지만 변화를 막진 못하며, 이는 경제적 이유에 따른 차고의 폐쇄와 직장 동료 간 연대 의식의 붕괴로 이어진다. 곧 차고에는 보선 작업공 제리밖에 남지 않게 되고, 그도 정리 해고 통지를 받은 뒤 자기 혼자 체스를 두면서 아직 잘리지 않은 비서에게 '체크 메이트'는 어떤 수를 둬도 질 수밖에 없는 상황을 뜻한다고 설명해 준다. 한편 짐의 죽음에 대해 거짓말을 한 뒤 그의 어머니를 볼 면목이 없어진 나머지 세 사람은 차고로 되돌아와 제리에게 짐의 가방을 가져다 달라고 부탁한다. 영화는 그들이 이전까지 일했던 차고에서 걸어 나와 천천히 시야에서 사라지는 모습을 담은 부감 숏으로 끝난다. 그것은 황폐화된 노동자들과 차고의

KEN LOACH

상황을 명백히 전달해 주는 이미지이다.

〈하층민들〉과 〈네비게이터〉가 육체 노동의 조건이 어떻게 변화했는지를 살폈다면, 〈레이닝 스톤〉, 〈내 이름은 조〉, 〈스위트 식스틴〉과 같은 영화들은 완전 실업자가 된 사람들의 결말을 들여다본다. 이런 면에서 로치의 영화들은 노동 계급 중에서도 가장 빈곤한 계층에 주목함으로써 경제 구조 조정 과정에서 낙오자가 된 사람들의 삶과 제조업의 몰락을 묘사한다. 이들 집단은 종종 '최하층*underclass*' 혹은 '탈노동 계급*post-working class*'으로 불린다. 하지만 켄 로버츠Ken Roberts가 지적한 것처럼 "완전 취업자에서부터 …… 가끔 혹은 주기적으로 다른 직장을 찾아다녀야 하는 다양한 형태의 불완전 취업자와 완전 실업자에 이르는 연속체"를 "포괄하는 노동 계급 내에서 장기 계약 근로자와 나머지 노동자 간의 차이란 그리 명확하지 않은 것이다."[416]■ 실제로 로치의 영화들은 최하층으로 규정되는 사회적 지형(장기 실직 상태, 가난, 제한된 기회)에 속해 있는 캐릭터들을 보여 줌으로써 가난을 나태, 무기력, 부도덕 등과 같은 심리적, 문화적 원인의 결과로 보는 설교적이고 비방적인 담론에 반격을 가하고자 한다. 이런 측면에서 이들 영화의 전략이란 공업 경제로부터 서비스업 중심 경제로의 변화 과정 속에서 낙오한 사람들의 존재를 상기시키는 방식과 등장 인물들의 곤궁을 야기한 경제적 요인과 그런 문제를 해결하는 데 따르는 어려움을 작품의 중심에 놓는 방식을 모두 포함한다.

■ 스티븐 에젤Stephen Edgell도 "최하층"을 별도의 사회적 집단으로 보는 것보다 "노동 계급 중 제대로 된 직장이 없거나 실직한 사람들로 간주하는 것"이 좀더 유용하다고 주장했다. *Class*, London: Routledge, 1994, p.80.

이렇듯 이 영화들은 캐릭터들의 행위를 단지 심리학적 요소나 도덕적 관점에서 바라보도록 하지 않고 그들에게 부과된 사회적, 경제적 압력의 결과로 이해하게 한다.

〈하층민들〉 뒤에 만든 영화 〈레이닝 스톤〉도 마찬가지다. 영화는 맨체스터의 허름한 미들턴 지구를 배경으로 실업 노동자 밥 윌리엄스(브루스 존스Bruce Jones)가 양 훔치기, 하수구 청소, 보수당 지부 건물 앞마당의 잔디 파기 등 이런저런 임시직과 사기 행각들을 전전하며 가족이 빚을 지지 않고 살 수 있도록 애쓰는 모습에 초점을 맞춘다. 하지만 밥은 독실한 가톨릭 신자이며 비록 그럴 돈은 없지만 딸 콜린(젬마 피닉스Gemma Phoenix)이 새 옷을 입고 영성체를 받아야 한다고 생각한다. 그의 아내와 지역 교구 신부가 새 옷에까지 돈을 들일 필요는 없다면서 거듭 말리는 데도 생각을 바꾸지 않는 그는 어떤 측면에서 보면 허위의식의 피해자이다. 하지만 새 옷을 사는 일이 그의 마지막 남은 자존심을 보여 주는 일임이 분명하다는 점을 감안하면 그의 고집도 이해할 수 있다. 그러나 새 옷을 사야 한다는 그의 고집은 빚으로 이어지고 가족들은 무자비한 사채업자 탠시(조너선 제임스Jonathan James)의 위협을 받게 된다. 탠시는 집에 찾아와 딸들이 보는 앞에서 밥의 아내를 협박하기도 한다. 밥의 절망적 상황은 결국 그가 탠시를 우발적으로 죽이게 되고 마는 비극적 사태로까지 치닫는다.

〈하층민들〉의 마지막에 나오는 방화 사건 때처럼, 여기서 밥도 개인적 공격 행위를 벌인 결과 체포와 구금의 위험에 빠짐으로써 사태를 더 악화시킨 것처럼 보인다. 하지만 그가 배리 신부(톰 히키Tom Hickey)에게 찾아가 살인을 고백하자 신부는 뜻밖에도 경찰에 자수하지도 말고, 아내에게 사실을 알리지도 말라고 충고한다. 오히려 신부가 "탠시가 죽어서 편하게 두 발 뻗고 잘 수 있게 된 착한 주민들이 많다"며 그를 안심시키는

마지막 남은 자존심: 〈레이닝 스톤〉에서 영성체에 입을 새 옷을 사주는 것

장면을 통해 이 영화는 전작에서와 똑같은 결론으로부터 벗어난다. 그런 뒤 계획대로 콜린은 영성체를 받고 밥은 경찰의 수사를 무사히 피해 간다. 경찰들이 마지막 장면에 나오긴 하지만 밥이 도난당한 밴을 찾았음을 알려 주기 위해서일 뿐이다. 이런 결말의 영화는 로치와 앨런의 추종자들 사이에서 가톨릭을 비교적 호의적으로 묘사한, 덜 논쟁적인 작품으로 받아들여졌다. 하지만 이 영화는 교회의 실용적인 충고에는 동의하는 한편, 제도로서의 교회와 교구 신부의 개인적 행위는 구별해서 봤다. 한 인터뷰에서 로치는 앨런이 "교회도 지배층의 대리자"라고 생각하는 무신론자이긴 하지만, "영화 속 신부가 설득력을 가지는 것은 인간답게 반응"하며 "내세"에 대해서는 이야기하지 않기 때문이라고 설명했다.[417] 이런 측면에서 이 영화는 어떤 명백한 종교적, 영적 믿음도 지지하지 않는 가운데 서로 돕고 걱정해 주는 문화의 세속적이고 휴머니즘적인 가치를 보여 주고자 했다.

앞에서 설명한 것처럼, 코미디와 비극적 멜로드라마의 혼합은 로치의 작업에서 점점 더 흔한 특징이 되었다.■■ 일부 비평가들은 〈하층민들〉에 나타난 코미디의 활용을 새로운 일탈로 보았지만, 사실 그것은 1960년대부터 그의 영화에 존재해 온 것으로, 사회 풍자를 행한 〈청년

■ 앤서니 헤이워드도 샐포드 주교가 영화 속 신부가 하는 행동이 비정통적일 수 있다는 점을 우려하여 지역 교회에서 촬영하는 것을 거부했다고 설명했다. Hayward, *Which Side Are You On?*, p.218.

■■ 로치의 후기작에서 코미디와 멜로드라마의 역할이 증대된 것은 탈디제시스 음악의 사용이 늘어난 것과도 연결된다. 이러한 예는 〈하층민들〉에서도 나타나 있다. 스튜어트 코프랜드 Stewart Copeland의 키보드 중심 음악은 영화의 코믹한 톤을 설정해 줄 뿐 아니라 데스몬드의 사고 때처럼 멜로드라마적인 순간에도 사용된다.

의 일기〉와 〈아서 결혼의 파경〉부터 권력자들을 코믹하게 깎아내린 〈케스〉에 이르기까지 다양하게 나타났다. 하지만 이후의 발전 방향을 분명히 예측하게 해준 것은 확실히 〈골든 비전〉이었다. 이 작품은 빌 딘, 조니 지, 조이 카에 같은 여러 클럽 코미디언을 기용한 첫 번째 작품이며, 그들은 영화에 전통적인 노동 계급 문화에 뿌리내린 코믹하고 정겨운 농담과 기지를 더해 줬다. 〈하층민들〉, 〈레이닝 스톤〉, 〈네비게이터〉, 〈룩킹 포 에릭〉 같은 이후 영화들에서도 로치는 북부에서 활동하는 클럽 코미디언들을 캐스팅하여 영화에 노동 계급 유머를 바탕으로 한 흥을 불어넣었다. 리처드 데이커Richard Dacre는 영국 영화 속 코미디를 개관하는 글에서 뮤직홀music-hall▪ 및 버라이어티 출신 연기자들을 바탕으로 한 뮤직홀의 전통과 잘 쓴 각본 및 성격파 배우를 바탕으로 한 문학적 전통을 구분한 바 있다.[418]▪▪ 어떤 면에서 로치의 영화들은 훈련된 배우보다 코미디언에, 확실하게 구조화된 희극적 내러티브보다 코믹한 막간극에 의지한다는 점에서 코미디의 문학적 전통보다 뮤직홀의 전통에 속했다. 내러티브 결말을 향해 느리게나마 나아가긴 했지만, 플롯은 대개 삽화적이었으며, 관습적이고 고전적인 내러티브의 기준에서 봤을 때 느슨하게 연결된 신들로 구성돼 있었다. 사실상 이런 신들의 대다수는 전체적인 내러티브와 무관한 독립적 성격의 사건, 유머러스한 대화, 농담 등의 코믹한 반

▪ 1850~1960년 사이에 영국 극장가에서 유행했던, 미국의 보드빌과 유사한 형태의 엔터테인먼트를 말한다. ― 옮긴이

▪▪ 로치는 가족과 함께 연휴를 보내기 위해 블랙풀에 머무르는 동안 북부 클럽의 코미디언들에 대한 애착을 갖게 되었다고 BBC 라디오3에서 진행한 시리즈 〈비트윈 더 이어즈Between the Ears〉에서 그에 대해 회고한 바 있다. 〈블랙풀: 위대한 쇼 타운〉(2007년 6월 23일 방송).

전으로 귀결됐다. 〈하층민들〉에서 래리가 샤워 중인 아랍 여자를 발견하는 장면이나 〈레이닝 스톤〉에서 토미(리키 톰린슨)가 헬리콥터를 향해 엉덩이를 까 보이는 장면 등이 그 예다. 이런 장면들은 내러티브상에서 분명한 동기를 갖고 있진 않았지만, 〈골든 비전〉에서 볼 수 있듯, 그럼에도 여전히 노동 계급의 삶의 비전을 제시하는 데 도움이 됐다. 로치는 연극이나 헤리티지 영화heritage cinema■에 사용돼 온 영국적 전통의 연기로부터 벗어나기 위해 클럽 코미디언들을 사용하였으며, 노동 계급 공동의 문화에 대한 그들이 지닌 감각을 영화 안으로 끌고 들어오고자 했다. 이런 측면에서 이 영화들 속에 사용된 코미디의 대부분은 유머가 주는 일체감이 캐릭터들이 지닌 동지애와 공동체 의식에 얼마나 핵심적인 역할을 하는지, 그리고 어떻게 사회적, 경제적 압력에 의한 역경 속에서도 어떻게 그런 의식을 잃어버리지 않도록 도와주는지 보여 주었다.

그러나 〈룩킹 포 에릭〉을 제외한 로치의 후기작들이 종종 코미디에 많은 무게를 두고 있긴 하지만, 이 영화들을 그 자체로 코미디 영화라고 하긴 어렵다. 배리 애크로이드는 이 영화들의 유머에 관해 논하면서 흔히 로치가 어떻게 코미디와 진지한 드라마를 '병치'하는지에 대해 설명한 바 있다. "집달관이 문을 두드리거나 경찰이 찾아오거나 적이 공격하기 전 항상 웃기는 무언가가 나온다."[419] 이런 측면에서 로치의 후기작들은 행복한 순간을 보여 주는 시퀀스와 절망적 순간을 보여 주는 시퀀스를 병치시키는 편집적 전략을 구사한다. 이렇게 희비극을 넘나드는 분위기는 코미디 양식과 멜로드라마 양식 간의 전환과도 연결된다. 로치의

■ 2차 세계 대전 이전의 영국을 노스탤지어적 톤으로 다룬 영화를 말한다. — 옮긴이

영화에서 진정성의 추구는 멜로드라마와 대립적인 것으로 이해될 수도 있지만, 그의 영화에 들어 있는 사회 조건에 대한 비판은 진정성의 추구를 멜로드라마의 방향으로 나아가게 하기도 한다. 앞서 지적한 것처럼 이는 〈캐시 컴 홈〉에서부터 나타났던 현상이다. 그 드라마의 정서적 힘은 멜로드라마적 관습(무고한 여주인공을 희생양으로 만드는 방식, 예상치 못한 반전, 파토스를 일으키도록 계산된 신들)을 통해 형성된다. 과학적 관찰을 추구했던 에밀 졸라조차 멜로드라마와 선정주의로 고개를 돌렸던 것처럼, 어떤 면에서 이런 멜로드라마적 경향은 데보라 나이트가 "결정론적" 형식이라고 부른 것, 캐릭터의 행위를 사회적, 경제적 환경의 측면에서 해석하고자 하는 자연주의적 내러티브에 뿌리박혀 있는 것이다.[420] ■ 하지만 실업이나 가난처럼 환경적 요인이 캐릭터들을 더 무겁게 짓누르는 그의 후기작에서는 캐릭터들의 몰락과 관련해 결정론적 내러티브의 요소가 훨씬 강력하게 작용하며 어떤 경우에는 그런 요소가 더욱 명시적인 장치로 쓰이기도 한다.■■ 이런 측면에서 즉흥 연기를 통한 코미디와 결정주의적 동기를 지닌 멜로드라마의 혼용은, 캐릭터들이 누리는 제한된 자유마저도 궁극적으로는 사회적 필요에 의해 짓눌리게 될 것임을 보여 주는 데 사용된다. 이는 로치의 가장 암울한 작품 중 두 편이자 스코틀랜드 시대 영화들

■　이런 면에서 자연주의는 사회 경제학적 힘들이 운명으로 대체되어 있는 세속화된 멜로드라마의 형식으로 여겨지게 되었다.

■■　이런 현상으로 인한 결과 중 하나는 불확정적 사건, 혹은 우연이다. 그것은 로치의 리얼리즘, 혹은 자연주의적 플롯의 한 특징으로 더 많은 내러티브적 중요성을 갖게 된다. 이러한 예로는 〈레이디버드 레이디버드〉에서 매기의 아이들만 남아 있던 집에서 불이 나는 장면, 〈룩킹 포 에릭〉에서 전 부인과 태어난 지 얼마 안 된 손녀딸이 처음으로 방문한 바로 그때 에릭의 집에 경찰이 들이닥치는 장면 등을 들 수 있다.

인 〈내 이름은 조〉와 〈스위트 식스틴〉에도 분명 해당되는 바다. 로치 스스로도 〈내 이름은 조〉에 대해 "현실이 워낙 심각하다 보니 코미디로 시작해 비극으로 끝나는 영화를 다시 한 번 만들고 싶었다는 것을 우리도 서서히 깨닫게 됐다"고 말한 바 있다.[421]

스코틀랜드 시대

1990년대 이전에 만들어진 로치의 영화들은 주로 런던 이스트엔드와 잉글랜드 북부 도시들을 배경으로 했다. 이 두 지역은 역사적으로 영국 노동 계급을 다룬 드라마에서 가장 흔히 사용돼 온 배경 공간이기도 했다. 하지만 1990년대 중반 이래로는 스코틀랜드가 로치의 영화에서 점점 더 중요한 로케이션으로 부상했다. 앞서 지적한 것처럼 〈하층민들〉의 주인공은 로버트 칼라일이 연기한 스코틀랜드인 스티비로, 그는 어머니의 장례식을 위해 글래스고로 돌아간다. 역시 칼라일이 출연한 〈칼라송〉의 도입부도 스코틀랜드를 배경으로 했으며, 이 영화 이후 비공식적으로 '스코틀랜드 3부작'이라고 이름 붙은 세 편의 영화 〈내 이름은 조〉, 〈스위트 식스틴〉, 〈다정한 입맞춤〉이 연달아 나왔다. 이 스코틀랜드 시대가 만들어진 것은 부분적으로는 로치가 스코틀랜드 출신 작가 폴 래버티와 함께 일했기 때문이다. 인권 변호사였던 래버티는 니카라과에서 자신이 경험한 것을 바탕으로 쓴 시나리오를 들고 로치를 찾아왔으며, 이 시나리오는 그 후에 〈칼라송〉이 됐다. 그 이후 로치와 래버티는 계속해서 함께 일하는 사이가 되었으며, 스코틀랜드에 대한 래버티의 배경 지식이 로치의 스코틀랜드 시대로의 이동을 더욱 가능성 있는 것으로 만들었을 것이다.

로치 또한 실제 경험을 바탕으로 한 각본이나 연기를 높이 샀기 때문에 래버티가 스코틀랜드와 관련한 주제를 다루는 것이 적절하다고 여겼을 것이다. 스코틀랜드에서 공공 지원을 받을 수 있는 확률이 더 높다는 점도 잉글랜드 국경 북쪽으로의 이동을 부추겼던 게 분명하다. 실제로 스코틀랜드 정부나 관련 기관 등으로부터 제공받은 돈은 각각으로 따지면 로치 영화들의 전체 예산의 일부밖에 되지 않았지만, 그 돈을 다 모으면 상당한 액수(〈내 이름은 조〉 때는 60만 파운드)가 되었고 그만큼 스코틀랜드에서 영화를 만드는 것은 매력적인 일이었다. 이를테면 〈칼라송〉의 경우, 래버티는 원래 전체 배경을 니카라과로 설정했다.[422] 하지만 마지막에 스코틀랜드를 배경으로 한 장면을 포함시켰는데, 그것은 동시대 영국의 현실과 니카라과 내전 사이의 관계를 보여 주고자 하는 내러티브 목적상 필요한 것인 동시에, 스코틀랜드의 지원을 받는 것을 그만큼 쉽게 만들어 주기도 했다. 그러나 정치적 양상을 감안하면 스코틀랜드가 영화의 배경으로 삼기에 좋은 지역이었을 수도 있다.

이런 가설이 설득력 있게 느껴지는 이유는, 노동력의 성격이 변화했음에도 불구하고 스코틀랜드에서는 계층에 관한 담론이 계속 살아남아 있었기 때문이다. 린제이 패터슨Linsay Paterson 외 연구자들이 설명한 것처럼, 1980년대와 1990년대에 계속된 잉글랜드 보수당의 통치는 계급 정체성의 중요성과 계급 정치학의 언어를 통해 표현되는 집단 가치의 중요성을 지속시켰다. 그들은 스코틀랜드 내에 있는 모든 사회 경제적 집단이 스스로를 '노동 계급'으로 여기고 있다는 증거를 제시하면서 탈공업화 경제로의 이행에 따라 직업 양식이 변화했음에도 불구하고 어떻게 "스코틀랜드가 여전히 스스로를 노동 계급 국가로 생각"하고 있는지에 대해 설명하기도 했다.[423] 계급 갈등의 정치학에 대한 관심과 계급의 수사학을 방기한 신노동당에 대한 불만이 높았던 로치에게 잉글랜드 북부와 마찬가지로 계급 정치와 집단주의의 가치에 대한 의식을 계속 유지해 온 스코틀랜드는 정치적 공감대가 느껴지는 지역이었다.

대처주의의 불공평함에 대한 반대급부로 나타난 노동 계급에 대한 정치적 신뢰의 증가와 공동체 가치에 대한 지속적인 애착은, 그러나 로치의 스코틀랜드 영화들에는 비교적 적게 표현되어 있다. 〈레이닝 스톤〉처럼 〈내 이름은 조〉도 주택 지구에 새롭게 찾아 온 실업, 부채, 마약, 범죄 등의 암울한 세계를 배경으로 한다. 이 세계를 상징적으로 보여 주는 것은 리엄(데이비드 매케이David McKay)과 사빈(안느마리 케네디Annemarie Kennedy)이란 젊은 커플과 그의 아들 브랜든이다. 마약 거래로 감옥에 들어간 리엄은 마약을 끊고 똑바로 살고자 한다. 하지만 사빈은 여전히 마약과 도박에 빠져 가족 전체가 엄청난 빚을 떠안게 만든다. 결국 그들의 상황은 이 영화의 주인공이자 피터 뮬란Peter Mullan이 감동적으로 연기한 인물 조 카바나에게도 엄청난 짐이 된다. 〈레이닝 스톤〉의 사내들처럼 조도 실직자이지만 최선을 다해 살아남으려 노력하는 인물로, 기회가 오기만 하면 "두 배로 잘할" 준비가 돼 있다. 그는 알코올 중독에서 벗어난 개심자로, 그에 대한 우리의 인식은 영화 중간쯤 플래시백을 통해 폭력적이었던 그의 과거가 밝혀지는 순간을 기점으로 급격하게 변화한다. 이 플래시백은 〈레이디버드 레이디버드〉에서 레이 윈스턴Ray Winstone이 술기운에 폭력을 사용했던 장면을 연상시키기도 한다. 그러나 조는 리엄과 사빈을 담당하고 있는 공중보건원 사라(루이즈 구달Louise Goodall)를 만나면서 구원의 가능성을 얻는다. 그는 그녀의 아파트를 꾸미는 일을 하면서 그녀와 더 잘 알게 되고, 결국 둘 사이에 잠정적인 로맨스가 싹트게 된다. 처음에는 그가 돈도 없고 술집에 가는 것도 너무 싫다는 이유로 그녀에게 데이

주택 지구에 새롭게 찾아 온 암울한 세계: 〈내 이름은 조〉의 사빈(안느마리 케네디)

트 신청을 하는 것을 망설이긴 하지만 말이다. 이런 돈에 대한 강조를 통해 알 수 있듯, 다른 로치의 영화에서와 마찬가지로 여기서도 로맨스는 진공 상태 속에 존재하는 것이 아니라 특정한 사회적 맥락 속에서 필요에 의해 생겨난다.

사회적, 경제적 상황은 그의 선택에도 영향을 미친다. 리엄과 사빈이 얼마나 큰 곤경에 처해 있는지 알게 된 그는 자신과 같은 학교를 나온 그 지역의 마약상 맥고완(데이비드 헤이먼David Hayman)을 찾아가 따진다. 하지만 결국 의무와 사랑 사이에서 멜로드라마적인 선택을 해야 하는 양자택일의 상황에 처하게 된다. 그의 대안 가족(축구팀)의 구성원인 리엄을 돕기 위해 맥고완이 시키는 대로 마약을 운반함으로써 최선을 다하거나, 도망치자고 한 사라의 청을 거절하고 이 세계에 남아 그녀와의 행복을 망가트리거나, 둘 중 하나인 것이다. 그는 최선의 동기에 따라 리엄을 돕기로 하지만 그 뒤로 사라와의 관계는 위기에 빠진다. 사라는 조가 자신에게 거짓말을 했으며 심지어 마약 운반으로 번 돈으로 자신에게 반지를 사줬다는 사실을 알고 매우 상심한다. 조는 자신의 결정을 번복하려 시도하지만 사태를 악화시킬 따름이다. 그는 다시 술에 손을 대게 되고, 리엄도 자살한다. 하지만 로치의 작품이 늘 그러하듯, 여기서도 조의 선택은 단순히 개인의 도덕성 문제라기보다 그의 사회 경제학적 상황에 의해 그에게 강제적으로 부과된 것이다. 그는 사라에게 다음과 같이 설명한다.

미안해. 하지만 우린 당신처럼 평화롭고 깨끗하고 자그마한 세계에 살고 있지 않아. 우리 중엔 경찰서에 갈 수 없는 놈도 있어. 은행에서 대출도 못 받는 놈도 있고. 이 동네에서 벗어날 수 없는 놈도 있단 말이야. 선택의 여지가 없는 사람도 있는 거라고.

실패한 로맨스: 〈내 이름은 조〉의 조(피터 뮬란)와 사라(루이즈 구달)

사라가 조의 곤경에 대해 공감하지 못하는 모습은 두 사람 사이에 사회적 장벽이 여전히 존재함을 강조한다. 중산층에 속하며 노동 계급의 그날그날 삶에 가장 많은 영향력을 끼치는 당국 관계자의 역할을 강조해 보여 주는 것은 로치의 관찰자적 리얼리즘의 성격에 속하는 것이기도 하다. 교사, 의사, 판사, 사회복지사 등과 같은 전문직 중산층이 노동 계급을 이해하고 지원하는 일에 실패하는 것이야말로 〈캐시 컴 홈〉, 〈케스〉, 〈가족 생활〉, 〈레이디버드 레이디버드〉 같은 영화를 보며 분노하게 되는 이유다. 이를테면 〈레이디버드 레이디버드〉의 사회복지사도 다른 사람들의 삶에 함부로 간섭하고 그들을 돕기보다 불행하게 하는, 대단히 해악적인 존재이다. 하지만 〈내 이름은 조〉는 남을 돕는 직업에 대해 좀더 우호적으로 묘사하고 그들이 짊어진 짐에 대해서도 더 많이 인정해 준다. 보건소 장면은, 근본적으로 착한 사람들이 몸이 안 좋고 어려운 처지에 있는 사람들의 저항을 무릅쓰고 그들을 도우려 하는 모습을 담고 있다. 사라는 사빈과 그녀의 가족을 관리 명부에서 제외하려는 의사를 만류하고자 "제가 이 가족에 얼마나 많은 노력을 들였는데요"라고 말한다. 이런 측면에서 이 영화가 말하려는 요점은 사회 복지 사업에 결함이 많다는 것보다, 정작 정부의 개입이 가장 필요한 영역인 실직과 가난으로 인해 사회 복지 사업에 대한 수요가 지나치게 높아지고 있다는 점이다. 그러나 보살핌의 정신을 지닌 사라조차 조의 세계로 상상적 도약을 하는 데는 실패하며, 조에 대한 사라의 거부는 영화 마지막에 가서 절망적 사건의 소용돌이를 만들어 낸다. 사라는 영화의 마지막에 나오는 리엄의 장례식에 모습을 드러내긴 하지만 그때면 이미 그들의 관계는 돌이킬 수 없는 상태가 된 뒤다.

〈스위트 식스틴〉도 어려운 선택들과 운신의 폭이 좁아진 주인공들을 강조해 보여 준다. 이 영화에서 10대 소년 리엄(마틴 콤프스턴Martin

Compston)은 감옥에서 풀려난 어머니를 위해 집을 마련하고 싶은 마음이 간절하다. 그의 돈벌이 계획은 처음에는 성공적으로 보이지만, 결국 그의 꿈은 산산조각난다. 그는 어머니로부터 거부당할 뿐 아니라 어머니의 남자 친구 스탠(게리 매코믹Gary McCormack)을 칼로 찌른 뒤 경찰에게 쫓기는 신세가 된다. 초기작들에서와 마찬가지로 중독성 강한 마약은 궁핍한 노동 계급 공동체의 심각한 골칫거리로 나온다. 한 예로 일찍이 〈하층민들〉에서 로치는 짧은 신을 통해 스티비가 어머니의 장례식 참석을 위해 글래스고로 돌아왔을 때 마약을 끊기 위해 노력 중인 동생과 동생의 아내를 만나게 되는 장면을 보여 준다. 〈레이닝 스톤〉에서 지미도 서로 다투는 두 헤로인 중독자의 모습이 그 마을이 직면한 문제를 상징적으로 보여 주는 것이라 여기며, "다 끝났어. 다 절단 났고 다 빨렸어, 일도 희망도 없어, 절망뿐이야"라고 말한다. 〈내 이름은 조〉에서도 사빈의 헤로인 중독이 조의 몰락에 핵심적 역할을 한다. 물론, 스코틀랜드 영화계에 돌파구가 된 작품이자 에딘버러 근처의 리스 주택 지구를 배경으로 한 〈트레인스포팅Trainspotting〉(대니 보일Danny Boyle, 1995)에서도 헤로인이 중요한 요소로 활용됐다. 〈트레인스포팅〉이 마약 사용을 매력적으로 묘사했던 건 아니지만, 매력적인 젊은 배우들, 팝 음악으로 구성된 사운드트랙, 재치 있는 보이스오버, 뭐든 다 아는 척 으스대는 분위기 등을 내세워 헤로인을 멋진 것으로 묘사했다는 혐의를 받을 만도 했다. 하지만 로치의 세계에서 헤로인 의존도는 록 문화와 무관한 것이며 계급 불평등이나 물질적 궁핍함과 더 단단히 연결되어 있다. 그래서 〈트레인스포팅〉 도입부에 나오는 렌튼(이완 맥그리거Ewan McGregor)의 유명한 보이스오버("직업을 선택하라, 경력을 쌓고, 가족을 갖고, 망할 놈의 대형 텔레비전, 세탁기, 차, CD 플레이어, 전자식 깡통따개를 사라")가 보헤미안주의의 수사학을 자극하고 사회적 규범에의 순응과 물질주의에 대한 거부감을 강조했다면, 로치의 영화들이 암시하고자 하는 바는 그런 물건들 중 대부분이 노동 계급 캐릭터들로서는 애초에 손에 넣을 수조차 없는 것이란 사실이다.

그러나 〈내 이름은 조〉와 〈스위트 식스틴〉이 마약 사용을 중요하게 다루긴 하지만 이 영화들이 주로 강조하는 것은 '주사와 폐해*the needle and the damage done*'■ 보다 지역 경제 안에서 마약이 담당하는 역할이다. 물론 범죄를 전통적인 사업 관행의 연장선상에 있는 것이나 그 비슷한 것으로 보여 주는 풍자 방식은 갱스터 영화의 관습적 기법 중 하나다. 〈스위트 식스틴〉도 마찬가지로 전통적인 제조업, 특히 조선업이 몰락한 뒤 진공 상태가 된 자리에 새로운 불법 마약 사업이 들어서는 모습을 보여 준다. 그리고 야망은 있지만 사회적 불이익에 처해진 젊은이에게는 마약 거래가 직업 경력을 쌓을 수 있는 극히 드문 기회 중 하나라고 설명함으로써, 보수당 및 신노동당 행정부가 지지하는 '기업 문화'에 대해 역설적 논평을 가한다. 이는 〈레이닝 스톤〉에서 밥이 임시로 일하게 된 클럽에서 친구 토미의 실업자 딸이 마약 거래를 하고 있는 것을 발견하는 장면에서도 이미 묘사된 바 있다. 더 놀라운 것은 〈스위트 식스틴〉의 리엄이다. 그는 글래스고의 신중산층을 상대로 헬스 클럽을 운영하며 뒤로 마약 거래를 하는 '알 카포네' 더글러스(존 모리슨Jon Morrison) 밑에서 장물 담배를 판매하는 '사업 기회'를 유혹적으로 느낀다. 이런 측면에서도 〈트레인스포팅〉과의 비교를 더 발전시킬 수 있을 것이다. 〈트레인스포팅〉에서 렌튼은 비도덕적 기업 문화를 이용하여 친구들을 배신하고 마약 거래로 번 돈을

■ 닐 영이 약물 과용으로 죽은 친구 음악인들을 기리며 만든 노래 제목이기도 하다. — 옮긴이

훔쳐서 런던으로 떠난다. 렌튼의 경우에 돈은 그를 괴롭혀 온 주변 환경과 친구들을 뿌리치고 혼자 탈출하여 '변화하는 세계'의 시기에 새로 출발할 수 있는 기회를 제공해 주는 것이다. 하지만 〈내 이름은 조〉와 〈스위트 식스틴〉에서 마약 거래는 잘못된 도주로이며, 주인공들은 처음보다 더 악화된 상황에 처하게 된다. 맥고완이 자기 밑에 들어와 일하겠다고 결정한 조에게 "이제 못 빠져나간다"라고 말하는 것처럼 말이다.

〈내 이름은 조〉와 〈스위트 식스틴〉의 음울한 느낌은 등장 인물 중 누구도 발생 사건에 대해 발전된, 정치화된 관점을 갖고 있지 못하다는 점 때문에 더욱 심화된다. 그런 캐릭터들이 투쟁에 가담하게 되는 것은 인위적으로 느껴지며 그것이 영화의 표면적 핍진성을 위태롭게 만들기도 한다. 하지만 그럼에도 로치의 영화들, 특히 앨런이 각본을 쓴 작품들은 일정한 수준의 정치적 주장을 전달하길 주저하지 않는다. 앞서 지적한 것처럼 〈하층민들〉에서 실제로 정치 활동가였던 리키 톰린슨이 연기한 래리는 동료 노동자들에게 토리당의 잘못된 점이나 노동자들이 결여하고 있는 정치의식에 대해 친절히 설교한다. 〈레이닝 스톤〉에서 체제 변화의 필요성에 대해 사위 밥과 언쟁을 벌이는 지역 활동가 지미(마이크 팰런 Mike Fallon)도 정치적 급진주의의 전통을 상징하는 인물로, 세입자연합사무소의 문을 허둥지둥 열며 나오는 노동당 의원의 무능함을 더욱 두드러져 보이게 한다. 물론 〈하층민들〉과 〈레이닝 스톤〉에 담겨 있는 정치 활동가의 목소리는 그들을 짓누르는 경제적 힘들의 무게에 압도당하며 매우 무력한 것으로 밝혀지지만, 적어도 기존 체제에 대한 대안의 가능성을 제기한다는 점에선 의미가 있다. 그러나 〈내 이름은 조〉와 〈스위트 식스틴〉에서는 그런 목소리조차 완전히 사라진 상태이며, 캐릭터들이 직면한 상황의 가혹함도 더욱 심화돼 있다. 물론 로치는, 예를 들어 〈내 이름

절망의 소용돌이: 〈스위트 식스틴〉의 리엄(마틴 콤프스턴)과 핀볼(윌리엄 루앤)

KEN LOACH

은 조〉에서 축구팀의 익살스러움을 통해 볼 수 있는 것처럼, 심지어 가장 절망적인 상황일 때조차 거기서 코미디를 찾아내고자 하며, 그의 캐릭터들이 경제적, 사회적 불이익에 직면한 상태에서도 다시 일어설 수 있는 의지를 가지고 있음을 강조해 보여 주고자 한다. 그는 또한 배우들이 그런 캐릭터들이 갖고 있는 활력을 전달함으로써 관객들도 어떻게 그들이 주변 환경으로 인해 그런 활력을 잃어버리게 되었는지 질문할 수 있다고 보았다.[424] 그럼에도 그들이 끝없는 절망의 소용돌이와 생존 불가능한 상황에 빠지게 되는 모습을 보여 주는 〈내 이름은 조〉와 〈스위트 식스틴〉은 그의 가장 음울한 영화에 속한다.

이런 식의 염세주의와 실패의 담론은 스코틀랜드적 맥락 속에서도 특별한 중요성을 갖는다. 어떤 면에서 보면 이 영화들에서 '스코틀랜드적인 것'은 별로 중요하지 않은 것 같기도 하다. 1990년대 이전에 만들어진 로치의 작품에서 스코틀랜드에 대한 언급이 전혀 없었다는 점을 감안하면 로치가 스코틀랜드에서 영화를 만들게 된 것도 제작비 마련을 위한 필요성에 의한 것이었을 뿐 스코틀랜드의 특수성과는 별 관계가 없었던 것이라 볼 수도 있다. 예를 들면 래버티는 〈내 이름은 조〉의 각본에 관한 인터뷰에서 자신은 글래스고 로케이션에 "엄청난 중요성"을 부여하진 않았으며 그곳 역시 "다른 도시들과 비슷한 수준으로 복잡한 곳"으로 생각했다고 말했다.[425] ■ 로치도 "노동 계급 문화가 강력한 힘을 지닌"

■   앞서 지적한 것처럼 로치에게 실제 로케이션에서의 촬영과 사람들의 삶의 조건을 직접 목격하고 기록하는 것은 중요한 것이지만, 로케이션이 어디인지 구체적으로 설명될 필요는 없다. 특정한 도시의 알아보기 쉬운 특징을 피함으로써 그의 영화는 개별성보다 대표성을 전달하고자 했다.

글래스고가 자신이 많은 작품에서 무대로 삼아온 "리버풀과 같은 특성"을 많이 가지고 있는 도시인 것 같다고 설명했다.[426] 그러므로 로치와 래버티가 보기에 가장 중요한 것은 노동 계급이 공유하는 경험이었다. 이야기는 캐릭터가 리버풀에 살든 맨체스터에 살든 비슷하게 만들 수 있었다. 이를테면 맨체스터에서 제작비를 주었다면 맨체스터 영화를 만들 수도 있었다. 그럼에도 어쨌거나 이 영화들은 스코틀랜드에서 만들어지게 되었고, 그들은 스코틀랜드를 배경으로 한 영화들에 존재해 온 재현의 전통과 절충해야 했다. 예를 들어 콜린 맥아더는 19세기에 이루어진 산업화와 도시화에 의해 많은 변화가 이루어졌음에도 불구하고 스코틀랜드의 영화적 이미지는 1980년대 전까지 하이랜드 지역을 낭만화하는 타탄 이미지tartanry와 시골에서의 삶을 감상적으로 묘사하는 채원菜園 이미지kailyardism에 머물러 있었다고 지적한 바 있다.[427] 물론 로치의 도시 중심적 리얼리즘은 이런 재현의 전통과 멀리 떨어져 있었다. 이는 〈내 이름은 조〉를 통해서도 알 수 있다. 조가 글래스고를 벗어나는 것은 단 한 번뿐인데, 바닷가에 위치한 민박(스텔라 마리스)의 밖에 주차된 마약 운반차를 가져오기 위해서다. 도시로 돌아오는 길에 그는 하이랜드 관광지(각본에 표시된 바로는 글렌코)에 내려 〈용감한 스코틀랜드Scotland the Brave〉를 연주하는 파이프 연주자들을 구경한다. 주변에 몰린 관광객들이 사진 찍는 모습도 보인다. 그 풍경을 멀리서 바라보던 조는 이동식 매점에서 차를 내오는 여자와 냉소적인 농담을 주고받는다. "'보니 스코틀랜드Bonnie Scotland'▪가 따로 없네요." "퍽이나 '보니 스코틀랜드'겠수." 이런 식으로

▪ 예쁜 스코틀랜드란 뜻으로 스코틀랜드 민요에 자주 등장하는 표현이다. — 옮긴이

영화는 타탄 이미지와 연결된 관광객의 시선에서 환상을 제거하고 그런 시선이 도시에 사는 노동 계급의 삶의 가혹한 현실과 얼마나 멀리 떨어져 있는 것인지 상기시킨다. 〈스위트 식스틴〉에서 허름한 동네에서 벗어나고자 하는 리엄의 열망도 그가 "천국"이라고 입이 마르도록 설명했던 클라이드강 하구 부근 언덕 위에 이동식 주택이 세워져 있는 장면으로 상징화된다. 그러나 이는 헛된 꿈으로 밝혀지며 이동식 주택도 불에 타버리고 만다.

하지만 도시 이미지를 탈낭만화하는 이 영화들은 스코틀랜드에 대한 관습적 재현 방식을 전복한 것이라기보다 클라이드사이드주의 *Clyedesidism*의 전통을 보여 준 것이다. 역사적으로 클라이드사이드주의는 도시의 노동 계급과 '고난*hardness*'의 담론(고달픈 육체 노동부터 과격한 싸움질과 음주까지 모두 포함)과 관련돼 온 개념이다.￭ 〈스위트 식스틴〉은 클라이드 지구에 있었던 그리녹 조선소 마을을 배경으로 했다. 하지만 이 영화들은 조선업을 비롯한 스코틀랜드의 중공업이 급격히 쇠락하던 시기에 만들어졌기 때문에 로치의 영화에 나타나온 육체 노동자의 영웅화나 '공산주의적 클라이드사이드*Red Clydeside*'에 호소하지 않았다. 〈칼라송〉의 도입부에 나온 조지(로버트 칼라일)란 인물도 반권위주의적이고 약자들

￭　콜린 맥아더는 원래의 논고에서 이 용어를 사용하진 않았지만 〈만조*Floodtide*〉(1949), 〈고르발 이야기*The Gorbals Story*〉(1950) 같은 특정 영화들이 "스코틀랜드의 의미를 클라이드와 관련해 규정"하고자 한다고 설명했다("Scotland and Cinema," p.52). 이후 나온 논의들에서 "클라이드사이드주의"란 용어가 "스코틀랜드의 산업 노동자 남성, 혹은 좀더 양가적으로 표현하면, '몸 쓰는 남자*hard man*'를 숭상하는 것"으로 쓰이게 됐다. 영화와 문학에 나타난 '몸 쓰는 남자'의 신화와 관련한 유용한 논의는 다음을 보라. Duncan Petrie, *Contemporary Scottish Fictions: Film, Television and the Novel*, Edinburgh University Press, 2004, Ch. 1.

에게 우호적인 성격의 버스 운전수지만, 그의 저항은 낮은 계급의 공무원들을 귀찮게 하는 수준에 그쳤으며, 영화가 진정한 혁명 정신을 발견하는 곳은 스코틀랜드가 아니라 니카라과였다. 그러나 콜린 맥아더가 설명한 것처럼, 클라이드사이드주의는 찬탄의 어조와는 별 관계가 없으며 나중에 나온 다른 논의들에서는 "어퍼 클라이드 조선소 폐쇄"에 대한 비탄과도 연결됐다.[428] 그러므로 여러 분명한 차이에도 불구하고, 클라이드사이드주의는 글렌코 학살, 컬로든 전투, 하이랜드 주민 청소와 관련한 타탄 이미지 담론과 애가적 어조, 국가적 상실감 등을 공유했다. 그러므로 1990년 이후 영국에서 만들어진 로치의 거의 모든 영화가 중공업의 쇠퇴와 그것이 전통적인 남성 중심 노동 계급에 미친 충격을 다룬 점을 감안하면, 그 영화들은 스코틀랜드적인 맥락 속에서도 특별한 이데올로기적 반향을 지니기에 충분해 보였다. 스코틀랜드의 정체성 구성과 (클라이드사이드주의처럼) 전통적인 노동 계급의 몰락이 "국가적 – 우의적" 차원을 획득하는 과정에 계급이 중요한 역할을 했기 때문이다.

나아가 이런 상실감은 이 영화들이 스코틀랜드인의 경험과 아일랜드인의 경험을 연결시킨 방식을 통해서도 강조됐다. 1990년대 이전까지는 로치의 작품 세계에 '스코틀랜드적인 것'은 존재하지 않았지만 '아일랜드적인 것'의 담론은 중요한 역할을 해왔다. 1960년대 중반 이래 로치의 작품에는 전형적인 아일랜드 캐릭터들이 계속 등장해 왔고, 1975년작 〈희망의 나날들〉에서는 1화 일부의 배경이 아일랜드이기도 했으며, 〈보리밭을 흔드는 바람〉은 전체가 아일랜드를 배경으로 한 영화였다. 로치에게 리버풀이라는 배경이 매력적이었던 이유도 그 도시에 존재하는 아일랜드인 디아스포라diaspora■와 도시의 정치와 문화에 가톨릭교도 아일랜드인 노동 계급이 미친 영향 때문이었다. 물론 아일랜드적인 것에 대한 이런 강조가 이루어진 것은 로치가 가깝게 일해 온 동료들, 오코너, 앨런, 래버티 같은 이들이 아일랜드 혈통이란 이유도 있었다. 하지만 이는 아일랜드인들이 영국 식민주의의 피해자이자 저항 세력으로서 갖는 강력한 상징성과도 관련이 있었다. 이런 맥락에서 생각하면, 로치가 스코틀랜드인 노동 계급을 묘사할 때 자주 가톨릭교도 아일랜드인과 관련된 요소를 부여한 것도 놀라운 일이 아니다. 〈내 이름은 조〉에서 리엄은 자신의 거짓말을 감추기 위해 "나 독실한 가톨릭교도야"라고 말하는데, 리엄이란 이름이나 종교적 언급도 그런 요소들에 속했다. 리버풀의 가톨릭교도들처럼 스코틀랜드의 도시에 사는 가톨릭교도의 대부분도 아일랜드 혈통이 많았다. 그들은 19세기나 20세기 초에 아일랜드에서 건너와서 대대로 저임금 육체 노동 분야에 종사해 온 사람들이었다. 그래서 스코틀랜드 인구 중 가톨릭교도는 1/6밖에 안 됐지만, 로치의 스코틀랜드 영화에서 가톨릭교도 아일랜드인 노동 계급은 특히 중요한 의미를 가졌으며 이중의 기능을 수행했다. 그들은 역사적으로 가장 많은 불이익을 당해 왔으며 때때로 가장 전투적이었던 스코틀랜드 노동 계급의 경험을 강조하는 동시에 아일랜드와 스코틀랜드에 모두 가해졌던 가톨릭 탄압의 역사를 상기시켰다.[429]

하지만 이 영화들에 나타난 박해와 실패의 내러티브가 오랜 재현의 전통을 따른 것이라 할지라도 이 영화들이 제작된 맥락을 감안하면 거기에는 역설도 존재했다. 앞서 지적한 것처럼, 스코틀랜드에서 받을 수 있

■ 이산離散을 뜻하는 그리스어로 팔레스타인을 떠나 세계 각지에 거주하는 유대인 공동체를 가리키는 단어로 쓰이다 이주민 공동체를 의미하는 단어로 확장되었다. ― 옮긴이

는 제작비 지원은 글래스고를 경제적으로 매력적인 곳으로 홍보하고 도시 재생에 필수적인 지역 '창조 경제'를 부흥시키기 위해 고안된 공공 지원책이었다. 그러므로 〈내 이름은 조〉와 〈스위트 식스틴〉 같은 영화의 제작은 영화 제작 중심지로서의 스코틀랜드의 인지도를 높이고 스코틀랜드의 이미지를 전 세계에 유통시키는 데 중요한 역할을 하리라고 기대되었다. 하지만 조너선 머레이Jonathan Murray가 지적한 것처럼 글래스고를 "사람을 우울하게 만드는 침체된 탈산업화 시대의 디스토피아"의 이미지로 묘사한 이 영화들은 글래스고를 "활기차고 현대적인 창의력의 중심지"로 재창조하고자 한 이들의 기대를 좌절시켰다.[430] 물론 이는 그냥 지나갈 일이 아니었다. 그 지역의 노동당 하원의원 데이비드 케언즈David Cairns는 그리녁 지역을 음울하게 묘사한 〈스위트 식스틴〉이 투자 유치를 방해할 수도 있다고 우려했으며, 다른 이들도 그런 이미지가 관광 산업에 미칠 수 있는 악영향에 대해 불안해했다.[431] 채널 4의 전국 및 지역국장 스튜어트 코스그로브Stuart Cosgrove도 로치는 "우리가 초대한 프로페서 둠■"이었다면서, 이 영화들은 "스코틀랜드에 대해 실패의 이미지만 너무 강조"했으며 아무리 "가난과 궁핍"이 여전히 "해결해야 할 문제"라고 하더라도 동시대 스코틀랜드인의 경험의 "결정적 특성"을 보여 주지 못했다고 비판했다.[432]

하지만 로치와 래버티는 이미 새로운 방향으로 선회한 상태였다. 아마도 자신들의 작품에 대한 앞선 비평들을 의식한 듯, 동시대 스코틀랜드를 상당히 낙관적으로 그린 작품을 내놓은 것이다. 2001년 9월 11월에

■ 경제 비관론자를 뜻하는 닥터 둠Dr. Doom을 변형한 표현이다. — 옮긴이

일어난 '9·11' 사건으로 인해 이슬람교도들에 대한 분위기가 변화한 데 대한 반응이 담긴 이 영화는 글래스고에 살고 있는 아시아계 2세 카심(아타 야쿠브Atta Yaqub)과 가톨릭교도 아일랜드인 교사 로이진 핼론(에바 버티슬Eva Birthistle)의 로맨스를 다루었다. 1990년대 이후 만들어진 로치의 영화들의 놀라운 특징 중 하나는 로맨스에 대한 강조다. 〈하층민들〉은 스티비와 수잔의 로맨스, 〈칼라송〉도 조지와 칼라(오양카 카베사스Oyanka Cabezas)의 로맨스를 다루었다. 하지만 로맨스가 캐릭터들로 하여금 자신의 새로운 면들을 발견하게 함으로써 갱생의 가능성을 보여 준다 해도, 〈내 이름은 조〉에서 본 것처럼, 로치의 영화들은 로맨스의 성공 혹은 실패가 개인의 노력만이 아니라 사회적, 경제적 요인에도 달려 있는 것이라고 강조했다. 그러므로 〈다정한 입맞춤〉에 나타난 종교적, 인종적 차이도 처음에는 두 연인을 떼어놓기에 충분한 파급력을 가진 것으로 보인다. 로이진과의 관계가 깊어지고 있음에도 불구하고 카심은 자신이 파키스탄에 사는 사촌과 결혼해야 한다는 사실을 숨기며 가족과 종교 때문에 약혼을 깨지도 못한다. 나중에 그는 "그건 사랑이 아니야. 훨씬 더 큰 문제야"라고 로이진에게 말한다. 그런가 하면 로이진은 지역 교구 신부의 선입견에 부딪힌다. 신부는 그녀가 가톨릭교도가 아닌 남자를 만나며 "죄"를 저지르고 있다면서 가톨릭 학교의 종신직을 얻는 데 필요한 동의서를 써주지 않는다. 그녀는 결국 카심에게 "우리는 이도저도 아니야"라며 원망 섞인 투로 말한다. 영화의 제목은 이별에 관한 로버트 번스Robert Burns의 노래("다정한 입맞춤, 그리고 돌아섬이! 작별의 인사, 그리고 영원함이")에서 따온 것이며, 로치의 다른 영화들에서처럼 노래의 우울한 느낌은 두 연인의 헤어짐을 예고한다. 결국 카심이 로이진에게 자신은 그녀의 "짝"이 아니라고 말한 뒤, 울고 있는 로이진과 차를 타고 떠나가는 카심을 보여 주는

문화 차이를 뛰어넘는 사랑: 〈다정한 입맞춤〉의 카심(아타 야쿠브)과 로이진(에바 버티슬)

KEN LOACH

숏들 너머로 그 노래가 들린다.

이렇듯 이 영화는 동시대 인종 문제에 대해 발언하기 위해 문화 차이를 뛰어넘는 사랑이란, 닳고 닳은 내러티브 관습에 기댄다. 하지만 전통과 모더니티의 단순 대조를 통해 동－서 관계를 설정하지는 않는다. 카심의 아버지 타릭(아흐마드 리아즈Ahmad Riaz)은 자식들이 서구식 보편적 자유(배우자 선택, 대학 전공 선택)를 누리는 것에 반대하는데, 영화는 타릭의 관점이 식민주의, 이주, 인종 차별 경험에 의해 형성된 것임을 강조하기 위해 애쓴다. 나아가 가톨릭의 편협함을 강조하는 것은, 비록 균형 있는 시각을 전달하기 위한 작위적인 방법처럼 보이긴 해도, 어쨌거나 '서구' 자체가 결코 세속적 합리주의의 발원지라 할 수 없다는 사실을 환기시킨다. 또한 영화는 로이진을 스코틀랜드인이 아닌 아일랜드인으로 설정함으로써 어떻게 아일랜드와 파키스탄, 두 국가가 모두 식민주의에 의한 분열과 국외 이주의 역사를 통해 지금의 모습을 이루게 되었는지 상기하고자 한다. 하지만 로치의 영화치고는 놀랍게도 〈다정한 입맞춤〉은 내러티브 설정에 내재돼 있는 염세주의를 극복하기 위해, 그리고 두 남녀가 그들 사이에 놓인 장애물을 극복할 능력이 있음을 보여 주기 위해 분투한다. 이는 로치의 영화에서 별로 나타난 적이 없는 특징일 뿐 아니라 이 영화가 만들어진 시기를 고려할 때 중요한 특징이기도 하다. 9·11 사건과 그 사건이 영국의 이슬람교도들에게 미친 영향은 〈야스민Yasmin〉(2004), 〈브래드포드 폭동Bradford Riots〉(2006) 등 영국 내에서 인종 갈등으로 인한 긴장이 높아지고 있음을 보여 주는 텔레비전 드라마와 영화들의 제작으로 이어졌다. 예를 들어 〈야스민〉은 로치가 예전에 몸담았던 제작사 패럴럭스의 작품이자 그가 계속 같이 일하고 있는 샐리 히빈이 제작한 영화였다. 이 영화는 잉글랜드 북부에서 촬영했지만 감독 케니 글레넌

Kenny Glenaan이 스코틀랜드인이라 스코틀랜드 스크린Scotland Screen으로 부터 지원금을 받을 수 있었다. 하지만 〈다정한 입맞춤〉과 비교하면 〈야 스민〉은 인종 갈등 상황을 훨씬 더 비관적으로 바라본 영화였다. 주인공 야스민(아치 판자비Archie Panjabi)은 9·11 이후 주변의 선입견과 경찰의 탄 압이 훨씬 심해지자 그동안 유지해 왔던 서구적 라이프스타일은 물론 직 장에서 만난 백인 남자 친구와의 로맨스도 거부하게 된다. 반면 〈다정한 입맞춤〉에서 카심은 두고 보라는 아버지의 경고에도 불구하고 자신이 좋 아하는 사람을 선택함으로써 궁극적으로는 가족의 소망을 배반한다. 그 러므로 〈야스민〉과 〈브래드포드 폭동〉 같은 작품들이 정치적 사건이 어 떻게 이슬람교도들로 하여금 '중간자'적 입장을 버리고 명확한 인종적, 종교적 뿌리를 찾아가도록 압박했는지에 대해 설명했다면, 〈다정한 입맞 춤〉은 새로운 혼종적 문화 정체성을 지닌 이들의 삶들이 계속 유지될 수 있는 가능성을 타진한다. 이는 영화의 도입부에도 표현돼 있다. 카심의 여동생 타하라(샤바나 바크슈Shabana Bakhsh)가 학교 토론 시간에 이슬람교 도라는 단일적 정의를 거부하며 자신은 "가톨릭 학교를 다니며 글래스 고 레인저스 FC를 응원하는 글래스고 사람, 파키스탄 사람, 이슬람교도 10대" 모두이며 "매력적인 혼혈"이라고 선언하는 장면은 거의 교훈적일 정도다.

〈다정한 입맞춤〉의 제작 노트에 이 영화가 "단지 개인의 정체성만이 아니라 정체성 문제 자체를 다루는 영화"라고 설명돼 있는 것도 그래서 다.[433] 이런 면에서 주인공 커플은 다양한 문화 정체성과 사회적 유산을 아우르는 새로운 종류의 사회 정착민을 대표한다. 하지만 이런 '민족적 로맨스'는 특정한 방식을 통해 만들어진 것이기도 하다. 로치의 전작들 과 달리 이 영화는 부유층 세계를 배경으로 한 드라마다. 타릭은 자수성

가하여 자식들을 모두 대학에 보냈거나 보낼 예정인 인물이다. 카심은 숙련된 회계사이자 야심찬 클럽 소유주이고, 로이진도 갑작스레 스페인으로 떠날 수 있을 정도의 돈은 갖고 있는 교사다. 모든 캐릭터들은 교외에서 안락하게 살아가고 있으며 트렌디한 나이트클럽과 고급 바가 있는 글래스고의 세련된 신도시 지역을 배경으로 한 장면이 많이 나온다. 이런 장면들은 로치의 이전 영화들의 중심에 위치했던 사회 지형과 정반대의 도상학을 보여 준다. 이 영화에 중요하게 나오는 유일한 노동 계급 캐릭터들은 타릭이 집 증축 공사를 위해 고용한 '오줌싸개 로디'(데이비드 매케이), '큰 로디'(레이먼드 먼즈Raymond Mearns), 대니(게리 루이스Gary Lewis)가 전부다. 그러나 그들은 드라마의 중심에 있진 않으며, 로이진의 그랜드 피아노를 옮기는 장면에서처럼 주로 코미디로 극적 긴장을 완화시키는 역할에만 머문다. 어떤 면에서 이런 사회적 지형의 변화는, 그들이 〈내 이름의 조〉의 조 같은 인물과 달리 경제적 문제에 시달리지 않기 때문에 자신만의 선택도 할 수 있다는 사실을 주지시킨다. 그래서 카심도 아버지에게 자신의 선택을 존중해 달라고 요구할 수 있는 것이다. 물질적 결정 인자를 별로 중요하지 않은 것으로 다루는 방식은 인종적, 문화적 긴장이 경제적 차원으로 환원될 수 없다는 사실을 인정하는 것이기도 하다. 실제로 스코틀랜드에서 비교적 작은 아시아 공동체는 주로 중산층에 속하기도 한다. 로치의 말을 인용한 제작 노트의 한 구절도 이렇게 설명한다. "이 영화에서 문제가 되는 것은 돈보다 훨씬 덜 실재적이지만 돈보다 훨씬 더 영향력 있는 무언가다. '이것은 사람들이 자신을 어떻게 규정하는가에 관한 영화이다.'" 하지만 이 영화는 앞선 두 편의 스코틀랜드 영화에서는 너무나 중요했던 돈의 문제를 배제함으로써 계급 정치학과 정체성 정치학이 어떻게 교차하고 뒤엉키는지를 살피기보다 둘을 분리하는 일에 더 집중한 것으로 보인다.

〈자유로운 세계〉

〈다정한 입맞춤〉이 스코틀랜드계 아시아인의 경험을 다루면서 혼종적 정체성의 새로운 형태를 추적했다면, 〈자유로운 세계〉는 2004년 유럽연합 확대에 따른 경제 이민으로 생겨난, 전혀 다른 종류의 다문화주의를 다룬다. 로치는 〈하층민들〉에서 스코틀랜드와 잉글랜드 북부를 포함한 영국 전역의 노동자들이 저임금 일자리를 찾아 런던으로 오게 되는 과정을 보여 준 바 있다. 〈빵과 장미〉는 LA에서 일하는 중앙아메리카 출신 이주 노동자들의 문제를 다루었다. 〈자유로운 세계〉에서는 일자리를 찾아 결국 런던까지 올 수밖에 없게 된 전 세계의 합법 및 불법 이주 노동자들, 특히 동유럽 출신 이주 노동자들이 고용주들에게 다양한 형태로 학대당하는 문제를 다룬다. 이런 측면에서 이 영화는 노동력의 재배치가 일어나는 런던의 주변부를 다룬 〈더티 프리티 씽*Dirty Pretty Things*〉(스티븐 프리어스, 2002) 같은 영화와도 유사성을 갖는다.■ 익명의 이스트 런던 지역(레이톤스톤)을 배경으로 한 〈자유로운 세계〉는 랜드마크들을 중심으로 한 런

■ 샬럿 브런스던Charlottes Brunsdon은 〈더티 프리티 씽〉이 "보통 영화에서 보는 것과 전혀 다른 방식으로" 런던 도착 장면을 보여 주는 내러티브 전통을 따르고 있다고 설명한다. *London in Cinema: The Cinematic City since 1945*, London: BFI, 2007, p.117. 로치의 작품에서 그런 내러티브 전통은 〈청년의 일기〉와 〈캐시 컴 홈〉으로까지 거슬러 올라간다. 이들 작품에서 순진한 주인공들은 예상과 전혀 다른 모습의 런던에 도착한다.

던의 관습적 이미지를 신중하게 피해 가면서 런던을 극중 이주 노동자들의 고향인 폴란드 도시 카토비체와 별반 다를 것 없는 도시로 그린다. 그 이주 노동자들이 런던에서는 집 대신 이동식 주택 주차장에 사는 '제3세계' 시민으로 전락해 있다는 사실을 제외하면 말이다. 하지만 이 영화의 특이한 점은 단순히 경제적 착취의 피해자에게만 주목하지 않는다는 점이다. 로치가 설명한 것처럼 그는 "관객의 이목을 끌 만한 곤경 속의 주인공이 나오는 영화를 주로 만들어 왔다." 그러나 그와 래버티는 이번에는 "반대편에 있는 사람들의 태도와 사고방식을 살펴보는 것도 재밌겠다"고 생각했다.[434] 그러나 이 영화에 나오는 착취자의 상황은 피착취자의 그것과 그리 다를 게 없다. 〈레이디버드 레이디버드〉의 매기와 별반 다르지 않은 앤지는 '싱글맘' 노동자로, 처음에는 폴란드에 있는 직업소개소 직원으로 나오지만 동료의 성희롱에 저항했다가 해고를 당한다. 이 일로 인해 그녀는 동거녀 로즈(줄리엣 엘리스Juliet Ellis)와 함께 동네 술집 뒷방에다 새 직업소개소를 차리고 동유럽에서 온 이주 노동자들에게 공장이나 건설 현장 임시직 일을 알선해 준다. 물론 그들도 처음에는 합법 이주 노동자들만 상대하려고 하지만, 그곳도 곧 고용 불안정, 피고용자 권리 무시, 사기 문제 등이 횡행하는 험상궂은 세계로 변해 간다. 그리하여 처음에는 이주 노동자들에게 세도 놓고 하면서 돈을 좀 버는 것처럼 보였던 앤지도 거래처 사장 중 하나인 데릭(프랭크 길룰리Frank Gilhooley)에게 받은 것이 부도 수표로 밝혀지고 남자 노동자들에게 임금을 지불하지 못하게 되면서 끝내 실패하고 만다. 이 영화의 클라이맥스는 돈을 못 받은 이주 노동자 중 세 남자가 그녀의 아들을 납치하고, 그녀의 집에 쳐들어가 그녀를 협박하는 대목이다. 하지만 이 일이 그녀의 마음을 되돌리진 못하며, 영화 마지막에 앤지는 앞서 의류공장장이 말한 것처럼 EU 가입국 시민들보다

'착취를 행하다': 〈자유로운 세계〉의 앤지(키어스턴 워레잉)

KEN LOACH

더 말을 잘 들을 수밖에 없는 불법 이주 노동자들을 모집하러 우크라이나에 간다.

이런 식으로 영화는 자신의 안위를 위해 다른 사람들을 이용하는 비도덕적인 캐릭터에 집중한다. 영화 초반에 앤지는 스스로를 "불쌍한 싱글맘"으로 소개하는데, 그런 그녀는 〈캐시 컴 홈〉, 〈불쌍한 암소〉, 〈레이디버드 레이디버드〉의 여주인공들과 마찬가지로 가족 해체의 위기에 처한 희생양으로 그려진다. 이를테면 한 신에서 그녀는 소년범죄자관리부에 아들과 다시 함께 살 수 있게 해달라고 부탁한다. 그녀의 아들은 분열 성향을 보여 할아버지 집에 맡겨져 있다. 하지만 로치가 보기에 앤지는 "자신과 자기 직계 가족 외의 사람에 대해서는 아무런 사회적 책임도 느끼지 못하는 '딱 그녀 세대' 사람"이다.[435] 로즈가 방세로 번 돈을 보수를 떼인 노동자들에게도 나눠 주는 게 "마땅한 일"인 것 같다고 하자 그녀는 "여긴 자유로운 세계잖아. …… 난 신경 안 써"라고 딱 잘라 말한다. 그리고 그녀가 자신이 데려올 이주 노동자들이 살 곳을 마련하기 위해 이동식 주택 주차장에서 살아가고 있는 다른 이주 노동자들을 강제 퇴거시키자, 로즈도 그녀를 떠난다. 이렇듯 돈을 위해서라면 로즈와의 우정도, 카토비체에서 만난 젊은 폴란드 노동자 카롤과의 로맨스도 내다 버릴 수 있는 앤지는 대처주의적 사업가의 전형으로 볼 수 있다. 이런 점에서 그녀는 그녀의 아버지 제프와 대치되는 입장에 있다. 실제로 하역부와 노조 활동가였던 콜린 코플린Colin Caughlin이 연기한 제프는 고용 안정, 정상적 노동 조건, 조합 대표제의 오랜 전통을 대표하는 인물로, 손자와 함께 딸의 사무실을 방문했다가 충격을 받고 그녀에게 "아직도 이 짓을 하고 있을 줄이야"라고 말한다.

하지만 전통적인 노동 계급 문화의 붕괴와 이주 노동자에 대한 착취를 젠더의 측면에서 바라본 방식에도 문제는 있다. 영화는 여성 주인공을 사회적 환경의 피해자로 단순히 위치시키지 않으려고 하지만, 그녀를 이용해 자유 시장 경제의 불평등을 드러내는 방식은 그녀가 비정상적 수단을 통해 남성 권력을 침해한 것처럼 보이게 한다. 물론 경기 하락과 전통적 노동 계급의 경제적, 정치적 영향력의 감소를 남성의 전통적인 가부장 역할의 퇴조와 연결시키는 것은, 로치의 영화들은 물론 당시 영국 영화의 일반적 특징 중 하나였다. 많은 경우 이런 남성성의 위기는 여성 권력의 신장과 남성 역할 및 남성 영역으로의 여성의 유입과 관련이 있었다. 어떤 면에서는 〈자유로운 세계〉도 자기 사업을 운영하고 남편 없이도 생계를 유지하며 성적 관계에 있어서도 주도적으로 행동하는 여자를 등장시켰다는 점에서 그런 영화들의 전철을 따른 것이다. 구직 상담 모임에 온 남자들이 "더 이상 우리를 필요로 하는 곳은 아무데도 없"으며 "우린 쓸모없는 존재"가 됐다고 불평하는 〈폴 몬티*The Full Monty*〉(피터 캐터니오.Peter Cattaneo, 1997)에서처럼, 이 영화의 스코틀랜드 출신 바텐더 앤디(레이먼드 먼즈)도 휴대폰으로 업무를 보는 앤지와 로즈를 향해 "남자들은 완전히 쓸모없어질 것"이며 "너희 여자들이 세상을 다스리게 될 것"이라고 선언한다. 그러나 의미심장하게도 그들의 대화는 앤지가 아들 학교 행사를 잊고 있었음을 알려 주는 전화로 중단된다. "세상을 다스릴" 앤지의 능력은 당연하게도 극히 미약한 수준으로 제한되며, 영화는 그녀가 종사하는 분야의 소유권과 통제권이 누구에 있는지 보여 주는 실질적 경제 관계에 대해 명확히 설명하지 않는다. 주로 중개인들과만 거래하는 앤지도 그에 대해선 아는 바가 없다. 그러나 설령 그녀가 노동 계급 여성보다 나을 게 없다 하더라도 그녀는 눈에 보이지 않는 권력 관계를 대신 드러내 주는 존재이며, 그렇기 때문에 그녀가 부려 먹고 속여 먹은 남자들의

납치당하다: 〈자유로운 세계〉의 앤지

표적이 된다.

　이런 측면에서 이 영화의 클라이맥스는 복면을 쓴 남자들이 그녀의 집에 쳐들어오는 장면이다. 로치는 DVD 코멘터리에서 이런 내러티브 장치 덕분에 〈하층민들〉과 〈네비게이터〉에 나왔던 심각한 산업 재해 장면을 대체할 만한 신을 만들어 낼 수 있었으며, 그들이 원하는 것은 분명 그들이 번 만큼의 돈일 뿐이라고 설명한다. 하지만 영화는 독립적인 여주인공이 자신이 부당하게 취급한 남자들에게 굴욕을 당하는, 복수 판타지의 요소 또한 갖고 있다. 이 시퀀스는 앤지와 그녀의 아들 제이미(조 시플릿 Joe Siffleet)가 집에서 DVD를 보고 있는 장면으로 시작된다. 그들이 보고 있는 닐 마셜Neil Marshall의 호러 영화 〈독솔저Dog Soldiers〉는 영국 군인들이 한참 뒤에야 정체가 밝혀지는 늑대 인간에게 공격당하는 내용이다. 왜 이 영화가 사용되었는지 확실히 알 수는 없지만, 대중 영화의 폭력성을 보여 주고 그것과 제이미의 폭력성 사이의 유사성을 설명하고자 한 것 같기도 하다. 제이미가 납치된 뒤 앤지가 거리를 뒤지다 집으로 돌아왔을 때 그녀는 방한모를 뒤집어쓴 남자들에게 포위된다. 외화면에서 갑자기 튀어나온 그들에 의해 의자에 묶인 신세가 된 그녀는 자신도 모르게 오줌을 지린다. 그중 한 사내가 그녀 "같은 사람들"이 얼마나 무신경하게 다른 사람들을 등쳐 먹고 착취하는지에 대해 일장 연설을 하지만, 그럼에도 이 신은 호러 영화나 범죄 영화로부터 전해 내려온 위협적이고 폭력적인 분위기에 더 많이 기대고 있다. 이렇듯 이 영화는 남성의 불이익과 권리 박탈을 상징하게 된 커리어 우먼에 대한 처벌의 의미도 내포하고 있다.

"자기 팀의 동료들을 믿어야지": 〈룩킹 포 에릭〉

〈자유로운 세계〉가 비교적 음울한 분위기였다면 〈룩킹 포 에릭〉은 〈다정한 입맞춤〉의 상대적 낙관주의로 되돌아간다. 어떤 면에서 이 영화는 로치에게 익숙한 풍경으로부터 출발한다. 갑작스런 공황 발작에 로터리를 반대 방향으로 돌고 마는 에릭 비숍(스티브 이베츠Steve Evets)은 살 날이 얼마 남지 않은 인물이다. 그러나 그의 공황 발작은 실업이나 빚 때문이 아니라 첫 번째 아내 릴리(스테파니 비숍Stephanie Bishop)를 30년 만에 만날 수 있게 돼서 생긴 것이다. 이런 측면에서 에릭의 위기는 사회적, 경제적 요인보다 개인적 요인에 의해 발생한 것이다. (사회적, 경제적 요인이 그의 두 의붓아들에게도 영향을 미침으로써 그가 자존감을 회복하기 어렵게 되긴 하지만 말이다.) 에릭의 회복에 가장 핵심적 역할을 하는 것이자 이 영화에 독창성을 부여하는 것 또한 상상 속 친구이자 전 맨체스터 유나이티드 축구 선수 에릭 칸토나와의 관계다. 사실 칸토나와 프랑스 제작자 파스칼 코셰토Pascal Caucheteux는 이전에 어느 실제 축구팬에 관한 아이디어를 들고 로치를 찾아온 적이 있으며, 그 아이디어는 결국 폐기됐지만, 이후 래버티의 시나리오에 영감을 불어넣어 주었다. ■

스스로도 축구 팬으로서 로치는 1970년대에 바스로 이사한 뒤 계

■　축구 선수 은퇴 후 칸토나는 연기에 뛰어들었으며 영화 〈엘리자베스*Elizabeth*〉(세자르 카푸르Shekhar Kapur, 1998)에서 프랑스 대사로 출연한 적도 있다. 그가 선수로 활동하던 당시 나온 책인 《칸토나가 말하는 칸토나*Cantona on Cantona*》(London: Andre Deutsch, 1996)에서 그는 자신의 "오래된 열정" 중 하나는 영화라고 했으며, '유토피아' 섹션에서는 사회적 정의가 더 많이 실현되어야 한다고도 말했다(n.p.).

속 응원해 온 바스 시티 FC에 관해 짧은 텔레비전 다큐멘터리 〈어나더 시티: 바스 FC의 일주일*Another City: A Week in the Life of Bath's Football Club*〉 (1998)도 만든 적이 있다. 하지만 〈룩킹 포 에릭〉과 가장 비슷한 작품은 그가 1960년대에 에버튼 FC에 관해 만든 다큐멘터리 드라마 〈골든 비전〉이다. 〈골든 비전〉의 제목은 에버튼의 센터포워드 알렉스 영을 가리키는 표현이며, 가공된 인물인 축구 팬 조 호리건은 드라마의 마지막에 구디슨 파크에서 영과 똑같은 자세로 골을 넣는 자신의 모습을 꿈꾼다. 〈룩킹 포 에릭〉에서 에릭 비숍은 자신의 영웅 에릭 칸토나에 의지해 자신이 처한 위기에서 벗어나고자 한다. 칸토나가 등장하기 전, 미트볼(존 헨쇼John Henshaw)의 진행 아래 에릭과 우체국 직원 동료들은 에릭의 거실에 모여 자기 계발 시간을 갖는다. 미트볼은 폴 매케나의 책《즉석 자존심*Instant Confidence*》의 내용을 바탕으로 하여 모인 사내들에게 '가능성 발전기'를 돌려 보라고 권한다. 그들이 닮고 싶을 정도로 자신감과 카리스마를 가진 인물을 떠올려 보라는 것이다. 이에 새미 데이비스 주니어, 피델 카스트로, 넬슨 만델라, 간디, 프랭크 시나트라 같은 인물들이 거론된다. 하지만 에릭은 "킹 에릭 …… 역사상 최고의 축구 선수" 칸토나를 선택한다. 이어지는 시퀀스에서 에릭은 의붓아들의 마리화나를 피우며 자신의 축구 영웅 포스터에게 말을 거는데, 그때 진짜 칸토나가 나타난다. 리얼리티를 중요하게 생각하는 로치의 영화에서 판타지 사용은 아주 드물게만 이루어져 왔다. 얼마 안 되는 사례 중 하나가 〈골든 비전〉에서 골을 넣는 상상 장면이었다. 하지만 여기에 사용된 판타지는 이 시퀀스에 등장한 것이 실제 에릭 칸토나라는 점에서 또한 특이한 경우다. 〈골든 비전〉에도 알렉스 영이 나오긴 했지만, 그는 하나의 캐릭터라기보다 다큐멘터리 푸티지 속 인물로 등장했다. 하지만 〈룩킹 포 에릭〉에서 칸토나는 실제 그의 득점 장면 푸티지와 유명한 '갈매기' 인터뷰▪ 푸티지에도 등장할 뿐만 아니라 상상적 캐릭터로서의 자신(혹은 크레딧에 쓰인 대로 '자기 자신lui-même') 을 직접 연기하기도 한다. 물론 이 판타지 시퀀스는 다큐멘터리화의 요소를 끌어들인 것이라고 볼 수 있다. 영화 관객은 이 시퀀스를 허구적 캐릭터의 투영으로 해석할 수도 있고, 실제 인물이 등장하는, 즉 리얼리티를 기록한 것으로 볼 수도 있다.▪▪

칸토나의 역할은 물론 에릭에게 상담사가 되어 주는 것이며 그가 삶을 재건할 수 있도록 돕는 것이다. 이 과정에 "주사위 던지기를 두려워하는 자는 6이 나오는 걸 볼 수도 없다," "가장 고귀한 복수는 용서하는 것이다" 같은 칸토나식 경구가 많이 등장하긴 하지만, 그의 가장 의미심장한 통찰은 에릭이 우편 배달을 하면서 동시에 그와 대화를 나누는 '이중현실' 시퀀스에서 나온다. 바로, 자신에게 축구를 하면서 "가장 달콤했던" 순간이 언제였냐고 묻는 에릭의 질문에 예상과 달리 골을 넣은 순간이 아니라 토트넘 홋스퍼 FC와의 경기에서 데니스 어윈Denis Irwin에게 공을 패스했던 순간이라고 답한 것이다. 그러자 에릭은 "그가 골을 못 넣었으면 어쩔 뻔했냐"고 묻는데, 거기에 칸토나는 "자기 팀 동료들을 믿어

▪ 1995년 크리스털 팰리스 팀과의 원정 경기에서 칸토나는 자신에게 야유를 퍼붓는 상대팀 관중을 발로 찬 뒤 인터뷰에서 "갈매기가 고깃배를 따라오는 것은 어부들이 바다에 정어리를 던져 줄 걸 알기 때문이다"라고 말했다. — 옮긴이

▪▪ 폴 래버티는 트럼펫 연주나 패스에 관한 것들을 포함해 영화 속에서 칸토나가 하는 대사의 상당수가 실제 대화를 바탕으로 한 것이라고 설명했다. "Introduction," *Looking for Eric*, pp.12~13. 현실을 바탕으로 한 점은 이 시퀀스들의 성격이 판타지의 범위를 벗어나 있다는 의미이기도 하다. 예를 들면 에릭은 칸토나가 무슨 말을 하는지 알아들을 수 없다. 그가 프랑스어를 쓰기 때문이다. 이 시퀀스들이 온전히 에릭의 주관적 판타지라면 벌어질 수 없는 상황이다.

야지 …… 항상"이라고 답한다. 이는 사실상 이 영화의 메시지이기도 하다. 이 영화는 사회적 병폐에 대해 집단 투쟁하는 것이 가치 있는 일이라고 말한다. 영화의 중후반, 에릭의 삶이 변화하기 시작한 것은 맞지만, 아직 그는 릴리와 재결합하기 직전이다. 그리고 두 의붓아들, 그중에서도 특히 그 지역의 조직폭력배 잭(스티브 마시Steve Marsh)을 호위하기 위해 총을 들고 다니는 라이언(제라드 컨즈Gerard Kearns)의 행동은 더 나은 삶에 대한 에릭의 전망을 위태롭게 만든다. 에릭이 라이언을 대신해 잭을 찾아가 보지만 잭과 그의 부하들은 그가 핏불테리어에게 당하는 모습을 동영상으로 찍어 유튜브에 올림으로써 그에게 단단히 망신을 준다. 그런 그를 곤경에서 구해내는 것은 한 명의 영웅이나 셀레브리티가 아닌 자신의 평범한 '팀 동료들,' 우체국 직원들과 같은 팀 축구 팬들의 단체 행동이다.

이런 측면에서 중요한 하위 주제 하나는 축구 팬들이 자신이 응원하는 구단과 맺고 있는 관계다. 일찍이 〈골든 비전〉에서 로치는 축구단을 응원하는 사람들과 축구단을 운영하는 사람들 간의 분열을 보여 주었다. 가령 에버튼 FC의 감독 존 무어스가 구단 외 사업 관련 문제에 대해 이야기하는 장면이 나오기도 했다. 〈룩킹 포 에릭〉에서는 구단주와 서포터즈 간의 이런 균열이 훨씬 극심하게 드러난다. 인상적인 술집 신에서 에릭의 동료 스플린(저스틴 무어하우스Justin Moorhouse)은 FC 유나이티드 유니폼 상의를 입고 있다. 맨체스터 유나이티드 서포터즈들이 너무 높은 티켓 가격과 맨체스터 유나이티드의 재벌 경영진에 저항 시위를 벌이며 만든 '시민 클럽'용 저지 셔츠이다.[■] 그 장면은 맨체스터 유나이티드 팬들의 농담 주고받기로 이어진다. 스플린과 미트볼은 구단이 "뚱땡이 자본가"들에게 넘어가 버린 것과 그들이 "못 사는 철도 노동자들"을 주축으로 만들어진 구단의 노동 계급 뿌리를 무시하는 것에 대해 투덜거린다. (역설적이게도 라이언이 잭 밑에서 일하고 싶어 하는 이유 중 하나는 그를 통해 맨체스터 유나이티드의 경기 티켓을 구할 수 있기 때문이라는 사실이고, 이는 구단이 갱스터의 소유물이 되었음을 완곡하게 표현한 것이다.) 물론 이 신의 유머 중 일부는 스플린이 더 이상 구단에 대한 충성심을 갖고 있지 않음에도 맨체스터 유나이티드에 대한 애착을 버리지 못한다는 사실에 연유하고 있다(그는 사람들의 반응에 자신이 골 장면을 놓친 줄 알고 황급히 술집으로 돌아간다). 하지만 그럼에도 에릭이 가족의 문제를 해결할 수 있도록 돕는 것은 FC 유나이티드로 대변되는 '민중의 힘'이다. 이는 '칸토나 작전'이란 이름 아래 이루어진다. 주로 FC 유나이티드 서포터즈로 구성된 한 무리의 남자들이 칸토나 마스크를 쓰고 잭의 집을 습격하는데, 나중에 그들 중 칸토나 마스크를 쓴 실제 칸토나도 섞여 있었던 것으로 밝혀진다.■■

나는 1990년대에 발표한 비평문에서 그 시기에 나온 로치의 영화들과 〈브래스드 오프Brassed Off〉(마크 허만Mark Herman, 1996), 〈풀 몬티〉, 〈업 앤 언더Up 'n' Under〉(존 고드버John Godber, 1998) 등 연달아 흥행한 일련의 영국 코미디 영화들 사이의 유사성에 대해 지적한 바 있다. 이 영화들은 넓게 보아 비슷한 소재(탈산업화, 실업 문제, 남성성의 위기)를 다루었지만 각기

■ 영국에서 발매된 DVD에는 "팬 유나이티드"란 제목의 FC 유나이티드 전단지와 FC 유나이티드 경기 관람 티켓이 함께 들어 있었다. 글레이저 가문의 맨체스터 유나이티드 인수 이후 FC 유나이티드가 형성된 과정에 관한 설명은 다음을 보라. Gary James, *Manchester: A Football History*, Halifax: James Ward, 2008, pp.338~341.
■■ 1992년 탄생한 대단히 상업적인 프리미어리그의 수혜자였으며 고액 연봉을 받는 축구 선수인 칸토나가 반기업적 정서의 상징으로 나오는 것과 관련해 이 영화에 잠재적 긴장이 존재하는 것은 사실이다. 〈골든 비전〉에서는 알렉스 영 같은 스타 축구 선수와 공장 노동자들 간의 유사성을 보여 주는 것이 가능했지만, 엄청난 연봉과 셀러브리티의 시대가 도래하면서 축구 선수들의 '평범함'이란 점점 더 보여 주기 어려운 것이 되었다.

〈룩킹 포 에릭〉 중 '칸토나 작전'

다른 결말을 채택했다.[436] 후자에 속하는 영화들에서 캐릭터들이 직면한 사회 문제는 유토피아적 결말을 통해 성공적으로 극복됐다. 사람들은 브라스 밴드의 승리, 스트립쇼, 스포츠 경기 우승 등과 같은 집단적 성공을 통해 통합됐다. 반면 로치의 영화들은 실제 사회 문제에 대한 이런 상상적 해결이 사회적, 경제적 상황의 억압적 영향으로 인해 거의 불가능하다고 설명하는 것처럼 보였다. 하지만 개인의 위기 극복을 가능케 하는 집단의 힘에 대해 인정하는 〈룩킹 포 에릭〉은 이런 가설을 반증한다. 비록 이 영화에서 개인의 문제란 실업이나 가난 같은 일반적인 문제가 아니라 상당히 구체적인 문제들이긴 하지만 말이다. 어떤 측면에서 이는 반길 만한 진전이다. 앞서 지적한 것처럼 〈스위트 식스틴〉 뒤에 나온 〈내 이름은 조〉는 로치의 영화가 사회적, 정치적 변화에 대한 희망을 거의 완전히 잃어버린 것이 아닌지 우려하게 만들었다. 로치 스스로도 "관객들은 훨씬 비관적이며 변화의 가능성에 동참하고자 하는 의지도 훨씬 부족"하기 때문에 "그들 마음속에 변화의 의지를 심어 주기 위해서는 훨씬 더 많이 노력해야 한다"고 말했다.[437] 이런 측면에서 이 영화의 마지막에 나타나 있는 집단적 가치에 대한 유토피아적 환호는 로치의 통상적인 리얼리즘과 충돌하는 것이지만, 그럼에도 자신의 삶에 부재하는 사회 관계와 상호 관계성을 형성하고자 하는 관객의 욕망에 호소할 수는 있게 해주었다.■

한편 〈빅 플레임〉에서처럼 노동자들의 산업 현장 장악을 상상하는 것이 가능했던 초기의 작품들에 나타난 유토피아주의와 비교했을 때, 이

■ 텔레비전 연속극 〈코로네이션 가〉에 관한 글에서 리처드 다이어Richard Dyer는 "유토피아적 충동"이 공동체와 공동 관심사를 강조해 보여 주는 이 연속극의 노동 계급 재현 방식을 뒷받침한다고 설명했다. "Introduction," in Richard Dyer et al., *Coronation Street*, London: BFI, 1981, p.5.

것은 비교적 소박한 형태의 판타지다. 더군다나 이 영화 속의 집단주의 판타지는 실질적인 경제적, 정치적 권력자들이 아니라 사이코패스적인 조직폭력배를 겨냥하고 있다. 앞서 로치의 작품들이 교사, 사회복지사처럼 노동 계급 캐릭터들이 얼굴을 맞대고 살아야 하는 전문직 종사자 중산층에 비판적인 경향을 보임을 지적한 바 있다. 그러나 〈내 이름은 조〉나 〈스위트 식스틴〉 같은 영화에서 가장 위협적인 캐릭터는 경제적 필요에 의해 어쩔 수 없이 지하 세계에 발을 담그게 된 마약상이나 갱 두목이었다. 잭도 같은 유형에 속하지만 전작들에서와 달리 그의 피해자들은 반격의 의지를 갖고 있다. 하지만 갱스터와 자본가의 유비적 관계를 감안하고 본다 하더라도 저급한 조직폭력배를 무릎 꿇리는 일은 캐릭터들 앞에 놓인 중요한 사회적, 경제적 문제로부터 어느 정도 벗어나 있는 일로 보인다. 실제로 그 일에 동참한 사람들 중 대부분이 우체부라는 사실에 대해 별로 강조하지 않는 것도 이상해 보인다. 철도 노동자들과 마찬가지로 우체부들도 경쟁과 민영화의 이데올로기로 인해 고통받아 온 이들이다. 그 이데올로기는 우체부들의 실직, 지역 공동체와 깊은 유대 관계에 있는 우체국의 폐쇄, 영국우정공사 내 국제 우편 서비스 기능의 쇠락 등을 야기했다. 영국우정공사는 이 영화가 영국 내 우편 사업 영역에서 일어나고 있는 일에 대해 부정적으로 다룰까 봐 두려워했던 것이 분명하다. 그래서 로치는 실제 우편물 분류 사무소에서 촬영을 허가받지 못했고 대신 똑같이 생긴 세트를 지어야 했다. 하지만 잭이 그들이 우체부임을 알 수밖에 없다는 농담을 제외하면 이 영화는 우체부에 영향을 미친 경제적, 조직적 변화에 대해 이상할 정도로 침묵하는 모습이다.

〈풀 몬티〉 같은 사회 코미디에 대한 비판 중 하나는, 그런 영화들이 개인적 위기에 대한 집단주의적 해결책을 가치 있게 다루긴 했지만 남성 중심의 전통적인 노동 계급 문화와 관련한 퇴행적 공동체 의식을 바탕으로 그런 결론에 도달했다는 것이었다. 이런 이유로 클레어 몽크Claire Monk도 〈풀 몬티〉와 〈브래스드 오프〉가 역사적으로 "직장과 노동자 사교 클럽"을 중심으로 형성돼 온 "동성 공동체"를 복원함으로써 계급 불평등의 문제를 젠더 관계를 통해 해소하고자 했다고 비판했다.[438] 〈풀 몬티〉와 비교했을 때 〈룩킹 포 에릭〉은 탈산업화가 야기한 남성성의 위기에 대해 별 관심이 없는 것처럼 보이며 부분적으로는 그 문제를 중년의 위기로 바꾸어 놓기도 하지만, 에릭의 자존감 회복 과정은 여전히 젠더적 측면을 지니고 있다. 영화의 도입부에 나오듯 그는 두 번째 아내로부터 버림받은 홀아비이며 두 의붓아들을 양육할 책임이 있는 보호자이긴 하지만 그 여성적 역할을 수행하는 데서는 별로 성공적이지 못한 모습이다. 그의 공황장애도 첫 번째 아내와의 만남에 대한 기대 때문에 발생하는데, 그의 첫 번째 아내는 그와 달리 자신을 잘 돌봐온 사람으로 병원에서 제대로 된 일을 하며 살고 있다.

이런 측면에서 '칸토나 작전'은 에릭으로 하여금 두 아들로부터 다시 존경받을 수 있게 해줄 뿐 아니라 딸의 졸업식 때 릴리와 잠정적으로 재결합할 수 있게 도와준다. 이때 자아와 남성성의 완전한 회복을 가능하게 하는 것도 백인 남성 집단에 의한 작전이다. 여러모로 1960년대 이래 로치의 영화가 노동 계급 경험을 가장 잘 대표하는 것으로 여겨온 집단 역시 북부의 남성 중심 노동 계급이다. 하지만 1970년대 이후 계속돼 온 제조업과 중공업의 쇠퇴는 영국 노동 계급의 성격을 필연적으로 변화시켰다. 일각의 주장에도 불구하고 이것이 노동 계급의 종말을 의미하진 않았지만, 노동 계급의 직업 구성이 서비스업과 경공업 분야에 훨씬 집중되게 된 것은 사실이다. 또 지리적으로는 잉글랜드의 북부보다 남부에 집중

됐다. 이는 또한 노동력의 사회적 구성에서 여성 노동력과 흑인, 아시아계 노동력의 비율이 훨씬 높아지게 되었다는 의미기도 하다. 휴 베이넌이 주장한 것처럼, 현대적 육체 노동 형식의 특성인 "직업 및 계약 형태의 복잡화"는 "젠더 및 인종 문제와 결합하여 단순한 이미지로 나타낼 수 없는 모자이크를 만들어 낸다."[439] 그러므로 〈룩킹 포 에릭〉의 마지막에 나오는 집단 행동은 공동체와 팀워크가 더 많은 가치를 갖는 사회를 욕망하는 목소리를 성공적으로 전달하지만, 그것이 제안하는 공동체의 모델은 현대 노동 계급 경험의 복잡성을 무시하고 있는 것이 사실이다.

물론 〈룩킹 포 에릭〉이 만들어진 시기에 대해 지적할 필요도 있다. 이 영화의 개봉 6개월 전, 전 지구적 경제는 자유 시장 경제로 인해 붕괴 직전 상태에 놓였고 영국 정부도 노던 락, HBOS, RBS 같은 금융 기관들의 긴급 구제에 나서야 했다. 이런 사태는 지난 30년 동안 줄곧 승리해 온 신자유주의 경제 정책의 실패를 명확히 보여 주는 것이었지만, 정치인들은 문제가 있는 것으로 밝혀진 경제 체제 앞에서 아무런 힘도 쓰지 못했으며 그에 대한 어떤 대안도 내놓지 못했다. 실제로 영국의 경우, 2010년 5월에 새로 들어선 보수당과 자유민주당의 연립 정부는 애당초 위기를 초래한 금융 시장 등의 민간 분야를 정비하는 대신 공공 분야를 공격하면서 1980대 초의 신자유주의 정책으로 되돌아갔다.■ 이런 맥락에서

■ 로치도 연립 정부의 행동을 "계급 갈등"을 명확히 보여 주는 사례로 해석했다. 2010년 6월에 통과된 긴급 예산안과 관련해 그는 "토리당 정부가 낼 법한 예산안이다. 그들이 만들어 낸 위기, 적자, 빚을 평범한 사람들이 지불하게 만드는 거다. 그들 때문에 평범한 사람들은 실업률 증가, 복지 축소, 공공 서비스 축소를 겪어야 한다"고 말했다. "Will This Be the Summer of Renewed Political Protest?," 25 June 2010, news.bbc.co.uk/1/hi/programmes/politics_show/region/west/8758626.stm.

2008년 10월 이후 벌어진 사건들은 '자본주의 리얼리즘'의 이데올로기가 정치적 가능성의 장을 축소시켜 왔음을 생생하게 보여 주었다. 마크 피셔Mark Fisher에 따르면 '자본주의 리얼리즘'의 개념은 "자본주의가 유일하게 생존 가능한 정치 체제이자 경제 체제일 뿐 아니라 그보다 논리적인 대안은 상상할 수조차 없다는 광범위한 인식"과 관련 있는 것이다.[440] 어떤 측면에서 로치의 작품들도, 1960~1970년대 작품들과 비교해 보았을 때, 자본주의 리얼리즘의 시류에 적응하지 않을 수 없었을 것이다. 그의 작품들은 신자유주의 경제의 피해자들과 그들이 겪을 수밖에 없는 불의와 치욕에 대해서는 보는 사람이 정신이 번쩍 들 정도로 강조해 왔지만, 그런 삶에 어떤 대안이 가능한가에 대해서는 별로 다루지 않았다. 하지만 이는 부분적으로만 맞는 말이다. 〈희망의 나날들〉에서처럼 과거로 돌아가 현대 경제와 사회 관계가 어떤 면에서는 부자연스러운 것이자 변동 가능한 것이며 전혀 다른 특성을 지닐 수도 있음을 보여 주고자 한 경우도 있었다. 대안적 정치 노선을 발굴하기 위해 스페인 내전, 아일랜드 독립전쟁 등 핵심 정치 사건들로 돌아간 〈랜드 앤 프리덤〉과 〈보리밭을 흔드는 바람〉이 그런 작품들이다. 그리고 이것은 〈룩킹 포 에릭〉에서 등장 인물들이 제안했던 '가능성 발전기'의 아이디어를 연상시키기도 한다. 어떤 면에서 이 용어는 로치의 역사 영화의 전략을 적절히 묘사해 주는 표현이기도 하다. 그의 역사 영화들은 현재의 사회적, 경제적 관계를 낯설게 만들고 그것이 과연 불가피한 것인지 질문하게 만드는 정치적, 경제적 가능성에 대한 의식을 발생시키기 위해 과거를 재방문한다. 로치도 〈랜드 앤 프리덤〉과 관련해 다음과 같이 말한 바 있다.

"어떤 면에서 우리는 전쟁 중에 변화의 가능성을 목격했던 스페인보다도 몇 걸음 더 뒤처져 있다. 이제 우리 중 대부분은 가능성을 믿을 수 없는 상태가 돼 버렸기 때문에 …… 힘을, 용기를, 자신감을 회복해야만 한다. 변화가 가능하다는 것을 …… 보여 줘야 한다."441

KEN LOACH

"그렇게 됐을지도 모를 일"

⟨랜드 앤 프리덤⟩과 ⟨보리밭을 흔드는 바람⟩

9

배우 네빌 스미스가 쓴 로치의 텔레비전 작품 〈애프터 라이프타임〉은 리버풀에 사는 노동 계급 활동가 빌리 스컬리의 죽음으로 시작한다. 그 뒤 아들 빌리(네빌 스미스)와 앨로이시어스(지미 콜먼)가 아버지의 삶을 되돌아보며 그가 해온 정치 활동에 대해 알아가는 과정이 전체 내용을 이룬다. 특히 차남인 앨로이시어스는 아버지의 친구였던 엉클 조(피터 케리건)를 방문한 뒤 아버지의 신념에 대해 새로운 사실들을 깨닫게 된다. 엉클 조는 그에게 그동안 보관했던 이런저런 물건들을 보여 주며 빌리가 평생 사회주의에 헌신해 왔으며 1926년 총파업 때도, 비록 '총패배'가 되긴 했지만, 적극적으로 참여했다는 사실을 알려 준다. 앨로이시어스도 실업자이며 그의 가족 역시 여전히 경제적으로 궁핍한 생활을 하고 있긴 하지만, 이 작품은 그럼에도 절망하지 말라고 충고하며 과거의 실패에 굴하지 않고 현재에도 계속 투쟁을 계속해 나가야 한다고 설명한다. 아버지의 원칙이 우리에게 도움이 된 게 뭐냐고 묻는 동생 앨로이시어스에게 빌리는 "우리는 싸워야 해"라고 말한다. 비록 이 작품이 오늘날 어디에서 투쟁이 벌어지고 있는지에 대해서는 말해 주지 못하지만 말이다.

짐 앨런의 〈랜드 앤 프리덤〉도 데이비드 카(이언 하트Ian Hart)라는 정치 활동가의 죽음으로 시작한다. 고층 건물 아파트에서 죽은 그는 손녀 킴 (수잔느 매독Suzanne Maddock)에 의해 발견된다. 〈애프터 라이프타임〉의 앨로이시어스처럼 킴도 조부의 유품에서 편지 묶음, 사진, (앨런이 직접 쓴 기사도 포함된 내부자용 농담조의) 신문 스크랩을 발견하면서 과거의 정치 투쟁에 대해 몰랐던 사실들을 알아가게 된다. 〈애프터 라이프타임〉은 오로지 현재 시점으로만 진행되지만, 라디오 녹음 자료를 사용한 사운드트랙을 통해 과거를 암시하기도 한다. 이를테면 장례 행렬 장면 뒤로 총파업 중단 선언 소식이 들려오기도 하고, 장례식 진행 중에 1926년 총파업을 '죄'로 규탄했던 웨스트민스터 가톨릭 대주교 본 추기경의 말소리가 들리기도 한다. 그러나 〈랜드 앤 프리덤〉에서는 현재 시점 장면 사이에 실제 플래시백이 끼어든다. 킴이 할아버지가 리버풀에 사는 연인 키티(안젤라 클라크Angela Clarke)에게 썼던 편지들을 읽음으로써 나오게 되는 플래시백들이다. 보이스오버와 플래시백 구조를 사용하게 된 것은 예산이 적었기 때문이기도 하다. 그래서 바르셀로나에서의 전투와 같이 역사적 사건에 대한 정보 전달도 매우 경제적인 방식으로 이루어진다. 하지만 이런 구조가 과거와 현재 사이를 연결해 주기도 한다. 〈애프터 라이프타임〉처럼 이 영화는 앞선 세대의 이상주의와 투쟁력이 소멸한 것을 안타까워하면서도 그것들을 되살릴 수 있는 가능성도 있다고 본다. 그래서 킴도 앨로이시어스처럼 영화가 끝날 때까지 명확한 정치적 관점에 도달하진 못하지만, 할아버지의 정치적 과거에 대해 알게 되면서 할아버지의 관에 흙을 뿌리기 전 윌리엄 모리스William Morris의 시 〈그날이 오고 있다The Day Is Coming〉를 낭독하기도 한다. 할아버지의 유품 중 빨간 스카프에 싸여 있던 시집이다. 그리고 그녀는 거수 경례를 하는 할아버지의 옛 동지들 사이로 돌아가 주먹을 치켜든다. 로버트 A. 로젠스톤Robert A. Rosenstone에 따르면 주류 역사 영화는 흔히 과거를 "폐쇄된 것"이자 "완료된 것"으로 다룬다.[442] 그러나 〈랜드 앤 프리덤〉은 과거와 현재 사이를 넘나들고 과거의 사건이 현재의 행위를 자극하도록 함으로써 과거는 아직 끝나지 않았으며 현재에도 계속해서 반향을 일으키고 있다고 말한다.

"행동 중인 사회주의": 〈랜드 앤 프리덤〉

로치와 앨런은 꽤 오랫동안 스페인 내전에 관한 영화를 구상하고 있었다. 이는 1988년 워킹 타이틀로부터 텔레비전 시리즈로 의뢰받은 프로젝트였는데, 나중에 패럴럭스가 넘겨받았다. 하지만 처음에는 제작비 마련이 쉽지 않았다. 패럴럭스는 출연 배우들인 브래드 두리프Brad Dourif와 프랜시스 맥도먼드Frances McDormand 덕분에 제작이 가능했던 〈숨겨진 계략〉 때처럼 또다시 미국 스타 배우를 기용하는 전략을 택하고 싶어 하지 않았기 때문이다.[443] 7장에서 언급한 것처럼 이 작품의 제작비는 결국 유럽 자본을 통해 마련되었으며, 그나마도 애초의 예산보다 반으로 줄여야 했다.

영화의 부제는 "스페인 혁명에서 시작된 하나의 이야기"이며, 영화는 스페인 내전을 종합적으로 다루려고 시도하지 않는다. 1936~1937년 사이의 몇 달이라는 비교적 짧은 기간과 아라곤 전선이라는 특정 장소에 초점을 맞추어 한 군부대의 활동을 다룬다. 그들을 지휘하는 것은 무정부주의에 뿌리를 둔 준트로츠키파 단체, 마르크스주의자연합노동당(POUM: Partido obrera de unificacion marxista)이다. 이런 측면에서 이 영화에 영향을 준 작품 중 하나는 조지 오웰George Orwell의 《카탈로니아 찬가Homage to Catalonia》였다. 1938년에 처음 발행된 이 책은 오웰이 영국 독립노동당과 연계해 POUM 민병대원으로 싸웠던 자신의 경험을 옮긴 작품이다. 앨런과 로치는 한때 《카탈로니아 찬가》를 영화로 만드는 것을 고려하기도 했지만 관두었다. 중산층 지식인보다 노동 계급 캐릭터의 시선을 통해 이야기를 전달하고 싶었기 때문이다. 그리하여 〈랜드 앤 프리덤〉의 주인공은 리버풀 출신의 실업자이자 공산당원이 되었고, 그는 공화파 지지 모임에 참석했다가 스페인에서 온 젊은 민병대원의 이야기를 듣고 스페인에 갈 결심을 하게 된다. 그리고 기차를 타고 스페인을 가로지르는 동안에 버나드(프레드릭 피에로Frédéric Pierrot)란 프랑스인을 만나 POUM 가입을 권유받는다. 이렇듯 영화는 전반적으로는 로치의 초기 작들처럼 상징적 사건들로 구성된 삽화적 구조로 되어 있지만, 데이비드의 이야기는 그가 스페인에서 겪은 경험과 스스로 목격한 사건들을 통해 새롭게 성숙한다는 점에서 교양 소설의 영향도 느끼게 한다. 〈희망의 나날들〉에서 벤이 젊은이다운 순진함에서 벗어나 혁명 의식을 가지게 되었던 것처럼, 데이비드도 갈등의 사회적, 정치적 차원과 소비에트가 장악한 공산당의 역할에 대해 질문하면서 자신만의 방식으로 정치적 교훈을 터득하게 된다.

그러나 아무리 이 영화가 내전에 대한 전체적인 그림을 보여 주진 않을 거라고 공표하고 가공의 인물을 등장시켰다고 해도, 다수의 비평가와 역사학자들의 의구심까지 지울 수는 없었다. 그들은 아라곤 전선에서 POUM이 한 활동은 스페인 내전 가운데 비교적 매우 협소한 부분에 불과하다면서 이 영화가 POUM을 강조한 이유에 대해 의문을 표했다. 특히, 유명한 스페인 내전 전문가 마사 겔혼Martha Gellhorn은 POUM이 "내전과는 별 관계가 없는 광신도 집단"이며 로치와 앨런이 "내전의 지엽적 문제"를 부풀렸다고 비난했다.[444] 로치와 앨런은 POUM이 스페인 내전에서 유일하게 중요한 측면이라고 생각할 정도로 순진하진 않았지만, 이 특정 집단에 초점을 맞춤으로써 중요한 문제와 논쟁거리를 강조해 보여 줄 수 있다고 보았다. 로치가 설명한 것처럼 "전달 가능한 이야기"는 얼마든지 많았지만 그중 어느 이야기를 어떤 근거로 선택할 것인가가 관건이었다.[445] 그와 앨런이 영화 속 이야기를 택한 것은 크게 두 가지 이유 때문이었다. 공산주의 체제가 붕괴하고 철의 장막이 무너지자 스탈린의 러시아와 공산당에 반대하는 혁명주의자들은 과거를 다시 불러내고 싶어했다. 앨런도 "우리가 보여 주고 싶었던 것은, 사회주의는 스탈린주의와 다르며 사회주의를 그냥 땅에 묻어 버리고서는 완전히 끝났다고 말하면 안 된다는 것"이었다고 설명했다.[446] 그러기 위해서 그들은 스페인 내전을 단순히 선과 악, 혹은 민주주의와 파시즘 간의 싸움으로 보는 방식에 저항하고자 했다.

> 스페인 내전에 관한 신화 중 하나는 파시즘에 대항해 좌파가 단결했다는 것이다. 그리고 또 다른 신화는 이른바 민주주의 국가들도 파시즘에 저항했다는 것이다. 이제 우리는 그것이 사실이 아님을 알고 있다.[447]

로치와 앨런은 파시즘에 대한 저항을 명확한 문제로 묘사하는 것보다 어떤 경제 체제와 정치 체제를 수립하기 위해 내전을 하고 있는 것인가를 놓고 합일하지 못한 공화파의 분열을 보여 주는 게 더 중요하다고 보았다.

그 결과 이 영화는 1936년 인민전선 정권 수립 직후 몇 달간 벌어진 혁명 운동과 1936년 7월에 있었던 프랑코 장군의 쿠데타에 초점을 맞추게 되었다. 1960년대에 노암 촘스키Noam Chomsky는 스페인 내전에 관한

'행동 중인 사회주의': 〈랜드 앤 프리덤〉의 민병대원들

역사적 해석들에 나타나 있는 객관성 부족과 선택성을 비판하면서 이 시기의 스페인에서는 "저항 세력에 의해 무너지기 전까지 성공적으로 지속돼 온 사회적, 경제적 조건을 급진적으로 변화시키는 일에 도시와 시골의 노동자들이 대규모로 참여"하면서 "전례 없는 규모의 사회 혁명이 일어났다"고 설명했다.[448] 촘스키의 설명처럼 〈랜드 앤 프리덤〉도 스페인에서 폭발적으로 일어난 혁명 운동에 주목을 촉구함으로써 스페인 내전과 관련해 혁명 운동의 중요성을 경시해 온 역사적 관점에 대해 수정주의적 해석을 제공하고자 했다. 이런 측면에서 '지엽적 문제'는 새로운 사회를 이룩하기 위한 전투에서 상징적 중요성을 갖게 됐다. 이 역시 이 영화가 오웰의 뒤를 따르고 있음을 보여 주는 측면이다. 오웰은 《카탈로니아 찬가》에서 프랑코 장군의 반란이 일어나자 "다양한 노동조합과 정치 정당이 일으킨" 민병대들이 생겨났으며, 민병대들은 사실상 "중앙 정부만큼이나 당에도" 충성할 의무가 있는 정치 조직으로서 행동했다고 설명했다.[449] 그리고 그들이 민주주의와 평등의 원칙을 바탕으로 행동했다고 말했다.

> 민병대에도 장교와 하사관들이 있긴 했지만 보통 군에 존재하는 계급은 없었다. 직함도 계급장도 없었으며, 구두 뒤축을 맞부딪힐 필요도 경례를 올릴 필요도 없었다. 그들은 민병대 안에서 임시적으로나마 계급 없는 사회의 작동 모델을 만들어 냈다.[450]

이 영화가 데이비드가 가입한 허구적 POUM의 묘사를 통해 보여 주고자 하는 것도 이런 "계급 없는" 사회의 모델이다. 그것은 대다수의 해외 자원자들과 비달 장군(마크 마르티네즈Marc Martinez)의 지휘 아래 있는 스페인 사람들까지 모두 포함하는 국제 단체다. 데이비드가 놀라는 것처럼 그중에는 남성 동지들과 똑같이 생활하고 싸우는 여성 자원자들도 속해 있다. 오웰의 지적을 상기하듯, 데이비드는 민병대가 "인민군"이 무엇인지 보여 준다고 설명한다. "경례도 필요 없"고 장교들은 선거를 통해 선발되며 "모든 일은 토론과 투표를 거치"는 인민군은 "행동 중인 사회주의"의 한 사례를 보여 준다. 그러므로 이 영화는 데이비드 개인의 궤적에 초점을 맞추는 동시에 그가 사회주의의 의미를 더 폭넓게 이해하게 되고 전과 다른 정치적 관점을 갖게 되는 것은 집단 활동 참여라는 계기를 통해서라고 지적하고 있다.

이 영화가 전달하고자 하는 이런 집단주의적 관점은 로치의 캐스팅 방식과 촬영 방식을 통해 더욱 강화됐다. 그는 이전에 해온 것처럼 배우를 선발할 때 배역과 비슷한 경험을 갖고 있는지를 기준으로 삼았으며, 전문 배우와 비전문 배우를 섞어서 기용했다. 민병대원을 맡은 배우들은 촬영 훨씬 전부터 따로 불러 전투 훈련을 시키면서 그들 사이에 동지애를 만들어 주기도 했다. 이런 측면에서 보면, 영화는 배우와 배역 간의 관계를 기록하는 다큐멘터리이기도 하다는 로치의 관점은 이 작품에도 적용 가능하다. 마이테를 연기한 스페인 배우 이시아 볼레인Icíar Bollaín은 로치가 "한 무리의 사람들"을 "영화에 나온 것 이상으로 끈끈한 관계"를 가진 "집단"으로 묶어낸 "마술사"였다고 설명하기도 했다. 결과적으로 실제 연기자들 간의 집단적 활력이 영화 속 집단의 활력으로 옮겨지기도 했다. 이런 활력은 연대순 촬영 방식과 배우들에게 촬영할 분량만 대본을 주는 방법을 통해 더욱 강화될 수 있었다. 볼레인이 설명한 것처럼, 배우들은 다음에 무슨 일이 일어날지 알 수 없었으며 자신이 맡은 캐릭터가 죽거나 민병대에서 쫓겨날까 봐 두려워했다.[451]■

〈랜드 앤 프리덤〉 출연자들의 동지 의식

이렇게 배우들의 경험을 캐릭터에 녹여내는 방식과 '행동 중인 사회주의'는 이 영화의 가장 유명한 장면을 통해 잘 드러난다. 공유화 논쟁이 벌어지는 장면이다. 무기가 충분치 않은 탓에 민병대의 활동은 대부분 자기 자리를 지키는 것에 한정돼 있었지만, 이 영화에 나오는 가장 큰 전투 장면에서 그들은 한 마을을 파시스트들의 통치로부터 해방시켜 준다. 마을 사람들은 죽은 사람들을 묻어준 뒤 지주의 집을 차지하고 그곳에 모여 토지 공유화 문제에 대해 논의한다. 앞서 지적한 것처럼 〈빅 플레임〉과 〈랭크 앤 파일〉 등 1960~1970년대에 만들어진 로치의 정치적 작품들의 특징 중 하나는 장황한 정치적 논쟁이나 토론 장면을 집어넣는 것이었다. 로치가 주장한 것처럼 "이념의 충돌"은 그 자체로 "충분히 드라마틱한 소재"였다.[452] 이 영화의 경우, 혁명을 지속하는 것이 중요한지 "더 큰 그림"을 위해 투쟁을 중단하는 것이 좋은지에 대해 열띤 논쟁을 벌이는 마을 사람들의 토론 신은 무려 12분에 달한다. 민병대와 마찬가지로 마을 사람들도 비슷한 경험과 정치적 신념을 지닌 배우가 연기했으며 그중에는 전문 배우와 비전문 배우가 섞여 있었다. 로치에 따르면, 완전한 공유화에는 반대하는 인물 로렌스를 연기한 미국 배우 톰 길로이Tom Gilroy를 제외하면, "배우들이 맡은 배역의 정치적 입장"은 "그들의 실제 정치적 입장"과 일치했다.[453] 앨런은 이 신이 시나리오에 있었던 것이며 배우들이 대사를 외워 연기한 것이라고 설명했지만, 현장에서 로치는 촬영 전 배우들에게 "자연스러운 결과물"을 만들어 내려면 시나리오는 잊

　■　볼레인은 이 영화에 스코틀랜드인 민병대원으로 출연하기도 한 폴 래버티와 결국 결혼까지 했다. 그녀는 자신의 연출 도전 과정과 로치에 관해 스페인어로 된 책도 썼다.

〈랜드 앤 프리덤〉 중 공유화 토론 신

어야 한다고 지시했다고 한다.[454]■ 이런 명백한 즉흥성은 카메라워크에 의해서도 강화됐다. 로치의 초기작들에서와 마찬가지로 카메라는 사건들을 미리 계획하거나 연습한 것처럼 보여 주기보다 그때그때 반응하는 것처럼 보여 주었고, 실제 촬영도 부분적으로는 그런 방식으로 이루어졌다. 그 결과 카메라는 외화면에서 들려오는 소리의 출처를 향해 각도를 돌린다거나 다른 사람의 말을 듣고 있는 캐릭터의 반응을 보여 준다거나 하면서, 극적 행위로부터 어느 정도 거리를 유지했다. 화면 구성은 비교적 간결했으며, 각기 다른 언어를 사용하는 캐릭터들은 토론의 공정성 원칙을 침해하지 않는 범위 내에서 반대편에 떨어져 있는 사람에게 말을 걸거나 다른 캐릭터의 말을 끊고 들어가도 된다고 허락받았다. 주인공 데이비드는 말미에 몇 마디 덧붙일 뿐 토론에 거의 참여하지 않았으며 그나마도 지는 쪽 편을 들었다는 점 또한 중요하다. 각기 다른 정치적 입장을 가진 개인들을 등장시킨 이 시퀀스는 성격 차이보다 정치적 논쟁과 토론을 강조해 보여 주었다. 로치가 말한 것처럼 완전한 공유화에 가장 거세게 반대하는 인물인 로렌스조차 "희화화"되어서는 안 됐으며, 그의 입장도 동등하게 존중받아야 했다.[455]■■

특정 마을에서 벌어지는 공유화 토론 신은 내전 초기 단계에 존재한 사회 혁명을 보여 주는 데도 핵심적 역할을 했지만, 당시 반파시스트 세

■ 촬영 기사 배리 애크로이드에 따르면 로치는 이 논쟁의 결론에 대해 "대다수의 캐릭터들이 이 영화의 입장과 일치돼 있긴" 했지만 그것이 "이미 정해진 결론"이라고 생각하지는 않았다고 한다. Hayward, *Which Side Are You On?*, p.229.

■■ 이 신에서 로렌스란 인물이 상당히 측은하게 나오긴 하지만, 그를 영화 마지막에 유니폼을 입은 인민군 장교의 모습으로 등장시켜 POUM 민병대의 무장 해제를 명령하게 한 것은 상당히 조야한 내러티브 장치라고 비판받았다.

력 내부에서 생겨나고 있었던 분열도 암시했다.■ 역사학자 레이먼드 카 Raymond Carr가 설명한 것처럼, 소비에트연방의 지지를 받았던 공화파 지도부 내에서는 "효과적인 전투 활동"을 개시하고 "부르주아 계급을 아우르는 인민전선"을 유지하기 위해서는 "강력한 중앙 집권적 정부"를 회복하고 내전 초기에 일어난 사회 혁명의 분위기를 뒤집을 필요가 있다는 믿음이 커져 갔다. 하지만 무정부주의적 노동조합주의anarcho-syndicalism 노선을 지닌 전국노동자연맹Conferderación Nacional del Trabajo 같은 단체나 POUM은 "혁명을 제물로 삼는 것"은 "7월에 공화파를 위해 싸운 노동 계급에 대한 배신이나 마찬가지"라고 생각했다.[456] 전 계급적 통합의 유지와 전쟁 승리를 위해서는 사회 혁명도 조정될 수 있다는 이런 시각은 공유화 토론 신에서 로렌스가 보인 입장이기도 하다. 그러나 로렌스는 고작 한 마을에서 벌어진 논쟁에서 그것도 지는 편에 속했지만, 영화 전체로 보면 그가 대변한 입장의 공산당이 결국 승리하며 민병대나 마을 사람들이 보여 준 '행동 중인 사회주의'는 모두 진압당한다. 데이비드는 일찍이 집에 보내는 편지에 자신이 공산주의 단체의 일원은 아니지만 모두가 "같은 적과 싸우고 있"기 때문에 그런 것은 상관없다고 적은 바 있다. 그러나 〈랜드 앤 프리덤〉의 후반부는 그게 상관없는 문제가 아니라고 말하며, 파시즘에 대한 저항 의식을 공유함에도 불구하고 POUM이 나머

■ 그러나 이 영화의 역사 자문을 맡은 앤디 더건Andy Durgan은 공유화 토론 신이 연대기적으로는 맞지 않는 장면임을 시인했다. 영화에서 이 장면은 1937년 초라고 돼 있지만 POUM이 지방 마을들을 장악한 것은 그보다 한 해 전 7~9월 사이에 일어난 일이다. 더건은 그래도 이것이 "역사적인 맥락에서 이 영화의 신뢰도를 무너뜨릴 정도는 아닌" 정당한 드라마적 장치라고 보았다. "The Hidden Story of the Revolution," *New Politics*, Vol. 6 No. 1, 1996, www.wpunj.edu/newpol/issue21/durgan21.htm.

지 공산주의 단체들에 의해 "내부의 적"으로 분류되었음을 보여 준다.

이 영화는 "평범한 사람들"이 자신의 삶을 통제하고 새로운 형식의 사회 조직을 만들 수도 있지만 자신들의 대표자들에 의해 쉽게 "배신" 당할 수도 있음을 보여 주려 했다는 측면에서 앨런이 모두 각본을 쓴 〈빅 플레임〉, 〈랭크 앤 파일〉, 〈희망의 나날들〉의 뒤를 잇는 작품으로 보이기도 한다.[457] 〈세 번의 맑은 일요일〉과 〈캐시 컴 홈〉 이후 로치의 작품에 나타난 특징 중 하나인 개인의 몰락에 관한 이야기 또한 노동자 집단의 패배를 중심으로 한 그의 노골적인 정치 드라마들과 밀접한 관계를 가지고 있다. 사회 드라마에서 개인들은 지배적인 사회적, 경제적 제도에 의해 낙오자가 된다. 하지만 정치 드라마에서 노동자 집단은 '자기 편'에 의해 배신당한다. 공유화 토론 신으로 마무리되는 〈랜드 앤 프리덤〉의 전반부는 당시에 만들어진 새로운 혁명 의지에 환호를 보내지만, 영화의 후반부는 이런 의지가 결국 공화파 지도부에 의해 말살되고 마는 과정을 기록한다.

데이비드는 부상을 당한 뒤 바르셀로나로 후송되며 그곳에서 공산당 동지들과 함께 국제여단International Brigade에 가입하기로 결심한다. 그리고 그곳에서 POUM 민병대원인 블랑카(로사나 파스토르Rosana Pastor)를 만나 하룻밤을 보낸다. 하지만 블랑카는 데이비드가 민병대의 인민군 편입에 저항하기로 한 이전의 약속을 저버렸다는 사실을 알고는 화를 내며 나가 버린다. 이는 개인의 승리가 정치적 승리보다 우선시되는 로맨스 신의

[■] POUM의 정치적 성향을 감안했을 때, POUM에 대한 공산당의 배신에 대한 이 영화의 비평은, 소비에트연방이 혁명을 배신한 것에 대한 트로츠키의 비평과도 분명한 연결성을 지닌다.

통상적인 관습을 예기치 못한 방식으로 뒤엎는 것이다. 데이비드는 바르셀로나에 남아 1937년 5월, POUM을 비롯한 무정부주의자들과 공산주의자들 간에 벌어진 전투에 가담한다. 무정부주의 단체 CNT의 거점 중 하나인 전화교환국 통제권을 놓고 벌어진 싸움에서도 그는 자신과 맨체스터에서 온 자원가가 서로 반대편에서 싸우고 있음을 깨닫고 놀란다. 이어 카페에서는 아라곤 전선에서 민병대가 한 역할에 대해 비아냥거리는 젊은 군인들과 한바탕 싸움을 벌인 뒤 자기 방으로 돌아와 공산당원증을 찢어 버린다. 그리고는 옛 동지들이 있는 전선으로 돌아가 새로운 공격에 가담한다. 하지만 예정돼 있던 지원군은 도착하지 않고 민병대는 어쩔 수 없이 후퇴한다. 생존자들이 부상자들을 보살피는 동안 여러 대의 트럭이 접근하는데, 그들은 예정돼 있던 지원군이 아니라 로렌스가 이끄는 인민군이다. 그들은, 파시스트와 음모를 꾸민다는 근거 없는 혐의를 받고 불법 단체로 분류된 민병대를 무장 해제시킨 뒤 핵심 지도자들을 체포한다.

자신들이 왜 무장 해제를 해야 하는지 이해하지 못하는 민병대원들의 충격과 혼란을 보여 주는 다음 신은 로치가 만든 작품들 중 가장 감동적인 장면에 속한다. 영화 초반 신들에서와 마찬가지로 이 신에서도 배우들에게 앞으로 무슨 일이 일어날지 알려 주지 않는 기습적 연출 방식이 사용됐다. 그러므로 절망에 찬 캐릭터들의 반응은 눈앞에서 일어나고 있는 일을 믿을 수 없는 배우들 자신의 반응이 반영된 것이며, 카메라도 공유화 토론 신에서처럼 팬을 사용해 그들의 반응을 하나하나 모두 보여 준다. 마지막에 예상 밖의 전개를 보여 주는 감정적 장면에서, 블랑카는 허공을 향해 총을 발사하려는 동지를 막으려다 초초하던 공화군 병사의 총알에 맞고 만다. 리처드 포튼Richard Porton이 주장한 것처럼, 블랑카는 "피와 살을 지닌 여성 투사라기보다 가장 유명한 여성 공산주의자 활동가인 라 파시오나리아La Pasionaria▪의 무정부주의적 대응물로 설정된 상징"에 가깝다.[458] 물론 데이비드가 공화파 지도부의 배신에 눈뜰 수 있도록 해주는 것도 블랑카이며 그녀의 죽음은 그녀가 대변하는 혁명적 이상의 죽음을 암시한다. 이런 측면에서 이 영화는 공유화 토론 신의 거리 두기 방식으로부터 멜로드라마를 통한 직접적이고 정서적인 호소로 옮겨 간다. 실로 무고한 자들에 대한 부당한 학대를 보여 주고 한 집단이 강압에 의해 갑자기 와해되는 과정을 통해 파토스를 발생시키는 이 신은 언뜻 보기에 〈캐시 컴 홈〉의 마지막 장면과도 유사성을 갖는다.▪▪

하지만 이 영화는 1937년 공산주의 운동에 관심을 갖도록 하는 데는 성공하지만, 공산당에 정면으로 반대하는 정서적 효과를 지닌 점과 관련해서는 다소 분열적인 작품이기도 하다.▪▪▪ 〈랭크 앤 파일〉과 〈희망의 나날들〉과 관련해 앞서 언급한 것처럼 로치와 앨런의 작품에서 고용주에 대한 저항은 비교적 비가시적 형태에 머물러 있으며, 결과적으로 주된 정치적 갈등은 고용주와 피고용자보다 노조 지도부와 평조합원들 간의 갈등으로 나타나는 경향이 있다. 〈랜드 앤 프리덤〉에서도 프랑코 장

▪ 20세기 스페인 공산주의 운동을 이끈 여성 지도자 돌로레스 이바루리 고메스Dolores Ibárruri Gómez의 별명으로 스페인어로 열정의 꽃을 의미한다. ― 옮긴이

▪▪ 〈캐시 컴 홈〉과 〈랜드 앤 프리덤〉의 두 신은 모두 기습적 전략을 통해 연출되었으며, 로치는 허공에 총을 쏴대던 민병대원이 자신의 행위가 블랑카의 죽음으로 이어질지 몰랐기 때문에 "실제 삶"에서 그랬을 법한 수준으로 "완전히 무너질" 수 있었다고 설명했다. Hill, "Interview with Ken Loach," Sources of Inspiration Lecture, p.4.

▪▪▪ 물론 이 영화는, 영국과 프랑스 같은 민주주의 국가들이 봉쇄 정책을 펼치고 있는 시점에 많은 적들에 대항해 공화파 정권을 유지시킨 소비에트연방의 역할이나 국제여단 내 공산당원이 한 중요한 역할들을 사소하게 다루었다는 비판도 받았다. 좀더 호의적인 관점의 평들도 이 영화가 POUM에 초점을 맞춤으로써 무정부주의자들, 특히 CNT의 역할을 경시했다고 비판했다.

스페인 혁명을 배신하다: 〈랜드 앤 프리덤〉의 마지막 장면

군을 비롯한 파시스트들은 거의 존재감이 없다. 민병대원들이 반역군과 전투를 벌이는 장면도 있긴 하지만 포로로 잡힌 장교의 짧은 등장을 제외하면 파시스트들은 카메라 앞에 아예 나타나지 않는다. 물론 이는 내전 당시 혁명 잠재력이 소비에트연방의 지지를 받는 공화파 정권에 의해 어떻게 제압되었는지를 보여 주고자 한 이 영화의 전략 중 일부이기도 하다. 하지만 이런 탈신화화의 추구는 스페인 내전이 파시즘에 대항한 인민 전쟁이었다는 기존의 인식을 바탕으로 한 것이기도 하다. 그러나 1990년대에 들어 스페인 밖에서 스페인 전쟁에 대한 기억은 거의 흐릿해졌다. 젊은 관객들은 이 영화의 반스탈린주의적 메시지 때문에 내전의 반파시스트주의적 성격을 분명하게 인지할 수 없을 정도였다.

"우리는 어떤 아일랜드를 만들기 위해 싸우고 있는가?": 〈보리밭을 흔드는 바람〉

〈랜드 앤 프리덤〉에서 마을의 해방을 위해 싸우다 죽는 민병대원은 쿠건(이오인 매카시Eoin McCarthy)이란 아일랜드인으로, 그는 앞서 데이비드에게 "영국 놈들에 맞서 싸운 죄"로 맨체스터 교도소에서 감옥살이를 했다고 밝힌 바 있다. 스페인의 파시스트들과 영국인들 모두와 맞서 싸우는 아일랜드인의 등장은 영국 같은 민주주의 국가들이 스페인 인민전선 정부 수립을 원조하는 데 실패했다는 사실뿐만 아니라 스페인에서 일어나고 있는 자유와 민주주의를 위한 투쟁이 아일랜드 독립전쟁과 유사성을 가진다는 사실 또한 상기시킨다.▪ 이는 10여 년 후 만들어진 로치의 다른 영화 〈보리밭을 흔드는 바람〉에서도 감지되는 바다. 〈랜드 앤 프리덤〉이

스페인 내전을 다룬 방식과 이 영화가 아일랜드 독립전쟁(1919~1921)과 이어진 아일랜드 내전(1921~1922)을 다루는 방식은 매우 유사하다. 〈보리밭을 흔드는 바람〉은 〈랜드 앤 프리덤〉보다 더 긴 기간을 다루긴 하지만, 마찬가지로 전쟁에 대한 종합적인 그림을 제공하기보다 구체적인 사건들에 초점을 맞추려 한다. 그래서 주로 코크 서부를 배경으로 하여 군복을 입지 않은 민간인들로 이루어진 한 별동대의 행동에 주목한다. 〈랜드 앤 프리덤〉에서처럼 이 영화에서도 별동대의 공동체 정신에 특별한 가치가 부여된다. 이는 로치가 촬영 전에 배우들을 불러 모아 "기초 훈련"을 시킨 결과이기도 하다.[459] 하지만 〈랜드 앤 프리덤〉 때처럼 초반의 결속력은 여러 사건을 거치며 와해되고 한때는 같은 편이었던 동지들도 나중에는 각기 다른 입장에 서서 대치하게 된다. 이런 측면에서 이 영화는 아일랜드 독립전쟁을 영국으로부터의 형식적 독립을 위한 싸움으로만 보여 주지 않는다. 거기에는 아일랜드의 '독립'에 대해 서로 다른 경제적, 사회적 비전을 가진 사람들 간의 내부 분열도 존재하며, 결국 그것은 내전으로 이어지게 된다. 로치도 다음과 같이 말한 바 있다.

스페인과 아일랜드에는 두 가지 문제가 있었다. 첫 번째로 스페인의 문제는 '어떻게 파시스트들을 타도할 것인가'였다. 그리고 아일랜드의 문제는 '어떻게 제국주의자들을 쫓아낼 것인가'였다. 그 문제를 해결하는 데 성공하면 그다음 문제는

■　그러나 스페인 공화파 정부에 대한 아일랜드의 지원은 가톨릭교회의 입장으로 인해 복잡한 문제가 되었으며, 아일랜드 사람들이 프랑코 정권의 반대편이 아니라 그의 편에서 싸우는 결과를 가져왔다. Robert Stradling, *The Irish and the Spanish Civil War, 1936–1939*, Manchester: Mandolin, 1999를 보라.

'어떤 사회를 만들어야 하는가'가 될 것이었다. 무언가를 위해 목숨 걸고 싸우는 사람이라면 누구든 자신이 무엇을 위해 싸우는지 알고 싶지 않겠는가. 그렇기에 그런 투쟁은 실제적인 결과와 연결된 …… 대단히 정치적인 사건이다.460

〈랜드 앤 프리덤〉과 〈보리밭을 흔드는 바람〉의 내러티브 구조와 주제가 비슷하긴 하지만, 두 영화가 강조하는 지점은 다르다. 〈랜드 앤 프리덤〉은 좌파 내 분열을 극화하는 과정에서 파시스트들을 거의 완전히 외면했지만, 〈보리밭을 흔드는 바람〉의 첫 번째 부분은 아일랜드 내 영국군, 특히 극악하기로 유명했던 퇴역 군인들로 구성된 블랙 앤 탠스Black and Tans▪의 잔인함을 강조했다. 영화는 블랙 앤 탠스가 한 농장에 도착하는 장면으로 시작한다. 그들은 헐링▪▪을 하며 놀고 있던 지역 주민들을 집합시키는데, 그중 미하일(로렌스 배리Laurence Barry)이 영국식 이름을 대길 거부하며 자신을 괴롭히는 군인에 주먹을 날리다가 죽임을 당한다. 이어지는 신은 영국 정규군이 병사들의 기차 이용을 거부하는 아일랜드 철도 노동자들을 폭행하는 모습을 보여 준다. 그들은 마을 주민들의 집을 공격하고 한 IRA 대원에 손톱 뽑기 고문을 가하기도 한다. 이어 블랙 앤 탠스도 농장으로 돌아와 마을 여자들을 폭행하지만, 별동대는 무력하게 지켜보고 있을 수밖에 없다. 이런 면 때문에 이 영화가 일부 영국 언론의 분노를 샀던 게 틀림없다. 이를테면 루스 더들리 에드워즈Ruth Dudley Edwards는 이 영화가 영국군 병사들을 사소한 일에도 쉽게 자극받아 "무

▪ 아일랜드 반란 진압에 파견된 퇴역 군인 출신의 특별 경찰 부대로 카키색 군복과 검은색 경찰 제복을 입은 것이 특징이다. — 옮긴이
▪▪ 하키와 유사한 아일랜드 고유의 구기 종목. — 옮긴이

〈보리밭을 흔드는 바람〉에 나타난 영국군의 잔인함

장하지 않은 무고한 사람을 죽이거나 펜치로 공화파의 손톱을 뽑아버리고 싶어 안달"하는 "사디스트"로 묘사한 점에 대해 거부감을 드러냈다.[461] 캐서린 쇼드Catherine Shoard는 〈선데이 텔레그래프〉에 실린 글에서 좀더 우호적인 평가를 내렸지만, 그럼에도 여전히 "점령군"을 "욕지거리와 비아냥거림은 기본이고 농가를 방화하고 노인을 공경하지 않으며 살육을 일삼"는 "무신경한 야만인"으로 묘사한 이 영화가 "반영국적"이라는 사실을 "부정할 방법"은 없다고 주장했다.[462] 한편 로치는 이런 신들이 다큐멘터리적 근거를 지닌 장면들이며, "이 영화에 언급된 사실을 하나라도 부정한" 비평가는 정작 아무도 없었다고 지적했다.[464] ■ 그는 또한 이 영화에서 영국군을 연기한 연기자 중 다수가 퇴역 군인이었으며 그들이 해당 장면들을 연기할 때 실제로 "훈련받은 기술"만을 사용했다고 자신에게 장담했노라고 설명했다.[464] ■ ■

■ 역사에 관해 더 잘 알고 있는 비평가들은 이 영화가 역사적 사실을 바탕으로 했음을 인정했지만, 이 영화가 폭력적인 사건들에만 초점을 맞춘 점에 대해서는 의문을 표했다. 이를테면 스티븐 하우Stephen Howe는 "이 영화에 묘사된 영국군의 잔인함은 아일랜드, 특히 코크 서부의 시골 지역에서 1919~1921년에 실제로 일어난 사건 혹은 그랬을 것이라고 추정되는 바와 거의 일치한다"고 인정했지만 그런 사건들이 "이 영화가 암시하는 것처럼 흔히 있는 일이거나 정기적으로 발생한 일이었는지"에 대해서는 의문을 제기했다. *"The Wind That Shakes the Barley:* Ken Loach and Irish History," 15 June 2006, www.opendemocracy.net/arts-Film/loach_3650.jsp.

■ ■ 그러나 로치의 캐스팅이 '선량함'과 매력적인 외모 간의 등가 관계를 강화했다는 비판도 있었다. 이는 특히 킬리언 머피와 관련해 맞는 말이다. 대단히 준수한 그의 외모는 그를 블랙 앤 탠스만이 아니라 조약 찬성파 IRA로부터도 동떨어져 보이게 했다. 이런 캐스팅은 로치의 이전 작품들에 나타났던 방식, 전문 배우를 진정성 있는 캐릭터보다 권위를 대표하는 전형적 캐릭터로 배치하는 방식에 반대되는 것이었다. 여기서 전문 배우 머피와 리엄 커닝햄은 영국군과 IRA의 적을 연기하는 비전문 배우들의 반대편에 위치했다.

물론 일부 영국 비평가들에게는 아일랜드 내 블랙 앤 탠스의 활동이 충격적으로 보였을 수도 있지만, 영국군의 폭력성에 대한 강조는 특정한 정치적, 극적 기능을 맡고 있기도 했다. 로치의 이전 역사극에서처럼 래버티와 로치는 과거를 묘사하는 방식이 동시대와 어떤 관계를 갖고 있는지 강조하고자 했다. 예를 들어 래버티는 이 영화를 만든 여러 이유 중하나가 "과거의 긴 그림자가 어떻게 현재에까지 드리워져 있는지 살펴보고 싶었기 때문"이라고 설명하며 "우리가 정말로 아일랜드에서 무슨 짓을 했는지 알고 있다면 우리가 이라크에서 문명화의 임무를 이행하고 있다는 말에도 쉽게 넘어가지 못할 것"이라고 주장했다.[465] 로치도 칸영화제에서 이라크에 주둔 중인 영국군이 이 영화에서처럼 불법 "점령군" 행세를 하며 "피해, 사상자, 잔혹한 일들"을 발생시킨 것에 대해 책임을 져야 한다고 발언해 언론의 상당한 관심을 끌었다.[466] 로치와 래버티가 그런 비교 방식을 더 밀고 나아가진 않았지만, 고문을 포함해 영국군이 행사한 과도한 폭력에 대해 강조한 것은 이라크에서의 동시대적 상황과의 유비를 보여 주고 영국군 점령으로 인한 인명 피해를 상기시키기 위해서였다.

이런 측면에서 이 영화는 같은 주제를 다룬 로치의 전작들에 비해 영국 점령을 더 끔찍한 것으로 보여 주었다. 앞서 언급한 것처럼 4부작 역사극 〈희망의 나날들〉의 1부도 아일랜드 독립전쟁 당시 영국군의 활동을 보여 주는 시퀀스로 마무리됐다. 그 시퀀스에서 1차 세계 대전 시기에 강력한 애국심을 발휘해 영국군에 자원한 벤은 1920년, 아일랜드로 보내진다. 벤과 그의 정치의식화 과정에 초점을 맞춘 드라마는 자신이 잘 알지 못하는 나라에 가서 자신을 증오하는 사람들에 맞서 무력을 사용해야 하는 노동 계급 병사의 혼란스러움을 강조해 보여 준다. 이를테면 농가로 보내진 병사들이 한 젊은 여자에게 억지로 노래를 시키는 장면이 있다. 그녀가 서정적인 목소리로 부르는 "용감한 페니언 병사들The Bold Fenian Men" ▪에 병사들마저 숙연해지면서 분위기가 역전된다. 이렇듯 병사들이 자신에게 주어진 임무에 대해 갖고 있는 불안감과 지역 주민들에 무력을 행사하는 것에 대한 그들의 거리낌은 다른 한 상징적인 장면을 통해서도 전달된다. 병사들과 친하게 지내던 어린 소년이 한 병사의 모자를 훔치는 장면이다. 병사는 그를 쫓아 숲속으로 들어갔다가 지뢰를 밟아 죽고 만다.▪▪ 이런 식으로 이 영화는 영국의 통치에 대한 반발심이 극에 달한 상황에서 지역 주민들을 정복하는 것이 얼마나 무용한 일인지 보여 주는 동시에, 그 지역 주민들에 비하면 병사들에게는 그 지방의 지형이 얼마나 낯설지 보여 준다.

병사들이 점령지의 지형을 능숙하게 다루지 못하는 모습은 〈보리밭을 흔드는 바람〉에서도 이어진다. 외인 보조 부대 병사들을 공격하는 별동대는 마치 바위와 언덕에서 갑자기 솟아나온 것처럼 보인다. 더불어 이 신의 마지막 장면이 지휘관 핀바(데미언 키어니Damien Kearney)가 자신이 저지른 일에 충격을 받은 별동대원들을 다시 정렬시키는 장면이란 점도 중요하다. 핀바는 대원들에게 주변의 죽은 사람들을 똑바로 쳐다보라면서,

---

▪ 페니언은 영국의 식민 통치에 대항하기 위해 아일랜드인들과 미국인들이 합심해 만든 무장 단체이다. — 옮긴이

▪▪ 이 죽음에 존재하는 아이러니 중 하나는 해당 병사가 영국 태생이긴 하지만 아일랜드 가문 출신이기도 하는 점이다. 정치적 분파를 초월하는, 계층과 민족에 대한 이런 동질 의식은 〈보리밭을 흔드는 바람〉에서도 나타난다. 〈스위트 식스틴〉과 〈티켓〉에도 나왔던 윌리엄 루앤이 연기한 젊은 스코틀랜드 병사가 도니걸 출신인 IRA 대원의 탈옥을 돕는 장면이 그 예다.

이것은 "영국 각료들"에게 "당신들의 야만에 우리도 우리의 야만으로 대응해 주겠다"고 "경고"를 보내는 것이라고 소리친다. 이 장면을 통해 알 수 있는 것처럼, 이 영화에 적대적인 영국 비평가들은 영국군의 폭력성에 대한 묘사에만 집착했지만, 실제로 이 영화는 전쟁에 내재한 보복성과 보복적 폭력을 서슴지 않은 IRA의 모습 또한 보여 주려고 했다. 같은 맥락에서 래버티도 중앙아메리카에서 벌어진 전쟁에 참여했던 경험이 자신으로 하여금 폭력이 "사람들의 정신을 얼마나 손상시키는지" 깨닫게 해주었을 뿐 아니라 누구의 폭력도 낭만화하지 않으려 노력하게 만들었다고 설명했다.[467] 하지만 이 영화가 양측의 폭력이 모두 갖고 있는 비인간적 성격을 냉혹하게 관찰했다고 해서 반전 영화라 할 수는 없다. 이는 부분적으로는 이 영화가 영국군의 행위에 대해서는 1차원적으로 묘사하고 IRA 캐릭터들의 행동에 대해서는 심리적, 정서적 복잡성을 부여함으로써 IRA 캐릭터들의 인격은 존중했기 때문이다.■ 하지만 이는 정치적 맥락 안에서 폭력의 의미를 파악하기 위한 것이기도 했다. 이 영화의 반영국성에 관한 영국 언론의 비판에도 불구하고 이 영화의 주된 관심사는, 아일랜드인을 상대로 영국군이 자행한 끔찍한 일들도 아니고 아일랜드 반란군의 영웅주의도 아니었다. 오히려 '자유로운 아일랜드'를 목표로 한 아일랜드 공화파 운동 내부에 존재한 갈등이었다.

■ 텔레비전 작품 때와 마찬가지로 로치는 "정치적 독립을 위한 투쟁"을 묘사하는 데 있어 "균형"이란 관념이 과연 유용한지에 대해 의문을 제기한다. 그는 "'균형'이란 개념이 완전히 왜곡돼 있"으며 그것은 "영국이 반민주주의, 민중의 억압, 민중의 삶과 삶의 터전을 잔인하게 파괴하는 것에 찬성하기 위한 것일 뿐"이라고 주장했다. 그래서 그는 "억압자와 피억압자의 관계를 균형 있게 표현할 필요"를 전혀 느끼지 못했다. "Correcting Historical Lies," p.28.

"그렇게 됐을지도 모를 일"

이는 부분적으로는 〈빅 플레임〉과 〈희망의 나날들〉에 사용됐던 가족 멜로드라마 관습으로의 회귀를 통해 이루어졌다. 〈보리밭을 흔드는 바람〉도 한 가족의 구성원들이 정치적으로는 결국 반대 입장에 도달하게 되는 과정을 보여 주었다. 드라마의 초점은 형제인 데미언(킬리언 머피Cillian Murphy)과 테디 오도너번(패드레익 들러니Pádraic Delaney)에 맞춰져 있다. 그들은 처음에는 같은 편에서 싸우지만 내전이 벌어지자 결국 반대편에 서게 된다. 일부 비평가가 지적한 것처럼, 이는 비교적 낡은 수법이다. 하지만 이 영화는 이런 낡은 장치를 새로운 방식으로 변용해 낸다. 아일랜드 무장주의의 전통적 재현 방식의 특징 중 하나는 두 종류의 남성 주인공을 구분해 보여 주는 것이었다. 하나는 무기의 필요성에 대해 의심을 갖게 되는 근본적으로 선한 IRA 일원이고, 다른 하나는 합리적 이유가 없음에도 불구하고 대의명분의 실행을 위해 폭력을 계속 사용하려 드는 열성적인 강경파다. 이는 이를테면 〈보리밭을 흔드는 바람〉과 유사성을 지닌 아일랜드 독립전쟁 영화 〈지옥에서 악수하라Shake Hands with the Devil〉(마이클 앤더슨Michael Anderson, 1959)에도 잘 드러나 있다. 그 영화에서 젊은 의학도 케리 오셰어(돈 머레이Don Murray)는 블랙 앤 탠스로부터 폭행을 당하고 친구의 죽음을 목격한 뒤 IRA에 가담하기로 결심한다. 마찬가지로 〈보리밭을 흔드는 바람〉의 데미언도 일자리를 찾기 위해 잉글랜드로 갈 계획이었지만 페기(매리 리오던Mary Riordan)의 농장에서 블랙 앤 탠스의 습격을 당한 뒤 고향에 남아 그 지역 IRA 대원이 되기로 한 젊은 의사다. 그러나 〈지옥에서 악수하라〉에서 케리는 폭력적인 수단을 사용하는 것을 거부하게 되며 1921년 영국-아일랜드 조약에 반대하기 위해 "살육"을 자행하는 강경파 사령관으로부터도 등을 돌리게 된다.[468] 〈보리밭을 흔드는 바람〉의 데미언도 처음에는 케리의 전철을 따를 것처럼 보인다.

생명을 구하도록 교육받은 그는 자신이 사용하는 폭력에 점점 환멸을 느끼게 된다. 어릴 적부터 알고 지내온 젊은 청년 크리스(존 크리언John Crean)를 처형하라는 지시를 받자 그는 댄(리엄 커닝햄Liam Cunningham)에게 소리친다. "우린 어떤 아일랜드를 만들려고 이렇게 싸우고 있는 거지? 주님께 바라건대 이렇게까지 할 가치가 있는 나라이길 바라." 처형이 끝난 뒤 그는 총을 버리고 언덕 아래를 향해 달려 내려가는데, 언덕의 풍경을 담은 이미지가 그의 혼란스러운 내면을 그대로 비추는 듯하다. 하지만 이런 의구심에도 불구하고 데미언은 강경파로 남으며, 〈지옥에서 악수하라〉의 케리와 달리 끝까지 조약에 반대한다. 이런 식으로 〈보리밭을 흔드는 바람〉은 어쩔 수 없이 타협을 받아들이는 사람들보다 급진파 손을 들어주는 내러티브 구조를 통해 부분적으로나마 〈지옥에서 악수하라〉 같은 이전의 아일랜드 관련 영화의 관습을 전복시킨다.

하지만 그것은 조약에 대한 찬반 분열에 대한 특정한 해석을 통해 이루어진다. 이 영화는 1916년 폭동을 이끌었던 제임스 코널리James Connolly의 정신에 많은 영향을 받은 게 분명하다. 그는 진정한 민족 혁명은 사회주의 혁명뿐이라고 주장했던 인물이기도 하다. 이 영화에서 코널리의 관점을 대변하는 인물은, 1913년 더블린 직장 폐쇄에 맞서 싸운 경력이 있는 아일랜드 민병대 소속 대원 경기차 기관사 댄이다. 데미언이 그를 처음 만나는 것은 기차역에서 그가 영국군의 탑승을 거절할 때다. 나중에 두 사람은 감옥에서 다시 만나 코널리가 1897년에 발표한 글 "사회주의와 민족주의Socialism and Nationalism"를 함께 읊는다.

만약 내일 당장 영국군을 철수시키고 더블린 성에 녹색 깃발을 매단다 해도, 사회주의 공화국을 조직하지 않는다면 모든 노력은 수포로 돌아갈 것이다. …… 잉글랜드는 지주와 자본가와 상업 기관들을 통해 아일랜드를 계속 통치할 것이다.

댄의 영향을 받은 데미언은 정치적으로 점점 더 급진적이 되어 가고 두 사내는 결국 스위니(키런 아른Kieran Aherne)의 일에도 관여하게 된다. 스위니는 그 지역에서 상점을 운영하는 인물로 지역 여자 주민에게 과도한 이자를 부과한 죄로 (주로 여자들이 운영하는) 공화파 법정에 회부된 참이다.■ 테디가 그는 IRA의 후원자이고 IRA는 "이 나라의 어떤 상인이나 사업가의 도움"도 거부할 수 없는 형편에 있다며 끼어들자, 데미언은 이 법정의 공정성이 훼손되었다며 이의를 표하고, 댄도 IRA 지도부가 토지 몰수를 반대하며 "지주들을 돕고" 있다고 지적한다. 〈랜드 앤 프리덤〉과 마찬가지로 이 영화도 기존의 사회 체제와 경제 체제에서 크게 벗어나지 못한 독립 국가 아일랜드보다 진정한 사회적, 경제적 혁명을 추구하는 급진주의자들에 동조적이다. 댄도 "나라는 '그대로'인데 공화파의 녹색 깃발만 휘둘러대는" 것에 대해 경멸조로 말한다.

하지만 로치의 이전 영화들에서처럼 주인공들의 혁명 이상은 결국 배신당한다. 〈보리밭을 흔드는 바람〉에서 배신은 1921년 영국 정부와 아일랜드 정부 지도자들이 협상하고 서명한 조약과 관련이 있다. 아일랜드 자유국 수립을 비준한 이 조약에 대한 반대는 영토 분할과 자치령에

■ 루크 기번스Luke Gibbons가 설명한 것처럼 이 영화가 획기적이었던 이유 중 하나는 "공화파 법정 판사들, 교회의 시위자들, 쿠마나뱅당Cumann na mBan[1914년 형성된 공화파 여성 무장 단체로 1916년 폭동 때 큰 역할을 함. ─ 옮긴이] 당원들 같은 여성들이 투쟁에 기여한 역할을 강조한 것"이었으며 그리하여 정치와 투쟁은 남성 영역, 집과 가정은 여성 영역으로 구분했던 관습을 타파한 것이었다. "Introduction," *The Wind That Shakes the Barley*, p.4. 하지만 여성 3대가 고통 받는 이미지를 민족의 고통을 상징하는 이미지로 활용한 것은 획기적이지 못했다.

대한 거부와 관련돼 왔지만, 데미언과 댄의 역할을 강조하는 영화는 조약 반대의 타당성을 사회주의적 차원에서 설명한다. 핵심적인 신은 테디가 인쇄소 작업장에서 조약에 대한 토론을 이끄는 장면이다. 그는 영국 정부를 상대로 저항 운동을 계속할 경우 "즉각적이고 끔찍한 전쟁"의 협박을 받게 될 것이라고 강조해 말한다. 하지만 그의 친조약적 입장은 데미언을 비롯해 이구동성으로 조약에 반대하는 사람들의 저항에 부딪힌다. 데미언은 조약이 "가난한 자들보다 힘 있는 자들을 위한 것"이 될 거라고 비판한다. 그런 뒤 이 신은 댄이 1919년 데일 에이린Dáil Eireann▪이 선포한 '민주주의 프로그램'("국민의 권리와 복지" 아래 "개인의 가난"을 종속시킬 것을 요구한 내용)을 인용하면서, 조약이 가져다 줄 변화라고는 "힘 있는 자들의 억양과 깃발의 색깔"이 전부일 거라고 주장하는 것으로 마무리된다. 물론 이는 〈랜드 앤 프리덤〉의 공유화 토론 신을 연상시키기도 한다. 하지만 이 신의 토론이 데미언과 댄이 대변하는 반조약파의 입장에 손을 들어주는 방향으로 구성돼 있다고 해서 그것이 〈랜드 앤 프리덤〉의 토론처럼 투표로 해결될 만한 논쟁이란 뜻은 아니다. 그러므로 〈랜드 앤 프리덤〉에서와 마찬가지로 이 영화에서도 비극적 결말의 원인이 되는 것은 공화파 내부의 분열이다.

〈랜드 앤 프리덤〉의 로렌스가 인민군에 들어갔던 것처럼 테디도 새로 설립된 아일랜드 자유군에 들어간다. 반면 그의 동생 데미언은 댄과 다른 별동대원들과 마찬가지로 굴복하길 거부한다. 더블린의 포 코츠

▪ 1916년 부활절 봉기 2년 뒤, 신페인당Sinn Fein이 세운 아일랜드 독립 정부의 이름이다. '우리들만의'라는 뜻을 지닌 신페인당은 1905년 창설된 아일랜드의 가톨릭계 민족주의 및 공화주의 정당이다. — 옮긴이

〈보리밭을 흔드는 바람〉 중 조약에 관한 토론 신

Four Courts[*] 건설 현장에 정부군이 들이닥친 뒤 반조약파 IRA가 포 코츠를 점령했다는 뉴스를 들은 데미언과 그의 동료들은 다시 전투에 뛰어든다. 하지만 무기를 구하기 위해 군대 막사를 습격하다가 댄은 끔찍하게 살해당하고 데미언도 체포된다. 데미언은 밀고를 거부하다 사형을 받는데, 〈랜드 앤 프리덤〉의 마지막 장면과 비슷한 감정적 클라이맥스 장면에서 사격대에 발포를 명하는 이가 바로 그의 형이다. 그 뒤 테디는 폐기의다 타버린 농장으로 돌아가 시네드(올라 피츠제럴드Orla Fitzgerald)에게 데미언의 편지를 전하고, 그녀는 울며 주저앉는다. 이런 식으로 이 영화는 모든 게 시작된 장소로 돌아오며 수미쌍관 구조로 끝난다. 그러나 우울한 역설은, 처음에 농장 주민들을 공격했던 영국군이 사라진 자리에 그들의 역할을 물려받은 새 자유군이 서 있다는 사실이다. 드라마의 수미쌍관 구조와 멜로드라마적 과잉의 조합은, 이전의 정치와 군 조직이 잔존하고 있다는 정치적 메시지를 전달하려 한 이 영화 또한 아일랜드 역사 재현의 오래된 전통을 답습하고 있음을 말해 준다. 고통 받는 여성과 운명론에 대한 묘사도 이 영화의 정치적 관점을 약화시킨다.[**]

영국에서 가장 많은 논쟁을 일으킨 것은 이 영화가 아일랜드 점령군을 묘사한 방식이었지만, 아일랜드에서 가장 많은 관심을 끈 것은 이 영화가 아일랜드 내전을 해석한 방식이었다. 이 영화는 닐 조던Neil Jordan의 서사극 〈마이클 콜린스Michael Collins〉(1996)보다 뒤에 나온 영화로서 콜

[*] 대법원, 고등법원, 중앙형사법원, 순회재판소의 통합 건물. — 옮긴이
[**] 예를 들면 조너선 롬니는 "이 영화의 역사적 관점이 일종의 비극적 카르마를 수반한다"고 주장했다. 그런 종류의 정치적 읽기는 로치와 래버티가 의도한 것은 전혀 아니었을 것이다. *Independent on Sunday*, 25 June 2006, p.9.

형 대 아우: 〈보리밭을 흔드는 바람〉에서 데미언(킬리언 머피)은 형 테디(패드레익 들러니)에게 처형당한다

KEN LOACH

린스에 동조적인 이전 영화에 반격을 가한 영화로 널리 알려졌다.[■] 당시 많은 비평가들은 로치와 래버티가 반조약파의 명분인 사회주의적 측면을 강조함으로써 내전을 특정하게 왜곡된 방식으로 해석했다고 여겼다. 대중 언론의 일부 비평가들 중에는 로치를 모르는 사람이 보면 "반조약파 세력이 에이먼 데 벌레라Éamon De Valera[■■]가 아닌 레닌의 영향"을 받은 줄 알 만큼 "마르크스주의적인 판타지 영화"를 만들었다고 비판하기도 했다.[469] 비슷한 맥락에서 아일랜드 역사학자 로이 포스터Roy Foster도 이 영화가 반조약파 세력을 "사회주의, '민주주의,' 반反분리독립주의"와 연결시키며 관객을 호도했고, "1920~1921년의 아일랜드를 사회주의－민족주의자들이 갈망했던 혁명의 완성이 저지당한 시기로 묘사한 재현 방식"도 "역사보다 …… 소원 성취"에 더 가깝다고 비판했다.[470][■■■]

이 영화가 친조약파 대 반조약파 간의 분열을 친자본주의 대 반자

[■] 그 영화들이 어느 편을 든 것인지의 문제와는 별개로, 〈마이클 콜린스〉와의 비교는 〈보리밭을 흔드는 바람〉이 (이라크와 반대 입장에 있는) (북)아일랜드의 동시대적 상황과 맺고 있는 관계에 대해서도 문제를 제기했다. 1994년 무장 단체의 휴전 협정 직후 만들어진 〈마이클 콜린스〉는 정치적 절충과 실용주의를 구제하기 위한 "평화 협상" 영화로 널리 인식됐다. 하지만 비평가들은 반조약 강경파를 지지한 〈보리밭을 흔드는 바람〉에 대해서는 북아일랜드의 새로운 정치적 시혜와 관련해 어떻게 해석해야 할지 쉽게 입장을 정하지 못했다.

[■■] 아일랜드 공화당을 창당하고 수상도 역임한 미국 태생 아일랜드 정치가. ― 옮긴이

[■■■] 이 영화는 영국 통치에 대한 무장 저항의 민주주의적 근거와 관련해 1919년 수립됐다가 영국 정부에 곧 저지당한 첫 데일 정부와 아일랜드 의회의 입장에 동조했다. 하지만 이후 조약 반대파까지 민주주의와 연결시킨 것은 많은 비평가들의 비판을 받았다. 데일 정부와 아일랜드 유권자들이 조약의 수용을 지지했다는 것이 근거였다. 이 영화는 그 투표가 공포심을 바탕으로 이루어진 것이라고 주장했지만, 다른 한편으로는 아일랜드 공화제주의 내부에 존재한 이데올로기적 긴장을 반영하고 있기도 했다. 투표를 통해 표현된 '민중의 의지'에 대한 호소와 1916년 폭동 같은 반란 행위를 통해 표현된 '민족의 권리'에 대한 호소 간의 긴장이다.

본주의 감정과 너무 매끄럽게 일치시켰다는 의견도 어느 정도 정당해 보인다. 실제로 친조약파와 반조약파 간의 차이는 훨씬 불분명한 것이었으며, 그 기준도 사회주의보다 (거의 신화적 용어가 되어 가고 있었던) 공화국 수립의 실패에 주로 초점이 맞춰져 있었다. 에이드리언 핌리Adrian Pimley에 따르면 "IRA의 반조약파 지도부"는 "사회적, 경제적 문제에 관해서는 정치적으로 보수적"이었으며, "신페인당 반조약파 세력"도 "'공화국'에 대한 충성이란 추상적 원칙"을 내세우길 좋아할 뿐 "자신들의 원칙을 아일랜드 노동 계급이나 소농들을 위해 실질적인 경제적, 사회적 목표로 현실화하려는 노력은 전혀" 하지 않았다. 그는 IRA 지도부가 전쟁에서 지고 나서야 "조약을 무찌르기 위해 아일랜드 노동 계급과 동맹을 맺을 수도 있겠다고 생각"했다고 설명한다.[471] 하지만 다른 이들이 주장한 것처럼 1917~1921년 아일랜드에 토지 몰수와 노동 계급 투쟁 형태의 사회적 급진주의는 분명 존재했다. 역사학자 퍼거스 캠벨Fergus Campbell도 주장한 것처럼, "아일랜드 혁명"은 "다른 여러 결론으로도 귀결될 수 있었던 격동의 시기"라고 할 수 있다. 이를테면 공화주의 운동 진영 내 급진주의자들이 IRA 지도부에 더 많은 영향력을 행사할 수도 있었을 것이다.[472] 이런 관점에서 캠벨은 "로치의 논쟁적인 작품 〈보리밭을 흔드는 바람〉이 일부 역사학자들이 말한 것처럼 터무니없는 영화는 아니"라고

■ 헨리 패터슨Henry Patterson도 "조약으로 인한 분열이 일어나고 내전이 시작된 뒤"에야 일부 공화파가 "IRA가 민중의 경제적 투쟁에 대해 가졌던 적대심을 궁극적인 '배신'으로 묘사한 버전의 아일랜드 독립전쟁 이야기를 만들어" 내기 시작했다고 설명한 바 있다. *The Politics of Illusion: Republicanism and Socialism in Modern Ireland*, London: Hutchinson Radius, 1989, p.16.

주장했다.[473] ▪

 예상대로 이는 이 영화의 역사 자문위원 도널 오 드리쇼일Donal Ó Drisceoil의 시각과도 일치하는 바다. 그는 이 영화가 혁신적인 까닭은 "실제로 어떤 일이 일어났느냐가 아닌 어떤 일이 일어날 수도 있었느냐의 관점에서 과거를 해석"하길 시도했기 때문이라고 주장했다. 그가 설명한 것처럼, 이 영화는 낭만적 시각이나 조건법적 서술을 통하지 않고 좌절당한 급진적인 역사적 가능성을 강조 혹은 전면화함으로써 아일랜드 혁명의 "그렇게 됐을지도 모를 일"에 초점을 맞췄다.[474] 실제로 이는 〈희망의 나날들〉부터 〈랜드 앤 프리덤〉에 이르기까지 로치의 모든 역사극에 해당되는 이야기다. 그 영화들도 상황이 조금만 달랐더라면 다른 결론에 도달할 수도 있었음을 보여 주며 혁명적 가능성을 발굴하고자 했다. 어떤 측면에서 한 영화에 대한 해석은 그것이 전달하는 이야기가 얼마나 '대표성' 혹은 '전형성'을 갖는가에 달려 있다. 비평가들은 〈랜드 앤 프리덤〉과 〈보리밭을 흔드는 바람〉 모두에 대해 두 영화가 사건을 묘사하는 방식이 "비전형적"이라고 비판했다. 한편 두 영화에 옹호적인 비평가들은 두 영화의 목적이 영화 속에 다루어진 시대의 "전체적인 이야기" 혹은 더 정확히는 모든 이야기를 전달하는 것이 아니라, 주변으로 밀려났거

▪   하지만 추가적인 문제도 있다. 이 시기의 급진적 잠재력을 보여 주는 일에 열성을 다한 이 영화는 사회적, 경제적 투쟁보다 무력 투쟁에 더 특권을 부여함으로써 스스로의 목적을 위험에 빠트릴 수도 있었다. 심지어 기차역에서 노조가 영국군에 맞서 싸우는 장면에서도 투쟁에 대한 노조의 조직적 기여도는 그들 때문에 데미언이 무기를 들게 됐다는 사실에 비하면 부차적으로 다루어졌다. 그러므로 이 영화가 합리적이고 정치적인 맥락의 부여를 통해 아일랜드인들의 폭력성에 대한 대중적 재현에 저항한 것은 맞지만, 여전히 어느 정도는 이 영화가 전복시키고자 했던 군국주의적 패러다임에 갇혀 있었다고도 볼 수 있다.

나 "눈에 보이지 않았던" 정치적 경향과 사건에 주목하게 만드는 것이었다고 반박했다. 사실 이는 오 드리쇼일이 지적한 바이기도 하다. 그는 〈랜드 앤 프리덤〉의 부제가 "스페인 혁명에서 시작된 하나의 이야기"였던 것처럼 〈보리밭을 흔드는 바람〉도 "아일랜드 혁명의 바로 그 이야기"라기보다 "아일랜드 혁명에서 시작된 하나의 이야기"로 이해하는 게 맞다고 설명했다.[475]

하지만 5장에서 다룬 〈가족 생활〉에 대한 논의에서 설명한 것처럼, 로치의 영화에서 개별성과 보편성 간의 관계 혹은 균형은 늘 논쟁거리가 되어 왔다. 이는 실제로 벌어졌던 사건을 다룬 영화와 관련해 더 복잡한 문제가 되었다. 앞서 지적한 것처럼 로치의 역사극은 주로 가공의 캐릭터들을 통해 구체적인 역사적 사건을 다루었다. 〈희망의 나날들〉의 마지막 4부에서 유명한 정치인들을 등장시켰을 때 짐 앨런은 그에 요구되는 역사적 정확성이 지나치게 구속적이라고 느꼈다. 그래서 〈보리밭을 흔드는 바람〉의 경우, 로치는 허구화에 대한 선호를 분명히 드러냈다. 그는 자신들이 "허구적 캐릭터들을 원했"으며 그건 "그렇게 하면 캐릭터들이 실제 인물이라면 실제 삶에서 어떻게 했을까와 상관없이 극적 갈등의 법칙에 따라 갈등을 전달할 수 있기 때문"이었다고 설명했다.[476] 마찬가지로 그는 실제 역사적 사건을 암시적으로 언급하는 것에 만족하면서 역사적 세부 사항에 얽매이길 원치 않았다. 이를테면 이 영화 속에 묘사된 기습 공격들은 킬마이클(코크 지역)에서 톰 배리Tom Barry가 이끈 코크 서부 별동대가 영국 외인 보조 부대를 기습 공격했던 실제 사건들과 여러모로 유사하긴 하다. 하지만 로치는 자신이 기습 공격 장면을 "정확"하게 재현하고자 한 것은 맞지만, 이 장면이 특정한 사건을 재구성한 것은 아니며 이는 "당시 사람들이 일을 처리한 방식"을 "대표적으로 보여 주는"

장면일 뿐이라고 못 박았다.[477]■ 물론 특정한 개인이나 가족의 경험을 전형성이나 사회적 대표성을 갖는 이야기로 전달하는 것은 로치의 작품들에 반복적으로 나타난 특징 중 하나다. 역사극에서도 사람들이 연관성을 알아볼 만한 수준 안에서 '합성적'인 가공의 캐릭터와 사건들을 만들어 내는 방법을 핵심적으로 사용하여 '대표성'을 획득했다. 하지만 역사 속에서 주변화되거나 잊혀져 온 개별적 경험을 중심화하는 미학적 접근 방식은, 로치가 주장하는 대표성의 가치를 모호하게 만들어서 결국 그의 영화들을 개별성과 보편성 사이를 오가며 읽도록 만들기도 했다.

결론: 영화와 역사

이런 측면에서 〈랜드 앤 프리덤〉과 〈보리밭을 흔드는 바람〉은 〈희망의 나날들〉과 관련해 처음 일어났던 역사극에 관한 논쟁에 다시 불을 붙였다. 〈희망의 나날들〉처럼 두 영화도 엘리트보다 평범한 인물들에 주목하고 위대한 혹은 예외적인 개인보다 민중의 행동을 중심으로 사건을 보여주는 방식을 통하여 주류 역사 영화의 지배적 관습에 저항했다. 다른 한편, 두 영화가 선형적 내러티브와 관찰자적 혹은 표면적 리얼리즘의 관습을 따른 점에 대해서는, 실제 내용의 정치적 성격과 무관하게, 두 영화가 스티븐 크로프트Stephen Croft가 "역사적 설명의 폐쇄적 양식"이라고 말한 것을 보여 줬다는 비판을 불러일으켰다.[478] 이런 시선은 "정치적 편향

■　래버티는 또한 역사적 세부 사항이 "짐"이 될 수도 있으며 중요한 것은 "당대의 정신에 충실"한 것이라고 주장했다.

성"과 "프로파간다"의 혐의를 제기한 언론만이 아니라 로치의 작품이 관객의 "수동적 묵인"을 부추긴다고 주장한 학계에서도 감지돼 온 바다.[479] 이런 관점에서 보면 로치의 영화는 "복합적 보기"(다중적 시점의 개입)보다 레이먼드 윌리엄스가 말한 "저항적 보기counter-seeing"(지배적 시점에 대한 저항)를 부추기는 것으로 보인다.[480] 오 드리쇼일은 사실은 그렇지 않다며, "그렇게 됐을지도 모를 일"을 강조하는 방식은 "당시 역사적 시기에 존재한 모순과 갈등을 열린 결말의 이야기로 제시하는" 영화들을 양산할 뿐이라고 주장했다.[481] 하지만 과거가 어떻게 달라질 수도 있었을지 보여 주는 것은 과거를 '열린 결말'로 해석과는 것과는 다르다.

그럼에도 6장 '〈희망의 나날들〉 논쟁'에서 보았듯, 한 영화의 '의미'는 상대적으로 텍스트 자체에 달려 있는 문제다. 그럼에도 〈희망의 나날들〉은 과거의 묘사와 관련해 폭넓은 논쟁을 불러일으켰고, 〈보리밭을 흔드는 바람〉 역시 영국은 물론 아일랜드에서 강도 높은 논쟁을 발생시켰다는 점에서 더욱 놀라운 작품이다. 아일랜드의 학계 관계자들, 저널리스트들, 투고자들은 이 영화에 관한 논평을 쏟아내며 이 영화와 아일랜드 역사가 어떤 식으로 분석되고 이해되어야 하는지에 관해 해석의 경쟁을 벌였다. 조던의 〈마이클 콜린스〉도 비슷한 현상을 낳았지만, 이런 수준의 논쟁을 자극하는 것은 로치의 이전 작품에서부터 나타난 고질적 특성 중 하나였다. 그의 작품이 이토록 강력한 반발을 불러일으킨 원인은 비평가들이 공통적으로 싫어한 특징들(당파성, 사실과 허구의 혼용, 극명한 극적 대립, 멜로드라마적 반전)과도 일치했다. 조너선 롬니Jonathan Romney가 〈보리밭을 흔드는 바람〉의 리뷰에서 지적한 것도 부분적으로는 그런 긴장과 관련이 있었다. 그는 "이 영화가 드라마를 만들어 내기 위해 영국인들을 지나치게 폭력적으로 묘사한 방식의 문제"에 관해 논하며 이 영화의 관객은 "화면으로부터 뒷걸음질" 치며 "증거"를 요구할 수밖에 없다고 주장했다. 그리고 나서는 이 영화에 대한 판단이 영화 자체를 "넘어"서 "신문기사와 TV 시사 프로그램 코너로"까지 "확장"되는 문제라고 말하기도했다.[482] 그러나 그도 인정한 것처럼 이는 비평가들이 자신의 작품의 미학적 측면만 다루기보다 내용에 대해서도 논해 주길 바란 로치로서는 반길 만한 일이었다. 실제로 관객을 드라마로부터 "뒷걸음질" 치도록 몰아가는 방식, 영화가 당대의 사회적 세계와 맺고 있는 관계에 대해 성찰하는 시선이야말로 로치의 경력 초기부터 그의 작품에 반복적으로 나타난특징이었다. 이런 측면에서 〈캐시 컴 홈〉에서부터 〈보리밭을 흔드는 바람〉에 이르기까지 그의 영화들이 이룬 성공은 언제나 미학적 문제이기보다 폭넓은 정치적 문제였다. 물론 이 말은 그 영화들의 정치적 성향만을가리키는 것이 아니다. 관객과 비평가들을 자극하고 그리하여 공론장에까지 정치적으로 개입하는 그의 작품들이 가지고 있는 힘, 그 힘을 가리키는 것이다.

1. "Direct Action," *Irish Times* ('The Ticket'), 9 June 2006, p.2.

2. *Daily Telegraph*, 17 September 2004, p.19.

3. 로치의 삶에 대해 사실에 충실한 글을 읽고 싶다면 다음을 참조하라. Anthony Hayward, *Which Side Are You On? Ken Loach and His Films*, London: Bloomsbury, 2004. 로치의 작품에 흐르는 '테마와 주제의 일관성'에 관한 비평을 읽고 싶다면 다음을 참조하라. Jacob Leigh, *The Cinema of Ken Loach: Art in the Service of the People*, London: Wallflower Press, 2002.

4. "Tony Garnett," *Afterimage*, No. 1, 1970, n.p.

5. John Hill, "Interview with Ken Loach," *Sources of Inspiration Lectures Documentation*, Berlin: Sources 2, 2001, p.4; John Hill, "Interview with Ken Loach," in George McKnight (ed.), *Agent of Challenge and Defiance: The Films of Ken Loach*, Trowbridge: Flicks Books, 1997, p.164.

6. *Sunday Times*, 14 June 2009, p.11.

7. Rona Munro in "Whose Story You Tell: Writing 'Ken Loach'" (John Tulloch in conversation with Rona Munro), in Jonathan Bignell (ed.), *Writing and Cinema*, Harlow: Longman, 1999, p.16.

8. "Approaching Television," *Movie*, No. 20, 1975, p.27. 1968년 〈옵저버*Observer*〉에서 바는 영화와 비교해 텔레비전에서는 '예술가 – 감독'이 상대적으로 부재하는 상황과 관련해 케네스 타이넌Kenneth Tynan이 던진 질문에 부분적으로 대답했다.

9. Peter Black, *Daily Mail*, 19 July 1971.

10. Graham Fuller (ed.), *Loach on Loach*, London: Faber and Faber, 1998, p.18.

11. John Caughie, *Television Drama: Realism, Modernism and British Culture*, Oxford: Oxford University Press, 2000, pp.61~62를 보라.

12. *Morning Star*, 20 February 1969.

13. Michael Tracey, *A Variety of Lives: A Biography of Sir Hugh Greene*, London: Bodley Head, 1983, p.166.

14. Report of the Committee on Broadcasting 1960, Cmnd. 1753, London: HMSO, 1962, p.16. 이 보고서는 '사소한 문제'에 기울어 있는 이런 비판적 경향을 탁월하게 요약했다.

15. Report of the Committee on Broadcasting 1960, Cmnd. 1753, London: HMSO, 1962, p.20.

16. Caughie, *Television Drama*, p.87.

17. Philip Purser, "Head of Drama," *Contrast*, Vol. 2 No. 1, Autumn 1962, p.36에서 뉴먼 인용.

18. Sydney Newman, "Drama," *Journal of the Society for Film and Television Arts*, No. 15, Spring 1964, p.4.

19. Caughie, *Television Drama*, p.77.

20. 이는 〈라디오 타임스*Radio Times*〉(1959. 11. 11, p.4)에 실렸던 전 영화 감독이자 랭엄 그룹의 수장 앤서니 펠리시에의 관점이다.

21. Minutes of the meeting of the Experimental Group, 30 May 1956, BBCWAC T5/2147/1.

22. 랭엄 그룹에 대한 평가는 다음을 보라. John Hill, "'Creative in It's Own Right': The Langham Group and the Search for a New Television Drama," in Laura Mulvey and Jamie Sexton (eds), *Experimental British Television*, Manchester: Manchester University Press, 2007, pp.17~30.

23. Troy Kennedy Martin, "Nats Go Home: First Statement of a New Television Drama," *Encore*, March–April 1964, p.21.

24. Kennedy Martin, "Nats Go Home," p.23.

25. Kennedy Martin, "Nats Go Home," p.25.

26. 케네디 마틴의 입장에 대한 내 의견은 다음을 보라. "A 'New Drama for Television?': *Diary of a Young Man*," in Mulvey and Sexton, *Experimental British Television*, pp.48~69.

27. Fuller, *Loach on Loach*, p.6.

28. *Radio Times*, 20 July 1961, p.51.

29. John McGrath, "TV Drama: The Case against Naturalism," *Sight and Sound*,

Spring 1977, p.103.

30. Memo from Roger Smith and Christopher Williams to Elwyn Jones, BBCWAC T5/2399/1.

31. *Radio Times*, 16 January 1964, p.45.

32. *Daily Mail*, 10 August 1964.

33. Memo from Head of Drama Group, Television, to James MacTaggart, 13 August 1964, BBCWAC T5/630/1.

34. 노동 계급의 리얼리즘의 특징에 관해서는 다음에서 논한 바 있다. John Hill, *Sex, Class and Realism: British Cinema 1956 – 1963*, London: BFI, 1986, Ch. 7.

35. Kennedy Martin, "Nats Go Home," p.24.

36. Memo from James MacTaggart to HDGTel, 2 July 1964, BBCWAC T5/630/1.

37. Kennedy Martin, "Nats Go Home," p.27.

38. Letter from Pélissier to Michael Barry, 22 February 1960, BBCWAC T31/292.

39. Troy Kennedy Martin, "*Up the Junction* and after," *Contrast*, Spring 1966, pp.139~140.

40. "Reaction," *Encore*, May – June 1964, p.45.

41. Fuller, *Loach on Loach*, p.19.

42. Peter Black, *Daily Mail*, 18 November 1965.

43. Christopher Logue, *Songs from the Lily-White Boys*, Northwood: Scorpion Press, 1960, p.2. 또한 로그는 풍자 잡지 〈프라이빗 아이*Private Eye*〉를 위해 쓴 특이한 '실화*True Stories*'에 관한 칼럼을 모아 책으로 내기도 했다. 그것은 쿡슨의 연극에 기여한 여러 아이디어 중 하나였다.

44. *Radio Times*, 11 November 1965, p.41.

45. 같은 곳.

46. Bertolt Brecht, "Notes to the Opera *The Rise and Fall of the City of Mahagonny*," in John Willett and Ralph Manheim (eds), *The Rise and Fall of the City of Mahagonny and the Seven Deadly Sins of the Petty Bourgeoisie*, London: Methuen, 1979, orig. 1927, p.87.

47. Brecht, "Notes to the Opera *The Rise and Fall of the City of Mahagonny*," p.89.

48. John Hill, "Interview with Ken Loach," in McKnight, *Agent of Challenge and Defiance*, p.162.

49. David Bordwell, *Figures Traced in Light: On Cinematic Staging*, Berkeley: University of California Press, 2005, p.57.

50. "Sexiness in BBC Television Plays," Memo from Michael Barry to DSA, 2 February 1959, BBCWAC T16/62/3.

51. Minutes of the Board of Governors, 20 February 1964, BBCWAC R1/32/1.

52. Memo from Head of Drama Group, Television to Peter Luke, James MacTaggart, Cedric Messina and Eric Tayler, 25 March 1964, BBCWAC T5/2239/7.

53. "*Diary of a Young Man*," BBC Audience Research Department, 31 August 1964, BBCWAC T5/630/1.

54. "Vicar Raps the BBC's 'Filthy Young Man,'" *Daily Herald*, 8 September 1964.

55. Minutes of the Board of Governors, 24 September 1964, BBCWAC R1/32/2.

56. *Daily Telegraph*, 11 December 1964, cited by Irene Shubik, *Play for Today: The Evolution of Television Drama*, London: Davis–Poynter, 1975, p.59.

57. Jonathan Green, *All Dressed Up: The Sixties and the Counterculture*, London: Jonathan Cape, 1998, p.59.

58. Roy Jenkins, "Is Britain Civilized?," *The Labour Case*, Harmondsworth: Penguin, 1959, p.135.

59. Dominic Sandbrook, *White Heat: A History of Britain in the Swinging Sixties*, London: Little, Brown, 2006, p.322.

60. Sir Hugh Greene, *The Third Floor Front: A View of Broadcasting in the Sixties*, London: Bodley Head, 1969, pp.100~101.

61. Whitehouse, *A Most Dangerous Woman?*, p.56.

62. Memo from Tony Garnett to Peter Aylen, 30 April 1964, BBCWAC T5/2081/1.

63. Memo from Director of Television to ChPBBC1, HDGTel, 13 July 1964, BBCWAC T16/62/3.

64. Memo from Roger Smith to HPlays DTel, 8 July 1964, BBCWAC T5/2081.

65. "Big New Drama Season," 10 December 1964, BBCWAC T23/173.

66. *The Times*, 7 January 1965, p.7.

67. *Radio Times*, 31 December 1964, p.35.

68. BBC Audience Research Report, 1 February 1965, BBCWAC T5/2017.

69. 같은 곳.

70. *Radio Times*, 3–9 April 1965, p.35.

71. Minutes of the BBC Board of Governors, 18 March 1965, BBCWAC R1/33/1.

72. Minutes of the BBC Board of Governors, 14 April 1965, BBCWAC R1/33/1.

73. Memo from CPTel to DTel, 12 July 1965, BBCWAC T16/62/4.

74. Minutes of the BBC Board of Governors, 22 July 1965, BBCWAC R1/33/2.

75. Letter from James MacTaggart to P. A. Fletcher, 21 April 1965, BBCWAC T5/659/1.

76. Television Weekly Programme Review Minutes, 14 April 1965, BBCWAC.

77. 모리슨 리처드슨의 글은 다음을 참조하라. Maurice Richardson, *Observer*, 11 April 1965.

78. Letter from James MacTaggart to Miss A. Nichols, 20 April 1965, BBCWAC T5/659/1.

79. *Radio Times*, 16 December 1965, p.33.

80. Deborah Knight, "Naturalism, Narration and Critical Perspective: Ken Loach and the Experimental Method," in McKnight, *Agent of Challenge and Defiance*, p.66.

81. *Guardian*, 3 October 2001, p.24.

82. *Radio Times*, 16 December 1965, p.33.

83. *Carol Comes Home*, London: New English Library, 1982, p.17을 보라.

84. Sandbrook, *White Heat*, p.567.

85. *Radio Times*, 28 October 1965, p.45.

86. Paul Madden, "Extracts from an Interview with Ken Loach," *Complete Programme Notes for a Season of British Television Drama 1959–1973 Held at NFT, 11–24 October 1976*, London: BFI, 1976, n.p.

87. Richard Hoggart, *The Uses of Literacy*, Harmondsworth: Pelican, 1959, orig. 1957, p.79. 영국 노동 계급에 관한 전후 사회학 연구가 어떻게 "다큐멘터리, 사적 르포르타주, 반허구적 내러티브"의 형식을 차용했는지에 관해서는 다음을 보라. Stuart Laing, *Representations of Working–Class Life 1957– 1964*, Basingstoke: Macmillan, 1986, Ch. 2.

88. 던도 비슷한 방법론을 사용하여 다음 책을 썼다. *Talking to Women*, London: MacGibbon & Kee, 1965. 이 책은 다양한 여성들과 나눈 대화를 녹음한 테이프만을 바탕으로 쓰인 것이다.

89. Tony Parker, *The Unknown Citizen*, Harmondsworth: Penguin, 1966, orig. 1963, p.19.

90. *Radio Times*, 13 August 1964, p.47.

91. *Radio Times*, 28 October 1965, p.45.

92. *Daily Mail*, 6 November 1965.

93. *Independent Magazine*, 19 May 2003, p.21.

94. Memo from Sydney Newman to Mr A. L. Hutchinson, 16 November 1965, BBCWAC T5/681/1.

95. Caughie, *Television Drama*, p.115.

96. Fuller, *Loach on Loach*, p.14.

97. Lez Cooke, *British Television Drama: A History*, London: BFI, 2003, p.74에서 인용.

98. M. K. MacMurraugh-Kavanagh, "Boys on Top: Gender and Authorship on the BBC Wednesday Play, 1964– 1970," *Media, Culture and Society*, Vol. 21 No. 3,

1999, pp.409~425.

99. Nell Dunn, *Up the Junction*, London: Pan, 1966, p.22.

100. *Radio Times*, 8 July 1965, p.48.

101. Mary Whitehouse, *Cleaning Up TV: From Protest to Participation*, London: Blanford, 1967, p.167.

102. "TV Play Blasted in Letter to Minister," *Liverpool Post*, 5 November 1965.

103. Sally Minogue and Andrew Palmer, "Confronting the Abject: Women and Dead Babies in Modern English Fiction," *Journal of Modern Literature*, Vol. 29 No. 3, 2006, pp.116~117.

104. Memo from Head of Drama Group to CPTel, 15 June 1966, BBCWAC T5/695/2.

105. "'Raw and Witty' Documentary Scrapes Barrel," *Daily Telegraph*, 4 November 1965.

106. "This Must Be Just about THE LIMIT," *Daily Mail*, 6 November 1965.

107. *Up the Junction*, BBC Audience Research Report, 7 December 1965, BBCWAC T5/681/1.

108. "Wednesday Play Repeats," Memo from Planning Manager, Projected Arrangements, to HPDTel, 9 June 1966, BBCWAC T5/695/2.

109. Television Weekly Programme Review Minutes, 10 November 1965, BBCWAC R78/1919/1.

110. Minutes of a Meeting of the Board of Governors, 2 December 1965, BBCWAC R1/33/3.

111. Minutes of a Meeting of the Board of Governors, 9 June 1966, BBCWAC R1/34/2.

112. Television Weekly Programme Review Minutes, 10 November 1965, BBCWAC R78/1919/1.

113. Memo from Controller of Programmes, Television, to DG through DTel, 12 June 1966, BBCWAC R78/1919/1.

114. "The Wednesday Play: A Note by Controller of Programmes, Television," 17 June 1966, BBCWAC G60/66.

115. Letter from Kingsley, Napley & Co., 10 June 1966, BBCWAC R78/1919/1.

116. Minutes of a meeting of the Board of Governors, 23 June 1966, BBCWAC R1/34/2.

117. Letter from CPTel to Mr Ray Dobson, 27 June 1966, BBCWAC T16/730/1.

118. Shaun Sutton, *The Largest Theatre in the World: Thirty Years of Television Drama*, London: BBC, 1982, p.17.

119. Sydney Newman, "The Joys, Sorrow and Professionalism of the Television

Drama Producer," a talk given on 21 March 1966 to Drama Producers, Associate Producers, Organizers and Departmental Heads, BBCWAC T16/62/4.

120. Memo from Tony Garnett to HDGTel, 12 April 1965, BBCWAC T16/695/1.

121. Hayward, *Which Side Are You On?*, p.55.

122. 같은 책.

123. "The Wednesday Play: Garnett Productions," Memo from HDG to C. BBC1, 31 March 1966, BBCWAC T5/629/2.

124. Memo from Michael Bakewell, Head of Plays, Drama, Television, to C. BBC1, 10 March 1966, BBCWAC T5/695/2.

125. Memo from Tony Garnett to HPDTel, 23 August 1966, BBCWAC T5/695/2.

126. *Radio Times*, 8 April 1960, p.26.

127. Jeremy Sandford, "*Cathy Come Home*," in Alan Rosenthal, *The New Documentary in Action: A Casebook in Film Making*, Berkeley: University of California Press, 1971, p.167.

128. Jeremy Sandford, "Families without a Home," *Observer*, 17 September 1961, quoted in Stanley Alderson, *Britain in the Sixties: Housing*, Harmondsworth: Penguin, 1962, pp.110~11.

129. Sandford, "*Cathy Come Home*," p.173.

130. 데이비드 베네딕터스가 조너선 클로우스Jonathan Clowes(제러미 샌포드의 대리인)에게 보낸 서한에서 인용, 19 November 1965, BBCWAC T48/513/1.

131. Hand-written comments, BBCWAC T48/513/1.

132. Jeremy Sandford, "Why I Do Not Think It Appropriate to Share the Writers Credit or Fee for 'Cathy Come Home' with Anyone Other than Myself," www. jeremysandford.org.uk/jsarchive/wrap-oddbits2.html; memo from Tony Garnett to Jack Henderson, 8 February 1966, BBCWAC T5/965/2.

133. Hayward, *Which Side Are You On?*, p.63에서 재인용.

134. Derek Paget, "'Cathy Come Home' and 'Accuracy' in British Television Drama," *New Theatre Quarterly*, Vol. 15 No. 1, 1999, p.76에서 재인용.

135. *Cathy Come Home*, BFI DVD 코멘터리, 2003.

136. John Caughie, "Progressive Television and Documentary Drama," *Screen,* Vol. 21 No. 3, 1980, pp.9~35; Deborah Knight, "Naturalism, Narration and Critical Perspective: Ken Loach and the Experimental Method," in McKnight, *Agent of Challenge and Defiance*, pp.60~81.

137. Émile Zola, *L'Assommoir*, trans. Leonard Tancock, London: Penguin, 1970, p.21.

138. Jeremy Sandford, "The Abyss," BBCWAC T48/513/1.

139. *Cathy Come Home*, DVD 코멘터리.

140. Bill Nichols, *Introduction to Documentary*, Bloomington and Indianapolis: Indiana University Press, 2001, p.2.

141. Corner, *The Art of Record*, p.92.

142. *Cathy Come Home*, DVD 코멘터리.

143. *Cathy Come Home*, DVD 코멘터리.

144. 같은 곳.

145. Nichols, *Introduction to Documentary*, p.4. 설명적 양식의 다큐멘터리의 관습적 문법에 대한 논의는 pp.105~109를 참조하라.

146. Julia Hallam, *Lynda La Plante*, Manchester: Manchester University Press, 2005, p.28.

147. Grace Wyndham Goldie, "Stop Mixing TV Fact and Fiction," *Sunday Telegraph*, 8 January 1967, p.14. 윈덤 골디는 전 BBC 텔레비전 토론 및 시사국장으로 〈캐시 컴 홈〉에 대한 그녀의 공격은 뒤에서 더 자세히 다룰 것이다.

148. *Cathy Come Home*, Audience Research Report, 6 December 1966, BBCWAC T5/965/1.

149. James L. Smith, *Melodrama*, London: Methuen, 1973, p.74.

150. *Cathy Come Home*, Audience Research Report, 6 December 1966, BBCWAC T5/965/1.

151. 같은 곳.

152. *Guardian*, 12 January 1967을 보라.

153. Memo from Tony Garnett to HDGTel, 1 December 1966, BBCWAC T5/965/1.

154. Letter from Sandford to Gerald Savory, 26 October 1968, BBCWAC T5/965/1. 두 번째 재방영 날짜는 11월 13일이었다.

155. Paget, "'Cathy Come Home' and 'Accuracy' in British Television Drama," pp.75~90. 〈캐시 컴 홈〉의 영향에 대해 호불호가 좀 덜 드러나 있는 글을 원한다면 다음을 보라. MacMurraugh-Kavanagh, "'Drama' into 'News'," pp.247~259.

156. "Out of the Box," *Guardian*, 15 February 2006; "Drama out of a Crisis," *Independent*, 3 November 2006, and "40 Years after *Cathy Come Home*…," *Observer*, 19 November 2006. 〈옵저버〉는 이보다 몇 주 전에 닉 코헨Nick Cohen이 쓴 "Poor Cathy Still Can't Come Home Because There Is No Home to Go to"(15 October 2006, p.11)도 게재했다.

157. *Daily Mail*, 11 January 1967.

158. *Sunday Times*, 7 November 1965; T. C. Worsley, "*Up the Junction*," *Television: The Ephemeral Art*, London, Alan Ross, 1970, p.36.

159. *Up the Junction*, Audience Research Report, 7 December 1965, BBCWAC T5/681/1.

160. Memo from Garnett to Gerald Savory, Head of Plays Television, 22 August 1996, BBCWAC T5/695/1.

161. Memo from Savory to Controller BBC1, 25 August 1966, BBCWAC T5/965/1.

162. Television Weekly Programme Review Minutes, 23 November 1966, BBCWAC.

163. *Cathy Come Home*, Audience Research Report, 6 December 1966, BBCWAC T5/965/1.

164. Wyndham Goldie, "Stop Mixing TV Fact and Fiction."

165. Nichols, *Introduction to Documentary*, p.xi.

166. Paul Ward, *Documentary: The Margins of Reality*, London: Wallflower Press, 2005, p.9.

167. Brian Winston, "Fires Were Started –," London: BFI, 1999, p.20.

168. 이 드라마가 드라마만이 아니라 다큐멘터리를 다룬 많은 책에 언급된 것도 바로 그런 이유에서다. 예를 들면 다음과 같다. Rosenthal, *The New Documentary in Action*; Corner, *The Art of Record*.

169. John Ellis, "Documentary and Truth on Television: The Crisis of 1999," in Alan Rosenthal and John Corner (eds), *New Challenges for Documentary*, 2nd edn, Manchester: Manchester University Press, 2005, p.352.

170. Memo from Robert Barr to Cecil McGivern, 3 August 1951, quoted in Elaine Bell, "The Origins of British Television Documentary," London: Edward Arnold, 1986, p.77.

171. Arthur Swinson, "Writing for Television," in Paul Rotha (ed.), *Television in the Making*, London: Focal Press, 1956, p.42.

172. Dai Vaughan, *For Documentary*, Berkeley: University of California Press, 1999, pp.13～14.

173. "TV Drama and Documentary Pool Ideas," *The Times*, 18 September 1965, p.12.

174. Ellis, "Documentary and Truth on Television," pp.351～352.

175. Wyndham Goldie, "Stop Mixing TV Fact and Fiction."

176. Philip Schlesinger, Graham Murdock and Philip Elliott, *Televising 'Terrorism': Political Violence in Popular Culture*, London: Comedia, 1983, pp.108～109, 166.

177. G. Roy Levin (ed.), *Documentary Explorations: 15 Interviews with Filmmakers*, New York: DoubleDay, 1971, p.105.

178. Wyndham Goldie, "Stop Mixing TV Fact and Fiction."

179. Letter from Garnett to Huw Wheldon (CPTel) concerning *Five Women* (later *Some Women*), 5 June 1968 (BBCWAC T47/176/1).

180. Levin, *Documentary Exploration*, p.106.

181. 청소년 범죄를 다룬 콜린 모리스Colin Morris의 〈언러브드*The Unloved*〉(1955년 6월 7일 방영)를 옮긴 책의 서문에서 도널드 윌슨Donald Wilson은 '드라마 다큐멘터리' 작가가 어떻게 "균형 잡힌 작품"을 쓰기 위해 노력하는지에 대해 설명한다. Donald Wilson, *The Television Playwright*, London: Michael Joseph, 1960, p.446을 보라.

182. *Radio Times*, 10 November 1966, p.35.

183. "또 한 편의 그렇고 그런 다큐멘터리 드라마"라는 표현은 〈더 타임스〉(1967. 3. 2, p.10)에 실린 R. W. 쿠퍼R. W. Cooper의 리뷰에서 찾아볼 수 있다.

184. Fuller, *Loach on Loach*, p.25.

185. R. D. Laing, *The Divided Self*, London: Tavistock, 1959.

186. R. D. Laing and A. Esterson, *Sanity, Madness and the Family: Families of Schizophrenics*, Harmondsworth: Penguin, 1982, pp.26~27. R. D. Laing, "Series and Nexus in the Family," *New Left Review*, No. 15, May~June 1962, pp.7~14도 참조하라.

187. "What Is Schizophrenia?," *New Left Review*, No. 28, November~December 1964, p.64.

188. David Mercer, "Birth of a Playwriting Man," *Theatre Quarterly*, Vol. 3 No. 9, 1973, p.49.

189. Letter from Tony Garnett to R. D. Laing, 23 February 1966; Letter from Tony Garnett to David Cooper, 21 April 1966 (both BBCWAC T5/1522/1).

190. Letter from Mercer to Peggy Ramsay, 27 July 1966, BBCWAC T5/1522/1.

191. David Mercer, "In Two Minds," *Collected TV Plays*, London: John Calder, 1981, p.181.

192. Bordwell, "The Art Cinema as Mode of Film Practice," pp.56~64.

193. *In Two Minds*, Audience Research Report, 1 March 1967, BBCWAC T5/1522/1.

194. *The Times*, 8 March 1967, p.13.

195. *The Times*, 11 March 1967, p.11.

196. Letter from Mercer to Dr M. Ward, 11 March 1967, BBCWAC T5/1522/1.

197. Levin, *Documentary Explorations*, p.89.

198. Interview with John Hill and Jonathan Powell, BAFTA, London, 20 October 2008.

199. *Guardian*, 18 April 1968.

200. T. C. Worsley, "A False Trail," *Financial Times*, 24 April 1968, p.30.

201. Letter from John Keeble, Drama Group, Television to W. Dickinson, Secretary, Everton Football Club, 22 March 1968, BBCWAC T5/1446/1.

202. Television Weekly Programme Review Minutes, 24 April 1968, BBCWAC.

203. Letter from Tony Garnett to J. M. Tripovich, 14 September 1967, BBCWAC

T5/965/1.

204. Fuller, *Loach on Loach*, p.24.

205. Levin, *Documentary Exploration*, pp.101~102.

206. 같은 책.

207. "How We Met: Ken Loach and Jim Allen," Interview with Tobias Jones, *Independent*, 22 November 1998(findarticles.com/p/articles/mi_qn4158/is_19981122/ai_n14197873).

208. David Coates, "Parties in Pursuit of Socialism," in David Coates, Gordon Johnston and Ray Bush (eds), *A Socialist Anatomy of Britain*, Cambridge: Polity Press, 1985, pp.190~192.

209. "Trotsky" in Justin Wintle (ed.), *Dictionary of Modern Culture*, London, Ark, 1984, p.395.

210. 사회주의노동자동맹의 역사에 대한 개략적 요약은 다음을 보라. David Widgery (ed.), *The Left in Britain*, 1956-1968, Harmondsworth: Penguin, 1976, pp.498~500. 피터 시플리Peter Shipley는 다음 책에서 사회주의노동자동맹이 노동자혁명당으로 변화한 과정을 다룬다. *Revolutionaries in Modern Britain*, London, Bodley Head, 1976, pp.79~91.

211. "Ken Loch," www.parallaxindependent.co.uk/memb_loach.html(accessed 6 December 2006). 로치는 스스로 작성한 자서전을 1997년 플래닛 브리튼Planet Britain에 쓸 자료의 일환으로 외무성에 제출하기도 했다. 하지만 외무성은 이 자료를 거부했다. 이 일에 대한 논의는 다음을 참조하라. Simon Hattenston, *Guardian*, 21 November 1997, p.16.

212. Sandbrook, *White Heat*, p.667.

213. Colin Leys, *Politics in Britain: From Labourism to Thatcherism*, London: Verso, 1989, p.83.

214. Tony Lane and Kenneth Roberts, *Strike at Pilkingtons*, London: Fontana, 1971, p.244.

215. Memo from Eric Bingham, 13 September 1961, BBCWAC T48/27/1.

216. Memo from John Warrington to Barry Thomas, 29 March 1963; Memo from Vincent Tisley, 2 July 1963, BBCWAC T48/27/1.

217. Letter from Tony Garnett to Harvey Unna, 15 January 1965, BBCWAC T48/27/1.

218. Letter from Allen to Garnett, 23 August 1967, BBCWAC T5/1596/1.

219. Letter from Kenneth Cox, Information Officer, Mersey Docks and Harbour Board to Tony Garnett, 16 February 1968, BBCWAC T5/1596/1.

220. Raymond Williams, "A Lecture on Realism," *Screen*, Vol. 16 No. 1, 1977, p.71.

221. Drama Early–Warning Synopsis, 12 January 1967, BBCWAC T5/1596.

222. John Stevenson, "Is the *Big Flame* Still to Hot for the BBC?," *Daily Mail*, 10 February 1969.

223. Memo from Secretary to the Chairman, 19 February 1969, BBCWAC R78/1919.

224. "Keeping Faith with the Viewer," *Radio Times*, 16 January 1969, p.4.

225. "Keeping Faith with the Viewer. A Letter to the Editor," *Radio Times*, 13 February 1969, p.2.

226. Letter from Wheldon to Garnett, 29 May 1968, BBCWAC T47/176/1.

227. Charles Curran, *A Seamless Robe: Broadcasting Philosophy and Practice*, London: Collins, 1979, p.321.

228. Milton Shulman, *The Least Worst Television in the World*, London: Barrie and Jenkins, 1973, p.129.

229. Minutes of News and Current Affairs Meeting, 21 February 1969, BBCWAC R78/2639/1.

230. Minutes of the Board of Management, 24 February 1969, BBCWAC R78/2327/1.

231. Memo from C. J. Curran to the Chairman, 21 February 1969, BBCWAC R78/2327/1. 이후 이 문단에 인용된 모든 표현은 이 메모에서 발췌한 것이다.

232. Minutes of the BBC Board of Governors, 27 February 1969, BBCWAC R1/37/1.

233. "The Wednesday Play 'The Big Flame' Note by the Secretary," BBCWAC G34/69.

234. Minutes of the BBC Board of Governors, 13 March 1969, BBCWAC R1/37/1.

235. *Arena*: "When Is a Play Not a Play?" (BBC, 1978년 4월 17일 방영).

236. Letter from J. A. Norris to G. P. Mercer, 7 March 1969, BBCWAC R78/2327/1.

237. Jeremy Potter, *Independent Television in Britain, Volume 3. Politics and Control, 1968–1980*, Basingstoke: Macmillan, 1989, p.42. "LWT Kestrel's Wings Clipped," *The Times*, 9 December 1969, p.10.

238. Stewart Lane, "'*After a Lifetime*'–It's Worth Waiting For," *Morning Star*, 20 March 1971.

239. Nancy Banks-Smith, "*After a Lifetime*," *Guardian*, 19 March 1971.

240. Minutes of the Board of Management, 24 February 1969, BBCWAC R78/2327/1.

241. Letter form Graeme McDonald to Graham Benson ACTT Shop Steward, 9 October 1970, BBCWAC T65/46/1.

242. Memo from Head of Plays, Drama, Television, to C.BBC1, 6 October 1970, BBCWAC T65/46/1.

243. "Instructions from Graeme McDonald for Future Press Enquiries," 30 October 1970, BBCWAC T65/46/1.

244. BBC Audience Research Report, 24 June 1971, BBCWAC R9/7/111.

245. *Radio Times*, 13 February 1969, p.35.

246. Leigh, *The Cinema of Ken Loach*, p.100.

247. Television Weekly Programme Review Minutes, 2 June 1971, BBCWAC.

248. James Thomas, "Straining the Danger Line between Fact and Fiction," *Daily Express*, 21 May 1971.

249. Television Weekly Programme Review Minutes, 26 May 1971, BBCWAC R78/2639/1.

250. Minutes of News and Current Affairs Meeting, 21 May 1971, BBCWAC R78/2639/1.

251. Minutes of a Meeting of the Board of Management, 24 May 1971, BBCWAC R78/239/1.

252. Meeting of Board of Governors, 17 June 1971, BBCWAC R1/39/1.

253. Meeting of Board of Governors, 21 November 1974, BBCWAC R1/42/2.

254. Letter from Ivo Jarosy to Tony Garnett, 8 December 1966, BBCWAC T5/965/1.

255. Letter from Garnett to Charles Cooper, Contemporary Films, 24 February 1967, BBCWAC T5/1623/2.

256. Memo from G. del Strother, Television Enterprises, to Garnett, 20 February 1967, BBCWAC T5/1623/2.

257. Levin, *Documentary Explorations*, p.103.

258. 같은 책, p.103.

259. Fuller, *Loach on Loach*, p.37.

260. Memo from Tony Garnett to HPDTel, 23 August 1966, BBCWAC T5/629/2에 명시되어 있는 비용.

261. Fuller, *Loach on Loach*, pp.37~38.

262. Roger Bromley, "The Theme That Dare Not Speck Its Name: Class and Recent British Film," in Sally R. Munt (ed.), *Cultural Studies and the Working Class: Subject to Change*, London: Cassell, 2000, p.57.

263. Robert Murphy, *Sixties British Cinema*, London: BFI, 1992, p.151.

264. Michael Armstrong, *Films and Filming*, April 1968, p.26; J. A. D., *Monthly Film Bulletin*, February 1968, p.23.

265. David Robinson, "Case Studies of the Next Renascence," *Sight and Sound*, Winter 1968~1969, p.39.

266. Fuller, *Loach on Loach*, p.34.

267. John Russel Taylor, "The Kes Dossier," *Sight and Sound*, Vol. 39 No. 3, Summer 1970, p.130.

268. Tony Richardson, *The Long Distance Runner: An Autobiography*, London: Faber and Faber, 1993, p.216.

269. Hill, *Sex, Class and Realism*, Ch. 7.

270. "Tony Garnett," *Afterimage*, No. 1, 1970, n. p.

271. Barry Hines, "Afterword," *A Kestrel for a Knave*, London: Penguin, 1999, p.203.

272. Hines, "Afterword," p.206.

273. Paul Barker, "Boy in a Cage," *New Society*, 20 November 1969, p.823.

274. "Tony Garnett," *Afterimage*, No. 1, 1970, n.p.

275. Geoffrey Macnab, "The Wrong Kind of Bird," *Independent*, 1 October 1999, p.14.

276. John Hill, "Interview with Ken Loach," in McKnight, *Agent of Challenge and Defiance*, p.162.

277. Hines, *A Kestrel for a Knave*, p.196.

278. Simon Frith, "Hearing Secret Harmonies," in Colin MacCabe (ed.), *High Theory/Low Culture: Analysing Popular Television and Film*, Manchester University Press, 1986, p.65.

279. 스티븐 L. 핸슨이 쓴 영화에서의 음악 사용에 관한 부분은 다음을 보라. Christopher Lyon (ed.), *The International Dictionary of Films and Filmmakers: Volume 1: Films*, London: Macmillan, 1984, p.399.

280. Hill, "Interview with Ken Loach," in McKnight, *Agent of Challenge and Defiance*, p.168.

281. Frith, "Hearing Secret Harmonies," pp.65, 69.

282. Fuller, *Loach on Loach*, p.39.

283. 같은 책, p.41.

284. David Chell, *Moviemakers at Work: Interviews*, Redmond, WA: Microsoft Press, 1987, p.41.

285. Hayward, *Which Side Are You On?*, p.81에서 재인용.

286. Hayward, *Which Side Are You On?*, p.75.

287. Akin Ojumu, "A typical reaction was a snigger ⋯ I was making a film about the wrong kind of bird," *Observer*, 29 August 1999, Review Section, p.6에서 재인용.

288. André Bazin, "An Aesthetic of Reality: NeoRealism," *What Is Cinema?*, Vol. 2, trans. Hugh Gray, Berkeley: University of California Press, 1972, pp.23~24.

289. 〈사우스 뱅크 쇼*The South Bank Show*〉(LWT, 1993년 10월 3일 방영).

290. Paul Madden, "Extracts from an Interview with Ken Loach," *Complete Programme Notes for a Season of British Television Drama 1959–1973 Held at NFT, 11–24 October 1976*, London: BFI, 1976, n.p.

291. Quart, "A Fidelity to the Real," p.28.

292. 〈사우스 뱅크 쇼〉(LWT, 1993년 10월 3일 방영).

293. 윌리엄 스티븐슨은 이 영화가 개봉을 촉구하는 과정에서 어떻게 언론의 상당한 쟁점 거리로 등극하여 이 영화에 대한 관심을 불러일으켰는지에 대해 상세히 기록하고 있다. "*Kes* and the Press," *Cinema Journal*, Vol. 12 No. 2, 1973, pp.48~55를 보라.

294. Garnett and Loach, "*Family Life* in the Making," p.21.

295. Hayward, *Which Side Are You On?*, p.123.

296. Garnett and Loach, "*Family Life* in the Making," p.21.

297. John Caughie, "What Do Actors Do When They Act?," in Jonathan Bignell, Stephen Lacey and Madeleine MacMurraugh–Kavanagh (eds), *British Television Drama: Past, Present and Future*, Basingstoke: Palgrave, 2000, pp.165~166.

298. "Counter Cinema: *Vent D'Est*," *Afterimage*, No. 4, 1972, pp.6~16. 이 글에서 울른은 내러티브의 비추이성, 소격, 전경화, 다중 디제시스, 불쾌와 리얼리티에 근거하여 할리우드-모스필름과 카운터 시네마를 전략적 대립 관계로 설정한다.

299. Quoted in Paul Kerr, "The Complete Ken Loach," *Stills*, No. 27, 1986, p.146.

300. Garnett and Loach, "*Family Life* in the Making," p.21.

301. Garnett and Loach, "*Family Life* in the Making," pp.21, 22.

302. "Reaction," *Encore*, May–June 1964, p.44.

303. Garnett and Loach, "*Family Life* in the Making," p.21.

304. 같은 책.

305. Paul Bream, "Spreading Wings at Kestrel," *Film and Filming*, Vol. 18 No. 6, 1972, p.38.

306. 같은 책.

307. Connell, *Film Production and Presentation*, p.165.

308. 1970년대에 프리어스가 텔레비전 작업을 더 매력적으로 생각했던 이유에 관해서는 다음을 보라. John Hill, "'Enmeshed in British Society but with a Yen for American Movies': Film, Television and Stephen Frears," in John Hill and Martin McLoone (eds), *Big Picture, Small Screen: The Relations between Film and Television*, John Libbey Media/University of Luton Press: Luton, 1986, pp.224~231.

309. Bart Mills, "'*Days of Hope*' — Going to Extremes," *Listener*, 11 September 1975, p.338.

310. Linda Nochlin, *Realism: Style and Civilization*, Harmondsworth: Penguin, 1971, p.25.

311. Nochlin, *Realism*, p.66.

312. Anton Chekhov, *The Essential Tales of Chekhov*, ed. Richard Ford, trans.

Constance Garnett, London: Granta, 1998, p.8.

313. Colin McArthur, *Television and History*, London: BFI, 1978, p.16.

314. E. H. Carr, *What Is History?*, Harmondsworth: Penguin, 1964, orig. 1961, p.50.

315. Interview with Jacob Leigh, Manchester, 30 May 1997.

316. Mills, "Days of Hope," p.337에서 재인용.

317. Andrew Higson, *Waving the Flag: Constructing a National Cinema in Britain*, Oxford: Oxford University Press, 1995, p.256.

318. Neil Lyndon, "Years of Promise," *Radio Times*, 6–12 September, 1975, p.69.

319. Lyndon, "Years of Promise," p.66.

320. Raymond Williams, *Politics and Letters*, London: Verso, 1979, p.376.

321. Leslie Halliwell with Philip Purser, *Halliwell's Television Companion*, 2nd edn, London: Granada, 1982, p.218.

322. Carl Freedman, "England as Ideology: From 'Upstairs, Downstairs' to *A Room with a View*," *Cultural Critique*, No. 17, Winter 1990–1991, pp.82, 90.

323. McArthur, *Television and History*, p.41.

324. 같은 책. 헬렌 휘틀리Helen Wheatley는 맥아더가 젠더 문제는 보지 않고 계급 문제만 지나치게 중요하게 다루었다고 비판했다. 이 드라마가 "여성과 평등에 관련한 문제에 대해 '고심'"한 작품으로 볼 수도 있다고 주장했다. "Rooms within Rooms: *Upstairs Downstairs* and the Studio Costume Drama of the 1970s," in Catherine Johnson and Rob Turnock (eds), *ITV Cultures: Independent Television over Fifty Years*, Maidenhead: Open University Press, 2005, p.150을 보라.

325. Alan Sked and Chris Cook, *Post–War Britain: A Political History*, Harmondsworth: Penguin, 1979, p.331.

326. 〈투나잇〉(BBC1, 1975년 10월 2일 방영).

327. Keith Laybourn, *The General Strike of 1926*, Manchester: Manchester University Press, 1993, p.1.

328. Henry Pelling, *A History of British Trade Unionism*, Harmondsworth: Penguin, 1969, p.177.

329. 예를 들어 펠링은 "가식을 거부하기로 한 정부에 직면해 평의회는 조만간 항복하는 것 외에 대안이 없었다"고 주장한다. *A History of British Trade Unionism*, p.177.

330. Lyndon, "Years of Promise," p.69.

331. "Days of Hope," *Cinema Papers*, p.301.

332. Caughie, "Progressive Television Drama and Documentary," p.28.

333. "'Committed' Plays in Television: Note by Director of Programmes, Television," 17 October 1975, BBCWACR1/111/12.

334. Minutes of the Board of Management, 29 September 1975, BBCWAC D27-7.

335. BBC Written Archives Centre에 소장되어 있는 녹취본에서 발췌.

336. Minutes of the Board of Management, 15 September 1975, BBCWAC R78/2507/1.

337. Richard Last, "'*Days of Hope*' Serial Goes Communist," *Daily Telegraph*, 26 September 1975.

338. "History at the BBC," *Daily Telegraph*, 27 September 1975.

339. "Does the Bias Run Both Ways?," *The Times*, 30 September 1975, p.13.

340. "Days of Hope," *Financial Times*, 15 September 1975.

341. George Grime, *Daily Telegraph*, 1 October 1975.

342. Minutes of the Board of Governors, 25 September 1975, BBCWAC R1/43/2.

343. 이것과 이후의 모든 인용은 "'Committed' Plays in Television"에서 한 것이다.

344. 여기서부터 이후 쇼의 인용문은 모두 다음에서 발췌했다. "Balance in Programmes: Note by the Chief Secretary," 17 October 1975, BBCWAC R1/111/12.

345. Letter from D-G, Charles Curran to Viscount Radcliffe, 22 October 1975, BBCWAC R78/2507/1.

346. Charles Curran, *A Seamless Robe: Broadcasting Philosophy and Practice*, London: Collins, 1979, p.106. 1970년대에 널리 퍼진, 텔레비전 뉴스의 편향성에 관한 논쟁을 개관하고 싶다면 다음을 보라. Andrew Goodwin, "TV News: Striking the Right Balance?," in Andrew Goodwin and Garry Whannel (eds), *Understanding Television*, London: Routledge, 1990.

347. Minutes of Board of Management, 15 September 1975, BBCWAC R78/2507/1.

348. Memo from D-G Charles Curran to MDTel Alasdair Milne, 1 June 1977, BBCWAC R78/2507/1.

349. *Report of the Committee on Broadcasting* (Chairman: Lord Annan), Cmnd. 532 (London: HMSO, 1977), p.263.

350. 같은 책.

351. Nicholas Garnham, "TV Documentary and Ideology," *Screen*, Vol. 13 No. 2, 1972, p.113.

352. Colin MacCabe, "Realism and the Cinema: Notes on Some Brechtian Theses," *Screen*, Vol. 15 No. 2, 1974, p.8.

353. 같은 책, p.12.

354. 같은 책, p.16.

355. Colin McArthur, "*Days of Hope*," *Screen*, Vol. 16 No. 4, 1975~1976, pp.139~144; Colin MacCabe, "*Days of Hope*: A Response to Colin McArthur," *Screen*, Vol. 17 No. 1, 1976, pp.98~101; "Memory, Phantasy, Identity: '*Days of Hope*' and the Politics of the Past," *Edinburgh '77 Magazine*, No. 2, 1977,

pp.13~17.

356. Colin McArthur, "Radical Form for Radical Content"(orig. 25 October 1974), in *Dialectic: Left Film Criticism from Tribune*, London: Key Texts, 1982, p.101; "*Days of Hope*," p.140.

357. MacCabe, "Memory, Phantasy, Identity," p.16.

358. MacCabe, "*Days of Hope*: A Response to Colin McArthur," pp.100~101.

359. Leigh, *The Cinema of Ken Loach*, p.112.

360. 실제로 〈투나잇〉 토론 때 해럴드 퍼킨은 사회민주주의자들이 "자신의 능력을 보여 줄 공정한 기회"를 얻지 못한 것에 대해 불만을 드러냈다.

361. "복합적 관람"이란 표현은 브레히트에 의해 다음 글에서 사용되었다. "The Literarization of the Theatre"(Notes to the Threepenny Opera) in *Brecht on Theatre*, trans. John Willett, London: Eyre Methuen, 1964, p.44.

362. "Days of Hope," *Cinema Papers*, p.300.

363. "Communication: A Case Study of '*Days of Hope*,'" Annual Review of BBC Audience Research Findings, No. 4, 1978, pp.63~71.

364. Caughie, "Progressive Television and Documentary Drama," p.33.

365. MacCabe, "Memory, Phantasy, Identity," p.16.

366. Interview with John Hill and Jonathan Powell, BAFTA, London, 2008.

367. Quart, "A Fidelity to the Real," pp.28~29.

368. Mills, "'Days of Hope' — Going to Extremes," p.338.

369. Minutes of Board of Governors, 25 September 1975, BBCWAC R1/43/2.

370. "Balance in Programmes: Note by the Chief Secretary," 17 October 1975, BBCWAC R1/111/12.

371. *Left of Frame: The Rise and Fall of Radical TV Drama (Time Shift)* (BBC4, 2006년 2월 7일 방영).

372. Meeting of the Board of Governors, 23 October 1975, BBCWAC R1/43/2; Minutes of a meeting of the General Advisory Council, 22 October 1975, BBCWAC R78/2507/1.

373. "Mrs Thatcher's Vision of Free Economy Wins Five-minute Standing Ovation," *The Times*, 11 October 1975, p.4.

374. Andrew Gamble, *The Free Economy and the Strong State: The Politics of Thatcherism*, Basingstoke and London: Macmillan, 1988.

375. 대처 정부의 주된 경제 정책에 대한 요약과 논의는 다음을 보라. Stephen Edgell and Vic Duke, *A Measure of Thatcherism: A Sociology of Britain*, London: HarperCollins, 1991.

376. Iain F. Nash, "One More Time," *Films Illustrated*, December 1978, pp.154~155.

377. Hayward, *Which Side Are You On?*, p.149.

378. Robert Brown, "Continuing — the State of Things," *Monthly Film Bulletin*, January 1983, p.11.

379. Paul Kerr, "The Complete Ken Loach," *Stills*, No. 27, 1986, p.148.

380. 같은 책.

381. Loach on *The South Bank Show*(ITV, 1993년 10월 3일 방영).

382. Kerr, "The Complete Ken Loach," p.148.

383. *The Times*, 12 August 1981, p.2.

384. Julian Petley, "Ken Loach and Questions of Censorship," in McKnight, *Agent of Challenge and Defiance*, p.104.

385. 이 사건의 보다 포괄적인 해석을 원한다면 다음을 보라. Petley, "Ken Loach and Questions of Censorship," pp.99~124를 보라.

386. Fuller, *Loach on Loach*, p.70.

387. *Face to Face*(BBC2, 1994년 9월 19일 방영).

388. Fuller, *Loach on Loach*, p.75.

389. www.parallaxpictures.co.uk/aboutus.html(accessed 14 November 2001).

390. 영국 영화 지원에 텔레비전이 한 역할에 대한 더 포괄적인 설명은 다음을 보라. John Hill, "British Television and Film: The Making of a Relationship," in Hill and McLoone, *Big Picture, Small Screen: The Relations between Film and Television*, pp.151~176을 보라.

391. John Hill, "Government Policy and the British Film Industry 1979－1990," *European Journal of Communication*, Vol. 8 No. 2, 1993, pp.203~224를 보라.

392. "Lottery Attack by Film-maker It Helped Fund," *Scotsman*, 16 May 1998, p.2.

393. Leon Forde, "Close Up: Ken Loach," *Screen International*, 4 May 2001, p.33.

394. National Heritage Select Committee, *The British Film Industry*, House of Commons, Session 1994－1995, *Minutes of Evidence*, 1 December 1994, p.64.

395. "UK Cinemas Snub Loach's 'Barley' Film," *Evening Herald* (Dublin), 4 July 2006, p.10.

396. National Heritage Select Committee, *The British Film Industry*, p.65.

397. *Appendices to the Minutes of Evidence Taken before the National Heritage Committee*, Appendix 26, House of Commons, Session 1994－1995, p.338.

398. 같은 곳.

399. Forde, "Close Up," p.33.

400. Steve Neale, "Art Cinema as Institution," *Screen*, Vol. 22 No. 1, 1981, p.13.

401. National Heritage Select Committee, The British Film Industry, p.67.

402. 이 영화에 관한 더 긴 논의를 원한다면 다음을 보라. John Hill, "Finding a Form:

Politics and Aesthetics in *Fatherland, Hidden Agenda* and *Riff-Raff* in McKnight," *Agent of Challenge and Defiance*, pp.125~143.

403. "The Ken Loach Approach-and How to Film It," in *Camera*, Spring 1996, pp.16~17.

404. Caughie, "Progressive Television and Documentary Drama," pp.26~31.

405. Jonathan Morris, *The Wind That Shakes the Barley*, Production Crew Notes, www.sixteenfilms.co.uk/films/production_notes/the_wind_that_shakes_the_barley/crew_notes/#editor.

406. Caughie, "Progressive Television and Documentary Drama," p.27.

407. David Bordwell, "The Art Cinema as a Mode of Film Practice," *Film Criticism*, Vol. 4 No. 1, 1979, p.59.

408. Ruth Dudley Edwards, "Why Does Ken Loach Loathe His Country So Much?," *Daily Mail*, 30 May 2006, www.dailymail.co.uk/news/article-388256/Why-does-Ken-Loach-loathe-country-much.html.

409. Caughie, "The Logic of Convergence," in Hill and McLoone, *Big Pictures, Small Screen*, p.219.

410. Ken Loach, "Director's Note," *The Wind That Shakes the Barley*, Ardfield: Galley Head Press, 2006, p.9.

411. Huw Beynon, "Images of Labour/Images of Class," in Rowbotham and Beynon, *Looking at Class*, pp.25~40.

412. 노동당 정부 때 영국 내 빈부 격차가 어떻게 심화되었는가에 관한 요약은 다음을 보라. Polly Toynbee and David Walker, *Unjust Rewards*, London: Granta, 2008.

413. "Working Class Life, Two Erics and Teamwork," Interview by Martin Smith, *Socialist Review*, June 2009, www.socialistreview.org.uk/article.php?articlenumber=10860

414. Hill, "Interview with Ken Loach," p.166. 또한 〈하층민들〉에 대한 논의는 다음을 참조하라. Hill, *British Cinema in the 1980s*, Ch. 9.

415. "Fanfare for the Common Man," p.47.

416. Ken Roberts, *Class in Modern Britain*, Basingstoke: Palgrave, 2001, p.114.

417. Wally Hammond, "Estate of the Art," *Time Out*, 6~13 October 1993, p.22.

418. Richard Dacre, "Traditions of British Comedy," in Robert Murphy (ed.), *The British Cinema Book*, London: BFI, 1997, pp.198~206.

419. Paul Laverty, *Looking for Eric*, Pontefract: Route Publishing, 2009, p.22.

420. Deborah Knight, "Naturalism, Narration and Critical Perspective: Ken Loach and the Experimental Method," in McKnight, *Agent of Challenge and Defiance*, p.74.

421. John Hill, "Interview with Ken Loach," Sources of Inspiration Lecture, p.4.

422. Hayward, *Which Side Are You On?*, p.234.

423. Lindsay Paterson, Frank Bechhofer and David McCrone, *Living in Scotland: Social and Economic Change since 1980*, Edinburgh: Edinburgh University Press, 2004, p.101.

424. Hill, Interview with Ken Loach, Sources of Inspiration Lecture, p.11.

425. Interview, DVD extras, *My Name Is Joe*(1998).

426. James Mottram, "In the Mood for Love," *Sight and Sound*, March 2004, p.22.

427. "Scotland and Cinema: The Iniquity of the Fathers," in Colin McArthur (ed.), *Scotch Reels: Scotland in Cinema and Television*, London: BFI, 1982, pp.40~69.

428. Colin McArthur, "The Cultural Necessity of a Poor Celtic Cinema," in John Hill et al., *Border Crossing: Film in Ireland, Britain and Europe*, Belfast: Institute of Irish Studies, 1994, p.120.

429. '아일랜드적인 것'의 담론이 로치의 영국 노동 계급 재현 방식에 어떤 영향을 미쳤는지에 관한 더 포괄적인 논의는 다음을 보라. John Hill, "Routes Irish: 'Irishness,' 'Authenticity' and the Working Class in the Films of Ken Loach," *Irish Studies Review*, Vol. 19 No. 1, 2011.

430. Jonathan Murray, "Anywhere but Here or Here but Anywhere? Glasgow on Screen," *Anglo–Files*, No. 146, November 2007, p.34.

431. Juliette Garside, "Poverty, Crime, Drug Addiction, Violence: Why Is Cinema So Obsessed," *Sunday Herald*, 2 June 2002.

432. Stuart Cosgrove, "Innovation and Risk–How Scotland Survived the Tsunami," Edinburgh Lecture, 16 February 2005, download.edinburgh.gov.uk/lectures/Stuart Cosgrove.pdf.

433. www.sixteenfilms.co.uk/films/production_notes/ae_fond_kiss/를 보라.

434. *It''s a Free World*… (2007): Production Notes, www.sixteenfilms.co.uk/films/production_notes/its_a_free_world/crew_notes/#director

435. 켄 로치, 〈자유로운 세계〉, DVD 코멘터리.

436. "Every Fuckin' Choice Stinks," *Sight and Sound*, November 1998, pp.18~21.

437. Harlan Jacobson, "On the Job," *Film Comment*, January—February 2007, p.22.

438. Claire Monk, "Underbelly UK: The 1990s Underclass Film, Masculinity and the Ideologies of 'New' Britain," in Justine Ashby and Andrew Higson (eds), *British Cinema, Past and Present*, London: Routledge, 2000, pp.280~282.

439. Beynon, "Images of Labour/Images of Class," p.38.

440. Mark Fisher, *Capitalist Realism: Is There No Alternative?*, Winchester: Zero Books, 2009, p.2.

441. Loach on Location: *Making Land and Freedom*(BBC2, 1995년 5월 15일 방영).

442. Robert A. Rosenstone, *Visions of the Past: The Challenge of Film to Our Idea of History*, Cambridge, MA: Harvard University Press, 1995, p.57.

443. *Land and Freedom*, Production Notes, BFI Library.

444. "This Is Not the War I Knew," *Evening Standard*, 5 October 1995, p.27.

445. Lecture at "Radical and Popular Pasts: Public History Conference," Ruskin College, Oxford, 17 March 2007.

446. Julian Petley, *"Land and Freedom," International Dictionary of Films and Filmmakers* – *1*, 3rd edn, London: St James Press, 1997, p.554에서 재인용.

447. Richard Porton, "The Revolution Betrayed: An Interview with Ken Loach," *Cineaste*, Vol. 22 No. 1, 1996, p.30.

448. Noam Chomsky, "Objectivity and Liberal Scholarship," in *American Power and the New Mandarins*, New York: New Press, 2002, orig. 1969, p.76.

449. George Orwell, *Homage to Catalonia*, Harmondsworth: Penguin Books, 1977, orig. 1938, p.28.

450. 같은 책, p.29.

451. Loach on Location: *Making Land and Freedom*(BBC2, 1995년 5월 15일 방영).

452. Lecture at "Radical and Popular Pasts," Conference, 2007.

453. Porton, "The Revolution Betrayed," p.30.

454. "An Interview Conducted with Jim Allen in 1995," Wold Socialist Web Site, www.wsws.org/articles/1999/aug1999/alle-a11.shtml.

455. Porton, "The Revolution Betrayed," p.30.

456. Raymond Carr, *Modern Spain 1875 – 1980*, Oxford: Oxford University Press, 1980, p.139.

457. Leon Trotsky, *The Revolution Betrayed: What Is the Soviet Union and Where Is It Going?*, London: Faber and Faber, 1937.

458. Richard Porton, *Film and the Anarchist Imagination*, London: Verso, 1999, p.88.

459. Ken Loach, "Director's Note," *The Wind That Shakes the Barley*, Ardfield: Galley Head Press, 2006, pp.8~9.

460. Harlan Jacobson, "On the Job," *Film Comment*, January – February 2007, p.22.

461. Ruth Dudley Edwards, "Why Does Ken Loach Loathe His Country So Much?," *Daily Mail*, 30 May 2006.

462. *Sunday Telegraph*, 25 June 2006, p.18.

463. David Archibald, "Correcting Historical Lies: An Interview with Ken Loach and Paul Laverty," *Cineaste*, Vol. 32 No. 2, 2007, p.30.

464. Tara Brady, "The Socialist Graces," *Hot Press*, 28 June 2006, p.60.

465. *Sunday Herald*, 25 June 2006, p.18.

466. *Independent*, 19 May 2006, p.3.

467. "Screenwriter's Note," *The Wind That Shakes the Barley*, p.13.

468. 〈지옥에서 악수하라〉와 폭력적인 공화주의 운동의 영화적 이미지에 대한 전반적인 논의는 다음을 참조하라. John Hill, "Images of Violence," in Kevin Rockett, Luke Gibbons and John Hill, *Cinema and Ireland*, London: Routledge, 1988.

469. Eamonn Sweeney, "Ken Loach," *Sunday Independent*, 6 August 2006, p.21.

470. "The Red and the Green," *Dublin Review*, No. 24, 2006, pp.46, 51.

471. Adrian Pimley, "The Working-class Movement and the Irish Revolution, 1896-1923," in D. G. Boyce (ed.), *The Revolution in Ireland, 1879–1923*, Dublin: Gill and Macmillan, 1988, pp.213~214.

472. Fergus Campbell, "Reviews in History," www.history.ac.uk/reviews/review/734/response. 캠벨이 자신이 쓴 *Land and Revolution: Nationalist Politics in the West of Ireland 1891-1921*(Oxford: Oxford University Press, 2005)의 평가에 대해 대응해 쓴 글이다. 당시 아일랜드에서 어떤 종류의 혁명이 일어났는지에 관한 논의는 다음을 참조하라. Joost Augustejin (ed.), *The Irish Revolution, 1913-1923*, Basingstoke: Palgrave, 2002.

473. Campbell, "Reviews in History."

474. Donal Ó Drisceoil, "Framing the Irish Revolution: Ken Loach's *The Wind That Shakes the Barley*," *Radical History Review*, No. 104, 2009, p.10.

475. 같은 곳, p.12.

476. Archibald, "Correcting Historical Lies," p.27.

477. 같은 책, p.28.

478. "Not a Window on the Past: How Films and Television Construct History," *Film and History*, Vol. 17 No. 4, 1987, p.93.

479. 〈보리밭을 흔드는 바람〉에 대한 마이클 패트릭 질레스피Michael Patrick Gillespie의 이러한 평은 다음에 나와 있다. *The Myth of an Irish Cinema: Approaching Irish-themed Films*, New York: Syracuse University Press, 2008, p.253.

480. 브레히트의 이론과 관계된 이러한 구분은 다음을 보라. Raymond Williams, *Drama from Ibsen to Brecht*, Harmondsworth: Pelican Books, 1973, p.322.

481. Ó Drisceoil, "Framing the Irish Revolution," p.11.

482. *Independent on Sunday*, 25 June 2006, p.9.

Bakewell, Joan and Nicholas Garnham (eds). *The New Priesthood: British Television Today.* London: Allen Lane, 1970.

Bazin, André. *What Is Cinema?, Vol. 1.* trans. Hugh Gray. Berkeley: University of California Press, 1967.

—— *What Is Cinema?, Vol. 2.* trans. Hugh Gray. Berkeley: University of California Press. 1972.

Bignell, Jonathan, Stephen Lacey and Madeleine MacMurraugh-Kavanagh (eds). *British Television Drama: Past, Present and Future.* Basingstoke: Palgrave, 2000.

Blandford, Steve. *Film, Drama and the Break-Up of Britain.* Bristol: Intellect, 2007.

Bordwell, David. "The Art Cinema as a Mode of Film Practice," *Film Criticism,* Vol. 4 No. 1, 1979.

—— *Figures Traced in Light: On Cinematic Staging.* Berkeley: University of California Press, 2005.

Brandt, George W. (ed.). *British Television Drama.* Cambridge: Cambridge University Press, 1981.

Bream, Paul. "Spreading Wings at Kestrel," *Films and Filming*, Vol. 18 No. 6, 1972.

Brecht, Bertolt. *Brecht on Theatre.* trans. John Willett. London: Eyre Methuen, 1964.

Bromley, Roger. "The Theme That Dare Not Speak Its Name: Class and Recent British Film," in Sally R. Munt (ed.), *Cultural Studies and the Working Class: Subject to Change*. London: Cassell, 2000.

Brunsdon, Charlotte. *London in Cinema: The Cinematic City since 1945*. London: BFI, 2007.

Carr, E. H. *What Is History?* Harmondsworth: Penguin, 1964, orig. 1961.

Carr, Raymond. *Modern Spain 1875–1980*. Oxford: Oxford University Press, 1980.

Caughie, John. "Progressive Television and Documentary Drama," *Screen*, Vol. 21 No. 3, 1980.

—— *Television Drama: Realism, Modernism and British Culture*, Oxford: Oxford University Press, 2000.

Chomsky, Noam. *American Power and the New Mandarins*. New York: New Press, 2002, orig. 1969.

Coates, David. *The Labour Party and the Struggle for Socialism*. Cambridge: Cambridge University Press, 1975.

—— "Parties in Pursuit of Socialism," in David Coates, Gordon Johnston and Ray Bush (eds), *A Socialist Anatomy of Britain*. Cambridge: Polity Press, 1985.

Connell, Ian. *Film Production and Presentation: The Institutional Passage of Films*. MA thesis, University of Birmingham, 1973.

Cooke, Lez. *British Television Drama: A History*. London: BFI, 2003.

—— *Troy Kennedy Martin*. Manchester: Manchester University Press, 2007.

Corner, John (ed.). *Documentary and the Mass Media*. London: Edward Arnold, 1986.

—— *The Art of Record: An Introduction to Documentary*. Manchester: Manchester University Press, 1996.

Crofts, Stephen. "Not a Window on the Past: How Films and Television Construct History," *Film and History*, Vol. 17 No. 4, 1987.

Crompton, Rosemary. *Class and Stratification*. Cambridge: Polity Press, 2008.

Curran, Charles. *A Seamless Robe: Broadcasting Philosophy and Practice*. London: Collins, 1979.

Dave, Paul. *Visions of England: Class and Culture in Contemporary Cinema*. Oxford: Berg, 2006.

Dodd, Kathryn and Philip Dodd. "From the East End to *EastEnders*: Representations of the

Working Class, 1890–1990," in Dominic Strinati and Stephen Wagg (eds), *Come on Down? Popular Media Culture*. London: Routledge, 1992.

Driver, Stephen and Luke Martell. *New Labour*. Cambridge: Polity Press, 2006.

Dyer, Richard et al. *Coronation Street*. London: BFI, 1981.

Edgell, Stephen and Vic Duke. *A Measure of Thatcherism: A Sociology of Britain*. London: HarperCollins, 1991.

Ellis, John. *Visible Fictions*. London: Routledge and Kegan Paul, 1982.

——— "Documentary and Truth on Television: The Crisis of 1999," in Alan Rosenthal and John Corner (eds). *New Challenges for Documentary*, 2nd edn. Manchester: Manchester University Press, 2005.

Ellwood, Sheelagh M. *The Spanish Civil War*. Oxford: Blackwell, 1991.

English, James F. "Local Focus, Global Frame: Ken Loach and the Cinema of Dispossession," in Lester D. Friedman (ed.), *Fires Were Started: British Cinema and Thatcherism*. London: Wallflower Press, 2006.

Ferris, Paul. *Sir Huge: The Life of Huw Wheldon*. London: Michael Joseph, 1990.

Fisher, Mark. *Capitalist Realism: Is There No Alternative?* Winchester: Zero Books, 2009.

Freedman, Carl. "England as Ideology: From 'Upstairs, Downstairs' to *A Room with a View*," *Cultural Critique*, No. 17, Winter 1990–1991.

Frith, Simon. "Hearing Secret Harmonies," in Colin MacCabe (ed.), *High Theory/Low Culture: Analysing Popular Television and Film*. Manchester: Manchester University Press, 1986.

Fuller, Graham (ed.). *Loach on Loach*. London: Faber and Faber, 1998.

Gamble, Andrew. *The Free Economy and the Strong State: The Politics of Thatcherism*. Basingstoke and London: Macmillan, 1988.

Garnett, Tony and Ken Loach. "*Family Life in the Making*," *7 Days*, 12 January 1972.

Garnham, Nicholas. "TV Documentary and Ideology," *Screen*, Vol. 13 No. 2, 1972.

Golding, Simon W. *Life after Kes*. Bridgnorth: GET Publishing, 2005.

Goodwin, Andrew and Garry Whannel (eds). *Understanding Television*. London: Routledge, 1990.

Green, Jonathon. *All Dressed Up: The Sixties and the Counterculture*. London: Jonathan Cape, 1998.

Greene, Hugh. *The Third Floor Front: A View of Broadcasting in the Sixties*. London:

Bodley Head, 1969.

Hacker, Jonathan and David Price. *Take Ten: Contemporary British Film Directors*. Oxford: Clarendon Press, 1991.

Hallam, Julia. *Lynda La Plante*. Manchester: Manchester University Press, 2005.

Hayward, Anthony. *Which Side Are You On? Ken Loach and His Films*. London: Bloomsbury, 2004.

Higson, Andrew. *Waving the Flag: Constructing a National Cinema in Britain*. Oxford: Oxford University Press, 1995.

Hill, John. "Ideology, Economy and the British Cinema," in Michele Barrett et al. (eds), *Ideology and Cultural Production*. London: Croom Helm, 1979.

—— *Sex, Class and Realism: British Cinema 1956–1963*. London: BFI, 1986.

—— "Government Policy and the British Film Industry 1979–1990," *European Journal of Communication*, Vol. 8 No. 2, 1993.

—— and Martin McLoone (eds). *Big Picture, Small Screen: The Relations between Film and Television*. Luton: John Libbey Media/University of Luton Press, 1996.

—— "Ken Loach: Every Fuckin' Choice Stinks," *Sight and Sound*, November 1998.

—— *British Cinema in the 1980s: Issues and Themes*. Oxford: Clarendon Press, 1999.

—— "The Rise and Fall of British Art Cinema: A Short History of the 1980s and 1990s," *Aura: Film Studies Journal*(Sweden), Vol. 6 No. 3, 2000.

—— "'Creative in Its Own Right'": The Langham Group and the Search for a New Television Drama," in Laura Mulvey and Jamie Sexton (eds), *Experimental British Television*. Manchester: Manchester University Press, 2007.

—— "A 'New Drama for Television'?: *Diary of a Young Man*," in Laura Mulvey and Jamie Sexton (eds), *Experimental British Television*. Manchester: Manchester University Press, 2007.

—— "Politics, Realism and Ken Loach," in Deniz Bayradkar (ed.), *Cinema and Politics: Turkish Cinema and the New Europe*. Newcastle: Cambridge Scholars Publishing, 2009.

—— "Routes Irish: 'Irishness,' 'Authenticity' and the Working Class in the Films of Ken Loach," *Irish Studies Review* , Vol. 19 No. 1, 2011.

Hoggart, Richard. *The Uses of Literacy*. Harmondsworth: Pelican, 1959, orig. 1957.

Kennedy Martin, Troy. "Nats Go Home: First Statement of a New Television Drama,"

Encore, March–April 1964.

—— "*Up the Junction* and After," *Contrast*, Spring 1966.

Kerr, Paul. "The Complete Ken Loach," *Stills*, No. 27, 1986.

Kolker, Robert Philip. *The International Eye: Contemporary International Cinema*. Oxford: Oxford University Press, 1983.

Kovács, András Bálint. *Screening Modernism: European Art Cinema, 1950–1980*. Chicago, IL: Chicago University Press, 2007.

Kozloff, Sarah. *Invisible Storytellers: Voice-Over Narration in American Fiction Film*. Berkeley: University of California Press, 1988.

Lacey, Stephen. *Tony Garnett*. Manchester: Manchester University Press, 2007.

Laing, R. D. *The Divided Self*. London: Tavistock, 1959.

—— and A. Esterson. *Sanity, Madness and the Family: Families of Schizophrenics*. Harmondsworth: Penguin, 1982, orig. 1964.

—— *The Politics of Experience and the Bird of Paradise*. Harmondsworth: Penguin, 1967.

Laing, Stuart. *Representations of Working–Class Life 1957–1964*. Basingstoke: Macmillan, 1986.

Lane, Tony and Kenneth Roberts. *Strike at Pilkingtons*. London: Fontana, 1971.

Lay, Samantha. *British Social Realism: From Documentary to Brit Grit*. London: Wallflower Press, 2002.

Laybourn, Keith. *The General Strike of 1926*. Manchester: Manchester University Press, 1993.

Leggott, James. *Contemporary British Cinema: From Heritage to Horror*. London: Wallflower Press, 2008.

Leigh, Jacob. *The Cinema of Ken Loach: Art in the Service of the People*. London: Wallflower Press, 2002.

Levin, G. Roy (ed.). *Documentary Explorations: 15 Interviews with Filmmakers*. New York: Doubleday, 1971.

Leys, Colin. *Politics in Britain: From Labourism to Thatcherism*. London: Verso, 1989.

Loach, Kenneth. "Film versus Tape in Television Drama," *Journal of the Society for Film and Television Arts*, No. 23, 1966.

Lovell, Terry. *Pictures of Reality: Aesthetics, Politics and Pleasure*. London: BFI, 1980.

MacCabe. "Realism and the Cinema: Notes on some Brechtian Theses," *Screen*, Vol. 15 No.

2, 1974.

—— "*Days of Hope*: A Response to Colin McArthur," *Screen*, Vol. 17 No. 1, 1976.

—— "Memory, Phantasy, Identity: '*Days of Hope*' and the Politics of the Past," *Edinburgh '77 Magazine*, No. 2, 1977.

MacMurraugh-Kavanagh, M. K. "'Drama' into 'News': Strategies of Intervention in 'The Wednesday Play,'" *Screen*, Vol. 38 No. 3, 1997.

—— "Boys on Top: Gender and Authorship on the BBC Wednesday Play, 1964–1970," *Media, Culture and Society*, Vol. 21 No. 3, 1999.

Martin-Jones, David, *Scotland: Global Cinema*. Edinburgh: Edinburgh University Press, 2009.

Marwick, Arthur. *The Sixties: Cultural Revolution in Britain, France, Italy and the United States, c. 1958–c. 1974*. Oxford: Oxford University Press, 1998.

McArthur, Colin. "*Days of Hope*," *Screen*, Vol. 16 No. 4, 1975–1976.

—— *Television and History*. London: BFI, 1978.

—— (ed.). *Scotch Reels: Scotland in Cinema and Television*. London: BFI, 1982.

—— *Dialectic: Left Film Criticism from Tribune*. London: Key Texts, 1982.

McFarlane, Brian (ed.). *The Cinema of Britain and Ireland*. London: Wallflower Press, 2005.

McGrath, John. "TV Drama: The Case against Naturalism," *Sight and Sound*, Spring 1977.

McKnight, George (ed.). *Agent of Challenge and Defiance: The Films of Ken Loach*. Trowbridge: Flicks Books, 1997.

Mercer, David. "Birth of a Playwriting Man," *Theatre Quarterly*, Vol. 3 No. 9, 1973.

Minogue, Sally and Andrew Palmer. "Confronting the Abject: Women and Dead Babies in Modern English Fiction," *Journal of Modern Literature*, Vol. 29 No. 3, 2006.

Monk, Claire. "Underbelly UK: The 1990s Underclass Film, Masculinity and the Ideologies of 'New' Britain," in Justine Ashby and Andrew Higson (eds), *British Cinema, Past and Present*. London: Routledge, 2000.

Morris, Margaret. *The General Strike*. London: Journeyman Press, 1976.

Murphy, Robert. *Sixties British Cinema*. London: BFI, 1992.

—— (ed.). *The British Cinema Book*. London: BFI, 1997.

—— (ed.). *British Cinema of the 90s*. London: BFI, 2000.

Murray, Jonathan. "Anywhere but Here or Here but Anywhere? Glasgow on Screen," *Anglo-Files*, No. 146, November 2007.

—— Fidelma Farley and Rod Stoneman (eds). *Scottish Cinema Now*. Newcastle: Cambridge Scholars Publishing, 2009.

Neale, Steve. "Art Cinema as Institution," *Screen*, Vol. 22 No. 1, 1981.

Nichols, Bill. *Introduction to Documentary*. Bloomington and Indianapolis: Indiana University Press, 2001.

Nochlin, Linda. *Realism: Style and Civilization*. Harmondsworth: Penguin, 1971.

Ó Drisceoil, Donal. "Framing the Irish Revolution: Ken Loach's *The Wind That Shakes the Barley*," *Radical History Review*, No. 104, 2009.

Orbanz, Eva. *Journey to a Legend and Back: The British Realistic Film*. Berlin: Edition Volker Spiess, 1977.

Orwell, George. *Homage to Catalonia*. Harmondsworth: Penguin Books, 1977, orig. 1938.

Paget, Derek. *True Stories? Documentary Drama on Radio, Screen and Stage*. Manchester: Manchester University Press, 1990.

—— "'Cathy Come Home' and 'Accuracy' in British Television Drama," *New Theatre Quarterly*, Vol. 15 No. 1, 1999.

Paterson, Lindsay, Frank Bechhofer and David McCrone. *Living in Scotland: Social and Economic Change since 1980*. Edinburgh: Edinburgh University Press, 2004.

Pelling, Henry. *A History of British Trade Unionism*. Harmondsworth: Penguin, 1969.

Petrie, Duncan. *Screening Scotland*. London: BFI, 2000.

—— *Contemporary Scottish Fictions: Film, Television and the Novel*. Edinburgh: Edinburgh University Press, 2004.

Pimley, Adrian. "The Working–Class Movement and the Irish Revolution, 1896–1923," in D. G. Boyce (ed.), *The Revolution in Ireland, 1879–1923*. Dublin: Gill and Macmillan, 1988.

Porton, Richard. "The Revolution Betrayed: An Interview with Ken Loach," *Cineaste*, Vol. 22 No. 1, 1996.

—— *Film and the Anarchist Imagination*. London: Verso, 1999.

Potter, Jeremy. *Independent Television in Britain. Volume 3. Politics and Control, 1968–1980*. Basingstoke: Macmillan, 1989.

Quart, Leonard. "A Fidelity to the Real: An Interview with Ken Loach and Tony Garnett," *Cineaste*, Autumn 1980.

Roberts, Ken. *Class in Modern Britain*. Basingstoke: Palgrave, 2001.

Rockett, Kevin, Luke Gibbons and John Hill. *Cinema and Ireland*. London: Routledge, 1988.

Rolinson, Dave. *Alan Clarke*. Manchester: Manchester University Press, 2005.

Rosenstone, Robert A. *Visions of the Past: The Challenge of Film to Our Idea of History*. Cambridge, MA: Harvard University Press, 1995.

Rotha, Paul (ed.). *Television in the Making*. London: Focal Press, 1956.

Rowbotham, Sheila and·Huw Beynon (eds). *Looking at Class: Film, Television and the Working Class in Britain*. London: River Orams Press, 2001.

Russell Taylor, John. "The Kes Dossier," *Sight and Sound*, Vol. 39 No. 3, Summer 1970.

Sandbrook, Dominic. *White Heat: A History of Britain in the Swinging Sixties*. London: Little, Brown, 2006.

Sandford, Jeremy. *"Cathy Come Home,"* in Alan Rosenthal, *The New Documentary in Action: A Casebook in Film Making*. Berkeley: University of California Press, 1971.

———, 'Edna and Cathy: Just Huge Commercials,' *Theatre Quarterly*, Vol. 3 No. 10, 1973.

Schlesinger, Philip, Graham Murdock and Philip Elliott. *Televising "Terrorism": Political Violence in Popular Culture*. London: Comedia, 1983.

Sedgwick, Peter. "Varieties of Socialist Thought," in Bernard Crick and William A. Robson (eds), *Protest and Discontent*. Harmondsworth: Penguin, 1970.

Sexton, Jamie. "'Televérité' Hits Britain: Documentary, Drama, and the Growth of 16mm Filmmaking in British Television," *Screen*, Vol. 44 No. 4, 2003.

Shipley, Peter. *Revolutionaries in Modern Britain*. London: Bodley Head, 1976.

Shubik, Irene. *Play for Today: The Evolution of Television Drama*. London: Davis-Poynter, 1975.

Shulman, Milton. *The Least Worst Television in the World*. London: Barrie and Jenkins, 1973.

Smith, James L. *Melodrama*. London: Methuen, 1973.

Stephenson, William. *"Kes* and the Press," *Cinema Journal*, Vol. 12 No. 2, 1973, pp.48~55.

Swallow, Norman. *Factual Television*. London: Focal Press, 1966.

Swinson, Arthur. *Writing for Television*. London: Adam and Charles Black, 1955.

Tracey, Michael. *A Variety of Lives: A Biography of Sir Hugh Greene*. London: Bodley Head, 1983.

Tulloch, John (in conversation with Rona Munro). "'Whose Stories You Tell': Writing 'Ken Loach,'" in Jonathan Bignell (ed.), *Writing and Cinema*. Harlow: Longman, 1999.

Vaughan, Dai. *For Documentary*. Berkeley: University of California Press, 1999.

Walker, Alexander. *Hollywood England: The British Film Industry in the Sixties*. London: Michael Joseph, 1974.

—— *Icons in the Fire: The Rise and Fall of Practically Everyone in the British Film Industry 1984–2000*. London: Orion, 2004.

Walker, Michael. "Melodrama and the American Cinema," *Movie*, Nos 29–30, Summer 1982.

Ward, Paul. *Documentary: The Margins of Reality*. London: Wallflower Press, 2005.

Wayne, Mike, *Political Film: The Dialectics of Third Cinema*, London: Pluto Press, 2001.

—— *The Politics of Contemporary European Cinema*. Bristol: Intellect Books, 2002.

Weeks, Jeffrey. *Sex, Politics and Society*. London: Longman, 1981.

Whitehouse, Mary. *Cleaning Up TV: From Protest to Participation*. London: Blandford, 1967.

—— *A Most Dangerous Woman?* Tring: Lion Publishing, 1982.

Widgery, David (ed.). *The Left in Britain, 1956–1968*. Harmondsworth: Penguin, 1976.

Willemen, Paul. "On Realism in the Cinema," *Screen*, Vol. 13 No. 1, 1972.

Williams, Raymond. *Drama from Ibsen to Brecht*. Harmondsworth: Pelican Books, 1973.

—— "A Lecture on Realism," *Screen*, Vol. 16 No. 1, 1977.

—— *Politics and Letters*. London: Verso, 1979.

Winston, Brian. "*Fires Were Started –*," London: BFI, 1999.

Wollen, Peter. "Counter Cinema: *Vent D'Est*," *Afterimage*, No. 4, 1972.

Worsley, T. C. *Television: The Ephemeral Art*. London: Alan Ross, 1970.

Wyndham Goldie, Grace. *Facing the Nation: Television and Politics 1936–1976*. London: Bodley Head, 1977.

KEN LOACH

Filmography

캐서린
Catherine

1964 | TV | 〈텔레테일*Teletale*〉 시리즈 | 흑백 | 30분 | BBC(1964년 1월 24일 방영. 1963년 12월 4일 녹화)
프로듀서 제임스 맥태거트
각본 로저 스미스
미술 로버트 푸에스트Robert Fuest
음악 데니스 윌슨Dennis Wilson
출연 제프리 화이트헤드Geoffrey Whitehead(내레이터), 키카 마르캠(캐서린), 피터 호이 Peter Hoy(자동차 판매원), 길버트 윈Gilbert Wynne(잭), 토니 가넷(리처드), 데이비드 베다 드David Bedard(데이브), 토니 셀비(가수)

Z 카: 그들이 준 교훈
Z Cars: "Profit by Their Example"

1964 | TV | 흑백 | 50분 | BBC(1964년 2월 12일 방영)
프로듀서 데이비드 로즈
각본 존 홉킨스

스토리 편집자 로버트 바
촬영(필름) 데이비드 프로서David Prosser
편집 크리스토퍼 라 폰테인Christopher La Fontaine
미술 프레데릭 크냅만Frederick Knapman
출연 제임스 엘리스James Ellis(경찰 린치), 콜린 웰런드(경찰 그레이엄), 프랭크 윈저Frank Windsor(형사 와트), 마이클 포레스트Michael Forrest(형사 힉스), 로버트 키건Robert Keegan(경사 블랙킷), 케이트 앨릿Kate Allitt(파멜라 언쇼)

Z 카: 공정한 거래
Z Cars: "A Straight Deal"

1964 | TV | 흑백 | 50분 | BBC(1964년 3월 11일 방영)
프로듀서 데이비드 로즈
각본/스토리 편집자 로버트 바
촬영(필름) 데이비드 프로서
편집 크리스토퍼 라 폰테인
미술 스탠리 모리스Stanley Morris
출연 제임스 엘리스(경찰 린치), 콜린 웰런드(경찰 그레이엄), 스타트포드 존스Stratford Johns(경감 바로우), 프랭크 윈저(형사 와트), 로버트 키건(경사 블랙킷), 케이트 앨릿(파멜라 언쇼), 잭 커닝엄Jack Cunningham(경찰 패터슨)

Z 카: 오직 진실만을
Z Cars: "The Whole Truth"

1964 | TV | 흑백 | 50분 | BBC(1964년 8월 8일 방영)
프로듀서 데이비드 로즈
각본/스토리 편집자 로버트 바
촬영(필름) 스튜어트 A. 파넬Stewart A. Farnell
편집 크리스토퍼 라 폰테인
미술 도널드 브루어Donald Brewer
출연 제임스 엘리스(경찰 린치), 콜린 웰런드(경찰 그레이엄), 브라이언 블레스드Brian Blessed(경찰 스미스), 조지프 브래디Joseph Brady(경찰 와이어), 스타트포드 존스(경감 바로우), 프랭크 윈저(형사 와트), 로버트 키건(경사 블랙킷), 마이클 포레스트(형사 힉스)

청년의 일기: 1화 살아남다 혹은 도시에 가다
Diary of a Young Man: Episode 1 – Survival or They Came to a City

1964 | TV | 흑백 | 45분 | BBC1(1964년 8월 8일 방영)

프로듀서 제임스 맥태거트

각본 트로이 케네디 마틴, 존 맥그래스

스토리 편집자 로저 스미스

촬영(필름) 존 맥글라샨John McGlashan

편집 크리스토퍼 라 폰테인

스틸 데릭 나이스Derek Nice

미술 존 쿠퍼John Cooper

음악 스탠리 마이어스

출연 빅터 헨리(조), 리처드 무어(진저), 네리스 휴즈(로즈), 프랭크 윌리엄스(인터뷰어), 월 스탬프(아서 삼촌), 글린 에드워즈(경찰)

청년의 일기: 3화 결혼 혹은 좋을 때나 나쁠 때나
Diary of a Young Man: Episode 3 – Marriage or For Better or Worse

1964 | TV | 흑백 | 45분 | BBC1(1964년 8월 22일 방영)

프로듀서 제임스 맥태거트

극본 트로이 케네디 마틴, 존 맥그래스

스토리 편집자 로저 스미스

촬영(필름) 존 맥글라샨

편집 크리스토퍼 라 폰테인

스틸 데릭 나이스

미술 존 쿠퍼

음악 스탠리 마이어스

출연 빅터 헨리(조), 리처드 무어(진저), 네리스 휴즈(로즈), 월리 패치Wally Patch(빅 짐), 로이 갓프리Roy Godfrey(미스터 실버), 레슬리 드와이어Leslie Dwyer(미스터 골드), 앤 미첼Ann Mitchell(아일린), 프랭크 윌리엄스(호적 담당자/월콕스 씨), 월 스탬프(아서 삼촌), 글린 에드워즈(경찰)

청년의 일기: 5화 인생 혹은 프레드라는 이름의 소녀
Diary of a Young Man: Episode 5 – Life or A Girl Called Fred

1964 | TV | 흑백 | 45분 | BBC1(1964년 9월 5일 방영)

프로듀서 제임스 맥태거트

각본 트로이 케네디 마틴, 존 맥그래스

스토리 편집자 로저 스미스

촬영(필름) 존 맥글라샨

편집 크리스토퍼 라 폰테인

스틸 데릭 나이스

미술 피터 세던Peter Seddon

음악 스탠리 마이어스

출연 빅터 헨리(조), 리처드 무어(진저), 네리스 휴즈(로즈), 진 마시(프레드), 트루스콧 Truscott(존 와나), 왈리 패치(첼시 폐질환 병원 입원 환자), 로이 갓프리(미스터 실버), 레슬리 드와이어(미스터 골드), 글린 에드워즈(경찰 콘스터블), 프랭크 윌리엄스(생물학자), 노라 오라우Nora O'Rawe(가정부), 데이비드 블레이크 켈리David Blake Kelly(목사), 조지 리틀 George Little(비트족), 노엘 하우렛Noel Howlett(대법원장), 로버트 리Robert Lee(불교 신자)

탭 온 더 숄더
A Tap on the Shoulder

1965 | TV | 〈더 웬즈데이 플레이*The Wednesday Play*〉 시리즈 | 흑백 | 70분 | BBC1(1965년 1월 6일 방영)

프로듀서 제임스 맥태거트

각본 제임스 오코너

스토리 편집자 로저 스미스

촬영(필름) 존 맥글라샨, 켄 웨스트버리Ken Westbury

편집 제프리 보털리Geoffrey Botterill

미술 아일린 디스Eileen Diss

음악 스탠리 마이어스

출연 리처드 쇼(로니), 주디스 스미스(헤이즐), 그리피스 데이비스(테리), 조지 토비(팻시), 토니 셀비(팀), 에드윈 브라운(조지), 리 몬터규(아치볼드 쿠퍼), 존 헨더슨John Henderson(클레그), 톰 보우먼Tom Bowman(찰리), 노엘 존슨(지서장), 로즈 힐Rose Hill(엠마 쿠퍼)

큰 모자를 써라
Wear a Very Big Hat

1965 | TV | 〈더 웬즈데이 플레이〉 시리즈 | 흑백 | 75분 | BBC1(1965년 2월 17일 방영)
프로듀서 제임스 맥태거트
각본 에릭 콜타트Eric Coltart
스토리 편집자 로저 스미스
촬영(필름) 스탠리 스필Stanley Speel
편집 노먼 카Norman Carr
미술 피터 킨드레드Peter Kindred
음악 스탠리 마이어스
출연 네빌 스미스(조니 존슨), 실라 펀Sheila Fearn(앤 존슨), 윌리엄 홈스William Holmes(스내퍼 멜리아), 조니 클라이브Johnny Clive(빌리 모팻), 켄 존스(다이크)

세 번의 맑은 일요일
Three Clear Sundays

1965 | TV | 〈더 웬즈데이 플레이〉 시리즈 | 흑백 | 75분 | BBC1(1965년 4월 7일 방영)
프로듀서 제임스 맥태거트
각본 제임스 오코너
스토리 편집자 로저 스미스
촬영(필름) 토니 이미
편집 팸 보스워스Pam Bosworth
미술 도널드 브루어스
가사 니모네 레스브리지
출연 토니 셀비(대니 리), 디키 오웬(빅 앨), 윌 스탬프(포키), 존 블라이드John Blythe(젠틀맨 지미), 피눌라 오섀넌(로사), 리타 웹(브리타니아 리), 브라이언 웨스크Brian Weske(루), 그리피스 데이비스(조스), 글린 윌리엄스Glynn Williams(아벨), 조지 슈얼(조니 메이), 켄 존스(로보 로버트슨), 조지 토비(리틀 조지), 더못 맥도웰Dermot MacDowell(카바나 신부), 하월 에반스Howell Evans(교도관 모르건), 글린 에드워즈(교도관 존슨), 킴 피콕Kim Peacock(교도소장), 에드윈 브라운(책임 교도관), 헤이든 존스Hayden Jones(사일런트 샘), 하워드 구어니(앨버트 케치)

업 더 정션
Up the Junction

1965 | TV | 〈더 웬즈데이 플레이〉 시리즈 | 흑백 | 70분 | BBC1(1965년 11월 3일 방영)
프로듀서 제임스 맥태거트
각본 넬 던(넬 던의 동명 소설을 토대로 함)
스토리 편집자 토니 가넷
촬영(필름) 토니 이미
편집 로이 와츠
미술 아일린 디스
출연 캐롤 화이트(실비), 제럴딘 서먼(루브), 비커리 터너(아일린), 토니 셀비(데이브), 마이클 스탠딩(테리), 레이 배론Ray Barron(론), 리타 웹(하디 부인), 조지 슈얼(바니), 힐다 배리(노파 메이), 제시 로빈스Jessie Robins(뚱보 릴), 앤 랭커스터(위니), 윌 스탬프(카페 주인), 윌리 패치(비틀이), 로널드 클라크(테드), 길리 프레이저(애니)

아서 결혼의 파경
The End of Arthur's Marriage

1965 | TV | 〈더 웬즈데이 플레이〉 시리즈 | 흑백 | 70분 | BBC1(1965년 11월 17일 방영)
프로듀서 제임스 맥태거트
각본 크리스토퍼 로그, 스탠리 마이어스
촬영(필름) 브라이언 프로빈, 조니 레이Johnny Ray
편집 스탠 혹스Stan Hawkes
미술 로버트 맥고완Robert MacGowan
음악 스탠리 마이어스
출연 켄 존스(아서), 모린 앰플포드(에이미), 찰스 램(아버지), 윈프레드 데니스(어머니), 재니 부스(메이비스), 휴 패딕Hugh Paddick(부동산 중개인), 디키 오웬(사육사 벤트), 킴 피콕(동물원장), 토니 파머Toni Palmer(자넷), 패니 커비Fanny Carby(코니), 존 포춘(판매원), 케네스 알숍(인터뷰어), 로버트 두걸Robert Dougall(뉴스 진행자), 네빌 스미스(그), 트레이시 로저스Tracy Rogers(그녀)

커밍아웃 파티
The Coming Out Party

1965 | TV | 〈더 웬즈데이 플레이〉 시리즈 | 흑백 | 60분 | BBC1(1965년 12월 22일 방영)

프로듀서 제임스 맥태거트

각본 제임스 오코너

스토리 편집자 토니 가넷

촬영(필름) 앨런 조나스Alan Jonas

편집 마이클 존스Michael Johns

미술 마이클 윌드Michael Wield

음악 스탠리 마이어스

가사 니모네 레스브리지

출연 데니스 골딩(심피), 토니 파머(로지), 조지 슈얼(릭케츠), 제인 무이어Jayne Muir(브리짓 자매), 윌리 패치(할아버지), 힐다 배리(할머니), 윌 스탬프(고물상), 캐롤 화이트(공주), 알렉 로스(경찰 니콜스), 줄리 메이Julie May(웬디), 에드윈 브라운(경사), 토미 갓프리Tommy Godfrey(젠틀맨 지미), 조지 토비(터그 윌슨), 그리피스 데이비스(예쁜이), 리타 웹(플로스), 디키 오웬(큰형님 앨), 오브리 리처즈Aubrey Richards(교도소장), 유니스 블랙Eunice Black(오드리), 앨리스터 윌리엄슨Alister Williamson(경위 브리스비)

캐시 컴 홈
Cathy Come Home

1966 | TV | 〈더 웬즈데이 플레이〉 시리즈 | 흑백 | 75분 | BBC1(1966년 11월 16일 방영)

프로듀서 토니 가넷

각본 제러미 샌포드

촬영 토니 이미

편집 로이 와츠

미술 샐리 헐크Sally Hulke

사운드 말콤 캠벨Malcolm Campbell

출연 캐롤 화이트(캐시), 레이 브룩스(레지), 윌리 패치(할아버지), 윈프레드 데니스(워드 부인), 에이드리엔 프레임Adrienne Frame(아일린), 에밋 헤네시Emmett Hennessy(조니), 롤런드 펨버Ronald Pember(존즈 씨), 제프리 파머Geoffrey Palmer(부동산업자), 가브리엘 해밀턴Gabrielle Hamilton(복지부 공무원), 필리스 힉슨Phyllis Hickson(앨러이 부인), 프랭크 베이시Frank Veasey(호지 씨), 루스 케틀웰Ruth Kettlewell(판사), 존 배들리John Baddeley(주택부 공무원)

인 투 마인즈
In Two Minds

1967 | TV | 〈더 웬즈데이 플레이〉 시리즈 | 흑백 | 75분 | BBC1(1967년 3월 1일 방영)
프로듀서 토니 가넷
각본 데이비드 머서
촬영 토니 이미
편집 로이 와츠
사운드 제프 투키Geoff Tookey
미술 존 허스트John Hurst
출연 안나 크로퍼(케이트 윈터), 브라이언 펠런Brian Phelan(질문하는 의사), 조지 쿠퍼
(윈터 씨), 헬렌 부스(윈터 부인), 크리스틴 하그리브스Christine Hargreaves(메리 윈터),
피터 엘리스Peter Ellis(제이크), 패트릭 바Patrick Barr(정신과 의사), 앤 하드캐슬Anne
Hardcastle(의사), 에드윈 브라운(정신복지과 공무원), 아일린 코건Eileen Colgan(수녀), 줄
리 메이(간호사), 조지 이네스(폴 모리스)

불쌍한 암소
Poor Cow

1967 | 컬러 | 101분 | Vic Films/Anglo Amalgamated | Warner‒Pathe(배급, 영국)
제작 조지프 자니
각본 케네스 로치(켄 로치), 넬 던(넬 던의 동명 소설을 토대로 함)
촬영 브라이언 프로빈
촬영 조수 크리스 멘지스
편집 로이 와츠
사운드 케빈 서턴Kevin Sutton, 게리 험프리스Gerry Humphreys
아트 디렉터 버나드 사론Bernard Sarron
의상 캐롤린 모트Caroline Mott
음악 존 캐머런
출연 캐롤 화이트(조이), 테렌스 스탬프(데이브), 존 빈든(톰), 케이트 윌리엄스(베릴), 퀴니
와츠(엠 이모), 제럴딘 셔먼(트릭시), 제임스 베킷James Beckett, 빌 머레이Bill Murray(톰
의 친구), 엘리스 데일Ellis Dale(사무 변호사), 제럴드 영Gerald Young(판사), 패디 조이
스Paddy Joyce(사진촬영소의 교도소장), 글래디스 도슨Gladys Dawson(벳), 말콤 맥도웰
Malcolm McDowell(빌리)

골든 비전
The Golden Vision

1968 | TV | 〈더 웬즈데이 플레이〉 시리즈 | 흑백 | 75분 | BBC1(1968년 4월 17일 방영)

프로듀서 토니 가넷

각본 네빌 스미스, 고든 허니콤

촬영 토니 이미

사운드 데릭 노렌스Derek Lawrence

편집 로이 와츠

미술 말콤 미들턴Malcolm Middleton

출연 켄 존스(조 호리건), 빌 딘(존 코인), 네빌 스미스(빈스 코인), 조이 카에(브라이언 크로프트), 조니 지(시드 페이즐리), 플로라 맨저Flora Manger, 안젤라 스몰Angela Small, 패트리샤 부시Patricia Bush, 베라 길리언Vera Gillan, 캐롤 윌리엄스Carol Williams, 앤 오설리번Anne O'Sullivan('남겨진 여자들'), 새미 샤플리스(헤이건 씨), 버트 킹Bert King(에고), 오스틴 펀스Austin Fearns(에베레스트), 이언 도런Ian Doran(조니 코인), 마이크 헤이든Mike Hayden(매커널리 신부), 찰리 발로(토모), 어니 맥과 엘시 잭슨Elsie Jackson(캐롤의 부모)

빅 플레임
The Big Flame

1969 | TV | 〈더 웬즈데이 플레이〉 시리즈 | 흑백 | 85분 | BBC1(1969년 2월 19일 방영)

프로듀서 토니 가넷

각본 짐 앨런

촬영 존 맥글라샨

편집 로이 와츠

미술 제프 패터슨Geoff Patterson

사운드 론 후퍼Ron Hooper

출연 노먼 로싱턴(대니 플라워), 갓프리 퀴글리(잭 리건), 피터 케리건(피터 코너), 켄 존스(프레디 그리어슨), 메러디스 에드워즈(로건), 마이클 포레스트(가필드), 존 릴리John Riley(브루노), 해럴드 킨젤라Harold Kinsella(앤디 플라워), 조앤 플러드(리즈 플라워), 론 데이비스(스티브 플라워), 제럴드 영(판사), 빌 딘(지주), 마이클 린치Michael Lynch(캡틴), 그리피스 데이비스(오닐), 네빌 스미스(파업위원회 일원), 조이 카에, 새미 샤플리스, 버트 킹, 패디 조이스, 찰리 발로, 버트 킹, 오스틴 피어슨(항만 노동자들)

케스
Kes

1969 | 컬러 | 113분 | Kestrel Films, Woodfall Films | United Artists(배급, 영국)

제작 토니 가넷

각본 켄 로치, 배리 하인스, 토니 가넷(배리 하인스의 소설 《매와 소년A Kestrel for a Knave》을 토대로 함)

촬영 크리스 멘지스

편집 로이 와츠

아트 디렉터 윌리엄 매크로우William McCrow

의상 대프니 데어Daphne Dare

사운드 토니 잭슨Tony Jackson, 게리 험프리스

음악 존 캐머런

출연 데이비드 브래들리(빌리), 린 페리(캐스퍼 부인), 프레디 플레처(저드), 콜린 웰런드(파딩 씨), 브라이언 글로버(석던 씨), 밥 보우스(그라이스 교장), 트레버 헤스케스Trevor Hesketh(크로슬리 씨), 버나드 아사(청년고용안정소 직원), 조이 카예(클럽 코미디언), 두기 브라운(밀크맨), 빌 딘(피시 앤 칩스 가게 직원)

애프터 라이프타임
After a Lifetime

1971 | TV | 컬러 | 80분 | ITV(1971년 7월 18일 방영) | Kestrel Films(LWT의 의뢰로 제작)

제작 토니 가넷

각본 네빌 스미스

촬영 크리스 멘지스

편집 레이 헬름Ray Helm

사운드 프레드릭 샤프Frederick Sharp

미술 앤드루 드러먼드Andrew Drummond

음악 존 캐머런

출연 에디 브룩스Edie Brooks(메이), 네빌 스미스(아들 빌리), 지미 콜먼(앨로이시어스), 피터 케리건(삼촌 조), 빌 딘(삼촌 시드), 조니 지(프랭크), 새미 샤플리스(삼촌 거스), 조이 카예(마이크), 조앤 플러드(시씨), 마이크 헤이든(맥널리 신부), 버트 킹(장의사), 로잘린드 엘리엇Rosalind Elliott(모린), 렌 아넷Len Annett(조 호리건), 어니 맥(보험사 직원), 팻 길론Pat Gillon(핌렛 씨)

랭크 앤 파일
The Rank and File

1971 | TV | 〈플레이 포 투데이*The Play for Today*〉 시리즈 | 흑백 | 75분 | BBC1(1971년 5월 20일 방영)
프로듀서 그레이엄 맥도널드
각본 짐 앨런
스토리 편집자 앤 스콧Ann Scott
촬영 찰스 스튜어트Charles Stewart
편집 로이 와츠
사운드 오언 매캔Eoin McCann, 마이크 빌링스Mike Billings
미술 로저 앤드루스Roger Andrews
의상 팸 두런Pam Doolan
출연 피터 케리건(에디), 빌 딘(빌리), 토미 서머스Tommy Summers(레스), 조앤 플러드(조앤), 조니 지(조니), 마이크 헤이든(마이크), 버트 킹(버트), 네빌 스미스(제리), 어니 맥(헤이건), 마이클 포레스트(홀트비), 찰리 발로(찰리), 버나드 아타Bernard Atha(교도관)

흑과 백
In Black and White / Save the Children Fund Film

1971 | 흑백 | 50분 | 미방영 | Kestrel Films(아동구호기금과 LWT의 의뢰로 제작)
제작 토니 가넷
내레이션 앨런 도비Alan Dobie

토크 어바웃 워크
Talk about Work

1971 | 로널드 H. 라일리Ronald H. Riley. 청년고용안정소 내 공익광고중앙사무소, 고용부 공동 제작 | 공익광고중앙사무소의 거부로 상영되지 못함
제작 마이클 바든Michael Barden
촬영 크리스 멘지스
편집 앨런 프라이스Alan Price
사운드 프레드릭 샤프

가족 생활
Family Life

1971 | 컬러 | 108분 | Kestrel Films/Anglo-EMI | MGM–EMI(배급, 영국)

제작 토니 가넷

공동 제작 어빙 타이텔바움

각본 데이비드 머서(머서의 〈인 투 마인즈〉TV 각본을 토대로 함)

촬영 찰스 스튜어트

편집 로이 와츠

사운드 프레드릭 샤프, 게리 험프리스

미술 윌리엄 매크로우

음악 마크 윌킨슨Marc Wilkinson

출연 샌디 랫클리프(재니스 베일던), 빌 딘(베일던 씨), 그레이스 케이브(베일던 부인), 말콤 티어니(팀), 힐러리 마틴Hilary Martyn(바버라 베일던), 마이클 리딜(도날드슨 박사), 앨런 맥노튼(정신과 의사 카즈웰), 조니 지(공원의 남자)

불행
A Misfortune

1973 | TV | 〈풀하우스*Full House*〉 프로그램 | 컬러 | 35분 | BBC2(1973년 1월 13일 방영)

각본 켄 로치(체홉의 단편 소설을 각색)

출연 루시 플레밍(소피아), 벤 킹슬리(일린), 피터 에어Peter Eyre(안드레이)

희망의 나날들
Days of Hope

1975 | TV | 1차 세계 대전부터 총파업까지 다룬 4부작 | BBC

1부 "1916: 입대하다"(BBC1, 1975년 9월 11일 방영, 컬러, 95분) | 2부 "1921," BBC1(1975년 9월 18일 방영, 컬러, 100분) | 3부 "1924," BBC1(1975년 9월 25일 방영, 컬러, 100분) | 4부 "1926: 총파업"(BBC1, 1975년 10월 2일 방영, 컬러, 135분)

프로듀서 토니 가넷

각본 짐 앨런

촬영 토니 피어스 로버츠Tony Pierce–Roberts, 존 엘스John Else

편집 로저 워Roger Waugh

사운드 앤드루 불턴Andrew Boulton

미술 마틴 존스

의상 샐리 니퍼Sally Nieper

음악 마크 윌킨슨

출연 폴 코플리(벤 매슈스), 파멜라 브라이튼(세라 하그리브스), 니콜라스 시몬즈(필립 하그리브스) | 1부: 헬렌 벡Helen Beck(마사 매슈스), 클리프 커쇼Cliff Kershaw(톰 매슈스), 버나드 아사(비카), 노먼 타이렐Norman Tyrrell(조지 랜즈버리), 존 롤스John Rolls(치안 판사), 찰스 코크Charles Cork(대위), 피터 아미타지Peter Armitage, 이언 이스트Ian East(양심 병역 거부자), 도미니크 앨런Dominic Allan(소령), 로빈 스코비Robin Scobey(부관), 이언 민로Ian Munro(병장), 데이비드 네빌David Neville(대위), 마틴 스키너Martin Skinner, 지미 콜먼, 두기 브라운, 할 놀런Hal Nolan(병사), 트리오나 오도넬Triona O'Donnell(소녀), 존 멧커프John Metcalf(소년) | 2부: 게리 로버츠(조엘 바넷), 진 스펜스(메이 바넷), 크리스틴 앤더슨Christine Anderson(제니 바넷), 앨룬 암스트롱Alun Armstrong(빌리 셰퍼드), 휴이 터너Hughie Turner(톰 크리스프), 어니 맥(바젯), 에드워드 언더다운(존 프리처드), 마가리타 스콧Margaretta Scott(프리처드 부인), 에드윈 브라운(탄광 관리자), 조이 카에(대형 트럭 운전 기사) | 3부: 브라이언 혹슬리Brian Hawksley(교도소 목사), 버트 킹Bert King(교도관), 패트릭 바(해링턴 씨), 피터 케리건(공산당원), 멜빈 토머스Melvin Thomas(어니스트 베빈), 스티븐 레아Stephen Rea(기자), 앨런 암스트롱(셰퍼드), 휴이 터너(톰), 존 필립스(조사이어 웨지우드), 리처드 마너Richard Marner(수슬로프) | 4부: 러셀 위터스(J. H. 토머스), 닐 세일러Neil Seiler(아서 퓨), 브라이언 해리슨Brian Harrison(알프레드 퍼셀), 다이 C. 데이비스Dai C. Davies(A. J. 쿡), 조지 윌킨슨George Wilkinson(허버트 스미스), 리처드 버틀러Richard Butler(월터 시트린), 멜빈 토머스(어니스트 베빈), 존 영John Young(램지 맥도널드), 브라이언 헤이즈(스탠리 볼드윈), 엠리스 제임스(토머스 존스), 노엘 콜먼(아서 스틸－메이틀런드 경), 앨런 저드(버켄헤드 경), 필립 레너드Philip Lennard(조이슨－힉스), 레오 브릿(처칠), 데릭 파Derek Farr(윔봄 경), 조앤 헨리Joan Henley(레이디 윔봄), 힐러리 원트너Hilary Wontner(리딩 경), 조앤 헤이딘Joan Haythorne(스노우든 부인), 데이비드 마컴David Markham(허버트 새뮤얼 경), 제러미 차일드Jeremy Child(셀윈 데이비스), 버나드 패드필드Bernard Padfield(아베 베일리 경), 앤서니 내시Anthony Nash(호레이스 윌슨 경), 브라이언 펠런(사무 변호사), 피터 케리건(피터), 앤시아 메도스Anthea Meadows(엘시), 스튜어트 히버드Stuart Hibberd(뉴스 진행자)

석탄의 가치
The Price of Coal

1977 | TV | 〈플레이 포 투데이〉 시리즈 | 사우스 요크셔를 배경으로 한 두 편의 작품 | BBC
1부: "사람들을 만나다: 25주년 기념 작품*Meet the People: A Film for the Silver Jubilee*"
(컬러, 75분, BBC1, 1977년 3월 29일 방영) | 2부: "백 투 리얼리티*Back to Reality*"(컬러,
95분, BBC1, 1977년 4월 5일 방영)
프로듀서 토니 가넷
각본 배리 하인스
촬영 브라이언 투파노Brian Tufano
편집 로저 워
미술 마틴 콜린스Martin Collins
의상 로저 리스Roger Reece
사운드 앤드루 불턴
출연 리타 메이Rita May(캐스 스토리), 보비 크누트Bobby Knutt(시드 스토리), 폴 채플
Paul Chappell(토니 스토리), 제인 와딩턴Jayne Waddington(자넷 스토리), 헤이든 콘웨이
Haydn Conway(마크 스토리), 잭키 신Jackie Shinn(포브스 씨), 두기 브라운(제프 카터),
버트 옥슬리Bert Oxley(필 비트슨), 테드 베이어Ted Beyer(해리), 휴이 터너(밥 리처즈),
토미 에드워즈Tommy Edwards(앨프 미킨), 앤 퍼스Anne Firth(세일라), 필립 퍼스Philip
Firth(로니), 스탠 리처즈Stan Richards(앨버트)

블랙 잭
Black Jack

1979 | 컬러 | 110분 | Kestrel Films, the National Film Finance Corporation | Enterprise(배
급, 영국)
제작 토니 가넷
제작 총괄 보비 블루스Bobby Blues
조감독 레이먼드 데이Raymond Day
각본 켄 로치(레온 가필드의 소설을 토대로 함)
촬영 크리스 멘지스
편집 윌리엄 섄터William Shapter
미술 마틴 존스
의상 샐리 니퍼
사운드 앤드루 불턴

음악 밥 페그Bob Pegg

출연 스티븐 허스트Stephen Hirst(바살러뮤 '톨리' 픽커링), 루이즈 쿠퍼Louise Cooper(벨 카터), 장 프랑발(블랙 잭), 필 애스캠Phil Askham(교수형 집행인), 팻 윌리스Pat Willis(조 건디 부인), 존 영(헌터 박사), 윌리엄 무어William Moore(카터 씨), 도렌 맨틀Doreen Mantle(카터 부인), 러셀 워터스(존스 박사), 브라이언 혹슬리(파슨 홀), 게리 로버츠(섹스 턴)

오디션
Auditions

1980 | TV | 흑백 | 60분 | ITV(1980년 12월 23일 방영)

제작 ATV Network

촬영 크리스 멘지스

편집 조너선 모리스

사운드 밥 벤틀리Bob Bentley

사냥터지기
The Gamekeeper

1980 | TV | 컬러 | 84분 | ATV(1980년 12월 16일 방영)

제작 애슐리 브루스Ashley Bruce, 준 브레켈June Breakell, 줄리 스토너Julie Stoner

각본 배리 하인스(배리 하인스의 동명 소설을 토대로 함)

촬영 크리스 멘지스, 찰스 스튜어트

편집 로저 제임스Roger James

미술 마틴 존스, 그레이엄 튜Graham Tew

의상 맥신 헨리Maxine Henry

사운드 앤드루 불턴, 피터 란Peter Rann

출연 필 애스캠(조지 퍼스), 리타 메이(메리 퍼스), 앤드루 그럽Andrew Grubb(존 퍼스), 피 터 스틸스Peter Steels(이안 퍼스), 마이클 힌클리프Michael Hinchcliffe(밥), 필립 퍼스(프 랭크), 레스 히킨Les Hickin(잭), 재키 신Jackie Shinn(지주), 마크 엘웨스Mark Elwes(드론 필드 경), 게리 로버츠(밀렵꾼)

외모와 미소
Looks and Smiles

1981 | 흑백 | 104분 | Black Lions Films, Kestrel Films(Central Television의 의뢰로 제작) | Artificial Eye(배급, 영국)

제작 어빙 타이텔바움
공동 제작 레이먼드 데이
각본 배리 하인스
촬영 크리스 멘지스
편집 스티브 싱글턴Steve Singleton
미술 마틴 존스
의상 그웬다 에반스Gwenda Evans
사운드 앤드루 불턴
음악 마크 윌킨슨, 리처드 앤 더 텍스맨Richard and the Taxmen
출연 그레이엄 그린(믹 월시), 캐롤린 니콜슨Carolyn Nicholson(카렌 로지), 토니 피츠 Tony Pitts(앨런 라이트), 로이 헤이우드Roy Haywood(필 애덤스), 필 애스캠(월시 씨), 팸 다렐Pam Darrell(월시 부인), 트레이시 굿래드Tracey Goodlad(줄리), 패티 니콜스Patti Nichols(라이트 부인), 실라 마슨Cilla Mason(로지 부인), 레스 히킨(조지), 아서 데이비스 Arthur Davies(로지 씨)

지도부의 문제
A Question of Leadership

1981 | 컬러 | 50분 | ATV(1981년 8월 13일 방영. 1980년에 방영 연기됨)

제작 ATV Network
촬영 크리스 멘지스, 존 데이비John Davey
편집 로저 제임스
사운드 앤드루 불턴

레드 앤 블루: 1982년 가을에 열린 양당 연례회의에 대한 인상
The Red and the Blue: Impressions of Two Political Conferences – Autumn 1982

1983 | TV | 컬러 | 90분 | Channel 4(1983년 10월 1일 방영) | Central Television(Channel 4
의 의뢰로 제작)
프로듀서 로저 제임스
촬영 크리스 멘지스
편집 조너선 모리스
편집 보조 토니 파운드 Tony Pound
사운드 주디 프리먼Judy Freeman

지도부의 문제들
Questions of Leadership

1983 | TV | 컬러 | 4부작 각 50분 | '노동조합 내 민주주의의 문제…… 최전선에서 바라본 시
각' | 미방영 | Central Television(Channel 4의 의뢰로 제작)
제작 로저 제임스
촬영 지미 디블링Jimmy Dibling, 닉 벡스 손더스Nick Beeks Saunders, 패스코 맥팔레인
Pascoe MacFarlane
편집 조너선 모리스
사운드 마이크 맥더피Mike McDuffy
음악 존 탐스John Tams

당신은 어느 편인가?
Which Side Are You On?

1985 | 다큐멘터리 | 컬러 | 53분 | '1984년 파업에 참여한 탄광 노동자들의 이야기, 시, 경험' |
Channel 4(1985년 1월 9일 방영) | LWT(Channel 4의 의뢰로 제작. 원래는 〈사우스 뱅크
쇼*The South Bank Show*〉 프로그램)
제작 켄 로치
조사 토니 크녹스Tony Knox, 수 서드베리Sue Sudbury, 스티브 젠킨스Steve Jenkins
촬영 크리스 멘지스, 지미 디블링
편집 조너선 모리스
사운드 주디 프리먼, 테리 하디
SBS 편집 멜빈 브래그Melvyn Bragg

파더랜드
Fatherland

1986 | 컬러/흑백 | 110분 | Channel 4, A Kestrel II Films, Clasart Film(독일), MK2(프랑스)
| Palace Pictures(배급, 영국)
제작 총괄 어빙 타이텔바움
제작 레이먼드 데이
공동 제작 프리츠 부텐스테트Fritz Buttenstedt, 마틴 카르미츠Marin Karmitz, 헤르베르크
G. 클로이베르Herbert G. Kloiber
각본 트레버 그리피스
촬영 크리스 멘지스
편집 조너선 모리스
미술 마틴 존스
의상 안테 피터센Antje Petersen
사운드 칼 라브스Karl Laabs
음악 크리스티안 쿠너트Christian Kunert, 게룰프 판나흐
출연 게룰프 판나흐(클라우스 디테만), 파비엔느 바베Fabienne Babe(엠마), 크리스틴 로즈
Cristine Rose(루시), 지그프리트 스타이너Sigfrit Steiner(제임스 드라이든), 로베르트 디텔
Robert Dietl(동독 변호사), 하이케 슈뢰터Heike Schrötter(마리타), 스테판 사무엘Stephan
Samuel(막스), 패트릭 길러트Patrick Gillert(토머스) 에바 크루티나Eva Krutina(로사)

타임 투 고
Time to Go

1989 | TV | 〈스플릿 스크린*Split Screen*〉 시리즈 | 컬러 | 15분 | BBC2(1989년 5월 9일 방영)
| BBC Community Programmes Unit
시리즈 프로듀서 개빈 더튼Gavin Dutton
조사 토니 물홀랜드Tony Mulholland
촬영 배리 애크로이드
편집 조너선 모리스
사운드 마이클 랙스Michael Lax

더 뷰 프롬 더 우드파일
The View from the Woodpile

1989 | TV | 〈최후의 순간*The Eleventh Hour*〉 시리즈 | 컬러 | 52분 | Channel 4(1989년 7월 12일 방영) | Central Television(Channel 4의 의뢰로 제작)

제작 총괄 로저 제임스

제작/감독 켄 로치

조사 실라 포드Sheila Ford

촬영 배리 애크로이드, 로빈 프로빈Robin Probyn

편집 폴 잭슨Paul Jackson, 마이크 버치Mike Burch

사운드 스티브 필립스Steve Phillips, 데릭 톰슨Derrick Thompson, 로빈 워드Robin Ward

음악 사이먼 랜존Simon Lanzon, 첨바왐바Chumbawamba

출연 지미 던Jimmi Dunn, 폴 하프Paul Harp, 스티브 페이지Steve Page, 캐롤린 화이트 Caroline White, 로이 '비스티' 스토크스Roy 'Beastie' Stokes, 사이먼 랜존

숨겨진 계략
Hidden Agenda

1990 | 컬러 | 108분 | 1990년 칸영화제 심사위원 특별상 | Initial Film, TV Productions(Hemdale과 공동 제작) | Enterprise Pictures(배급, 영국)

제작 에릭 펠너Eric Fellner

공동 제작 레베카 오브라이언

각본 짐 앨런

촬영 클라이브 티크너Clive Tickner

편집 조너선 모리스

미술 마틴 존슨

의상 대프니 데어

사운드 사이먼 오킨

음악 스튜어트 코프랜드Stewart Copeland

출연 프랜시스 맥도먼드(잉그리드), 브라이언 콕스Brian Cox(캐리건), 브래드 두리프 (폴), 메이 제터링Mai Zetterling(모아), 모리스 뢰브스Maurice Roëves(해리스), 로버 트 패터슨Robert Patterson(이언 로건), 버나드 블로흐Bernard Bloch(헨리), 미셸 페어 리Michelle Fairley(테레사 도일), 브라이언 매캔Brian McCann(몰로이), 데스 매컬리어 Des McAleer(병장 케네디), 패트릭 캐버나Patrick Kavanagh(알렉 네빈), 짐 노튼Jim Norton(브로디), 존 키건John Keegan(형사 휴스), 잭 매켈리니Jack McElhinney(잭 커닝

엄), 버나드 아처드Bernard Archard(로버트 닐 경)

아서의 전설
The Arthur Legend

1991 | TV | 〈디스패치Dispatches〉 시리즈 | 컬러 | 42분 | Channel 4(1991년 5월 22일 방영) |
Clark Productions(Channel 4의 의뢰로 제작)
제작/리포터 로레인 헤게시Lorraine Heggessey
제작 레베카 오브라이언
조사 이언 폴라드Ian Pollard
촬영 배리 애크로이드, 스티븐 스탠든Stephen Standen
편집 조너선 모리스
사운드 사이먼 오킨Simon Okin

하층민들
Riff–Raff

1991 | 컬러 | 95분 | Parallax Pictures(Channel 4의 의뢰로 제작) | BFI(영국, 배급)
제작 샐리 히빈
각본 빌 제시
촬영 배리 애크로이드
편집 조너선 모리스
미술 마틴 존스
아트 디렉터 조너선 리Jonathan Lee
의상 웬디 놀스Wendy Knowles
사운드 밥 휘트니Bob Withey
음악 스튜어트 코프랜드
출연 로버트 칼라일(스티비), 에머 매코트(수잔), 지미 콜먼(셈), 조지 모스(모), 리키 톰린슨
(래리), 데이비드 핀치David Finch(케빈), 리처드 벨그레이브Richard Belgrave(코조), 아데
사파라Ade Sapara(피아먼), 데릭 영(데스먼드), 빌 무어스Bill Moores(스머프), 켄 존스(루
크 켈리), 윌리 로스(거스 시턴), 딘 패리Dean Parry(월프), 피터 뮬란(제이크)

레이닝 스톤
Raining Stones

1993 | 컬러 | 91분 | 1993년 칸영화제 심사위원 특별상 | Parallax Pictures(Channel 4의 의뢰로 제작) | First Independent(배급, 영국)
제작 샐리 히빈
각본 짐 앨런
촬영 배리 애크로이드
편집 조너선 모리스
미술 마틴 존스
의상 앤 싱클레어Anne Sinclair
사운드 레이 베킷Ray Beckett
음악 스튜어트 코플랜드
출연 브루스 존스(밥 윌리엄스), 줄리 브라운Julie Brown(앤 윌리엄스), 젬마 피닉스(콜린 윌리엄스), 리키 톰린슨(토미), 톰 히키(배리 신부), 마이크 팰런(지미), 제럴딘 워드Geraldine Ward(트레이시), 윌리엄 애시William Ash(조), 조너선 제임스(탠시), 지미 콜먼(딕시), 조지 모스(딘)

레이드버드 레이드버드
Ladybird, Ladybird

1994 | 컬러 | 101분 | Parallax Pictures(Film Four International의 의뢰로 제작) | UIP(배급, 영국)
제작 샐리 히빈
각본 로나 먼로
촬영 배리 애크로이드
편집 조너선 모리스
미술 마틴 존스
아트 디렉터 퍼거스 클렉
의상 웬디 놀스
사운드 레이 베킷
음악 조지 펜턴
출연 크리시 록(매기), 블라디미르 베가Vladimir Vega(조지), 샌디 라벨Sandie Lavelle(메어리드), 마우리시오 베네가스Mauricio Venegas(아드리안), 레이 윈스턴(사이먼), 클레어 퍼킨스Clare Perkins(질), 제이슨 스트레시Jason Stracey(숀), 루크 브라운Luke Brown(미키), 릴리 패럴Lily Farrell(세레나), 스코티 무어Scottie Moore(매기의 아버지), 린다 로스
Linda Ross(매기의 어머니)

랜드 앤 프리덤
Land and Freedom

1995 | 컬러 | 110분 | 1995년 칸영화제 비평가상 | Parallax Pictures, Messidor Films(스
페인), Road Movies(독일), British Screen, the European Co-Production Fund(영국),
Television Española(스페인), Canal Plus, BBC Films, ARD/Degeto Film GMBH(독일),
Filmstiftung Nordrhein–Westfalen(독일), BIM Distribuzione(이탈리아), Diaphana(프랑
스), Eurimages | Artificial Eye(배급, 영국)
제작 레베카 오브라이언
제작 총괄 샐리 히빈, 헤라르도 에레로Gerardo Herrero, 울리히 펠스베르크Ulrich Felsberg
공동 제작 마르타 에스테반Marta Esteban
각본 짐 앨런
스토리 편집자 로저 스미스
촬영 배리 애크로이드
편집 조너선 모리스
미술 마틴 존스
의상 안나 알바르곤잘레즈Ana Alvargonzalez, 대프니 데어
사운드 레이 베킷
음악 조지 펜턴
출연 이언 하트(데이비드), 로사나 파스토르(블랑카), 이시아 볼레인(마이테), 톰 길로이(로
렌스), 마르크 마르티네즈(비달 장군), 프레드릭 피에로(버나드), 안드레스 알라드렌Andrés
Aladren, 세르지 칼레자Sergi Calleja, 라파엘 칸타토레Raffaele Cantatore, 파스칼 데몰론
Pascal Demolon, 폴 래버티, 조셉 마젬Josep Magem, 이오인 매카시, 위르겐 뮬러Jürgen
Müller, 빅터 로카Victor Roca, 에밀리 샘퍼Emili Samper(민병대원), 수잔느 매독(킴), 미
구엘 카브릴라나Miguel Cabrillana(집회 연사), 조르디 다우더Jordi Dauder(살라스), 펩 몰
리나Pep Molina(페페)

칼라송
Carla's Song

1996 | 컬러 | 125분 | Parallax Pictures, Channel 4, Road Movies, Tornasol Films(스페인), the Glasgow Film Fund, the Institute of Culture, Nicaragua, ARD/Degeto Film, Filmstiftung Nordrhein-Westfalen, Television Española, Alta Films(스페인), the European Script Fund, the Scottish Film Production Fund | Polygram(배급, 영국)
제작 샐리 히빈
공동 제작 울리히 펠스베르크, 헤라르도 에레로
각본 폴 래버티
촬영 배리 애크로이드
편집 조너선 모리스
미술 마틴 존스
아트 디렉터 요렌스 미켈Llorenç Miquel, 퍼거스 클렉
의상 대프니 데어, 레나 모섬Lena Mossum
사운드 레이 베킷
음악 조지 펜턴
출연 로버트 칼라일(조지), 오양카 카베사스(칼라), 스콧 글렌Scott Glenn(브래들리), 리처드 레자Richard Leza(안토니오), 수바시 싱 팔Subash Sing Pall(빅터), 스튜어트 프레스턴 Stewart Preston(맥거크), 게리 루이스(새미), 루이즈 구달(모린)

명멸하는 불빛: 동시대의 도덕성에 관한 이야기
The Flickering Flame: A Story of Contemporary Morality

1996 | TV | 〈모던 타임스*Modern Times*〉 시리즈 | 컬러 | 50분 | BBC2(1996년 12월 18일 방영) | Parallax Pictures, AMIP(프랑스), BBC, La Sept ARTE
제작 레베카 오브라이언, 그자비에 카르니오Xavier Carniaux
촬영 로저 채프먼Roger Chapman, 배리 애크로이드
편집 토니 파운드, 앤서니 모리스Anthony Morris
사운드 데이비드 킨David Keene, 크리스 투슬러Chris Tussler
내레이터 브라이언 콕스

어나더 시티: 바스 축구 클럽의 일주일
Another City: A Week in the Life of Bath's Football Club

1998 | TV | 컬러 | 26분 | HTV(1998년 4월 23일 방영) | Parallax Pictures(HTV의 의뢰로 제작)

제작 레베카 오브라이언

조사 줄리 포크너Julie Faulkner

촬영 스티븐 샌딘Steven Sanden, 닉 자딘Nick Jardine

편집 조너선 모리스, 앤서니 모리스

사운드 프레이저 바버Fraser Barber, 스티브 헤인스Steve Haynes

내 이름은 조
My Name Is Joe

1998 | 컬러 | 105분 | Parallax Pictures and Road Movies, the Scottish Arts Council National Lottery Fund, the Glasgow Film Fund and Filmstiftung Nordrhein-Westfalen, Channel Four Films, WDR/ARTE/La Sept Cinema, ARD/Degeto Film, BIM Distribuzione, Diaphana Distribution, Tornasol/Alta Films | FilmFour Distributors(배급, 영국)

제작 레베카 오브라이언

제작 총괄 울리히 펠스베르크

각본 폴 래버티

촬영 배리 애크로이드

편집 조너선 모리스

미술 마틴 존스

아트 디렉터 퍼거스 클렉

의상 로나 러셀Rhona Russell

사운드 레이 베킷

음악 조지 펜턴

출연 피터 뮬란(조), 루이즈 구달(사라), 게리 루이스(생크스), 로레인 매킨토시Lorraine McIntosh(매기), 데이비드 매케이(리엄), 안느마리 케네디(사빈), 데이비드 헤이먼(맥고완)

빵과 장미
Bread and Roses

2000 | 컬러 | 110분 | Parallax Pictures, Road Movies, Tornasol/Alta Films, British Screen, BSkyB, BAC Films, BIM Distribuzione, Cinéart and Film Co-operative, Film Four, WDR/La Sept ARTE, ARD/Degeto Film and Filmstiftung Nordrhein–Westfalen | FilmFour Distributors(배급, 영국)

제작 레베카 오브라이언
제작 총괄 울리히 펠스베르크
각본 폴 래버티
촬영 배리 애크로이드
미술 마틴 존스
편집 조너선 모리스
사운드 레이 베킷
음악 조지 펜턴
출연 파일러 파달라Pilar Padilla(마야), 엘피디아 카릴로Elpidia Carrillo(로사), 에이드리언 브로디Adrien Brody(샘), 조지 로페즈George Lopez(페레즈), 잭 맥기Jack McGee(버트)

네비게이터
The Navigators

2001 | 컬러 | 96분 | Parallax Pictures, Road Movies, Tornasol/Alta Films, Channel 4, ARD/Degeto Film, WDR/ARTE–ARTE Cinema, Diaphana Distribution, BIM Distribuzione, Cinéart(벨기에), German Federal Filmboard (the Film Consortium) | BFI(배급, 영국)

제작 레베카 오브라이언
각본 롭 도버
촬영 배리 애크로이드
편집 조너선 모리스
미술 마틴 존스
아트 디렉터 퍼거스 클렉
의상 테레사 휴스Theresa Hughes
사운드 레이 베킷
음악 조지 펜턴
출연 딘 앤드루스Dean Andrews(존), 톰 크레이그(믹), 조 두틴Joe Duttine(폴), 스티브 휴

이슨(짐), 벤 트레이시(게리), 션 글렌(하픽), 앤디 스왈로우Andy Swallow(렌), 찰리 브라운
Charlie Brown(잭), 줄리엣 베이츠Juliet Bates(피오나), 존 애스턴John Aston(빌 월터스),
안젤라 새빌Angela Saville(트레이시)

스위트 식스틴
Sweet Sixteen

2002 | 컬러 | 106분 | Sixteen Films, Road Movies, Tornasol, Alta Films, Scottish
Screen, BBC, Filmstiftung Nordrhein–Westfalen, the Glasgow Film Office, Diaphana
Distribution, BIM Distribuzione, Cinéart, ARD/Degeto Film, WDR | Icon(배급, 영국)
제작 레베카 오브라이언
공동 제작 울리히 펠스베르크, 헤라르도 에레로
각본 폴 래버티
촬영 배리 애크로이드
편집 조너선 모리스
미술 마틴 존스
아트 디렉터 퍼거스 클렉
의상 캐롤 K. 밀라Carole K. Millar
사운드 레이 베킷
음악 조지 펜턴
출연 마틴 콤프스턴(리엄), 윌리엄 루앤(핀볼), 앤마리 풀턴Annemarie Fulton(샹텔), 게리
매코맥Gary McCormack(스탠), 미셸 콜터Michelle Coulter(진), 미셸 애버크롬비Michelle
Abercromby(수잔), 토미 맥키Tommy McKee(랩), 로버트 레니Robert Rennie(스컬리
언), 마틴 매카들Martin McCardle(토니), 존 모리슨(더글러스), 게리 메이틀런드Gary
Maitland(사이드킥)

2001년 9월 11일
11'09"01 September 11

2002 | A Galatée Films/Studio Canal Production | 2001년 9·11 사건에 대해 11명의 감독
이 만든 옴니버스 영화에 포함된 단편 영화 | Artificial Eye | Sixteen Films(배급, 영국)
제작 레베카 오브라이언
각본 폴 래버티, 켄 로치, 블라디미르 베가
촬영 나이절 윌러비Nigel Willoughby, 페터 헬미히Peter Hellmich, 호르헤 뮬러 질바Jorge

Müller Silva
편집 조너선 모리스
사운드 레이 베킷, 마이클 켄트Michael Kent
음악 블라디미르 베가

다정한 입맞춤
Ae Fond Kiss…

2004 | 컬러 | 104분 | Sixteen Films, Bianca Films(이탈리아), Tornasol Films and EMC(독일), Matador Picture, Scottish Screen, Diaphana Distribution, Cinéart, the Glasgow Film Office | Icon(배급, 영국)
제작 레베카 오브라이언
각본 폴 래버티
촬영 배리 애크로이드
편집 조너선 모리스
미술 마틴 존스
아트 디렉터 퍼거스 클렉, 어설라 클리어리Ursula Cleary
의상 캐롤 K. 밀라
사운드 레이 베킷
음악 조지 펜턴
출연 아타 야쿠브(카심), 에바 버티슬(로이진), 아흐마드 리아즈(타릭 칸), 샤바나 바크슈(타하라 칸), 샴샤드 아크흐타Shamshad Akhtar(사디아 칸), 그히질라 이반Ghizala Avan(로크흐사나 칸), 파샤 보카리에스Pasha Bocaries(아마르), 제라드 켈리Gerard Kelly(교회 목사), 존 율John Yule(교장), 게리 루이스(대니), 데이비드 매케이(위 로디), 레이먼드 먼즈(빅 로디)

티켓
Tickets

2005 | 컬러 | 109분 | 에르마노 올미, 압바스 키아로스타미, 켄 로치가 함께 연출한 작품 | Fandango, Sixteen Films, UK Film Council, Invicta Capital, Medusa Film and Sky (Film Consortium) | Artificial Eye(배급, 영국)
로치가 감독한 부분:
제작 레베카 오브라이언

각본 폴 래버티

촬영 크리스 멘지스

편집 조너선 모리스

출연 마틴 콤프스턴(제임시), 윌리엄 루앤(프랭크), 게리 메이틀런드(스페이스맨), 블러타 카하니Blerta Cahani(소녀, 알바니아인 가족), 클라이디 코랴Klajdi Qorraj(소년, 알바니아인 가족), 아이세 쥐리키Aishe Gjuriqi(어머니, 알바니아인 가족)

보리밭을 흔드는 바람
The Wind That Shakes the Barley

2006 | 컬러 | 124분 | 2006년 칸영화제 황금종려상 | Sixteen Films, Matador Pictures, Regent Capital, UK Film Council, Bord Scannán na hÉireann/Irish Film Board, Filmstiftung Nordrhein-Westfalen, Element Films, EMC, BIM Distribuzione, Tornasol Films, Diaphana Distribution, Pathé Distribution, Cinéart, TV3 Ireland, Film Coopi | Pathé(배급, 영국)

제작 레베카 오브라이언

공동 제작 레드먼드 모리스Redmond Morris

각본 폴 래버티

촬영 배리 애크로이드

편집 조너선 모리스

미술 퍼거스 클렉

의상 아이머 니 마올돔나이Eimer Ní Mhaoldomhnaigh

사운드 레이 베킷, 케빈 브레이저Kevin Brazier

음악 조지 펜턴

출연 킬리언 머피(데미언), 패드레익 들러니(테디), 리엄 커닝햄(댄), 올라 피츠제럴드(시네드), 메리 리오던(페기), 메리 머피Mary Murphy(버나뎃), 로렌스 배리(미하일), 데미언 키어니(핀바), 프랭크 버크Frank Bourke(레오), 마일스 호갠Myles Horgan(로리), 마틴 루시Martin Lucey(콩고), 에이단 오헤르Aidan O'Hare(스테디보이), 존 크리언(크리스), 로저 알람Roger Allam(존 해밀턴 경), 윌리엄 루앤(조니 고갠), 피오나 로턴Fiona Lawton(릴리), 키런 아른(스위니), 클레어 디넌Clare Dineen(래퍼티 부인), 션 맥긴리Sean McGinley(데니스 신부), 데니스 콘웨이Denis Conway(목사)

자유로운 세계
It's a Free World ···

2007 | 컬러 | 93분 | Sixteen Films, BIM Distribuzione, EMC, Tornasol Films, SPI International, Channel 4, Filmstiftung Nordrhein‒Westfalen, Polish Film Institute, Diaphana Distribution, Pathé Distribution, Cinéart, Film Coopi | Pathé(배급, 영국)

제작 레베카 오브라이언

각본 폴 래버티

촬영 나이절 윌러비

편집 조너선 모리스

미술 퍼거스 클렉

아트 디렉터 피트 제임스Pete James

의상 캐롤 K. 프레저Carole K. Frazer

사운드 레이 베킷

음악 조지 펜턴

출연 키어스턴 워레잉(앤지), 줄리엣 엘리스(로즈), 레슬로 주렉(캐롤), 콜린 코플린(제프), 조시 플릿(제이미), 레이먼드 먼즈(앤디), 프랭크 길룰리(데릭), 데이비드 도일David Doyle(토니)

룩킹 포 에릭
Looking for Eric

2009 | 컬러 | 112분 | Canto Brothers, Sixteen Films, Why Not Productions, Wild Bunch, FilmFour, Icon Film Distributors, North West Vision Media, France 2 Cinéma, Canal Plus, Cine Cinéma, BIM Distribuzione, Les Films du Fleuve, RTBF(벨기에 텔레비전), Tornasol Films, Sofica UGC 1, Diaphana Distribution, Cinéart, La Région Wallonne | Icon(배급, 영국)

제작 레베카 오브라이언

촬영 배리 애크로이드

미술 퍼거스 클렉

의상 사라 라이언Sarah Ryan

편집 조너선 모리스

사운드 레이 베킷

음악 조지 펜턴

출연 스티브 이베츠(에릭 비숍), 에릭 칸토나(자기 자신), 스테파니 비숍(릴리), 루시‒조 허드슨Lucy-Jo Hudson(샘), 제라드 컨즈(라이언), 스티븐 검브스Stephan Gumbs(제스), 매
튜 맥널티Matthew McNulty(젊은 에릭), 로라 에인즈워스Laura Ainsworth(젊은 릴리), 존
헨쇼(미트볼), 저스틴 무어하우스(스플린), 데스 샤플리스Des Sharples(잭), 그렉 쿡Greg
Cook(수도사), 스티브 마시(잭), 믹 페리Mick Ferry(판사)

루트 아이리시
Route Irish

2010 | 컬러 | 109분 | Sixteen Films, Why Not Productions, Wild Bunch, Les Films de
Fleuve, Urania Pictures, Tornasol Films, Alta Producción, France 2 Cinéma, Canal
Plus, France Télévision, Cinécinéma, Sofica UGC 1, Diaphana Distribution, Cinéart,
Canto Bros, Vision+Media | Artificial Eye(배급, 영국)
제작 레베카 오브라이언
촬영 크리스 멘지스
편집 조너선 모리스
미술 퍼거스 클렉
의상 사라 라이언
음악 조지 펜턴
출연 마크 우마크Mark Womack(퍼거스), 안드레아 로Andrea Lowe(레이철), 존 비숍
John Bishop(프랭키), 제프 벨Geoff Bell(워커), 탈립 라솔Talib Rasool(하렘), 크레이그 룬
드버그Craig Lundberg(크레이그), 트레버 윌리엄스Trevor Williams(넬슨), 잭 포춘Jack
Fortune(헤인스), 러셀 앤더슨Russell Anderson(토미), 제이미 미키Jamie Michie(제이미)

앤젤스 셰어: 천사를 위한 위스키
The Angels' Share

2012 | 컬러 | 101분 | 2012년 칸영화제 심사위원 특별상 | Entertainment One, Sixteen Films,
Why Not Productions, Wild Bunch, British Film Institute(BFI), Les Films du Fleuve,
Urania Pictures S.r.l.
제작 레베카 오브라이언
각본 폴 래버티
촬영 로비 라이언Robbie Ryan
편집 조너선 모리스
미술 퍼거스 클렉

음악 조지 펜턴

의상 대니 밀러Dani Miller

출연 폴 브래니건Paul Brannigan(로비), 존 헨쇼(해리), 자스민 리긴스Jasmin Riggins(모), 게리 메이틀런드(앨버트), 윌리엄 루앤(라이노), 찰스 매클린Charles MacLean(로리 매칼리스터), 로저 알람(타데우스)

1945년의 시대정신
The Spirit of '45

2013 | 다큐멘터리 | 컬러/흑백 | 94분 | Fly Film Company, Sixteen Films, Film 4, Channel 4, UK Film Council, EM Media, BFI Film Fund

각본 켄 로치

제작 레베카 오브라이언, 케이트 옥본Kate Ogborn, 리사 마리 루소Lisa Marie Russo

제작 총괄 캐서린 버틀러Katherine Butler, 리치 프랑케Lizzie Francke, 애나 힉스Anna Higgs, 애나 미러리스Anna Miralis

음악 조지 펜턴

편집 조너선 모리스

사운드 이언 탭Ian Tapp

지미 홀
Jimmy's Hall

2014 | 컬러 | Sixteen Films, Element Pictures, Why Not Productions, Wild Bunch, British Film Institute(BFI), Film 4, Irish Film Board

각본 폴 래버티

제작 레베카 오브라이언, 도널 오켈리(희곡)

촬영 론 코Ron Coe

편집 마이크 앤드루스Mike Andrews

미술 퍼거스 클렉

의상 아이머 니 마올돔나이

사운드 레이 베킷

출연 배리 워드Barry Ward(제임스 그랠턴), 시모네 커비Simone Kirby(우나), 앤드루 스콧Andrew Scott(셰이머스 신부), 짐 노튼(셰리든 신부), 브라이언 F. 오바이른Brian F. O'Byrne(오키프), 프랜시스 마지Francis Magee(머시), 칼 기어리Karl Geary(세안)

사진 크레딧

이 책에 실린 사진들은 연구와 비평의 목적으로 사용되었습니다. 각 사진에 대해 잘못 기재한 사항이 있다면 사과드리며, 이후 쇄에서 정확하게 수정할 것을 약속드립니다.

Diary of a Young Man, BBC; *The End of Arthur's Marriage*, BBC; *Three Clear Sundays*, BBC; *Up the Junction*, BBC; *Cathy Come Home*, BBC; *In Two Minds*, BBC; *The Golden Vision*, BBC; *The Lump*, BBC; *The Big Flame*, BBC; *The Rank and File*, BBC; *Poor Cow*, © Fenchurch Films Ltd; *Kes*, © Woodfall Film Ltd; *Family Life*, Kestrel Films/Anglo–EMI; *Days of Hope*, BBC; *Looks and Smiles*, Black Lion Films/Kestrel Films; *Hidden Agenda*, Initial Film and Television/Hemdale Holdings; *The Navigators*, © Parallax(Navigators) Ltd/© Road Movies Filmproduktion GmbH/© Tornasol Films S.A./© Alta Films S.A.; *Fatherland*, Film Four International/Clasart Film- und Fernsehproduktion/MK2 Productions/Kestrel II/Ministère Français de la culture; *Tickets*, © Fandango S.r.l./© Sixteen Films Ltd/© UK Film Council; *Riff–Raff*, © Channel Four Television Co. Ltd; *Raining Stones*, © Channel Four Television Corporation; *My Name Is Joe*, © Parallax (Joe) Ltd/ © Road Movies Vierte Produktionen GmbH; *Sweet Sixteen*, © Sixteen Films Ltd/© Road Movies Filmproduktion GmbH/© Tornasol Films S.A.; *Ae Fond Kiss···*, © Sixteen Films Ltd/© EMC GmbH/© Bianca Films/© Tornasol Films S.A.; *It's a Free World···*, Sixteen Films/ BIM Distribuzione/EMC Produktion/Tornasol Films/SPI International/Filmstiftung NRW/Polski Instytut Sztuki Filmowej/ Diaphana Distribution/Pathé Distribution/Cinéart/Filmcoopi/Pathé Pictures International/MEDIA Programme of the European Community/Channel Four; *Looking for Eric*, © Canto Bros. Productions/ © Sixteen Films Ltd/© Why Not Productions S.A./© Wild Bunch S.A./© Channel Four Television Corporation/© France 2 Cinéma/© BIM Distribuzione/© Les Films du fleuve/© RTBF/© Tornasol Films; *Land and Freedom*, © Parallax Pictures/© Messidor Films/© Road Movies Dritte Produktionen; *The Wind That Shakes the Barley*, © Oil Flick Films No.2 LLP/© UK Film Council/© Sixteen Films Ltd/© Element Films Ltd/© EMC GmbH/© BIM Distribuzione/© Tornasol Films S.A.